Arsenal 7

Arsenal 7

Ein Sammelband
über Militärwesen und
sozialistische Landesverteidigung
für junge Leute

Militärverlag
der
Deutschen
Demokratischen
Republik

ISBN 3-327-00518-4

Inhalt

Kompliment

Elviera Thiedemann

Ich liebe mein Land
für jeden ruhigen Morgen,
für jede behütete Stunde,
für jeden Abend, der Freude auf den neuen Tag verheißt.

Ich liebe mein Land
für die Mühe um unsere Kinder,
für seine Sorge um die Alten,
für den Schweiß, den sein Erblühen abverlangt.

Ich liebe mein Land
für jenen beharrlichen Kampf
um Frieden und Gedeih' der Menschheit,
für eine Zukunft, die Sicherheit und Wohlstand gebiert.

Wehrdienst – Friedensdienst

Generalmajor Dr. sc. Werner Hübner

Wehrdienst im Sozialismus ist Friedensdienst. Ein einfacher, inhaltsreicher, einleuchtender Satz – übrigens enthalten im Bericht des Zentralkomitees der SED an den XI. Parteitag im Jahre 1986 –, der in knappster Form ausdrückt, daß alle Anstrengungen im Sozialismus dem Wohl des Volkes dienen. Die Voraussetzung dafür ist Frieden. Das ist unbestritten, denn wer wollte wohl im Angesicht von Massenvernichtungswaffen, von Raketen und Flugzeugen, die Atomwaffen in Ziele über große Entfernungen tragen können, darüber rechten, ob deren Zerstörungskraft acht- oder zwanzigfach ausreicht, die Menschheit zu vernichten. Das eine wie das andere stellt die physische Existenz der menschlichen Gattung in Frage.

Zahlreich sind die der Öffentlichkeit bekannten Fakten, die immer aufs neue mit Eindringlichkeit beweisen: Krieg darf nicht stattfinden, Frieden muß bleiben. Absoluten Vorrang hat die Friedenssicherung. Es geht nicht mehr um die Frage, ob es zweckmäßig sei oder nicht, Gewalt anzuwenden; zum Frieden, zur Form des friedlichen Zusammenlebens der Staaten und Völker auf unserem Planeten, die wir als friedliche Koexistenz kennzeichnen, gibt es keine Alternative, keinen anderen Weg.

Davon ist die Politik der sozialistischen Staaten geprägt. Sie wissen sich in Übereinstimmung mit allen, die gleichfalls die Erkenntnis haben, Meinungsunterschiede zu den Lebensformen im gemeinsam bewohnten Haus können nicht gelöst werden, indem das Haus in die Luft gesprengt wird. Logisch also, daraus zu folgern, auf Gewalt, auf militärische Gewalt, auf Weltraumangriffswaffen, Raketen, Atomsprengköpfe, Panzer, Kampfflugzeuge, Kriegsschiffe und Soldaten zu verzichten, die Mittel zu militärischer Gewaltanwendung zu beseitigen. Ja, es ist das ausdrückliche Ziel aller sozialistischen Staaten, eine Welt ohne Waffen!

Wenn in der bisherigen Menschheitsgeschichte Kriege geführt wurden, dann immer mit einem bestimmten Zweck: Territorien zu erobern, sich Vorteile zu verschaffen, um politisch oder wirtschaftlich stärker zu werden, mehr Macht und damit Reichtum anzuhäufen. Armeen mit ihren Waffen waren auf den jeweiligen Entwicklungsstufen die Mittel, um den politischen Zweck – die Eroberung, die Unterjochung, die Befrei-

Ein freudiger Anlaß, aber auch Verpflichtung für die jungen Genossen – Übergabe der Parteidokumente

ung – zu erreichen. Dabei gab es, nach den Interessen, die mit militärischen Mitteln durchgesetzt werden sollten, selbstverständlich gerechte und ungerechte Kriege. Ein berühmter Militärtheoretiker, der preußische General v. Clausewitz, prägte die Formel: Krieg ist die Fortsetzung von Politik mit anderen, mit gewaltsamen Mitteln. Die Waffen, die Armeen entscheiden darüber, welche Politik sich durchsetzt. Hatten sie entschieden, den Gegner wehrlos gemacht, war das Ziel erreicht – mit großen Opfern, viel Not und Elend für die Soldaten, für die Bevölkerung. Dann traten Sieger und Besiegte wieder in eine Periode ein, in der Politik ohne militärische Mittel fortgesetzt wurde.

Diese Zeiten sind vorbei! In einer militärischen Auseinandersetzung mit Raketen und Kernwaffen würde es keinen Sieger geben! Die Mittel des Krieges, die Massenvernichtungswaffen stehen im Widerspruch zum Zweck, der in Kriegen der Vergangenheit ja stets darin bestand, daß der Sieger einen Vorteil haben würde. Ein Aggressor, ein Angreifer, eine Macht, die heute Atomwaffen einsetzen würde, könnte keinen Vorteil erringen, ihr Ziel nicht erreichen, da schon der Einsatz eigener Atomwaffen die Gefahr der Selbstvernichtung mit sich bringt. Unsere Militärtheoretiker kennzeichnen das folgerichtig, indem sie sagen: Mit der Steigerung zum absoluten Vernichtungskrieg verliert der Krieg seine Funktion. Der politische Zweck wird durch das unverhältnismäßige Mittel zunichte gemacht. Mit einem Kernwaffenkrieg ist keinerlei Vorteil mehr zu erreichen.

Das ist der Standpunkt der sozialistischen Staaten, der Kommunisten, aus dem sich die energischen Anstrengungen ergeben, Abrüstung zu erreichen, Krieg auszuschließen.

Wie aber verträgt sich dieser Standpunkt mit dem Wehrdienst, den wir im Sozialismus als Friedensdienst kennzeichnen? Welchen Sinn gibt es, Dienst mit der Waffe zu leisten, wo wir doch Krieg ablehnen, wo wir erkannt haben, er wäre sinnlos?

Auf dem XI. Parteitag der SED wurde dazu eine Antwort gegeben: «Es ist der Sinn des Soldatseins im Sozialismus, den Frieden zu erhalten, zu verhindern, daß die Waffen sprechen.» Das ist eindeutig in der Zielstellung: keinen Krieg! Doch da wir jene Kräfte in der Welt des Imperialismus allzugut kennen, die der Gewalt nicht abgeschworen haben und auf militärische Überlegenheit setzen, weil sie nach alten Denkvorstellungen glauben, mit militärischen Mitteln die Welt unter ihren Willen zwingen zu können, brauchen wir ein Gewicht, das die Kriegsabenteurer zügelt: «Kampfkraft und Gefechtsbereitschaft der Armeen der sozialistischen Gemeinschaft sind eine entscheidende Garantie, daß militärische Überlegenheit des Imperialismus nicht zugelassen wird und eine Aggression zum tödlichen Risiko für ihre Urheber würde.»

Als Hintergrund dieses Grundsatzes sollte jeder wissen, wie die Befürworter von militärischer Gewalt ihre Position formulieren. Kronzeuge dafür ist Caspar Weinberger, USA-Verteidigungsminister, der schrieb: «Wenn wir Gewalt anwenden, macht die Notwendigkeit zu siegen ein klar definiertes Ziel erforderlich. Sollten die Vereinigten Staaten entscheiden, daß es notwendig ist, ihre Truppen in den Kampf zu schicken, müssen wir sie in ausreichender Zahl und mit genügender Unterstützung entsenden, so daß sie siegen.» Mindestens zweierlei ist an dieser Aussage wichtig: Die USA-Administration geht von der Gewaltanwendung als Prinzip und von einer gesicherten Aussicht auf Sieg aus.

Beides müssen wir einkalkulieren. Deshalb haben unsere sozialistischen Streitkräfte die Aufgabe, militärische Überlegenheit des Imperialismus nicht zuzulassen. In keiner Minute darf einem militärischen Abenteurer auch nur das Gefühl gegeben werden, er könnte durch Gewalt seine Ziele uns gegenüber erreichen, er hätte die Möglichkeit zu siegen! Eben dieser Weinberger-Grundsatz – wenn in den Kampf, dann unbedingt siegen – ist die Begründung des Sinnes der militärischen Anstrengungen der Staaten des Warschauer Vertrages und ihrer Armeen: Eine Aggression würde durch die Kampfkraft und Gefechtsbereitschaft der Armeen der sozialistischen Gemeinschaft zum tödlichen Risiko für ihre Urheber.

Daraus folgt: Wehrdienst im Sozialismus ist Friedensdienst. Die Waffenträger sind

Mitgestalter der auf den Frieden und das Wohl des Volkes gerichteten Politik der SED. Mitgestalter, denn wie anders als in gesichertem Frieden kann Sozialismus, die weitere Entwicklung der sozialistischen Gesellschaft, gestaltet werden? Zum Mitgestalten gehört der Wehrdienst. Die Frage nach dem Warum, nach dem Sinn im großen und ganzen ist prinzipiell mit dem bisher Gesagten sicher beantwortet. Solange das Thema auf dieser prinzipiellen Ebene bleibt, erheben sich erfahrungsgemäß keine Einwände. Doch Wehrdienst ist konkret, ist für jeden verpflichtend nach dem Gesetz für 18 Monate. Die Vorbereitung darauf beginnt mit dem Wehrunterricht, dem Lager für Wehrausbildung, schließt die Laufbahnausbildung durch die Gesellschaft für Sport und Technik ein und sollte für alle, die noch nicht sofort nach der Musterung einberufen werden, nicht damit enden. Wer bis dahin erworbene Kenntnisse und Fertigkeiten nicht verlieren will und wer den Anforderungen des Grundwehrdienstes auch im 23. oder gar 25. Lebensjahr körperlich fit und im Umgang mit der persönlichen Waffe geübt genügen will, der tut gut daran, sich in Wehrsportarten bei der GST, besonders im Wehrkampfsport, zu betätigen. Auch der Dienst als Reservist für ein Vierteljahr gehört nach dem Grundwehrdienst – für einmal oder auch öfter – zu den Pflichten, die sich aus dem Wehrdienstgesetz ergeben. Wenn es in dieser Art konkret wird mit dem Wehrdienst als Friedensdienst, wenn der Einberufungsbefehl auf dem Tisch liegt, dann erweist sich, ob alle prinzipiellen Fragen auch ganz persönlich geklärt sind. Der Grundwehrdienst von 18 Monaten beginnt für die Mehrheit in einem Lebensabschnitt, wo man bereits festen Fuß an seinem Arbeitsplatz gefaßt hat, gutes Geld verdient und Achtung im Kollektiv für Arbeitsleistung genießt. Viele haben bereits Familie. Und nun der Wehrdienst?

Die Einsicht ist da – im Interesse des Friedens, des Sozialismus, der Geborgenheit für die Familie – Wehrdienst muß sein. Aber wie ist es, wenn diese Einsicht persönlich verwirklicht werden muß? Wir kennen die Losung: Mein Arbeitsplatz – mein Kampfplatz für den Frieden!

Sie gilt für jeden in unserem Staat. Es wäre allerdings eine sehr enge Auslegung dieser Losung, den Arbeitsplatz für den Frieden nicht auch dort zu sehen, wo Arbeit heißt, das Waffenhandwerk zu beherrschen. Kampfkraft und Gefechtsbereitschaft der Streitkräfte beruhen auf dieser Arbeit. Der Arbeitsplatz, der Kampfplatz für den Frieden ist überall dort, wo der einzelne als Mitgestalter zum Wohle des Volkes seinen Platz ausfüllt.

Da wäre noch eine Frage: Gleichgewicht, militärstrategisches Gleichgewicht. Das sind die interkontinentalen, die Mittelstrecken- und anderen Raketen, Atom-U-Boote, große Waffensysteme, Armeen. Die zählen, sie werden verglichen. Aber mein Gewicht im Gleichgewicht? Als Soldat für 18 Monate bei den rückwärtigen Diensten? Wir wollen nicht bestreiten: Eine Rakete mit atomaren Sprengköpfen zählt im Vergleich der militärischen Kräfte zwischen den beiden großen Militärkoalitionen ungleich mehr als der einzelne Soldat. Trotzdem bleibt der Mensch auch im Militärwesen die entscheidende Kraft, das bestimmende Element im Verhältnis Mensch – Technik. Dies um so mehr, als die Verantwortung für umsichtiges Handeln, für die Beherrschung der Technik heute unermeßlich gestiegen ist. Die Stabilität des Gleichgewichts hängt also entscheidend auch davon ab, wie jeder an seinem Platz, mit seiner Waffe, seinem Gerät die geforderten Normen für die Gefechtsbereitschaft erfüllt. Diese Leistung ist eingeplant bei der Berechnung des Gleichgewichts!

Wehrdienst, ja, er ist notwendig. Aber warum sogar drei Jahre? Viele stellen diese Frage. Die Begründung dafür liegt auf der Hand: Spezialisten werden benötigt. Je mehr Militärtechnik das Ergebnis modernster wissenschaftlich-technischer Neuerungen ist, um so größer ist der Bedarf an Menschen, die fähig sind, damit umzugehen, qualifiziert umzugehen. Gefechtsbereitschaft setzt aber nicht nur Lehrlinge, sondern auch Facharbeiter und Meister voraus; Längerdienende, Unteroffiziere auf Zeit, Berufssoldaten. Das zum ersten. Jeder weiß, daß für einen längeren Zeitraum, mit dem Tiefpunkt 1974, in der DDR die Geburten zurückgegangen sind. Es stehen weniger Wehrpflichtige zur

Küstenschutzschiffe vom Typ «Parchim» und Raketenschnellboot der Volksmarine in See

Durchsicht und Wartung des Jagdflugzeuges MiG-21 durch die Kontroll- und Reparaturstaffel

Erfahrungsaustausch von Angehörigen der Sowjetarmee und der NVA über Hubschrauber Mi-24

Gefechtsausbildung der mot. Schützen

Aufbau einer Dezimeterstation

Verfügung, aber die Notwendigkeit des militärischen Schutzes ist nicht geringer geworden. Um hier einen Ausgleich im Interesse der Sicherheit der DDR zu schaffen, werden mehr Freiwillige für dreijähriges Dienen und selbstverständlich Berufssoldaten gebraucht. Das zum zweiten. Schließlich: Vorgesetzte, Gruppenführer, jene, die dem Soldaten bei der unmittelbaren Dienstdurchführung etwas voraus haben müssen, für sie reichen die 18 Monate nicht aus. Drei Gründe für längere Dienstzeit.

Aber warum eigne gerade ich mich dafür? Warum soll ich länger dienen, als das Gesetz vorschreibt? Das hat sehr viel mit Bewußtsein zu tun! Es soll nicht in Abrede gestellt werden, daß die Entscheidung für eine längere Dienstzeit in der sozialistischen Armee die Einsicht voraussetzt, aus Liebe und Achtung zu unserer sozialistischen Ordnung und deren Verantwortung für den Frieden mehr zu tun als im Gesetz verankert. Es geht um den persönlichen Einsatz. In unserer Zeit ist die Gegenwart und Zukunft der Menschheit abhängig von der Fähigkeit des Sozialismus, den Frieden zu verteidigen, von der Fähigkeit, Krieg zu verhindern, bevor die Waffen sprechen. Sich dafür einzusetzen ist ehrenvoll. In vielen Familien unseres Landes gilt diese Erkenntnis.

Man könnte auch einige Vorteile aufzählen, die die grundsätzliche Haltung noch bekräftigen. Wer drei Jahre Wehrdienst leistet, wird unbedingt im Jahr der Musterung einberufen. Für viele ist das wegen ihrer Lebensplanung günstiger. Hinzu kommt, daß weitgehend persönliche Wünsche nach der Waffengattung und dem Standort Berücksichtigung finden und nicht nur die zusätzliche Zeit höher bezahlt wird, sondern man kann entsprechend der erreichten höheren Qualifikation auch in den ersten Monaten mehr verdienen, als der Wehrsold beträgt. Für jene, die studieren wollen, ist außerdem der Studienplatz garantiert, wenn sie sich den Anspruch darauf vor dem Wehrdienst erworben haben.

Wehrdienst im Sozialismus, in der sozialistischen Armee, das ist Dienst für den Frieden.

Jeder kann gewiß sein, daß seine persönliche Tat als Soldat den Frieden fester macht. Diese Gewißheit leitet sich her aus den Prinzipien, die von der Arbeiterklasse, von ihren Führern und Theoretikern schon immer vertreten werden, und wird bestärkt durch die gegenwärtige Politik. Die sozialistischen Staaten haben auf die Tagesordnung der Weltpolitik gesetzt: weg mit den Atomwaffen noch in diesem Jahrtausend! Sie streben mit allen ihnen zur Verfügung stehenden Mitteln danach, mit weniger Waffen die Welt sicherer zu machen.

Wehrdienst, längerer Wehrdienst – das ist Ausdruck für Vertrauen. Vertrauen in die Politik unseres sozialistischen Arbeiter-und-Bauern-Staates und in die Realität seiner Zielstellung: Frieden wird bleiben – und dafür steht der Soldat auf seinem Kampfplatz für den Frieden! Es wird alles getan, was für den Frieden nötig ist, was für die Sicherheit des Sozialismus unerläßlich ist. Mehr nicht.

Doch das Nötige muß jeder mit seiner ganzen Kraft tun.

Militärische Macht des Sozialismus ist immer noch ein unersetzlicher Teil der Kraft, die fähig und in der Lage ist, Frieden zu sichern. Es gibt kein besseres Motiv, um seinen Wehrdienst zu leisten, als die Gewißheit, damit dem Frieden Dauer zu verleihen.

Bei den Urenkeln der Putilowzy

Oberstleutnant Volker Schubert

Jede Stadt habe ihr eigenes Gesicht, so wird behauptet. Das Gesicht Leningrads? Wie soll man es beschreiben? Unzählige Male wurde das versucht. Von Einheimischen und von Touristen. Viele kluge Gedanken kann man nachlesen. «Venedig des Nordens» wird die Stadt genannt, weil sie einst nach einem Befehl Peters I. auf 101 Inseln der Newamündung erbaut wurde. Noch heute kann jeder, der Lust und Muße dazu hat, mehr als 600 Brücken nachzählen und bewundern.

Und wer wie ich die Stadt am Finnischen Meerbusen zum erstenmal in der Zeit der Weißen Nächte besucht, möchte beobachten, wie die Brücken nachts hochgezogen werden, damit Überseeschiffe landein- und landauswärts passieren können. Aber mit Bedacht sollte man dieses Schauspiel genießen. Wer zufällig auf der anderen Uferseite steht, hat erst nach vier Uhr Gelegenheit, das Hotel aufzusuchen. Dann nämlich werden die Brücken wieder herabgesenkt.

Das Gesicht Leningrads. Postkarten zeigen uns oft die «Aurora», wie sie vor dem Admiralitätsgebäude ankert. Am 7. November 1917 – nach dem alten russischen Kalender schrieb man noch den 25. Oktober –, genau um 21.40 Uhr gab ein Schuß aus dem Buggeschütz des Kreuzers das Signal zum Sturm auf das Winterpalais. Nach vierstündigem Kampf siegten Arbeiter, Soldaten und Matrosen über die Kräfte der Reaktion. In Windeseile verbreitete sich die Nachricht im Russischen Reich. Überall erhoben sich die Oktoberkämpfer. Das Kapitel II der Weltgeschichte, die Beseitigung der Ausbeutung, begann. Erste Nachricht vom Gelingen der Revolution im damaligen Petrograd, der russischen Hauptstadt, übermittelte die Funkstation der «Aurora». Und auch das erste Dekret der Sowjetregierung am Tag nach dem Sieg – das «Dekret über den Frieden». So wurde von erster Stunde an klar, daß Sozialismus und Frieden zusammengehören.

Über 70 Jahre sind seither vergangen.

Ich schlendere durch den Torbogen, aus dem heraus die Rotgardisten 1917 zum Sturm auf die Bastion der Kerenski-Truppen antraten. Die Säle des Winterpalais sind heute Ausstellungsräume der Ermitage, einer der größten und beeindruckendsten Kunstsammlungen der Welt. Kultur und Bildung können nur im Frieden gedeihen – auch das gehört zum Bild von Leningrad.

Die Putilowzy

Witali behauptet, ein waschechter Urenkel der Putilowzy zu sein. Dem jungen Panzersoldaten begegne ich in einem großen Schlafsaal. Mehr als 100 Betten stehen in dem Raum. Kein Spind. Nur kleine Nachtschränkchen. Man kann von einem Schlafsaal zum anderen gelangen. Dazwischen befinden sich die Dienstzimmer der Hauptfeldwebel. Hier werden Bekleidung und Ausrüstung der Soldaten aufbewahrt, kann man die Uniform aufbügeln, einen losen Knopf annähen, Stiefel auf Hochglanz bringen. Eine Waschmaschine gehört ebenso zur Kompanieausstattung wie eine Frisierecke mit Spiegel und Haarschneidegerät. Ich bin Gast in der Ausbildungsdivison des Leningrader Militärbezirks. Nicht in irgendeinem beliebigen Regiment. Nein, im Panzerausbildungsregiment! Das erste, was mir Witali und seine Vorgesetzten klarmachen, dieses Regiment sei der älteste Truppenteil der Sowjetarmee, als allererster gegründet nach dem Leninschen Dekret «Über den Aufbau der Roten Arbeiter-und-Bauern-Armee». Die bewußtesten Revolutionäre seien Anfang 1918 freiwillig in das Regiment eingetreten. Und zu den bewußtesten hätten allemal die Putilow-Arbeiter gehört.

In den Werken des Petersburger Fabrikanten Putilow wurden bereits im Jahre 1808 die ersten Streiks in Rußland organisiert. 1871 siegten die Putilowzy im Kampf gegen den vom Zarenregime angeordneten 12½-Stunden-Tag. Die Drushiny in Petersburg, die illegalen Kampfgruppen der Arbeiter, lösten die russische Revolution von 1905 aus. Auch 1917 waren die Abteilungen der Arbeitergarde der Putilow-Werke immer an den Brennpunkten des Kampfes zu finden. Allein 6000 Putilow-Arbeiter nahmen am Sturm auf das Winterpalais teil. Das Wort Putilowez wurde zum Synonym für Revolutionär.

Als Ernst Thälmann und Clara Zetkin in den zwanziger Jahren die Arbeiter besuchten, hießen die Fabriken Kirow-Werke, nach dem berühmten Revolutionär und Staatsmann Sergej Kirow. In einem dieser Betriebe hat Witali Matussow den Beruf des Drehers erlernt. Und da er ein guter Lehrling und Jungfacharbeiter war, hat ihn die Komsomolleitung in eines «ihrer Regimenter» delegiert. Zwei solcher Putilow-Kirow-Regimenter gibt es heute. Die Delegierung dorthin mit Verbandsauftrag ist eine Auszeichnung und – eine Verpflichtung. Natürlich haben die Besten in allererster Linie die revolutionären Traditionen weiterzuführen. Doch irgendwie paßt Waleri nicht so recht zum Bild, wie ich mir immer einen Berufsrevolutionär vorgestellt habe. In allem, was er sagt und tut, ist der Komsomolze bedächtig. Mitunter wirkt er ein wenig verträumt. Und in der Stunde Freizeit am Abend schreibt er Liebesgedichte. Gibt es eine feste Adressatin? Witali wird rot. Shenja heißt sie, so erfahre ich. Nein, den Nachnamen seiner

Ehemaliger Rotarmist

Freundin will er nicht nennen. Und meine Frage, wo das Mädchen zu Hause wäre, die kommt dem jungen Mann überflüssig vor: in Leningrad natürlich, wo denn sonst?

Macht es der fremde Besucher, ist es die Dolmetscherin, oder beeinflußt die Anwesenheit einer ganzen Anzahl von Vorgesetzten den Soldaten? Irgendwie wirkt er gehemmt, sogar schüchtern. Nichts da vom mutig vorwärtsstürmenden Putilowez.

Doch Vorsicht mit Äußerlichkeiten. Da sind schon ganz andere gestolpert. Selbst der junge Egon Erwin Kisch, der rasende Reporter, wunderte sich 1925 in einem Bericht über die Putilow-Werke. «Wie steht's mit den Arbeitern? Sie arbeiten wie anderswo, man sieht ihnen, wenn sie mit dem hydraulischen Meißel eine Form von Schlacke reinigen, wenn sie in den Kesseln hämmern ..., nicht an, daß sie die Herren der Fabrik und des Staates sind.»

Doch gerade diese Arbeiter hatten sich als leidenschaftliche Verteidiger der Revolution erwiesen. Der Krieg des Zaren war ihnen verhaßt. Nichts sehnten sie so herbei wie den Frieden. Drei Tage nach dem Sieg der Oktoberrevolution schilderte John Reed ein Erlebnis auf dem Newski-Prospekt, der Hauptgeschäftsstraße Petrograds, wie die

Die Leningrader begehen den Tag der Oktoberrevolution mit einem beeindruckenden Feuerwerk

Der Kreuzer «Aurora» – ein Wahrzeichen der Stadt an der Newa. In der Februarrevolution 1917 von revolutionären Matrosen erobert, gab er am 7. November (25. Oktober alten Datums) 1917, um 21.40 Uhr durch einen Schuß das Signal zum Sturm auf den Winterpalast

Stadt von 1914 bis 1924 hieß: «... als wir den Newski passierten, sahen wir Rotgardisten die Straße hinaufmarschieren, alle bewaffnet, einige mit Seitengewehren, andere ohne. Mit stolz erhobenen Köpfen stampften sie durch die schmutzigen, schon winterlichen Straßen, in unregelmäßigen Viererreihen, ohne Musik, ohne Trommeln. Über ihnen flatterte eine rote Fahne, auf der in plumpen Lettern zu lesen war: ‹Frieden! Land!› Sie waren sehr jung; aber der Ausdruck auf ihren Gesichtern war der Ausdruck von Männern ...»

Und als die kaiserlichen deutschen Truppen auf Petrograd vorrückten, die junge proletarische Revolution abzuwürgen, griffen die Arbeiter erneut zum Gewehr. Von der alten Armee war keine Hilfe zu erwarten, sie war in völliger Auflösung begriffen.

«Der revolutionäre Aufschwung, hervorgerufen durch den verräterischen Vormarsch der deutschen Weißgardisten gegen die russische Revolution, ist eine Tatsache», so hob Lenin damals hervor. «Von überallher wird telegrafiert, daß man bereit ist, sich zur Verteidigung der Sowjetmacht zu erheben und bis zum letzten Mann zu kämpfen. Eine andere Haltung zur eigenen Arbeiter-und-Bauern-Macht war auch nicht zu erwarten.»

Tag und Nacht arbeiteten die Arbeiter der Putilow-Werke, reparierten Panzerzüge, Panzerautos, Kanonen, Maschinengewehre und anderes Kriegsmaterial. Am 28. Januar 1918 beschloß der Rat der Volkskommissare die Schaffung einer neuen Armee. «Die Rote Armee der Arbeiter und Bauern wird aus den bewußtesten und bestorganisierten Elementen der werktätigen Klassen gebildet.» So heißt es in dem historischen Dekret. Als Freiwilliger wurde nur aufgenommen, wer eine Empfehlung gesellschaftlicher Organisationen, die an der Seite der Sowjetmacht standen, vorweisen konnte.

In Petrograd heulten die Sirenen der Fabriken auf. Gellend und durchdringend pfiffen die Lokomotiven. Dumpf dröhnten die Warnsignale von den Schiffen der Baltischen Flotte. Militärisch ausgebildete Arbeiter wurden von den Betriebskollektiven in das 1. Korps der Roten Arbeiter-und-Bauern-Armee delegiert. In allen Stadtbezirken wurden Freiwillige aufgenommen. 60000 Rotarmisten zogen am Smolny vorbei, wo die Sowjetregierung unter Lenins Leitung tagte. Vier Regimenter des Petrograder Korps, insgesamt 20000 Mann, zogen sofort an die Front. Die junge Armee brachte am 23. Februar 1918 bei Pskow und Narwa den Gegner zum Stehen, ermöglichte damit Friedensverhandlungen. Dieser Tag wird seither

als Tag der Sowjetarmee und Seekriegsflotte begangen. Das 1. Regiment, ein Reitertruppenteil, blieb auch nach der Umrüstung zum Panzerregiment Partner der Arbeiter aus den Kirow-Werken, rekrutierte sich aus den besten Jungfacharbeitern des Patenbetriebes. Seite an Seite verteidigten Arbeiter und Soldaten 900 Tage lang in den Jahren 1941 bis 1943 ihre Stadt gegen die faschistischen Okkupanten. Und als die Truppen der Leningrader Front den Blockadering durchbrachen, da rollten die Panzer des 1. Regiments voran. Im Großen Vaterländischen Krieg erhielt die Division den Gardetitel.

Zu den Erben der Putilowzy gehören heute schon mehrere Generationen

Heute bildet der Verband Spezialisten für den gesamten Leningrader Militärbezirk und auch für die Gruppe der Sowjetischen Streitkräfte in Deutschland aus. Im 1. Regiment lernen künftige Panzerfahrer und -kommandanten alles, was sie zur Erfüllung ihrer militärischen Aufgaben für den Schutz des Friedens brauchen.

Die Urenkel

Waleri hat wenig Zeit für mich. Wer wollte ihm das verübeln? Die letzte Woche ist er in der Ausbildungsdivision. Ein wenig Aufbruchstimmung verspürt der Neunzehnjährige bereits, obwohl er noch nicht weiß, wo er nach Abschluß des Lehrgangs seinen Dienst versehen wird. «Nun, die Vorgesetzten werden es mir schon rechtzeitig mitteilen.» Insgeheim hofft der Panzerfahrer, daß er in der Nähe seiner Heimatstadt bleiben wird. Bestimmt spielt da Shenja eine Rolle, aber auch die Eltern. Und die Kollegen. «Sicher würde ich nicht viel öfter nach Hause kommen, aber es ist doch ein gutes Gefühl, wenn man weiß, daß die Freunde nicht weit entfernt sind. Kommt es anders, dann muß man den Dienst trotzdem gut versehen. Aber jetzt muß ich mich auf die Prüfung vorbereiten.»

Die Theorie hat Waleri mit der Note 5, mit «sehr gut» also, abgeschlossen. Heute steht die praktische Überprüfung an. Dazu hat sich Besuch angekündigt. Der Komsomolsekretär des Betriebes will sich überzeugen, ob Waleri seinen Verbandsauftrag erfüllt hat. Ein guter Panzerfahrer solle er werden, in der politischen und militärischen Ausbildung um Bestnoten kämpfen, als «Putilowez» auftreten. Das wurde ihm von der Grundorganisation mit auf den Weg gegeben. Ich bin überzeugt, daß Soldat Matussow auch heute seinen Mann stehen wird. Bis zur Panzerfahrübung verbleiben noch einige Stunden. Zeit genug, um sich ein wenig in der Ausbildungsdivision umzusehen.

Meine Begleiter zeigen mir Lehrklassen und Ausbildungswerkstätten. Mot. Schützen erhalten hier Kenntnisse über Schützenpanzer und SPW. Militärkraftfahrer und Fachleute für alle Artilleriesysteme werden hier ausgebildet.

Wir kommen an schwierigen Fahrschulbahnen und an Sportstätten vorbei. Schwimmbecken, Sturmbahnen, eine spezielle Kampfbahn, auf der die Soldaten lernen, die Angst vor dem Feuer zu überwinden. Besonders angetan hat es mir die große, neue Sporthalle. Innerhalb weniger Minuten kann sie per Knopfdruck verändert werden. Der Diensthabende, ein Fähnrich, drückt mit dem Finger auf einen Schalterknopf. Schon senken sich von der Decke Reckaufbauten herab. Ein ganzes Bataillon könnte mit der Ausbildung beginnen. Ein erneuter Knopfdruck. Die bisherige Anlage verschwindet wieder unter das Hallendach. Nun verwandelt sich der Raum in ein Fußballfeld. Dann zaubert der Fähnrich zwei Basketballfelder herbei. Schließlich noch vier Volleyballanlagen. Insgesamt acht Grundvarianten für die Sportausbildung können hier in kürzester Zeit aufgebaut werden.

Mustergültige Ordnung und Sauberkeit herrschen bei den Putilowzy

Arbeiter Petrograds ziehen Anfang 1918 als Freiwillige des 1. Korps der Roten Arbeiter-und-Bauern-Armee an die Front

Im Foyer des «Sportpalastes» hängen Bilder von 12 Weltmeistern, einem Friedensfahrtsieger und vielen sowjetischen Landesmeistern. Sie alle haben einst in dieser Division ihre militärische Grundausbildung erhalten.

Inzwischen hat eine Luftlandeeinheit auf dem großen Sportplatz – im Sportgarten, wie er hier genannt wird – mit ihrem Programm begonnen. Gymnastik, Lauf- und Reckübungen im Freien und – was neu für mich ist – nach Marschmusik. Ein Mittel der Disziplinierung, wie der Ausbilder versichert. Am Rande des Sportgartens sind Militärmusikschüler, die ebenfalls hier ausgebildet werden, angetreten. Beim Marsch zum Essen, beim Appell, ja sogar beim vierzigminütigen Frühsport werde ich der musizierenden Formation wieder begegnen.

Weiter geht es. Vorbei an der Station für die Unterwasserfahrt der Panzer. Dann entdecke ich im Ausbildungsgelände eine kleine – Stadt. In ihren «Mauern» kann sowohl das Verhalten im Straßenverkehr als auch der Häuserkampf trainiert werden. Am «Ortsausgang» ein kleiner malerischer Güterbahnhof. Eine Verladeübung ist in vollem Gange. Diese Übung hat Waleri bereits absolviert. Mit gutem Erfolg. Alle Achtung! Von wegen schüchtern und verträumt. Ich muß meinen ersten Eindruck etwas korrigieren.

Nun müssen wir uns beeilen, die Fahrübung beginnt. Eine Vielzahl von Ausbildungsplätzen kann ich nicht mehr besichtigen. Aber ich will ja sehen, wie Waleri diesen Tag meistert. Ausgebildet wurde er an mehreren Typen mittlerer Panzer.

Was wird nicht alles von den schweren Gefechtsfahrzeugen verlangt! Selbst in schwierigstem Gelände sollen sie schnell und wendig sein. Gräben, knietiefer Sand, steile An- und Abfahrten, Granattrichter und Wasserhindernisse dürfen ihnen und ihren Fahrern keine unlösbaren Aufgaben stellen. Schließlich müssen die Panzer im Gefecht den mot. Schützen den Weg bahnen, müssen gegnerische Gefechtstechnik und Sperranlagen vernichten können. Fahren in kompliziertem Gelände – das gehört zur Hohen Schule jener Tankisten, die die tonnenschweren Kolosse steuern.

Waleri hat sich bisher den Anforderungen gewachsen gezeigt. Fast alle Hindernisse sind bezwungen. Ein kleiner Berg steht noch aus. Das wäre doch gelacht, wenn Soldat Matussow den nicht auch noch bezwingen würde. Doch jetzt muß über Funk ein Befehl erteilt worden sein. Auf halber Höhe der Steigung verharrt der Panzer. Der Motor wird abgestellt. Es ist schon eine Kunst, unter solchen Bedingungen den Panzer zum Stehen zu bringen, ohne daß dieser zurückrollt. Aber noch schwieriger ist das Anfahren nach dem Halt. Der Panzer quält sich regelrecht nach oben. Wie auf einer Wippe

Nächtliche Alarmierung

Ausbildung bei Leningrad während der Weißen Nächte

Panzerfahrschule im Übungsgelände unter gefechtsnahen Bedingungen

kippt der «Tank» schließlich über den Bergkamm. Behutsam nehmen die Laufrollen wieder Kontakt auf. Auch das Hochschalten bei der Abfahrt will gekonnt sein. Eine Zehntelsekunde versäumt, und der Panzer würde durch sein Gewicht solch eine Eigenbeschleunigung erhalten, daß der Fahrer keinen Gang mehr einlegen könnte. Ohne Gang fahren aber hieße Note 1 – durchgefallen. Das jedoch passiert unserem Soldaten nicht.

Als erster drückt ihm der Komsomolsekretär des Betriebes die Hand. Das hast du gut gemacht, Waleri! Wie ein richtiger Putilowez!

Alle haben sie im Betrieb gearbeitet. Der Urgroßvater kämpfte in der Petrograder Roten Garde, der Großvater im belagerten Leningrad. In den sechziger Jahren erhielt Waleris Vater die militärische Grundausbildung in derselben Division. Revolutionäre Traditionen – für Waleri sind sie eine Art Familienchronik.

Was will der junge Mann, der sich über die bestandene Prüfung freut, bei der Armee noch erreichen? Gefreiter will er werden, wenn alles gut geht, Sergeant vielleicht. Mehr nicht?

«Es kann ja nicht jeder ein großer Heerführer werden», lacht mein Gesprächspartner. «Aber im Vertrauen, auch das wäre bei den Putilowzy nichts Neues. Generaloberst

Bersarin hat immerhin einst als Lehrling im Betrieb gelernt und seine erste militärische Ausbildung im Putilow-Kirow-Regiment erhalten. Später war er der erste sowjetische Stadtkommandant von Berlin.»

Was Waleri nicht weiß: Die Straße, die in unserer Hauptstadt als Zeichen des Dankes den Namen des Generals trägt, hieß früher Petersburger Straße. Zufall oder Absicht?

Jede Stadt habe ihr eigenes Gesicht, so wurde zu Beginn des Beitrags behauptet. Tausende Seiten müßte man schreiben, wollte man nur annähernd das Bild Leningrads wiedergeben. Zu alledem würde die Stadt für mich noch aussehen wie jener Rotarmist auf unserem Bild, der im Großen Vaterländischen Krieg seine Heimat verteidigte. Und ein klein wenig auch wie Waleri.

Dafür, daß die Schwalben steigen

Helga Glöckner-Neubert

Dafür, daß die Schwalben steigen,
ihre Nester nie zerbrochen sind;
daß die Bäume mit erschreckten Zweigen
niemals schwarz in einen Himmel zeigen,
der in ungeheuren Tropfen niederrinnt ...

Dafür, daß die Grillen sich im Geigen
üben, wenn die Ähre aus den Halmen springt,
wenn wir voreinanderstehn und schweigen ...
Daß sich nur die Sterne auf uns neigen –

Dafür, daß ich deine Stimme hör'
heut und morgen und noch vielmals mehr:
Dafür nehmen meine Hände das Gewehr

Präzision en miniature – Granatzünder

Werner Kießhauer

Zünder sind spezielle Vorrichtungen, die dazu dienen, die Wirkung von Munition (Artilleriegranaten, Raketen, Bomben, Minen, Torpedos u. a.) zu einem bestimmten Zeitpunkt hervorzurufen.

Bei Zündern für Artilleriegranaten kann das sein:

- auf einem vorher festgelegten Punkt der Flugbahn;
- nach Ablauf einer bestimmten Flugzeit;
- beim Auftreffen auf das Ziel bzw. auf ein Hindernis;
- nach Durchschlagen der Zielwandung;
- einige Zeit (von Bruchteilen einer Sekunde bis zu Minuten und Stunden) nach dem Eindringen in das Ziel.

Diese Vielfalt des Einsatzes von Artilleriegranaten hat wiederum eine große Vielfalt von Zünderkonstruktionen hervorgebracht, denn mit einem einzigen Zündertyp wären die hier aufgezählten Einsatzmöglichkeiten nicht zu erfüllen. Waren die ersten (und bisher meisten) Zünderkonstruktionen mechanischer Art, so hat auch auf diesem Gebiet schon längst die Elektronik Einzug gehalten. Aber wir wollen bei den «einfachen» bleiben und uns die Wirkungsweise eines mechanischen Zünders ansehen. Dazu sei noch gesagt, daß auch die neuesten elektronischen Zünder noch mit solchen mechanischen Sicherungs- und Zündmechanismen ausgestattet sind, wie wir sie kennenlernen werden.

Sehen wir uns beim Übungsschießen einer Panzereinheit der Nationalen Volksarmee, die mit T-55 ausgerüstet ist, etwas um. An diesem Tage wird auf Ziele in der Art offener Feuerstellungen (MG-Stellungen, Panzerbüchsen, Pak u. ä.) mit Splittersprenggranaten geschossen, die dazu mit Zündern des Typs MG-NS komplettiert worden sind.

Der Zünder MG-NS ist ein Kopfzünder, wird also in die Spitze der Granate eingeschraubt. Er ist ein Aufschlagzünder und löst somit die Detonation der Granate beim Auftreffen im Zielgelände aus. Außerdem verfügt er als besondere Sicherheitsmaßnahme über eine Selbstzerlegereinrichtung.

Bevor wir uns jedoch mit seinem «Innenleben» befassen, wollen wir uns kurz mit den Kräften vertraut machen, die auf die Teile eines Zünders beim Abschuß und während des Fluges der Granate einwirken.

Kräfte, die den Zünder in Tätigkeit setzen

Werfen wir zuerst einen Blick auf die Abbildung mit der Granate im Rohr der Panzerkanone. Die Granate erhält hier durch den Druck der Pulvergase eine hohe Geschwindigkeit. Gleichzeitig wird sie durch die Züge im Rohrinnern in eine schnelle Umdrehung versetzt. Diese als Drall bezeichnete Geschoßdrehung wollen wir vom Sportschießen her als bekannt voraussetzen.

Bei der Beschleunigung der Granate im Rohr tritt ein *Trägheitswiderstand* auf. Diese Kraft ist der Bewegungsrichtung entgegengesetzt und bestrebt, die Lage beweglicher Teile im Zünder nach rückwärts zu verändern.

Durch den Drall der Granate treten *Zentrifugalkräfte* auf, die ihrerseits versuchen, radial bewegliche Zünderteile nach außen hin zu verschieben.

Auf der Flugbahn wirkt der *Luftwiderstand* bremsend auf die Granate ein. Die Teile des Zünders wollen sich dadurch nach vorn verlagern.

Der *Zielwiderstand* muß wohl nicht weiter erläutert werden.

Die Erdanziehungskraft, die die Form der Flugbahn der Granaten wesentlich mitbestimmt, spielt für die Funktion des Zünders keine Rolle. Wir brauchen sie deshalb nicht zu beachten.

Wie groß die Kräfte sein können, die auf die Zünderteile wirken und diese in Tätigkeit setzen, wollen wir uns am Beispiel erarbeiten. Dazu einige (leicht gerundete) Angaben zur Kanone des Panzers T-55. Ihr Kaliber beträgt 100 mm = 0,1 m. Die Splittersprenggranate legt im Rohr einen Weg $l_R = 4{,}7$ m zurück und wird dabei auf $900\,\mathrm{m \cdot s^{-1}}$ beschleunigt. Sie muß im Rohr auf einer Länge von 3 m eine Umdrehung um ihre Längsachse ausführen, um den notwendigen Drall zu erhalten.

Die Zeit, die die Granate von der Ausgangslage ($v = 0$) bis zur Rohrmündung ($v = v_0$) braucht, kann man nach folgender Formel errechnen:

$$t_R = \frac{2{,}4\, l_R}{v_0} = \frac{2{,}4 \cdot 4{,}7\,\mathrm{m}}{900\,\mathrm{m \cdot s^{-1}}} \cong 0{,}0125\,\mathrm{s}.$$

Im Mittel erfährt die Granate im Rohr folgende Beschleunigung:

$$a = \frac{v_0}{t_R} = \frac{900\,\mathrm{m \cdot s^{-1}}}{0{,}0125\,\mathrm{s}} = 72\,000\,\mathrm{m \cdot s^{-2}}.$$

Der Trägheitswiderstand wird als Kraft nach der bekannten Formel errechnet:

$$F = a \cdot m.$$

Ein kleiner Stahlzylinder von 4 mm Durchmesser und 4 mm Höhe (man könnte ihn etwa mit dem Trägheitsstück *25* der Zündeinrichtung des MG-NS vergleichen) hat eine Masse von rund 0,4 g oder 0,0004 kg. Bei der von uns errechneten Beschleunigung bringt dieses kleine Teilchen folgenden Trägheitswiderstand auf:

$$F = 72\,000\,\mathrm{m \cdot s^{-2}} \cdot 0{,}0004\,\mathrm{kg} = 28{,}8\,\mathrm{N}.$$

Beziehen wir diese Kraft auf unsere Alltagsverhältnisse und teilen sie durch die bekannte Beschleunigung $9{,}81\,\mathrm{m \cdot s^{-2}}$ der Erdanziehungskraft, so ergibt diese Rechnung den Wert von (aufgerundet) 3 kg. Das bedeutet folgendes: Nehmen wir auf eine Fingerspitze ein Gewicht mit einer Masse von 3 kg, so drückt das mit derselben Kraft auf unseren Finger, die das winzige Stahlzylinderchen von 0,4 g beim Abschuß auf seine Unterlage (die Zündkapsel *26* und die Feder *27*) ausübt. Eine solche Kraft ist sehr wohl in der Lage, eine Feder entsprechender Stärke zusammenzupressen.

Die Zentrifugalkräfte lassen sich aus der Umdrehungszahl der Granate, die $n_0 = 300\,\mathrm{s^{-1}}$ beträgt, ebenfalls errechnen. Uns soll aber hier das obige Beispiel genügen.

Bei der Darstellung des Zünders wurde auf einige Teile wie Dichtungen und verschiedene Zwischenscheiben, die für die Funktionsweise des MG-NS ohne Belang sind, verzichtet. Alle explosiven Bestandteile sind in **roter** Farbe dargestellt, die Pulverbrennsätze **braun**. Diejenigen mechanischen Teile, deren Lage sich infolge der auf die Granate einwirkenden Kräfte verändert, sind mit **grünen** Farbtönen hervorgehoben.

Die beiden Längsschnitte **I** und **II** durch den Zünder bilden untereinander einen Winkel von 90°. Die Lage der zusätzlichen Schnitte *AB*, *CD* und *EF* ist jeweils angegeben.

Der Zünder vor dem Abschuß

Beim Transport der Munition ist die Zünderspitze durch die Zünderkappe *1* geschützt. Diese Kappe wird unmittelbar vor dem Schießen abgeschraubt; sie ist deshalb hier auch nur auf einer Abbildung (Ansicht **A**) dargestellt.

Beim Umgang mit der Munition vor dem Schießen, beim Laden und während des Schußvorgangs kann der Schlagbolzen *3* mit seiner Spitze die Detonationskapsel *5* nicht erreichen. Nach vorn (im Bild nach oben) wird seine Bewegung durch die Membrane *2* begrenzt. Nach hinten (im Bild nach unten) wird er durch die beiden Backen des Drehstücks *6* so aufgehalten, daß seine

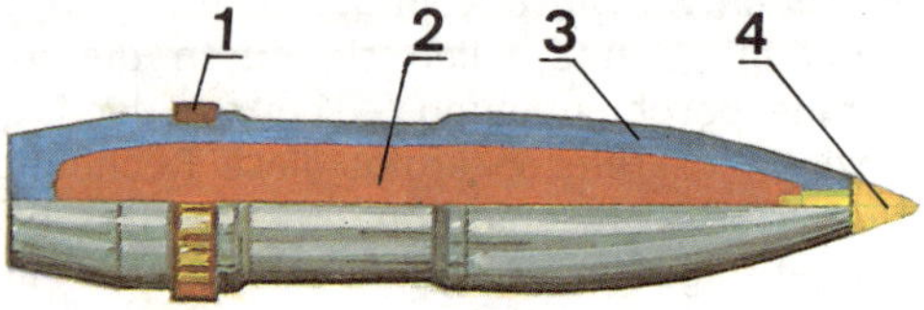

Hauptteile einer Splittersprenggranate
1 – Führungsring;
2 – Sprengladung;
3 – Granathülle;
4 – Zünder

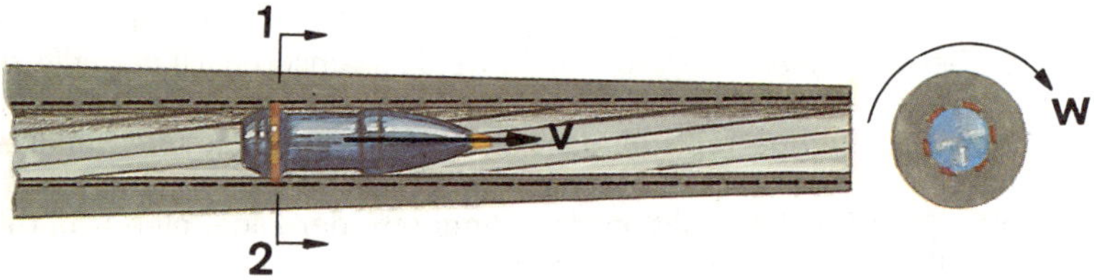

Die beiden Bewegungen der Granate im Geschützrohr
a – Vorwärts- (Translations-) Bewegung;
b – Dreh- (Drall-) Bewegung

Ansicht **A**:
Aufbau des Zünders und Lage seiner Teile vor dem Abschuß (Schnitt **I***)*

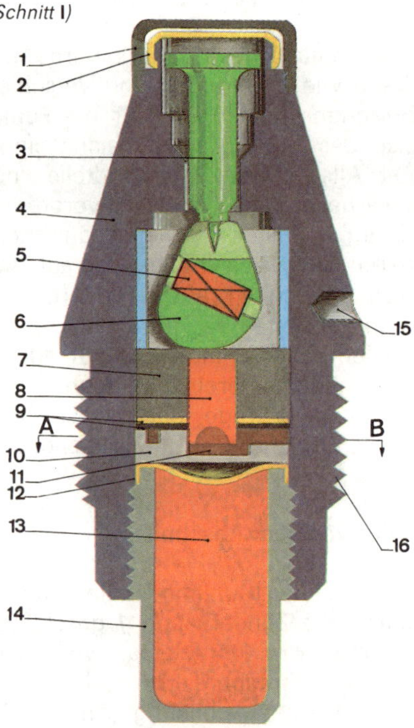

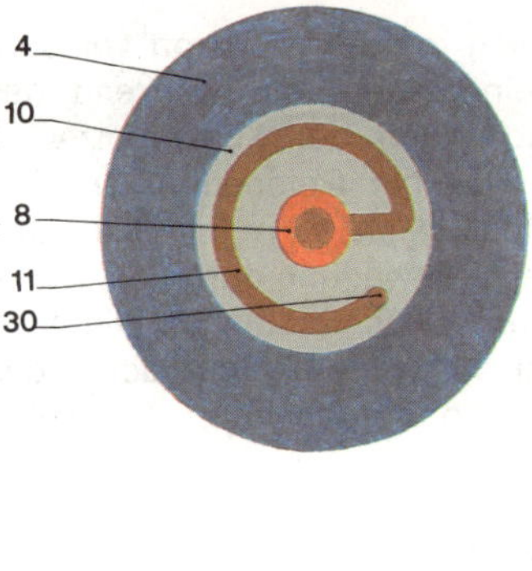

Ansicht **B**:
Lage der Teile des Zünders vor dem Abschuß (Schnitt **II***)*

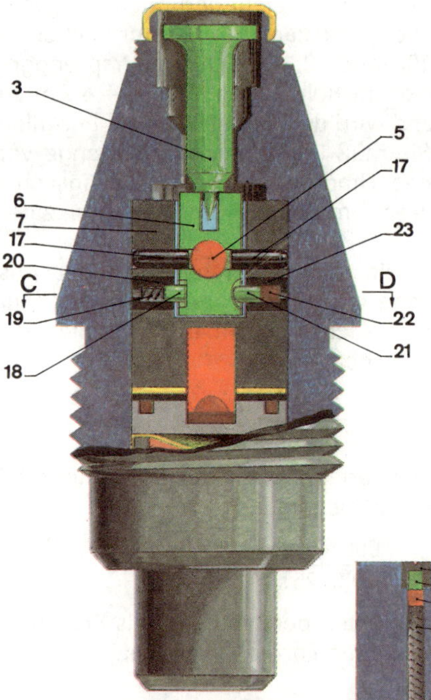

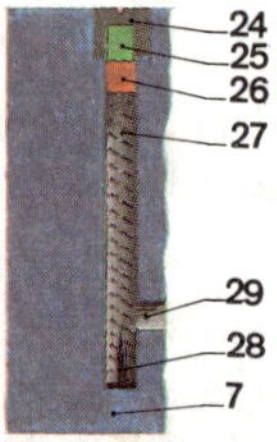

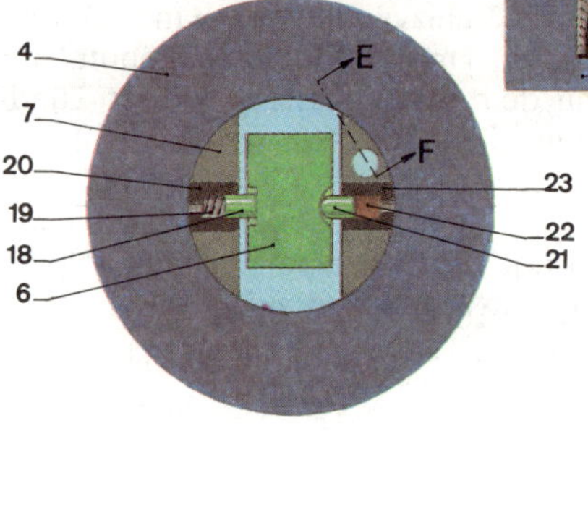

Lage der Teile des Zünders nach dem Abschuß auf der Flugbahn der Granate
Ansicht **C**
(Schnitt **II**)

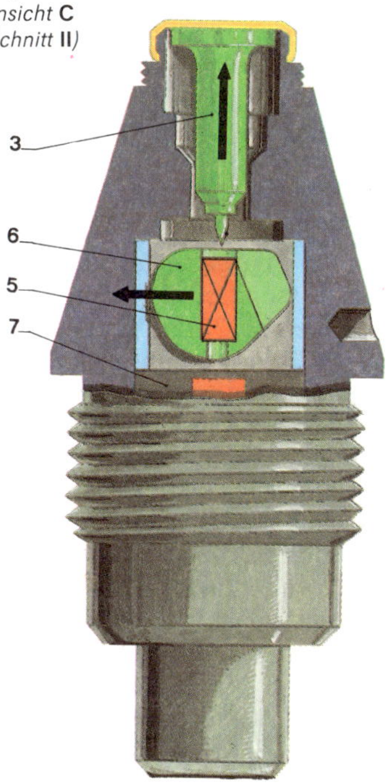

Die Teile des Zünders

1 – Zünderkappe
2 – Membrane
3 – Schlagbolzen mit Spitze
4 – Zünderkörper
5 – Detonationskapsel
6 – Drehstück
7 – Fassungsstück
8 – Übertragungsladung
9 – Zwischenlagen
10 – Zwischenstück
11 – Brennsatz
12 – Kappe des Detonators
13 – Detonator
14 – Detonatorhülse
15 – Bohrung für das Werkzeug zum Festschrauben des Zünders
16 – Gewinde zum Einschrauben in das Mundloch der Granate
17 – Zapfen (Halbachse)
18 – Fliehbolzen
19 – Feder
20 – Buchse der Fliehbolzensicherung
21 – Fliehbolzen
22 – Pulversicherung
23 – Buchse der Pulversicherung
24 – Buchse der Zündeinrichtung
25 – Trägheitsstück
26 – Zündkapsel
27 – Feder
28 – Schlagbolzen
29 – Öffnung für Zündflamme
30 – Zündsatz des Brennsatzes *11*

Ansicht **D**
(Schnitt **I**)

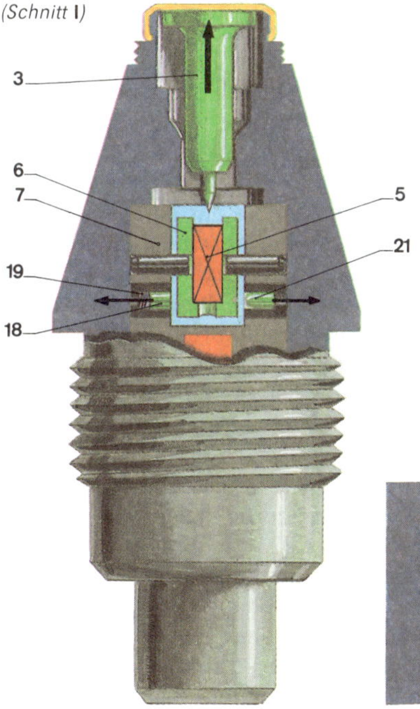

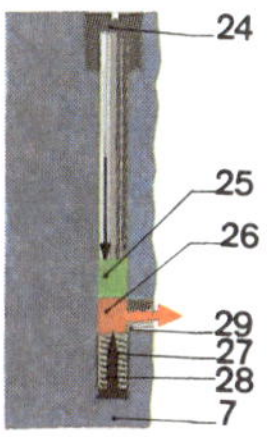

Ansicht **E**:
Wirkung der Teile des Zünders beim Auftreffen auf das Ziel
(Schnitt **I**)

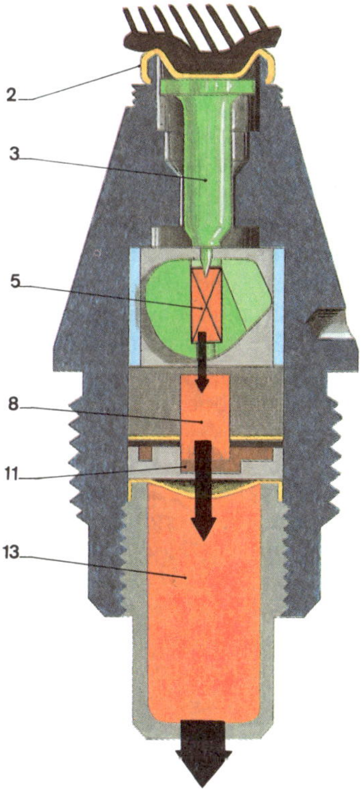

Spitze frei steht und nicht deformiert werden kann (Ansicht **B**).

Das Drehstück *6* wird durch die beiden Fliehbolzen *18* und *21* in seiner Lage fixiert. Dabei wird der Fliehbolzen *18* durch die Feder *19* in eine Ausnehmung des Drehstücks *6* gepreßt, während der Fliehbolzen *21* durch die Pulversicherung *22* in seiner Lage in der gegenüberliegenden Ausnehmung des Drehstücks *6* gehalten wird.

Die Detonationskapsel *5* als empfindlichstes Element des Zünders nimmt dabei in der Ausgangslage des Zünders vor dem Abschuß eine solche Stellung ein, bei der gewährleistet ist, daß bei ihrer vorzeitigen Detonation infolge technischer Mängel die Detonationswelle die Übertragungsladung *8* **nicht** zünden kann. Ein solcher (höchst seltener) Fall würde zwar zu einem «Blindgänger» führen, schließt aber auch die Detonation der Granate im Rohr der Kanone und damit in unmittelbarer Nähe der Besatzung aus. Diese Konstruktion trägt zusätzlich zur Sicherheit beim Umgang mit der Munition bei.

Die beiden Zeichnungsschnitte *AB* und *CD* zeigen uns weitere für die Funktion des Zünders wichtige Teile. Im Zwischenstück *10* ist der Brennsatz *11* der Selbstzerlegereinrichtung eingepreßt; er reicht bis unter die Übertragungsladung *8*.

In einem der Schenkel des Fassungsstücks *7* ist die Zündeinrichtung untergebracht. Ihren Aufbau zeigt uns der Zeichnungsschnitt *EF*. Sie besteht aus dem Trägheitsstück *25*, der Zündkapsel *26*, der Feder *27* und dem Schlagbolzen *28*. Vor dem Abschuß gewährleisten die Kraft der Feder *27* und der verhältnismäßig lange Federweg, daß die Zündkapsel *26* nicht mit dem Schlagbolzen *28* in Berührung kommen kann.

Die Vorgänge im Zünder beim Abschuß und die Lage seiner Teile während des Fluges der Granate

Von den beim Abschuß an den Teilen des Zünders angreifenden Kräften haben wir bereits erfahren. Sehen wir uns das nun am Beispiel unseres Zünders MG-NS in der Praxis an.

Der Schlagbolzen *3* wird durch den Trägheitswiderstand auf das Drehstück *6* gepreßt. Weiter kann er nichts bewirken.

Das Trägheitsstück *25* der Zündeinrichtung überwindet zusammen mit der Zündkapsel *26* den Widerstand der Feder *27*, preßt diese zusammen und schlägt auf den Schlagbolzen *28* auf (siehe Ansicht **C**, Schnitt *EF*). Der Flammenstrahl der Zündkapsel *26* dringt durch die Öffnung *29* und weitere, hier nicht dargestellte Bohrungen und Kanäle im Fassungsstück *7* zum einen bis zur Pulversicherung *22* und zum anderen bis zum Zündsatz *30* des Brennsatzes *11* der Selbstzerlegereinrichtung vor. Wenn die Granate das Rohr der Kanone verläßt, sind beide (*22* und *11*) entzündet.

Zusammen mit der Vorwärtsbewegung im Rohr beginnt die Granate auch ihre Dreh-(Drall-) Bewegung, die beim Verlassen der Rohrmündung ihren maximalen Wert erreicht. Die Zentrifugalkraft, die auf den Fliehbolzen *18* einwirkt, ist dann so groß, daß dieser die Feder *19* zusammenpressen kann, sich aus der Ausnehmung des Drehstücks *6* zurückzieht und dieses Teil seinerseits freigibt. Da die Granate ihren Drall auf der Flugbahn fast ohne Verlust beibehält, kann der Fliehbolzen *18* nicht in seine Ausgangslage zurückkehren.

Auch der Fliehbolzen *21* ist unter der Einwirkung der Zentrifugalkraft bestrebt, sich von der Zünderlängsachse zu entfernen, wird aber so lange daran gehindert, bis die Pulversicherung *22* abgebrannt ist.

Hat die Granate das Rohr der Kanone verlassen und damit die beschleunigende Wirkung der Pulvergase aufgehört, setzt sofort die (nicht unerhebliche) Wirkung des Luftwiderstands ein. Dessen Bremskraft bewirkt, daß sich der Schlagbolzen *3* nach vorn bewegt, wo er von der Membrane *2* aufgehalten wird. Dort verbleibt er während des gesamten Fluges.

Erst nachdem die Granate einen Weg von *mindestens* 20 m zurückgelegt hat, ist die Pulversicherung *22* abgebrannt, und der Fliehbolzen *21* kann nunmehr das Drehstück *6* ebenfalls freigeben.

Die Form des Drehstücks *6*, das im Fassungsstück *7* mit zwei Zapfen *17* beweglich gelagert ist, läßt erkennen, daß dessen Mas-

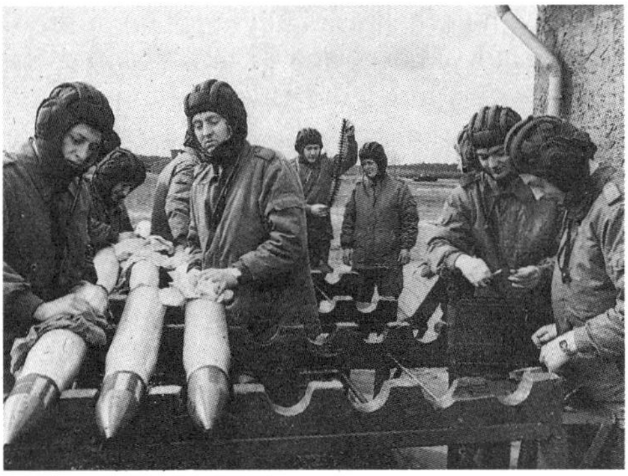

Die Granatpatronen werden vor dem Schießen sorgsam entfettet und gesäubert

Die Panzerbesatzung beim Aufmunitionieren ihres Gefechtsfahrzeugs für das Übungsschießen

seschwerpunkt seitlich von der Längs- (Rotations-)Achse von Granate und Zünder liegt. Deshalb schwenkt das Drehstück *6*, nachdem es auch von dem Fliehbolzen *21* freigegeben wurde, unter Einwirkung der Zentrifugalkraft bei gleichzeitiger Unterstützung durch die Bremskraft soweit um seine (Zapfen-) Achse, daß die Detonationskapsel *5* unmittelbar hinter der Spitze des Schlagbolzens *3* zu stehen kommt. Dabei ist die untere Öffnung des Drehstücks *6* auf die Übertragungsladung *8* gerichtet. In dieser Lage, die bis zum Auftreffen der Granate auf das Ziel beibehalten wird, hat der Zünder seine volle Einsatzfähigkeit erreicht. Man sagt auch, er ist «geschärft». Daß das erst in einer Entfernung von 20 m und mehr von der Rohrmündung geschieht, ist ein weiterer Sicherheitsfaktor für Waffe und Besatzung.

Schießen eines T-55 bei Nacht

Das Ziel ist getroffen

Beim Auftreffen auf das Ziel wird die Membrane *2* eingedrückt, und der Schlagbolzen *3* wird mit seiner Spitze nach einem sehr kurzen Weg (und deshalb auch sehr schnell!) in die Detonationskapsel *5* gestoßen. Deren Detonation löst die Übertragungsladung *8* aus. Diese bringt den Detonator *13* und damit die Granate zur Wirkung.

Eine solche Zündkette aus mehreren Gliedern ist aus folgendem Grunde notwendig. Der für die Füllung der Granaten verwendete Sprengstoff muß zwar leistungsstark, darf aber nicht sehr empfindlich sein. Die Kraft einer kleinen Detonationskapsel würde daher nicht ausreichen, die Sprengladung zu ihrer vollen Wirkung zu bringen. Größere Detonationskapseln wären zwar stärker, werden aber aus Sicherheitsgründen nicht verwendet. Deshalb wird die Wirkung der kleinen, aber handhabungs- und abschußsicheren Kapseln über mehrere Stufen «herauftransformiert». Dabei ist jedes folgende Glied der Zündkette leistungsstärker, besteht jedoch dafür aus einem weniger empfindlichen Explosivstoff.

Das Ziel wurde verfehlt – was dann?

Übungsgelände und Schießplätze haben nur eine begrenzte Größe. Wenn aber nun die Granate im Zielgelände so aufkommt, daß sie von der Erdoberfläche abprallt und unkontrolliert weiterfliegt, aus dem Sicherheitsbereich des Schießplatzes hinaus? Damit das nicht geschehen kann, also die volle Sicherheit beim Übungsschießen gewährleistet ist, werden die Granaten dazu mit solchen Zündern wie den von uns besprochenen MG-NS komplettiert. Wir haben seine Selbstzerlegereinrichtung bereits erwähnt und auch schon beim Abschuß «unseres» Zünders in Tätigkeit gesetzt. Blättern wir kurz zurück: Beim Abschuß wurde vom Flammenstrahl der Zündkapsel *26* der Zündsatz *30* des Brennsatzes *11* entzündet.

Der Brennsatz *11* (siehe Ansicht **A**, Schnitt *AB*) ist ein verhältnismäßig langsam abbrennender Pulversatz. Nach 9 bis 12 s sind seine Flammen bis unter die Übertragungsladung *8* vorgedrungen. Hat der Zünder bis dahin nicht durch normales Aufschlagen angesprochen, dann zünden die Flammen des Brennsatzes *11* die Übertragungsladung *8*, diese initiiert den Detonator *13* und damit die gesamte Granate. Da 9 bis 12 s Flugzeit für eine 100-mm-Splittersprenggranate ($v_0 = 900\,m \cdot s^{-1}$) eine Flugweite von rund 6 bis 7 km bedeuten, ist damit gewährleistet, daß die Granate auf jeden Fall innerhalb des Sicherheitsstreifens des Schießplatzes, der in der Regel 10 km und mehr tief ist, detoniert. Die notwendige Sicherheit des Schießens ist damit gegeben.

So wie der MG-NS sind alle Granatzünder speziellen Anforderungen und Schießbedingungen angepaßt. In ihrem Aufbau stellen sie sorgsam berechnete und konstruierte Präzisionsvorrichtungen dar.

Die Lehrerin sagte:
Malt ein Bild vom Frieden.
Ein Kind wählte vier Farben.
Blau für den Himmel.
Gelb für die Sonne.
Grün einen Panzer.
Rot sein Stern.

Fackelzug und Kundgebung der FDJ anläßlich des 10. Jahrestages der Gründung der DDR in Berlin am 4. Oktober 1959

Heimat, dich werden wir hüten!

Oberstleutnant Roland Fischer

Aus der Geschichte der FDJ-Initiativen zum Schutz der sozialistischen Revolution

Berlin, Sonntag, den 4. Oktober 1959.

Zehntausende Fackeln erhellen die abendlichen Straßen der Hauptstadt der DDR, Berlin. Hochrufe, Begeisterung und die Lieder der Jugend erfüllen die Innenstadt. Immer wieder brausen die Sprechchöre auf: «Die DDR ist unser Staat – ihr alle Kraft und unsere Tat!» Sie setzen sich fort von Mund zu Mund.

Über 60000 Mitglieder der FDJ aus allen Teilen unseres Landes gratulieren mit einem

Bericht aus Bonn: „Rusk hat alle Fäden in der Hand" (Seite 3)

DIE WELT

UNABHÄNGIGE TAGESZEITUNG FÜR DEUTSCHLAND

Die NATO will ihre Truppen sofort um 80000 Mann verstärken

Vorbereitet

Be. — Alle Anzeichen sprechen dafür, daß von der Konferenz der westlichen Außenminister in Paris kräftige Impulse für die militärischen Anstrengungen des atlantischen Bündnisses ausgegangen sind. Die Hauptlast übernehmen die Vereinigten Staaten, aber auch die europäischen Mächte scheinen entschlossen zu sein, die bestehende Lücke zwischen dem, was nach der Planung der NATO längst Wirklichkeit sein sollte, und dem, was tatsächlich an militärischer Macht auf dem Kontinent vorhanden ist, durch außergewöhnliche Maßnahmen schnell zu schließen.

Auf rein politischem Gebiet zeichnen sich die Konturen der Konferenzergebnisse dagegen nur unscharf ab. Bekannt ist lediglich, an welchen Prinzipien der Westen auf jeden Fall unverändert festhalten will, wenn es zu Verhandlungen mit den Sowjets in der deutschen Frage kommen wird. Aber ein Schuß von Geheimdiplomatie kann nur von Nutzen sein. Die Skala aller Überlegungen, die

Sechs Divisionen in USA alarmbereit

Von unserem Korrespondenten

Wd. Paris, 9. August

Die Vereinigten Staaten bereiten sich darauf vor, im Falle krisenhafter Entwicklungen wegen Berlins sechs Divisionen über eine Luftbrücke nach Europa zu fliegen. Außerdem soll die NATO „angesichts des Ernstes der Lage" die vorgesehene Soll-Stärke von dreißig Divisionen (von denen zur Zeit 22 aufgestellt sind) beschleunigt erreichen.

Dies wurde nach der Sitzung des Ständigen NATO-Rates in Paris bekannt, in der der amerikanische Außenminister Rusk über die Ergebnisse der Pariser Außenministerkonferenz Bericht erstattete. Rusk hatte an die NATO-Mitglieder appelliert, die konventionellen Streitkräfte zur Vorbereitung auf einen Nervenkrieg und zur Bereitschaft für ernstere Verwicklungen unverzüglich zu erhöhen. Die kurzfristig vorgesehene Erhöhung um 75 000 bis 80 000 Mann soll vor allem von den vier in Berlin unmittelbar interessierten Mächten (Bundesrepublik, Frankreich, England, USA) vorgenommen werden. Kleinere Kontingente werden auch von Holland, Belgien, Norwegen und Dänemark erwartet.

In Paris wird bekannt, daß sich Frankreich im Zusammenhang mit diesem Plan verpflichtet hat, seine beiden in Deutschland stehenden Divisionen, deren Stärke im Interesse des Algerienkrieges stark herabgesetzt worden war, wieder aufzufüllen und zwei weitere Divisionen bereit zu halten.

Über die politischen Gesichtspunkte, die der Haltung der NATO-Mächte zugrunde gelegt werden sollen, hieß es nach der Sitzung in unterrichteten Kreisen, daß der Westen Zeichen einer Lockerung in der sowjetischen Haltung abwarte. Man könne erst an den Konferenztisch gehen und vielleicht auch eine entsprechende Initiative ergreifen, wenn sich ein Verhandlungsspielraum abzeichne. Das sei aber bisher noch nicht der Fall.

Wie Associated Press aus diplomatischen Kreisen in Paris meldet, wird der Westen voraussichtlich nach den Bundestagswahlen vom 17. September entscheidende diplomatische Schritte unternehmen, um mit der Sowjetunion über die Lösung des Berlin-Problems zu verhandeln.

machtvollen Fackelzug ihrer Republik zum zehnten Geburtstag. Die geschlossenen Marschblöcke der Mädchen und Jungen in den Blauhemden der FDJ ziehen Unter den Linden, am August-Bebel-Platz vorbei, auf dem vor zehn Jahren, am 11. Oktober 1949, die Demonstrationszüge der Jugend die Gründung der DDR und die Wahl des Genossen Wilhelm Pieck zu ihrem Präsidenten stürmisch gefeiert hatten. Im Schein der Fackeln sprach Erich Honecker damals als Vorsitzender der FDJ das Gelöbnis der deutschen Jugend. Die Mädchen und Jungen schworen dem ersten deutschen Staat der Arbeiter und Bauern die Treue und gelobten, ihn vor den Anschlägen der Kriegsbrandstifter zu schützen.

Zehn Jahre später nun strömen Mädchen und Jungen zum Strausberger Platz, um das historische Gelöbnis von 1949 zu erneuern.

FDJler aus Berlin-Mitte danken Panzersoldaten für ihren vorbildlichen Einsatz bei der Sicherung der Staatsgrenze

Junge Pioniere sind stolz auf die Soldaten des Volkes

Kampfgruppen der Arbeiterklasse vor dem Brandenburger Tor

Junge Arbeiter des VEB Galvanotechnik Leipzig sind bereit zum Dienst in der NVA

Karl-Marx-Städter FDJler verabschieden ihre Freiwilligen

Genosse Erich Honecker, jetzt Mitglied des Politbüros und Sekretär des Zentralkomitees der SED, ergreift das Wort und ruft die Jugend auf, auch künftig alles zu tun, damit die DDR weiter erstarke und erblühe.

Alle Kraft für den Sozialismus

Mit großem Elan gingen die FDJ-Kollektive in allen gesellschaftlichen Bereichen an die weitere Verwirklichung des «Programms der jungen Generation für den Sieg des So-

Appell der FDJ-Ordnungsgruppen im Herbst 1961 in Berlin-Mitte

Dieses Foto ging um die Welt: Hauptmann Heinz Schäfer weicht den amerikanischen Panzern keinen Fingerbreit

FDJler danken im Oktober 1961 jungen Volkspolizisten für ihr mutiges und besonnenes Handeln während der amerikanischen Panzerprovokationen

zialismus». Dieses Programm, beschlossen von den Delegierten des VI. Parlaments der FDJ 1959 in Rostock, stellte dem Jugendverband als Kampfreserve der Partei die Aufgabe, die DDR auf allen Gebieten, besonders bei der Durchsetzung der sozialistischen Produktionsverhältnisse, zu stärken.

Vom Zentralrat der FDJ gestiftet:

Ehrenabzeichen «Freiwilliger zum Schutz der sozialistischen Heimat» – verliehen an FDJ-Mitglieder, die dem Kampfaufruf des Zentralrats folgten

Ehrenabzeichen «Wir dienen länger» – verliehen an Soldaten und Unteroffiziere

Medaille «Kampfauftrag der FDJ August 1961»

Viele Bürger erinnern sich noch heute an die begeisternden Jugendinitiativen jener Jahre, z. B. an die Kompaßbewegung der FDJ. In die Felder eines symbolischen Kompasses, dessen Nadel auf der Marschrichtungszahl 60, das hieß auf das letzte Jahr des zweiten Fünfjahrplanes eingestellt war, setzten die Grundeinheiten und Mitglieder der FDJ ihre Kollektiv- und Einzelverpflichtungen ein. Sie rechneten dann die Ergebnisse öffentlich ab.

Die Jugendkomplexbrigade «Nikolai Mamai» des VEB Elektrochemisches Kombinat Bitterfeld löste eine weit in die Zukunft reichende Bewegung aus. Sie verpflichtete sich, auf sozialistische Weise zu arbeiten, zu lernen und zu leben und um den Titel «Brigade der sozialistischen Arbeit» zu ringen.

Dieses Beispiel fand auch in der NVA ein starkes Echo. Auf Initiative der FDJ kämpften militärische Einheiten unter der Losung «Auf sozialistische Weise die militärischen Pflichten erfüllen, sozialistisch lernen und leben» um den Titel «Kollektiv junger Sozialisten».

Auch bei der Kampagne um das vollgenossenschaftliche Dorf standen Mitglieder der FDJ in der vordersten Reihe. Viele gehörten zu Brigaden, die mit den Einzelbauern Gespräche führten, um sie für den Eintritt in die LPG zu gewinnen. Mehr als 16 000 Jugendliche traten vom Februar bis April 1960 selbst einer LPG bei und verhalfen den sozialistischen Produktionsverhältnissen in der Landwirtschaft zum Sieg.

... alle Kraft für den Frieden

Zu Beginn der 60er Jahre gewann der Sozialismus auf Grund seiner gewachsenen politischen, ökonomischen und militärischen Kraft an internationalem Einfluß.

Eine Beratung der kommunistischen und Arbeiterparteien, die 1960 in Moskau stattfand und an der 81 Delegationen teilnahmen, bekräftigte das. Die DDR entwickelte sich in Übereinstimmung mit den Gesetzmäßigkeiten des Sozialismus. Sie verfügte bereits über eine starke sozialistische Industrie und Landwirtschaft.

Um den Frieden in Europa zu sichern, traten die Sowjetunion und die anderen sozialistischen Staaten dafür ein, den im Ergebnis des zweiten Weltkrieges entstandenen territorialen Status und das Prinzip der friedlichen Koexistenz in den Beziehungen zwischen Staaten unterschiedlicher gesellschaftlicher und politischer Ordnung fest zu verankern.

Auf sowjetische Initiative vereinbarten die UdSSR, die USA, Großbritannien und Frankreich ein Treffen auf höchster Ebene für Mai 1960 mit dem Ziel, über die europäischen und deutschen Fragen Regelungen herbeizuführen.

Die Strategie des kalten Krieges

Das Gipfeltreffen kam nicht zustande. Mit Billigung des USA-Präsidenten schickte das

Pentagon wiederholt Spionageflugzeuge vom Typ Lockheed U-2 in den Luftraum der UdSSR. Auch am 1. Mai 1960. Die mit elektronischen Mitteln bespickte Maschine wurde von einer sowjetischen Raketeneinheit im Raum Swerdlowsk aus großer Höhe abgeschossen. Die USA lehnten es ab, ihre schweren Provokationen einzustellen, und drohten weitere Flüge an.

Die Verhandlungen über einen Friedensvertrag und die Lösung der Westberlinfrage brachen ab, und die USA verschärften die internationale Situation mit verstärkten Kernwaffenversuchen weiter. Einen besonderen Platz in der imperialistischen Strategie des «roll back», des «Zurückrollens» des Sozialismus, nahmen die BRD und Westberlin ein. Als «billigste Atombombe», als «Pfahl im Fleische des Ostens» bezeichneten sie Westberlin.

Den Kriegstreibern war auch jetzt kein Mittel zu schmutzig. Wirtschaftskrieg und Menschenhandel, Aufwiegelung, Verleumdung, Erpressung, Brandstiftung – diese und andere Gangstermethoden wandten sie unter Mißbrauch der offenen Grenze gegen uns an. Monopole und imperialistische Geheimdienste warben mit übelsten Methoden massenhaft Facharbeiter, Techniker, Ärzte, Wissenschaftler und andere Spezialisten ab.

Ein weiteres Instrument des Wirtschaftskrieges waren Kursmanipulationen beim Umtausch von Mark der DDR gegen Mark der BRD. Der Schwindelkurs stieg zeitweise bis 8:1. Dadurch gelangten beträchtliche Summen unseres Geldes nach Westberlin und in die BRD. Sie wurden eingesetzt, um die Diversions- und Spionagetätigkeit gegen die DDR zu finanzieren und unsere Wirtschaft systematisch zu unterminieren.

Eine nicht unwesentliche Rolle im Wirtschaftskrieg gegen die DDR spielten die sogenannten Grenzgänger. Das waren Bürger, die in der Hauptstadt der DDR oder in den unmittelbar angrenzenden Bezirken wohnten und ihre Arbeitskraft an Westberliner Konzerne verkauften oder in Westberlin sogenannte Gelegenheitsjobs verrichteten. Daraus erwuchs der Wirtschaft der DDR doppelter Schaden: Durch den Verlust von etwa 100 000 Arbeitskräften entstand jährlich ein Produktionsausfall von rund 3,5 Milliarden Mark. Außerdem tauschten die Grenzgänger einen großen Teil ihres «Lohnes» unter Ausnutzung des Schwindelkurses in DDR-Währung um, nahmen alle sozialpolitischen Vergünstigungen unseres Staates in Anspruch und ließen es sich auf Kosten der Werktätigen der DDR wohl sein.

Monopole und Regierungskreise der BRD organisierten immer wieder Störungen des Handels mit der DDR.

Nach vorsichtigen Schätzungen entstand der DDR in der Zeit der offenen Grenze ein Schaden von mehr als 150 Milliarden Mark.

Unsere Volkswirtschaft sollte «ausgeblutet», eine Unzufriedenheit der Bürger geschürt und letztlich die DDR «sturmreif» gemacht werden.

Die Jugend fest zusammenschließen

Die SED zog aus den Aggressionsvorbereitungen des Imperialismus der USA und der BRD Schlußfolgerungen für die Sicherung des Friedens und legte Maßnahmen fest, um die Verteidigungskraft der DDR zu erhöhen. Sie gab eine klare Orientierung, die junge Generation auf die herangereiften Entscheidungen im Klassenkampf zwischen Sozialismus und Imperialismus vorzubereiten.

In zahlreichen Jugendforen, Gesprächsrunden und in den Massenmedien beantworteten Funktionäre der Partei, der Gewerkschaften, der FDJ, Wissenschaftler, Künstler, Angehörige der bewaffneten Kräfte und andere Persönlichkeiten die Fragen der Jugend. Es ging darum, den Mädchen und Jungen dabei zu helfen, die Absichten des Imperialismus zu durchschauen und für den Sozialismus mit Taten Partei zu ergreifen. Der Klassengegner ließ nichts unversucht, ideologisch auf labile Jugendliche einzuwirken und sie gegen die DDR aufzuhetzen. In einigen Städten und Gemeinden störten Gruppen von Jugendlichen Veranstaltungen durch rowdyhaftes Auftreten. Es waren zumeist planmäßig gelenkte Herausforderungen. Unsere Partei rief dazu auf, der Hetze und den Provokationen offensiv zu begegnen und die Jugend der DDR fest zusammenzuschließen. Inzwischen war eine junge Generation herangewachsen, die Faschismus und Krieg, seine unmittelbaren Folgen nicht bewußt miterlebt hatte. Das mußte in der ideologischen Arbeit im Jugendverband berücksichtigt werden.

Gemeinsam mit der GST, den Gewerkschaften und dem DTSB verbesserte die FDJ die wehrpolitische und wehrsportliche Arbeit. Treffpunkte Olympia, Woche der Jugend und Sportler, Tage der Wehrbereitschaft, Wehrsportwettkämpfe und andere Veranstaltungen förderten die patriotische Erziehung und Verteidigungsbereitschaft der Jugend.

Der Gesellschaft für Sport und Technik gelang es immer besser, Jugendliche für die Landesverteidigung zu begeistern und viele junge Männer für ihren freiwilligen Ehrendienst in den bewaffneten Kräften vormilitärisch auszubilden.

Die Kommunisten und FDJ-Mitglieder im mot. Schützenbataillon Gehrmann des Truppenteils «Thomas Müntzer» riefen alle Angehörigen der NVA auf, bewußt an das «No paseran» der Spanienkämpfer anknüpfend, unter der Losung «Soldaten entscheiden durch Taten! Die Ultras kommen nicht durch!» die Gefechtsbereitschaft zu erhöhen.

Der Frieden ist in Gefahr

Im Frühjahr und Sommer 1961 spitzten die Imperialisten die Situation in gefährlicher Weise zu.

Der Regierung der BRD wurde ein umfassender Plan für einen neuen «Tag X» vorgelegt. Dieser «Graue Plan» zielte darauf ab, die DDR zu annektieren. Ein Sprecher der Bundeswehr forderte, in der DDR eine «Explosion» herbeizuführen. Damit waren Sabotage der Produktion und des Verkehrs, Anstiftung zu Streiks und passivem Widerstand bis hin zum «Volksaufstand» gemeint. Die NATO-Verbände in Europa befanden sich in Alarmbereitschaft. Die «Bonner Rundschau», ein Blatt der Monopole, verlangte von den imperialistischen Westmächten «alle Mittel des Krieges, des Nervenkrieges und Schießkrieges, anzuwenden». Der Generalstab der Bundeswehr bereitete die Einberufung von Reservisten vor. Sieben Bundeswehrdivisionen standen zu diesem Zeitpunkt für den «kleinen Krieg» gegen die DDR bereit. Vor der Küste der DDR fanden Seekriegsmanöver statt, und der Befehlshaber der NATO-Landstreitkräfte Europa-Mitte, der ehemalige Nazigeneral Speidel, inspizierte die Aufmarschräume an der Staatsgrenze der DDR.

Ende Juli/Anfang August organisierten imperialistische Geheimdienste allein in der Hauptstadt Berlin 34 Brandstiftungen, um Unruhen unter der Bevölkerung auszulösen. Die Bundeswehr sollte dann unter dem Deckmantel einer «innerdeutschen Polizeiaktion» eingreifen. Genosse Erich Honecker schrieb später darüber: «Hätte das Volk der Deutschen Demokratischen Republik, hätten die friedliebenden Völker Europas und der Welt es uns verziehen, wenn wir die Aggressoren nachgerade durch Tatenlosigkeit ermuntert hätten? Am Ende des zweiten Weltkrieges hatten wir geschworen, alles daranzusetzen, daß von deutschem Boden niemals mehr ein Krieg ausgeht.»

Es schlug 13

In der Nacht zum Sonntag, dem 13. August 1961, ist es soweit. Um 0.00 Uhr löst Erich Honecker, damals Sekretär des Nationalen Verteidigungsrates der DDR, eine großangelegte und unter strengster Geheimhaltung sorgfältig vorbereitete Maßnahme aus.

«Binnen weniger Stunden war unsere Staatsgrenze rings um Berlin-West zuverlässig geschützt», so erinnert sich Erich Honecker. «Ich hatte vorgeschlagen, direkt an der Grenze die politische und militärische Kampfkraft der Arbeiterklasse einzusetzen, d. h. Werktätige aus sozialistischen Betrieben in den Uniformen der Kampfgruppen. Sie sollten mit Bereitschaften der Volkspolizei unmittelbar die Grenze zu Berlin-West sichern. Falls es notwendig werden sollte, hatten die Truppenteile und Verbände der Nationalen Volksarmee und die Organe des Ministeriums für Staatssicherheit sie aus der zweiten Staffel zu unterstützen. Nur bei einem etwaigen Eingreifen der NATO-Armee sollten die in der DDR stationierten sowjetischen Streitkräfte in Aktion treten.»

In den frühen Morgenstunden des 13. August treffen die leitenden Genossen der Berliner Parteiorganisation zusammen. Der 1. Sekretär, Paul Verner, erläutert die Aufgaben: Innerhalb der nächsten Stunden ist die gesamte Parteiorganisation zu mobilisieren. Der Bevölkerung der Hauptstadt sind durch Agitatorengruppen die Ereignisse dieser historischen Nacht verständlich und überzeugend zu erläutern.

Es ist Vorsorge zu treffen, daß am Montag in den Betrieben und Verwaltungen normal gearbeitet werden kann und die Produktion gesichert ist. Den ehemaligen Grenzgängern sind schnell Arbeitsplätze nachzuweisen.

Zur selben Stunde ordnet der Minister für Verkehrswesen an, den direkten Bahnverkehr von und nach Westberlin zu unterbrechen. Wenig später treten Arbeitsstäbe zusammen, um zu sichern, daß mit Beginn des morgendlichen Fahrbetriebes alle Verkehrsmittel der Hauptstadt der DDR nach neuen Fahrplänen verkehren.

Eine motorisierte Schützendivision, Pionier- und Panzereinheiten der NVA übernehmen die Sicherung und den Bau der Grenzanlagen. Gleichzeitig erreichen Bereitschaften der Volkspolizei und Kräfte der Verkehrspolizei ihre Einsatzabschnitte. Weitere Kampfgruppeneinheiten aus Berlin und den umliegenden Bezirken rücken an.

Um 6.00 Uhr ist der Hauptteil der Operation im wesentlichen abgeschlossen: Die Grenze der DDR zu Westberlin ist auf ihrer gesamten Länge unter Kontrolle, und zugleich wird die verstärkte Sicherung der Staatsgrenze zur BRD wirksam.

Das Vaterland ruft!

In den Vormittagsstunden des 13. August 1961 sandte das Sekretariat des Zentralrates der FDJ durch Kuriere an alle Bezirksleitungen eine Direktive über die sofort zu lösenden Aufgaben. Die Leitungen des Jugendverbandes wurden aufgefordert, jedem jungen Menschen die Schutzmaßnahmen der Regierung zu erläutern, weitere Mitglieder für den Dienst in den bewaffneten Kräften zu gewinnen und Ordnungsgruppen zu bilden. Energisch sollte gegen Provokateure vorgegangen werden.

In der Hauptstadt der DDR formierten sich schon in der Nacht FDJ-Aktive in den Großbetrieben. Mit den Kommunisten und Gewerkschaftsmitgliedern bereiteten sie sich auf Agitationseinsätze vor und halfen beim Schutz ihrer Betriebe. Mit ihrer konsequenten Haltung verhinderten diese FDJ-Mitglieder in den kommenden Tagen, daß vereinzelte Feinde des Sozialismus junge Menschen zu Handlungen gegen die DDR verleiten konnten. Mit der Aufforderung «Das Vaterland ruft! Schützt die sozialistische Republik!» und dem «Kampfauftrag an alle Mitglieder der FDJ» löste der Zentralrat der FDJ am 16. August 1961 eine der bedeutendsten Aktionen in der Geschichte des Jugendverbandes aus.

«Jeder FDJler ist aufgerufen, sich in dieser Stunde freiwillig zum Ehrendienst in den bewaffneten Kräften zu verpflichten», hieß es im Kampfauftrag. Er enthielt weiterhin die Aufgaben, höchste Ergebnisse bei der Erfüllung des Volkswirtschaftsplanes 1961 zu erreichen und der imperialistischen Hetze offensiv zu begegnen.

Am 18. August 1961, dem 17. Jahrestag der Ermordung des unvergessenen Arbeiterführers Ernst Thälmann, morgens um 6.00 Uhr, führte die FDJ in über 22 000 Grundeinheiten Appelle durch. FDJ-Funktionäre verlasen den Kampfauftrag.

Das Echo unter der Jugend war überwältigend. Zehntausende Einzel- und Kollektivverpflichtungen erreichten den FDJ-Zentralrat. Die Jugendbrigade «13. Oktober» im Karl-Marx-Werk Zwickau erklärte ihre Bereitschaft, «den Pikhammer mit dem Gewehr zu vertauschen». Michael Hofmann aus dem Werkzeugmaschinenwerk Berlin-Treptow meldete sich sofort zum Dienst in der NVA und begründete seinen Entschluß: «Meine Mutter kam in einem faschistischen KZ um. Ich müßte mich schämen, wollte ich jetzt den Ruf des Vaterlandes, für das auch sie kämpfte – wofür sie sogar ihr Leben gab –, überhören.»

Eine Lehrlingsbrigade aus dem VEB Webstuhlbau Neugersdorf stellte den Antrag, die Facharbeiterprüfungen vorzeitig abzulegen, und rückte danach geschlossen in eine Kaserne der NVA zum Dienst ein. Allein im Bezirk Leipzig meldeten sich 2000 Mädchen zur Mitarbeit im DRK, in der GST und beim Luftschutz.

FDJ-Regimenter stehen bereit

Tausende Mitglieder der FDJ erklärten schon in den ersten Tagen nach dem 13. August ihre Bereitschaft zum freiwilligen Ehrendienst in der NVA.

Stürmisch begrüßten am 20. August 1961 die Teilnehmer des IV. Pioniertreffens und die Bevölkerung in Erfurt einen Marschblock mit 1355 Jugendlichen, die ein Plakat mit der Aufschrift «Wir schützen unser sozialistisches Vaterland – 1. Erfurter FDJ-Regiment» vorantrugen. Am 10. September legten diese Freiwilligen in Anwesenheit von 15000 Erfurter Bürgern den Schwur als Angehörige der NVA ab.

Auch in allen anderen Bezirken verabschiedete die Bevölkerung auf Großkundgebungen FDJ-Regimenter.

Im Oktober 1961 konnte der Zentralrat der FDJ mitteilen, daß fast 300000 Jugendliche bereit waren, sofort Dienst in den bewaffneten Kräften zu leisten.

Wir bleiben!

Mit der Losung «Das Vaterland rief – wir kamen. Das Vaterland ruft – wir bleiben, schützen und verteidigen die Grenzen der DDR!» wandten sich die im Raum Berlin eingesetzten Einheiten der NVA an alle Soldaten und Unteroffiziere, länger in der Armee zu dienen. Die Genossen der Panzereinheit Jahns verpflichteten sich während eines Kampfmeetings mit Mitgliedern der Jugendbrigade «Sputnik» des VEB Bergmann-Borsig Berlin, weitere ein bzw. zwei Jahre in der NVA zu bleiben. Mehr als die Hälfte aller Soldaten und Unteroffiziere, deren Entlassung bevorstand, begriff, daß es in der gegebenen Klassenkampfsituation wichtiger war, in der NVA weiter ihren Mann zu stehen.

Für Ordnung, Sicherheit und Disziplin

Zu den herausragenden Leistungen des Jugendverbandes gehörte die Bildung und der Einsatz von Ordnungsgruppen der FDJ.

So begann auch die Geschichte der Ordnungsgruppe im VEB Hochbau Friedrichshain am 13. August 1961.

25 Mitglieder der FDJ fanden sich zusammen und entlarvten Provokateure, Rowdys sowie kriminelle Elemente. Gemeinsam mit der Volkspolizei wurden diese Freunde zum Streifendienst, zur Nachtwache und zur Absicherung von Veranstaltungen eingesetzt. In der kurzen Zeit bis Mitte September 1961 entstanden in den FDJ-Grundeinheiten fast 4000 Ordnungsgruppen mit 38000 Mitgliedern. Sie wurden durch bewährte FDJ-Funktionäre, Angehörige der Volkspolizei oder Reservisten der NVA geführt. Hervorragendes leisteten sie im Grenzgebiet an der Staatsgrenze der DDR zur BRD.

1961 konnten 40 Prozent der Grenzverletzer durch die Bevölkerung, insbesondere die Mitglieder der FDJ-Ordnungsgruppen, gestellt werden.

Keinen Schritt zurück!

Die aggressiven imperialistischen Kräfte in der BRD betrieben weiter eine antikommunistische Hetze und forderten die Westmächte auf, Truppen gegen die DDR einzusetzen.

Aber ob in der Uniform der NVA, der Grenz- und Bereitschaftspolizei oder im Kampfgruppenanzug – an der Standhaftigkeit und Besonnenheit unserer Kämpfer scheiterten alle Provokationen.

So auch die folgende, die sich am 23. Oktober 1961 ereignete: Mit hoher Geschwindigkeit fuhren Panzer der in Westberlin stationierten USA-Besatzungstruppen auf den Grenzübergang Friedrichstraße zu, so, als wollten sie die Grenzlinie durchbrechen.

Besonnen und unerschrocken blieben die Kämpfer, Soldaten und Offiziere, auf ihren Posten. Stehenbleiben, keinen Schritt zurück! Allein dieser Gedanke beherrschte sie. Zu ihnen gehörte Hauptmann Heinz Schäfer, heute Oberstleutnant der Grenztruppen der DDR. Die Panzer stoppten. Jahre später sagte Heinz Schäfer: «Ich weiß nicht, was ich empfand, als ich an der Grenzlinie stand und die Panzer auf mich zurasen sah. Doch ich hatte einen Befehl erhalten, und den führte ich aus. So war ich gewohnt zu handeln, so war ich in den bewaffneten Organen und von der Partei erzogen worden.»

Dem Frieden verpflichtet

Ende 1961 verlangten die Vertreter der BRD auf einer NATO-Ratstagung in Paris Kernwaffen für die Bundeswehr und bereiteten Notstandsgesetze für den Krieg vor. Die erhöhte Kriegsgefahr erzwang einen höheren Grad der militärischen Vorbereitung unseres Landes und der Menschen. Es wäre verhängnisvoll gewesen, wenn im Verteidigungsfall für die Auffüllung der Truppen nur unzureichend oder gar nicht ausgebildete Reserven zur Verfügung gestanden hätten. Nur mit der Kraft und dem Willen des ganzen Volkes konnte künftig die Verteidigung des sozialistischen Vaterlandes gewährleistet werden. Zahlreiche Jugendliche wandten sich mit Schreiben an die Regierung und den Zentralrat der FDJ und verlangten, in der DDR die allgemeine Wehrpflicht einzuführen. Die Mitglieder der Jugendbrigade Neumann von der Großbaustelle Rostocker Überseehafen forderten in einem Brief an die Volkskammer, «allen Jugendlichen die Verteidigungsbereitschaft durch Gesetz zur Pflicht zu machen».

Die FDJ-Organisation der Einheit Paetsch der NVA beschloß auf ihrer Mitgliederversammlung am 6. September 1961, «der Volkskammer der DDR ihren Willen kundzutun und zu bitten, die allgemeine Wehrpflicht zu beschließen».

Die Volkskammer der DDR entsprach am 24. Januar 1962 der militärpolitischen Situation und dem Willen der Werktätigen mit der einstimmigen Annahme des Gesetzes über die allgemeine Wehrpflicht. Der Zentralrat der FDJ begrüßte das neue Gesetz und hob hervor, daß die Freie Deutsche Jugend auch künftig alles tun werde, um die Jugendlichen gut auf ihren Wehrdienst vorzubereiten.

Zugleich bekräftigte er den Beschluß des IV. Parlaments von 1952, getreu der Verpflichtung «Heimat, dich werden wir hüten!», die Patenschaft des Jugendverbandes über die bewaffneten Kräfte der DDR mit neuem Elan fortzusetzen.

Brief

Monika von dem Fange

Erinnerst du dich
an die Störche vom letzten Sommer
Sie sind heut zurückgekommen
und fragen nach dir.
Ich erzählte ihnen,
daß du die Helme tauschtest,
statt des Baggers
nun den Panzer lenkst.
Mach dir keine Sorgen:
Störche und Bagger
warten mit mir.

Panzer im Fluß

Wolfgang Friese

Hitzeflimmern über dem sommergelben Roggenschlag. Kein Lüftchen bewegt sich. Vom Feldrand her dringt Kettengerassel an mein Ohr, eingehüllt in eine langsam vorwärtskriechende Staubwolke. Jetzt sind sie auszumachen – drei, vier, fünf T-55, dann noch einmal so viele. Der erste biegt in die Hohlgasse ein, nimmt das letzte Stück vom Hochufer bis an den Vorbereitungsplatz heran in vorsichtiger Fahrt. Panzer auf Panzer folgt nach, dann stehen die stählernen Ungetüme in Reih und Glied am Fluß.

Für ein gründliches Schweißabwischen jedoch bleibt den Panzersoldaten kaum Zeit. «Vorbereiten zur Unterwasserfahrt!» lautet schon der neue Befehl ...

Inzwischen angespannte Atmosphäre bei den Bergekommandos an beiden Flußufern. Je zehn sind sie, zehn Soldaten und drei Panzerzugmaschinen. Ihr Funkcode heute: «Adler». Ich mache mich mit den «Diesseitigen» bekannt. Die Unteroffiziere Uwe Hesse, Mirko Wächtler und Steffen Rost sind Panzerkommandanten, Gunter Püschel, Mike Kemmelmeier und Bernd Müller Fahrer der T-55T. Die vier Soldaten Karl-Heinz Windrich, Matthias Göpel, Ingo Vohs und Thomas Göhring, alle 1. Diensthalbjahr, bilden das Schäkelkommando, sind für die fast armstarken Stahltrossen verantwortlich. Kräftige Burschen, mot. Schützen. Hier im Feldlager arbeiten sie alle erst kurze Zeit zusammen. Hier sind sie sich zum ersten Male begegnet, die Bergepanzerbesatzungen und die aus verschiedenen Truppenteilen stammenden Soldaten.

Der gelernte Facharbeiter für Glastechnik und jetzige Panzerfahrer Bernd Müller hatte nicht schlecht gestaunt, als er seinen ehemaligen Kollegen Matthias Göpel aus dem Thüringer Glasbetrieb hier wiedertraf. Und noch dazu für diese Spezialaufgabe! Die Bergesoldaten wußten von vornherein: Ihre Aufgabe als Sicherstellungskräfte für die Unterwasserfahrt von Panzern würde sie möglicherweise noch öfter zusammenführen, bei Übungen zumindest für den Zeitraum eines Jahres. So war ihr erklärtes Ziel schnell abgesteckt: ein Kampfkollektiv auf Zeit, in dem sich jeder auf jeden unbedingt verlassen kann, in dem einer für den anderen einsteht. Sie haben alles gelernt, was für ihre Spezialaufgabe nötig ist. Von den einfachsten Handgriffen an der Technik bis zu den möglichen Komplikationen. Die Zusammenarbeit mit der Besatzung vom Rettungs- und Sicherungs-(RuS-)Boot und den Tauchern beispielsweise, wenn das Hanfseil zum Heben der Trosse an einem im Wasser steckengebliebenen Panzer reißt, wenn an Land eine Trosse birst, sich ein Schäkelbolzen löst, die Kausche aus dem Haken des Wasserschleppers springt ... Major Allstedt, Hauptmann Gottschalk und Leutnant Eberhard waren ihnen gute Ausbilder. «Einfühlsam», sagen sie, «und fachlich versiert. Und wir Alten (die Unteroffiziere, die mit ihren 20, 21 Jahren eigentlich die Jungen sind) halfen den Schäkelsoldaten (alle um die 25 herum), schnell in die Bergegeheimnisse einzudringen. Vorschriftsmäßiges Verbinden der Trossen, Aufbau der schweren Bergung,

Die Genossen vom Rettungs- und Sicherungs-(RuS-)Boot (links) sind als erste zur Stelle

Wie an einer Schnur aufgefädelt durchfahren die Panzer den Fluß

Umrüsten für die Unterwasserfahrt. Die «Schornsteine» (UF-Rohre) ermöglichen die Frischluftzufuhr für Besatzung und Motor. Aus dem dicken Rohr kann im Notfall auch ausgestiegen werden.

schnelles Einfädeln des Bolzens in die lose Rolle – alles nicht schwer. Aber man muß wissen, wie! Sonst ist es bei dem Gewicht, das Seile und Rollen haben, eine wahre Plage ...»

«Adler an Adler 5 und 6 – zur leichten Bergung vorwärts!» Der Funkbefehl reißt sie aus unserem Gespräch. Ich stehe plötzlich allein da. Was ist passiert?

Ein Panzer steht im Fluß. Plötzlich, ohne

Das ist «Erbse», der Unteroffizier Steffen Rost, einer, der fast alles kann und der große Verantwortung für die Sicherheit der Unterwasserfahrt hat.

Unteroffizier Gunter Püschel, Fahrer eines der Bergepanzer am Fluß

Ruhe vor dem «Wasser»sturm? Der Schein trügt: letzter Erfahrungsaustausch vor dem Eintauchen ins nasse Element

erkennbaren Anlaß, ist er stehengeblieben. Noch vor der Mitte, aber an einer der Stellen, die die Strömung besonders tief ausgewaschen hat. Von dem stählernen Koloß sind vielleicht noch anderthalb Meter UF-Rohr zu sehen, mehr nicht. Es sieht aus, als wäre ein Telegrafenmast überflutet worden. Höchste Alarmstufe! Die Panzerbesatzung ist in Gefahr!

Das RuS-Boot nähert sich. Adler 5, der am Ufer stehende Wasserschlepper, und Adler 6, der zweihundert Meter vom Ufer entfernte Landschlepper, sind zum Anzug bereit. Schon werden die Trossen im Fluß gekoppelt, straffen sie sich an Land. Adler 7 wartet inzwischen auf den Einsatzbefehl. Schaffen es die beiden Schlepper nicht – seiner Winde trotzt der Fluß keinesfalls. Es würde zwar langsamer gehen, aber Panzerbesatzung und Fahrzeug wären mit Sicherheit bald an Land. Das Schäkelkommando fiebert dem Umhängen von «leichter» auf «schwere Bergung» entgegen ...

Die Tage zuvor waren hart. Üben, üben, nochmals üben. «Um acht, spätestens halb

Das Schäkelkommando. Sitzt der Bolzen vorschriftsmäßig in der losen Rolle? Liegt das Tau so, wie es liegen muß?

Fest am Haken

neun, sind wir todmüde ins Bett gefallen.» Trotz Fußball im Fernsehen, trotz des täglichen Films im Feldlagerkino. Dabei zählt Unteroffizier Gunter Püschel, der einundzwanzigjährige Tiefbaufacharbeiter, keineswegs zu denen, die der erste Windstoß umpustet. Seit zwei Jahren fährt er einen der T-55-Schlepper, ist manches gewohnt. Zum Beispiel beim plötzlichen Einsatz an einer der südlichen Eisenbahnmagistralen, als damals bei einem der Wagen eines Güterzuges die Achse gebrochen war und andere daraufhin entgleisten. «Zwei Tage und Nächte haben wir geackert, zusammen mit den ‹Freunden›, vier Bergepanzer. Die Gleise mußten schnellstmöglich frei werden für die Streckenarbeiter, die wertvolle Ladung der Wagen, Zement für den Wohnungsbau, galt es zu bergen.»

Jetzt kommt es für den Fahrer des Wasserschleppers wieder auf höchste Präzision an – gefühlvoll, Junge, gefühlvoll anfahren! Zu wem mag er es sagen? Zu seinem Genossen, 200 Meter vor sich, dem Mike Kemmelmeier, Unteroffizier wie er, oder doch wohl mehr zu sich selbst? Präzision, bei einem armdicken Stahlseil, gute 300 Meter lang, das drei Panzer miteinander verbindet? Kann man da von Präzision sprechen? «Absolut.» Unteroffizier Bernd Müller, der Fahrer von Adler 7, weiß es wie die anderen. «Wird das Seil überfahren, könnte es reißen. Ruckt ein Schlepper zu stark an, reißt es bestimmt. Der Kampfpanzer bliebe erneut im Wasser stehen, die Besatzung möglichen Gefahren weiterhin ausgesetzt.»

Das Seil reißt nicht. Nach zwei, vielleicht drei Minuten steht der «Havarierte» am Ufer, naßglänzend und wassertriefend. Von Staub keine Spur mehr. Adler 7, der dritte Bergepanzer, mußte nicht eingreifen, trotz des auch für Panzer unwegsamen diesseitigen Uferstreifens. Zwar brennt seit Tagen die Sonne vom Himmel, aber das Hochwasser vor Wochen hat Schlammstrecken, Sumpflöcher, Uferteiche hinterlassen.

Ich blicke rundum in zufriedene Gesichter – zufrieden wohl auch, weil das Ganze nur eine Übung war. «Gleich wird's hier rund gehen, die Panzerkompanie ist unterwasserfahrbereit.» Es ist «Erbse», der das in seiner gelassenen Art sagt. «Erbse», militärisch exakt Unteroffizier Steffen Rost, gilt als einer der Erfahrensten. «Klein von Wuchs, aber groß im Können», sagen die anderen. Der 21jährige Unteroffizier ist eine Persönlichkeit – trotz seines Spitznamens.

Was hat den Facharbeiter für Polstertechnik in eine Instandsetzungskompanie für Panzertechnik geführt, in der er neben vielem anderen das Fahren eines Spezialpanzers und das Bedienen seiner Hebetechnik erlernte? In der er alle Panzerfahrerklassifizierungen erwarb? In der er auf gegenseitige Ersetzbarkeit (wie hier als Kommandant) programmiert ist? Er antwortet mit einem Satz: «Große Autos waren schon immer meine Welt.» Aber daran hat es wohl nicht allein gelegen.

Die Motoren sind angelassen, alle Luken dicht verschlossen. Jetzt ruckt der erste der zehn Panzer an. Scharfe Drehung nach links, so daß naß-gelber Ufersand aufspritzt, dann geradewegs in Richtung gelbe Fahne am anderen Ufer. Was mögen die da drinnen wohl denken? Unteroffizier Thomas Schulz beispielsweise, der das erste Mal eine Unterwasserfahrt erlebt, mit all seinem Können und Wissen meistern muß? Motordrehzahl elfhundert bei der Einfahrt ins Wasser, keine große Bugwelle! Dann etwas mehr Gas, ruhig, gleichmäßig über den Flußgrund. Und Richtung halten! So macht er sich die Aufgabe nochmals klar. Dann fährt er an. Er korrigiert die Richtung, drosselt leicht die Drehzahl. Erst wird unten die Kette «gewaschen», dann oben. Schon umströmt das Wasser den massigen Panzerkörper, den Turm. Das Rohr ist untergetaucht. Dann gluckst es beruhigend gleichmäßig, der Fluß «entläßt» die Auspuffgase des starken Motors «wassergekühlt» ins Freie. Nur noch das UF-Rohr (es sichert die Luftversorgung für Besatzung und Motor) schiebt sich vorwärts. Es scheint, als ob es die Richtung leicht verändert – ja, jetzt steuert es den befohlenen Punkt genau an. Schon zeigt sich der Turm wieder, hebt sich das Rohr aus den Fluten. Das letzte Stück ist Kinderspiel. Glatter, fester Uferboden an dieser Stelle, gleichmäßig ansteigend, dann trockener, lockerer Sand. Halt!

Panzer um Panzer folgt. Die Unterwasserfahrt ist beendet. Die erste für Thomas

Die Gefechtsübung ist absolviert, bald werden die UF-Rohre abgebaut

Schulz. Und mit lobenden Worten seines Zugführers dazu!

Später frage ich den Unteroffizier, mit Blick auf die vielleicht 150 Meter entfernte Bergegruppe (die Panzerbesatzungen waren inzwischen ausgewechselt und mit einer großen Kettenfähre wieder an unser Ufer zurückgebracht worden), ob er Vertrauen zu den Bergesoldaten hätte, würde ihr Eingreifen nötig werden. «Warum nicht? – Natürlich! Die Genossen werden ebensogut ausgebildet wie wir Panzerfahrer. Die holen einen im Fluß Steckengebliebenen garantiert wieder 'raus. Vertrauen aber haben wir in erster Linie zu uns selbst. Und zu unserer Technik. Auf die ist Verlaß!» Wie zum Beweis stößt der Unteroffizier mit der Stiefelspitze gegen eines der Laufräder.

Auch die Berge«adler» haben Pause. Das RuS-Boot brachte Tee über den Fluß, Brot, Wurst und einen Kanister klares, sauberes Wasser. Die «Adler» freuen sich, daß seit dem Morgen alle Panzerfahrer und Besatzungen die Unterwasserfahrtaufgabe erfüllt haben. Sie wissen, daß es für nicht wenige das erste Mal unter gefechtsnahen Bedingungen war. Unter gefechtsnahen Bedingungen – so, wie für sie seit Tagen schon.

Hinter den feindlichen Linien

Oberst Dr. Willy Wolff

In einer Septembernacht des Jahres 1943 überflog eine sowjetische Militärmaschine, die im Raum Borowitschi gestartet war und Kurs in Richtung Leningrad nahm, das von faschistischen Truppen besetzte Territorium. An Bord befanden sich neben der Besatzung der sowjetische Unterleutnant Alexej Kolegajew und der deutsche Kriegsgefangene Albert Bergenkämpfer.

Wie Zehntausende seiner Kameraden war er in sowjetischer Kriegsgefangenschaft zum überzeugten Antifaschisten geworden und hatte sich bereit erklärt, jeden Auftrag zu übernehmen, um zur Verkürzung dieses Krieges und zur Zerschlagung des Faschismus beizutragen.

Unter den Absolventen der Antifaschule war am Schluß des Lehrgangs eine geheime Umfrage durchgeführt worden. Die Frage lautete: Wem würdest Du Dein Leben anver-

NATIONALKOMITEE
Freies Deutschland

Frontstelle

Bescheinigung.

Der ....

ist vom Nationalkomitee „Freies Deutschland" beauftragt, eine beliebig starke Gruppe von deutschen Offizieren und Soldaten über die Frontlinie auf die Seite des Nationalkomitees zu führen.

Er ist sofort mit der von ihm begleiteten Einheit zum Bevollmächtigten des NK an diesem Frontabschnitt zu leiten.

Mitglied des Nationalkomitees „Freies Deutschland"

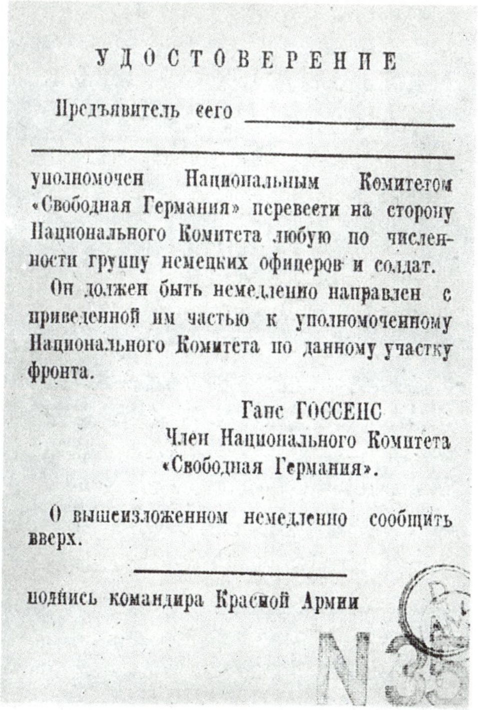
УДОСТОВЕРЕНИЕ

Предъявитель сего ____________

уполномочен Национальным Комитетом «Свободная Германия» перевести на сторону Национального Комитета любую по численности группу немецких офицеров и солдат.

Он должен быть немедленно направлен с приведенной им частью к уполномоченному Национального Комитета по данному участку фронта.

Ганс ГОССЕНС
Член Национального Комитета «Свободная Германия».

О вышеизложенном немедленно сообщить вверх.

____
подпись командира Красной Армии

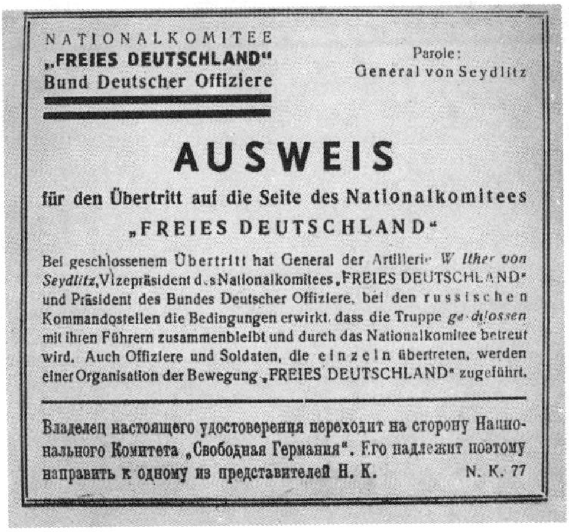

NATIONALKOMITEE
„FREIES DEUTSCHLAND“
Bund Deutscher Offiziere

Parole:
General von Seydlitz

AUSWEIS

für den Übertritt auf die Seite des Nationalkomitees
„FREIES DEUTSCHLAND“

Bei geschlossenem Übertritt hat General der Artillerie Walther von Seydlitz, Vizepräsident des Nationalkomitees „FREIES DEUTSCHLAND“ und Präsident des Bundes Deutscher Offiziere, bei den russischen Kommandostellen die Bedingungen erwirkt, dass die Truppe geschlossen mit ihren Führern zusammenbleibt und durch das Nationalkomitee betreut wird. Auch Offiziere und Soldaten, die einzeln übertreten, werden einer Organisation der Bewegung „FREIES DEUTSCHLAND“ zugeführt.

Владелец настоящего удостоверения переходит на сторону Национального Комитета „Свободная Германия“. Его надлежит поэтому направить к одному из представителей Н. К.

N. K. 77

trauen? Mit welchem Deiner Kameraden wärst Du bereit, einen antifaschistischen Kampfauftrag im Kampfgebiet oder Hinterland der Wehrmacht durchzuführen?

Bergenkämpfer gehörte zu den Antifaschisten, die die meisten Stimmen erhalten hatten.

Mit Schreibmaschine, Vervielfältigungsapparat, reichen Papiervorräten, einem deutschen Funkgerät, kompletter Wehrmachtausrüstung, mit fingierten Soldbüchern, Marschbefehlen und zahlreichen Blankoformularen ausgestattet, wurden er und der sowjetische Unterleutnant Kolega-

Eine solche Verpflichtung unterschrieben die deutschen Antifaschisten vor ihrem Einsatz unter den Truppen der deutschen Wehrmacht

NATIONALKOMITEE
„FREIES DEUTSCHLAND“

Im Felde, den ____________

VERPFLICHTUNG

Der Frontbeauftragte des Nationalkomitees

____

hat mich über die meinem Volke und meiner Heimat durch die Fortsetzung des Krieges drohende Gefahr der völligen Vernichtung belehrt und mir die Ziele der deutschen Freiheitsbewegung entwickelt. Ich folge FREIWILLIG seiner Aufforderung, im Dienst für die Rettung Deutschlands mich einzusetzen und meine noch für Hitler kämpfenden Kameraden zum Übertritt auf die Seite des Nationalkomitees zu bewegen.

Ich erkläre feierlich, daß ich zur Durchführung meines Auftrages alles tun und anschließend zurückkehren werde. Ich bin mir dessen bewußt, daß ich bei Nichtausführung meiner Verpflichtung oder bei Verrat vor das Volksgericht des Freien Deutschland gestellt werde.

Unterschrift: ____________

(Name, Dienstgrad, Truppenteil)

Heimatanschrift: ____________

Bild

Der deutsche Antifaschist Hans Scherhag während seines Einsatzes bei der 7. Leningrader Partisanenbrigade

jew zur 3. Leningrader Partisanenbrigade eingeflogen. Ihr Auftrag lautete, politische Aufklärungsarbeit unter den umliegenden Garnisonen der Wehrmacht zu leisten und militärische Erkundungen durchzuführen. All das hatte umfangreiche und peinlichst genaue Vorbereitungen gekostet, denn Kolegajew und Bergenkämpfer durften bei ihren Unternehmungen keinen Verdacht erwecken, und sie mußten in der Lage sein, sich notfalls neue Marschpapiere auszuschreiben. Unterleutnant Kolegajew sprach ein einwandfreies Deutsch und war mit den Verhältnissen in der Wehrmacht gut vertraut. Außerdem sollte er mit den Partisanenkommandeuren alle Fragen ihres Einsatzes regeln.

Trotz mehrmaligen Flakbeschusses, vor allem beim Überfliegen der Frontlinien, landeten beide mit ihren Fallschirmen wohlbehalten im vorgesehenen Gebiet. Lagerfeuer der Partisanen markierten die Absprungstelle. Kolegajew und Bergenkämpfer erkundigten sich bei den Partisanen über die Situation in den umliegenden Wehrmachtgarnisonen, ermittelten die Namen der Kommandeure und sammelten Angaben darüber, wo die Stäbe und die einzelnen Einheiten lagen. Sie verfaßten Flugblätter und schrieben Briefe an Einheitsführer. Verbindungsleute der Partisanen sorgten für die Verbreitung der Flugblätter und warfen die Briefe an Truppenkommandeure in Feldpostbriefkästen der hier stationierten Einheiten. Mit ihren fingierten Ausweispapieren gingen Kolegajew und Bergenkämpfer wiederholt auch in Orte, in denen Wehrmachteinheiten lagen. Sie unterhielten sich mit deutschen Soldaten und erkundeten deren Stimmung. Dadurch konnten sie wirkungsvolle und ansprechende Aufklärungsmaterialien erarbeiten.

Ihre Tätigkeit blieb nicht ohne Erfolg. Mehrere deutsche Soldaten liefen zu den Partisanen über und äußerten den Wunsch, in die antifaschistische Gruppe aufgenommen zu werden. Diese Gruppe bestand inzwischen aus sechs Mann.

Nach einiger Zeit bekam die Gruppe über Funk vom Stab der Nordwestfront den Auftrag, sich in die baltischen Sowjetrepubliken zu begeben. Wochenlang marschierte die Gruppe durch das von den Faschisten besetzte Gebiet. Oft ließen sie sich von Wehrmachtfahrzeugen mitnehmen und erfuhren in Unterhaltungen mit deutschen Soldaten interessante Informationen. Mit den fingierten Ausweispapieren meldeten sie sich bei Wehrmachtkommandanturen und Frontleitstellen. Sie erhielten Lebensmittel und Quartiere zur Übernachtung.

Auf ihrem Streifzug durch das rückwärtige Heeresgebiet der Wehrmacht erkundete die Gruppe die Lage von Flugplätzen, von Wehrmachtdepots und den Bau neuer Verteidigungsstellungen. Sie ermittelte die Standorte von Stäben, die Verlegung von Truppenteilen und den Sitz von Okkupationsbehörden. Alle diese Informationen funkte sie an den Stab der Nordwestfront. Sie waren von großem Wert bei späteren Angriffsoperationen der Roten Armee.

Bei der Erkundung der näheren Vorgänge auf einem Feldflugplatz der Wehrmacht, der hier stationierten Kampfflugzeuge, der genauen Lage der Treibstoff- und Munitionsdepots fiel Kolegajew in die Hände faschistischer Abwehrorgane und ist wahrscheinlich von ihnen ermordet worden. Die Existenz der antifaschistischen Gruppe und ihren Aufenthaltsort hat er den Henkern nicht preisgegeben.

Nach diesem tragischen Vorfall übernahm Albert Bergenkämpfer die Leitung der Gruppe. Sie erfüllte noch vielfältige Aufgaben, kehrte danach zur 3. Leningrader Partisanenbrigade zurück und verblieb dort bis zur Befreiung des Leningrader Gebiets.

Der Einsatz dieser und zahlreicher anderer Gruppen hatte gezeigt, daß die antifaschistischen deutschen Kriegsgefangenen für die Kundschaftertätigkeit unter den Wehrmachtverbänden besonders gut geeignet waren. Alle hatten in der Wehrmacht gedient. Sie kannten hier die Bedingungen, wußten, wie man sich verhalten mußte, beherrschten Umgangston und Umgangsformen, und, was besonders wichtig war, sie fielen in sprachlicher Hinsicht nicht auf. Diese Voraussetzungen erleichterten ihnen, sich in Wehrmachtverbänden aufzuhalten, und versetzten sie in die Lage, neben den eigenen Ausspähungen in Unterhaltungen mit Soldaten, Unteroffizieren und Offizieren zusätzlich wichtige Informationen zu erlangen.

Dennoch waren all diese Einsätze mit großen Gefahren verbunden. Es gab in der Wehrmacht zahlreiche Kontrollen, und das Spitzelsystem war stark ausgeprägt. Großen Wert legte man auf die exakte Anfertigung aller erforderlichen Dokumente wie Soldbuch, Marschpapiere, Versetzungsbefehle, Sonderausweise usw. Das Soldbuch mußte den neuesten Sichtvermerk enthalten. Denn dieser wurde in der Wehrmacht oft gewechselt, und es war äußerst schwierig, hier immer auf dem laufenden zu sein. Nicht selten gab man den deutschen Antifaschisten Blankoformulare von Urlaubsscheinen, Marschpapieren und Versetzungsbefehlen, so daß sie bei veränderter Situation in der Lage waren, diese auf ihren Namen auszufüllen. Größte Sorgfalt mußte auf die Ausstattung mit allen notwendigen Bekleidungsstücken, Ausrüstungsgegenständen und Waffen gelegt werden. Unstimmigkeiten in der Ausrüstung der deutschen Antifaschisten konnten Verdacht erregen, zur Festnahme des deutschen Antifaschisten und zur Überprüfung seiner Identität führen. Mitgeführte Lebensmittel, Rauchwaren, Süßigkeiten, alkoholische Getränke u. a. mußten aus Wehrmachtbeständen stammen. Bei längeren Einsätzen war auch die Versorgung der deutschen Antifaschisten mit Zahlungsmitteln, Lebensmittelkarten u. a. erforderlich.

Im Herbst 1943 wurde bei der Nordwestfront der Roten Armee noch eine weitere Gruppe deutscher Antifaschisten unter Leitung der sowjetischen Offiziere Hauptmann I. A. Bejdin und Hauptmann W. L. Martens gebildet und auf ihren Einsatz vorbereitet. Zu ihr gehörten sechs deutsche Antifaschisten und der Österreicher Willi Hollubek.

Sie wurden am 8. Dezember 1943 in das Operationsgebiet der 7. Leningrader Partisanenbrigade eingeflogen und sollten antifaschistische Aufklärungsarbeit unter den Soldaten der umliegenden Wehrmachtgarnisonen leisten.

Aber die Verhältnisse bei den Partisanen gestalteten sich anders, als es bei der Vorbereitung der Gruppe auf den Einsatz geplant worden war. Die Faschisten hatten zu dieser Zeit starke Wehrmachtverbände zusammengezogen, um die Partisanenbewegung im Leningrader Gebiet zu zerschlagen. Deshalb nahm die Gruppe der deutschen Antifaschisten an Gefechten der Partisanen teil. Sie durchbrachen Einschließungsringe der Faschisten, legten Hinterhalte und überfielen Nachschubkolonnen. Sie griffen Garnisonen der Wehrmacht an, führten Täuschungsmanöver durch und tauchten plötzlich in Gegenden auf, wo sie von den Faschisten nicht erwartet wurden. Mit Beginn der Operation der Roten Armee zur Befreiung des Leningrader Gebiets legten sie wichtige Nachschubwege der Wehrmacht lahm. Sie sprengten Brücken, verminten Straßen, machten Eisenbahngleise unpassierbar und jagten faschistische Transport- und Nachschubzüge in die Luft. Sie überfielen Truppenteile und Einheiten, die sich auf dem Rückzug befanden, und zwangen sie zur Einstellung des Kampfes und zur Gefangengabe. Mehrere deutsche Soldaten, die von den Partisanen gefangengenommen worden waren, schlossen sich nach längeren Diskussionen der antifaschistischen Gruppe an und beteiligten sich an deren Kampfeinsätzen.

Aber auch die faschistischen Abwehrorgane hatten Kenntnis von der Anwesenheit deutscher Antifaschisten bei der 7. Leningrader Partisanenbrigade erhalten und fahndeten fieberhaft nach diesen Patrioten. Sie veröffentlichten in den «Allgemeinen Heeresmitteilungen» die Namen und Personalangaben von drei deutschen Partisanen und forderten zu ihrer Ergreifung auf.

Nachdem das Leningrader Gebiet von den Faschisten befreit war, kehrte die Gruppe zur antifaschistischen Schule bei der Nordwestfront der Roten Armee zurück, wertete ihren Einsatz aus, erstattete darüber dem Nationalkomitee «Freies Deutschland» Bericht und bereitete sich auf einen neuen Einsatz vor.

Im Juni 1944 operierte eine Gruppe von 48 Antifaschisten bei der 2. Baltischen Front. (Die Nordwestfront war inzwischen zur 2. Baltischen Front umgebildet worden.) Die Gruppe begleiteten zwei sowjetische Funker, ein Arzt und drei Offiziere, Major J. A. Bejdin, Hauptmann L. O. Silberg und Hauptmann Batrak. Albert Bergenkämpfer, Rudolf Bleil, Willi Hollubek und Hans Scherhag, die schon bei sowjetischen Partisanen gekämpft

Nur für den Dienstgebrauch!

Dies ist ein geheimer Gegenstand im Sinne des § 88 R.St.G.B. in der Fassung vom 24. 4. 1934. Mißbrauch wird nach den Bestimmungen dieses Gesetzes bestraft, sofern nicht andere Strafbestimmungen in Frage kommen.

Allgemeine Heeresmitteilungen

Herausgegeben vom Oberkommando des Heeres

Bestellungen bei der Post und Kauf von Einzelnummern im Buchhandel sind ausgeschlossen. Die H. M. werden nur an Heeresdienststellen geliefert; sie sind nach H. Dv. 99 zu behandeln. Erscheinungsweise: 7. u. 21. j. Mts. Schriftleitung und Verlag: Oberkommando des Heeres, Abt. für Allgemeine Truppenangelegenheiten/Schriftleitung, Berlin W 35, Bissingzeile 21. Druck: Reichsdruckerei, Berlin SW 68.

11. Jahrgang **Berlin, den 7. März 1944** **6. Ausgabe**

142. Achtung, sowjetische Fallschirmagenten!

Die deutschen Überläufer

1. Grenadier Wenzeslaus Leiss, 1./Radf. Abt. 5, Schlosser, geboren am 29. 7. 1909 in Moers,

zuletzt wohnhaft gewesen Moers am Rhein, Augustastr. 2,

2. Grenadier Otto Braig, Pz. Gren. Regt. 2, Schreiner, geboren am 28. 3. 1912 in Neuen-

stadt, zuletzt wohnhaft gewesen in Stuttgart/Weil im Dorf, Florian-Geyer-Str. 41.

— 79 —

Beschreibung: Etwa 1,68 m groß, mittlere Figur, ovales volles Gesicht, braune Augen, blonde Haare. Am rechten Auge Sehfehler.

3. Grenadier Franz Gundlach, Stab Gren. Regt. 552, Lagermacher geboren am 25. 10.

1901 in Dortmund/Hörde, zuletzt wohnhaft gewesen dortselbst, Hermannstr. 109.

Beschreibung: Etwa 1,73 m groß, untersetzte Figur, ovales, gesundes Gesicht, graue Augen, dunkelblondes Haar, hohe Stirn, abstehende Ohren, wulstige Lippen,

wurden etwa Mitte Dezember 1943 im Ostland mittels Fallschirm abgesetzt und halten sich dort bzw. im Reichsgebiet auf. Sie führen für den sowjetischen Nachrichtendienst Ausspähaufträge und Sabotageaufträge durch, und sind vermutlich mit Sendegeräten ausgerüstet.

Ihr Einsatz erfolgte wahrscheinlich in deutscher Wehrmachtuniform, neben der sie aber auch mit Zivilkleidern versehen sein dürften. In ihrem Besitz sind gefälschte Soldbücher, Ordensurkunden, Geburtsurkunden, polizeiliche An- und Abmeldungen, Anstellungsschreiben von Firmen wie Handelsgesellschaft-Ost und anderes, auch Blankoformulare, Urlauber- und Reiselebensmittelmarken, deutsche und ausländische Zahlungsmittel (Dollar) in erheblichen Beträgen zu finden.

Sie sind weiter mit Schußwaffen, Handgranaten, Gifttabletten zum Selbstmord bei Festnahme versehen und verbergen in ihren Kleidern, Schuhen und Effekten usw. meist Geheimnachrichten in Miniaturformat.

Bei Festnahme ist daher äußerste Vorsicht geboten. Selbstmord unbedingt verhindern. Sofortige Fesselung, völlige Entkleidung und Versorgung mit neutralen Kleidern. Sicherstellung aller Effekten.

Bei Betreffen sofort Nachricht an: Reichssicherheitshauptamt Berlin SW 11 zu — IV A 2 — Nr. 2068/44 g.

O. K. H. (Ch H Rüst u. BdE), 21. 2. 44
13t 10
143/44 g HR (IIa).

Fahndung in den «Allgemeinen Heeresmitteilungen» nach deutschen Antifaschisten, die im Hinterland des Gegners wirkten

hatten, konnten bereits als Gruppenführer eingesetzt werden.

Die Gruppe hatte den Auftrag, während der Offensive der Roten Armee zur Befreiung der baltischen Sowjetrepubliken die

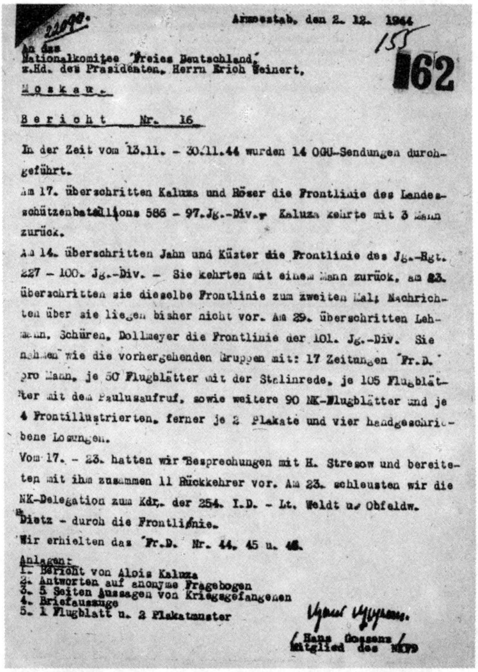

22098.

Armeestab, den 2. 12. 1944

155

162

An das
Nationalkomitee 'Freies Deutschland',
z.Hd. des Präsidenten, Herrn Erich Weinert,
Moskau.

Bericht Nr. 16

In der Zeit vom 13.11. – 30.11.44 wurden 14 OGU-Sendungen durchgeführt.

Am 17. überschritten Kaluza und Röser die Frontlinie des Landesschützenbataillons 586 – 97.Jg.-Div.. Kaluza kehrte mit 3 Mann zurück.

Am 14. überschritten Jahn und Küster die Frontlinie des Jg.-Rgt. 227 – 100. Jg.-Div. – Sie kehrten mit einem Mann zurück, am 23. überschritten sie dieselbe Frontlinie zum zweiten Mal; Nachrichten über sie liegen bisher nicht vor. Am 29. überschritten Lehmann, Schüren, Dollmeyer die Frontlinie der 101. Jg.-Div. Sie nahmen wie die vorhergehenden Gruppen mit: 17 Zeitungen 'Fr.D.' pro Mann, je 50 Flugblätter mit der Stalinrede, je 105 Flugblätter mit dem Paulusaufruf, sowie weitere 90 NK-Flugblätter und je 4 Frontillustrierten, ferner je 2 Plakate und vier handgeschriebene Losungen.

Vom 17. – 23. hatten wir Besprechungen mit H. Stresow und bereiteten mit ihm zusammen 11 Rückkehrer vor. Am 23. schleusten wir die NK-Delegation zum Kdr. der 254. I.D. – Lt. Weldt u. Obfeldw. Dietz – durch die Frontlinie.

Wir erhielten das 'Fr.D.' Nr. 44, 45 u. 46.

Anlagen:
1. Bericht von Alois Kaluza
2. Antworten auf anonyme Fragebogen
3. 5 Seiten Aussagen von Kriegsgefangenen
4. Briefauszüge
5. 1 Flugblatt u. 2 Plakatmuster

/Hans Gossens/
Mitglied des NKFD

Aus dem Tätigkeitsbericht des Armeebeauftragten Hans Goßens über den Einsatz von Jahn und Küster unter den Truppen des Gegners

Frontlinie zu überschreiten und durch zielgerichtete Aktionen die faschistische Truppenführung zu stören. Außerdem sollte sie militärische Erkundungen durchführen und die Ergebnisse über Funk dem Stab der 2. Baltischen Front melden.

Um in das Gebiet der Wehrmacht zu gelangen, brachte man die Kampfgruppe wiederholt abends in die vorderen sowjetischen Stellungen. Aber der Rückzug der Wehrmacht vollzog sich in einem solchen Tempo, daß die nachstoßenden sowjetischen Verbände die antifaschistische Gruppe immer wieder einholten. Um nicht von Sowjetsoldaten beschossen zu werden, marschierten die deutschen Antifaschisten in Rotarmistenuniform. Erst nach Überschreiten der Frontlinie sollten sie diese vergraben und die in ihrem Gepäck befindliche Wehrmachtausrüstung anlegen. Bei einem solchen Versuch, die Frontlinie zu passieren, stieß die Gruppe am 16. Juli 1944 östlich des Ortes Zilupe auf ein deutsches Sicherungsbataillon. Einige Wehrmachtsoldaten eröffneten auf die vermeintlichen Rotarmisten das Feuer. Durch Zurufe gelang es den Antifaschisten, die Einstellung des Feuers zu erwirken. Wehrmachtsoldaten näherten sich der Gruppe, und es kam zu Gesprächen zwischen ihnen und den Angehörigen der Kampfgruppe.

Inzwischen hatten einige Offiziere erfahren, daß sich im Umfeld des Bataillons Mitglieder der Bewegung «Freies Deutschland» befanden. Daraufhin befahlen sie, das Feuer zu eröffnen. Die deutschen Antifaschisten entwaffneten sofort alle um sie herumstehenden Soldaten und nahmen sie gefangen. Major Bejdin gab der antifaschistischen Gruppe den Befehl, zum Angriff überzugehen. Dabei wurden zahlreiche weitere deutsche Soldaten gefangengenommen. Der Rest des Bataillons floh.

Nach diesen Vorkommnissen beschlossen die sowjetischen Offiziere, nicht mehr in das Gebiet der Wehrmacht vorzustoßen. Ihnen war bewußt, daß der Vorfall gemeldet und intensiv nach der antifaschistischen Gruppe gefahndet werden würde.

Deshalb wurde sie dem 90. sowjetischen Schützenkorps versorgungsmäßig zugeteilt und führte bis Dezember 1944 in kleineren Gruppen von zwei bis sechs Mann insgesamt etwa 150 bis 200 antifaschistische und militärische Aufklärungseinsätze unter den Wehrmachtverbänden der Heeresgruppe Nord durch. Manchmal nahmen auch sowjetische Aufklärer an diesen Aktionen teil. Im Durchschnitt dauerten sie ein bis vier Tage. Dabei wurden deutsche Soldaten gefangengenommen, Wehrmachtdokumente erbeutet, Fernsprechleitungen angezapft und abgehört, die Standorte von Stäben erkundet, Brücken gesprengt und Aufklärungsmaterialien des Nationalkomitees «Freies Deutschland» verbreitet. Der sowjetische Hauptmann L. O. Silberg erklärte nach dem Kriege zu den Leistungen der deutschen Antifaschisten: «In der Gruppe herrschte eine ausgezeichnete Disziplin. Die deutschen Antifaschisten waren stets bereit, jede Aufgabe zu erfüllen. Gern beteiligten sich sowjetische Soldaten an den Erkundungsaktionen ihrer deutschen Kampfgenossen. Während der Tätigkeit der Gruppe beim 90. Schützenkorps wurden viele deutsche Kriegsgefangene eingebracht, und es gab umfangreiche Informationen über den Gegner.»

Kampfaktionen von Angehörigen der Bewegung «Freies Deutschland» fanden im Bereich aller sowjetischen Armeen und Fronten statt. So waren in der Nacht zum 14. März 1944 aus einem sowjetischen Flugzeug der deutsche Antifaschist Gerhard Wernke, der Österreicher Sepp Bichler und eine sowjetische Komsomolzin, die sich Anja nannte und Funkerin der Gruppe war, mit Fallschirmen in der Nähe von Odessa abgesprungen. Die 3. Ukrainische Front bereitete sich zu dieser Zeit auf die Odessaer Angriffsoperation vor, die am 26. März begann und am 14. April 1944 endete. Der Auftrag der Gruppe bestand u. a. darin, dem Stab der 3. Ukrainischen Front in Vorbereitung und Durchführung dieser Operation wichtige militärische Informationen aus der Stadt und der Umgebung von Odessa zu übermitteln. Nach Erreichen der Stadt meldete sich Wernke bei der Wehrmachtkommandantur und wurde von ihr der Kommandiertenkompanie zugeteilt. Hier empfing er Wehrmachtsold und fungierte dreimal als Offizier vom Dienst. In der Kompanie konnte er zahlreiche Informationen über die in diesem Raum befindlichen Wehrmachtverbände, die Lage ihrer Stäbe, den Bau von Verteidigungsstellungen u. a. erfahren. Er erkundete den Verkehr im Hafen und die Vorbereitungen zur Sprengung wichtiger Objekte. Alle diese Angaben übermittelte er Anja, die Quartier bei einer Komsomolfunktionärin gefunden hatte und den Funkverkehr aufrechterhielt.

Sepp Bichler begab sich nach Tiraspol, um in diesem Raum militärische Erkundungen durchzuführen. Als er zur vereinbarten Zeit nicht zurückgekehrt war und Wernke inzwischen einen Soldaten seiner früheren Einheit getroffen hatte, der erstaunt darüber war, daß Wernke jetzt Offiziersuniform trug, brach er nach Rücksprache mit Anja den Einsatz ab und ging in der Nacht zum 6. April während einer Absetzbewegung der Wehrmacht über die Frontlinie, die zu dieser Zeit kurz vor Odessa lag. Am 10. April befreite die Rote Armee Odessa von den Okkupanten. Wenige Tage später trafen auch Anja und Sepp Bichler beim Frontstab ein.

Es verliefen jedoch nicht alle diese Einsätze erfolgreich. So sprang in der zweiten Februarhälfte 1945 eine sechzehnköpfige Gruppe, die vom sowjetischen Hauptmann A. N. Borschkarjow geleitet wurde, über der Wehrmachtgruppierung im Kurlandkessel ab. Zu der Gruppe gehörten die deutschen Antifaschisten Jaksch, Hans Eicker, Fritz Hatzky, Hilrich Hironymus, Helmut Mohme, Hugo Pieper und Helmut Ulmeyer. Außerdem befanden sich in der Gruppe zwei lettische Genossen und die sowjetische Funkerin Jewgenia Smirnowa. Die Gruppe sollte militärische Aufklärung im Kessel betreiben. Sie landete mit ihren Fallschirmen mitten im Bereitstellungsraum einer Wehrmachteinheit. Da sie jedoch deutsch sprachen, wurden sie nicht sofort festgenommen. Es gelang ihnen, sich von der Wehrmachteinheit zu lösen. Allerdings setzte sofort eine intensive Fahndung nach der Gruppe ein. In den Morgenstunden zwischen dem 24. und 26. Februar wurden die Gruppenmitglieder im Bauerngehöft Akmenkalni (Steinberge) von einer überlegenen SS-Einheit gestellt. Es kam zu einem heftigen Gefecht, das erst abbrach, als fast alle Gruppenmitglieder gefallen oder verwundet waren. Die SS-Bestien ermordeten bis auf einen alle Verwundeten. Nur den Antifaschisten Jaksch ließen sie am Leben. Er sollte vor der Gestapo Angaben über den Auftrag der Gruppe machen. Am 9. Mai wurde er von der Roten Armee aus dem Wehrmachtgefängnis Liepāja befreit.

Besonders zahlreich waren die militärischen Aufklärungseinsätze der Frontorganisation des Nationalkomitees «Freies Deutschland» in der Schlußphase des Krieges. Es wurden meist Gruppen zu zwei Mann, einem Aufklärer und einem Funker, abgesetzt. Sie hatten vor allem Truppenbewegungen und Truppenkonzentrationen zu erkunden. Ende Februar 1945 kamen aus dem Bereich der 1. Belorussischen Front mehrere solcher Gruppen zum Einsatz.

In der Nähe von Güstrow sprangen Bruno Erdmann und Stephan Rubstek mit Fallschirmen ab. Sie hatten den Auftrag, alle Truppenbewegungen auf der Straße und auf der Eisenbahn in Lalendorf bei Güstrow zu melden. Erdmann und Rubstek freundeten sich mit dem Wehrmachtkommandanten des

Bahnhofs Lalendorf an und konnten so aus den Dienstunterlagen Angaben über alle durchgehenden Transporte abschreiben. Von ihrem Quartier aus funkten sie etwa 20mal. Kurz vor der Ankunft der Roten Armee bereiteten Wehrmachtpioniere die Sprengung des Bahnhofs vor. Es gelang beiden Antifaschisten, die Zündung der Sprengladungen zu verhindern. Nach der Befreiung dieses Gebietes meldeten sie sich beim Stab der 1. Belorussischen Front.

Eine andere Gruppe, die aus fünf deutschen Antifaschisten bestand, operierte in der Nähe von Bad Doberan. Diese deutschen Patrioten fielen den Nazis in die Hände und wurden ermordet. In einem Bericht der faschistischen Abwehrorgane heißt es über sie: «Die Männer waren mit Funkgeräten, Waffen und Sprengstoffpatronen ausgerüstet. Ferner hatten sie einen größeren Vorrat an Lebensmitteln und Konserven bei sich. Die Männer waren mit Flugblättern sowie mit allen notwendigen Uniformstücken ausgerüstet und führten jeweils mehrere Soldbücher und Blankoformulare für alle wichtigen Ausweise der Wehrmacht (auch Sonderausweis D) mit sich ... Die Männer erklärten, sie hätten die Absicht gehabt, dem deutschen Volk Frieden und Freiheit zu bringen ... Mit ihren Funkgeräten hätten sie bereits mehrfach Truppenbewegungen und Standorte durchgegeben.»

Im Februar 1945 sprangen Werner Böhnke und ein weiterer Antifaschist, der als Funker ausgebildet worden war, in der Nähe von Oranienburg ab. Böhnke war Kommunist und in Berlin beheimatet. Er sollte mit Genossen, die ihm bekannt waren, Kontakt aufnehmen und sie für die Sammlung von Aufklärungsangaben gewinnen. Er quartierte sich mit dem Funker bei seiner Schwester ein, die in Köpenick wohnte. Regelmäßig meldeten sie über Funk die Lage in Berlin und machten Angaben über die dortigen Verteidigungsvorbereitungen. Am 2. Mai meldeten sie sich bei einem sowjetischen Truppenteil in der Brunnenstraße. Nach Überprüfung ihrer Angaben brachte man sie nach Rahnsdorf bei Wittenberg, wo sich zahlreiche Angehörige der Frontorganisation des Nationalkomitees «Freies Deutschland» befanden, die im Hinterland der Wehrmacht eingesetzt waren.

Die faschistischen Kommandostellen fahndeten intensiv nach den Aufklärergruppen. Die gesamte Bevölkerung war aufgerufen, sich daran zu beteiligen. Vor allem Mitglieder der Nazipartei und der faschistischen Massenorganisationen waren bestrebt, Aufklärergruppen auszukundschaften und sie der Gestapo zu melden. In allen Wehrmachtstandorten wurden Jagdkommandos zur Bekämpfung von Kundschaftergruppen gebildet.

Es hat Hunderte solcher und ähnlicher Einsätze hinter den Linien der faschistischen Wehrmacht gegeben. Sie waren Bestandteil des antifaschistischen deutschen Widerstandskampfes und eine Form der Fronttätigkeit des Nationalkomitees «Freies Deutschland». Durch ihren Mut und aufopferungsvollen Kampf haben diese Menschen einen wichtigen Beitrag zur Verkürzung des Krieges und zur Schaffung eines antifaschistisch-demokratischen und sozialistischen deutschen Staates geleistet.

Wasser

Jost Glase

«Sie tun euch nichts! Ihr könnt 'raufkommen!» ruft Großvater laut und deutlich in die Kellerkammer hinein, um Angst und Schrekken endgültig von der Mutter und dem Jungen zu vertreiben, damit sie ohne Furcht, der Junge, ohne zu wimmern, nach oben in die Wohnung gehen können.

«Der Spuk ist vorbei!» sagt Großvater noch lauter, sich selbst Mut zusprechend, reibt sich erleichtert die Hände und steht nun ganz in der Kellerkammer, dicht beim Notbett, auf dem die Mutter und der Junge hocken; der Junge immer noch fest an seine Mutter geklammert.

«Sie tun euch nichts!» wiederholt der Großvater, und diese Aufmunterung strahlt aus seinen Augen, heller als das spärliche Licht der Stearinkerze auf dem Tischchen.

«Hast du auch schon die weiße Fahne 'rausgehängt?» fragt Mutter, bange Zweifel zittern in ihren Worten.

Großvater lächelt, ermuntert sie wieder: «Ihr könnt 'raufkommen.»

Während die Mutter und der Junge auf dem Notbett sitzenbleiben und mit großen Augen Großvater noch glaubwürdigere Worte abverlangen, obgleich er doch der lebende Beweis seiner Aussage ist, weiß er, daß sie einige Sekunden bis zur Ohnmacht von Angst gepeinigt waren. Einige Sekunden waren es nur innerhalb der letzten vier Minuten, in denen die Mutter und der Junge in der Kellerkammer auf einen Schuß gelauert hatten, während er oben im Flur die Haustür aufschloß, die Klinke herunterdrückte, die Tür öffnete und in zwei abgespannte, verschmutzte Gesichter sah, auf russische Uniformen und auf einen roten Stern an der Pelzmütze, auf eine vorgehaltene russische Maschinenpistole, auf den angehaltenen Panzer vor dem Fenster, auf den Panzerturm und auf die eine Hand eines Offiziers, wie Großvater an der Uniform und an den Schulterstücken mutmaßte, die sorgfältig das lange Pappmundstück einer Zigarette formte. Großvater trat, als wolle er Gäste einladen, etwas zur Seite. Die Soldaten rührten sich nicht.

«Faschismus kapuut!» sagte der Soldat mit der vorgehaltenen Maschinenpistole freundlich und lächelte Großvater an.

«Gut, gut», erwiderte dieser unbeholfen, unsicher. Er fühlte sich wie ein ausgescholtener Junge, der eine Dummheit gemacht hatte, die andere ausbügeln mußten, trat noch etwas auffälliger zur Seite, damit die Soldaten deutlich sahen, daß sie in das Haus hineingehen konnten. Die wollten das nicht, standen ruhig und gelassen. Großvater wußte nichts mit sich und ihnen anzufangen. Er sah, wie der Offizier mit dem sorgfältigen Formen des Pappmundstücks der Zigarette fertig war, ihm die Zigarette hinhielt und sagte: «Papirossy!»

Großvater schüttelte den Kopf und entgegnete: «Ich rauche nicht.» Er kam sich wieder ungeschickt vor, weil die Russen doch kein Deutsch verstanden.

«Papirossa gutt», beteuerte der Offizier, wartete aber nicht lange Großvaters Zögern ab, sondern hängte sich das Pappmundstück in den rechten Mundwinkel und fragte mit einer Kopfgeste zur geöffneten Tür hin: «Dort Faschist?» wobei er das I langzog und hinzusetzte: «SS?»

«Nicht Faschist», antwortete Großvater und zog das I ebenfalls lang und ergänzte: «Nicht SS!» Er deutete in den Flur hin und zum Haus hinauf.

«Gutt, gutt», wiederholte der Offizier mit der Papirossa im rechten Mundwinkel, und das U klang kurz und zusammengedrückt. Er hatte sich ein Feuerzeug aus der Brusttasche der wattierten Uniformjacke gezogen, rauchte seine Papirossa an, ohne sie mit den Fingern zu berühren; während er das Feuerzeug zurück in die Brusttasche steckte, sagte er zu Großvater: «Berlin.» Er deutete auf den Panzer und die eingeschlagene Fahrtrichtung, damit der alte Mann verstand, weshalb sie sich nicht länger mit ihm unterhalten konnten, sie drehten sich um, und ihre Schritte in den eisenbeschlagenen Stiefeln hallten von den Treppenstufen über das Trottoir und das Straßenpflaster zum Panzer in den Flur hinein.

«Das war nun die Befreiung», dachte Großvater; müde und erschöpft schloß er die Tür, ohne den Schlüssel herumzudrehen. Langsam ging er über den Flur in den Keller zurück. Seine Schritte brachten ihm als Echo das Aufatmen der Schwiegertochter und des Jungen entgegen. Von dem Moment an, als der Panzer vor der Haustür stehenblieb, die Stiefelschritte zur Tür hinauf zu hören waren, Gewehrkolbenschläge gegen die verschlossene Haustür in den Keller wummerten, Großvater, ohne ein Wort zu sagen, vom Notbett aufgestanden, hinausgegangen und nun wieder zurückgekehrt war, waren nicht einmal vier Minuten vergangen. Damit die Mutter und der Junge endlich aufstehen und wieder die Wohnung betreten, sagt Großvater in die weitaufgerissenen Augen der beiden: «Sie haben mir sogar eine Zigarette angeboten.»

Das überzeugt auch die Mutter. «Na dann!» Mit diesen Worten nimmt sie entschlossen ihr Söhnchen an der Hand und pustet die Stearinkerze aus. Alle drei gehen nach oben in die Küche. Der Junge fragt sich, ob wohl nun auch gleich die Feier in der guten Stube begänne, die oft in den Gesprächen zwischen Großvater und Mutter erwähnt worden war und die sein sollte, wenn der «ganze Spuk» vorbei wäre.

Doch Großvater und Mutter bleiben inmitten der Küche stehen, setzen sich nicht einmal, stehen da, hilflos, als wüßten sie nichts mit ihrer Befreiung anzufangen.

«Kochen wir uns erst mal ein Täßchen», entscheidet die Mutter. Sie meint Bohnenkaffee. Vor etlichen Wochen hatte der Junge unter Güterwagen zwei große Tüten voll der kleinen grünlichen Bohnen aufgelesen, die beim Einschippen in Säcke durch die Waggonritzen gefallen waren. Einen ganzen Vormittag und einen ganzen Nachmittag war er wie andere Kinder unter den beiden Wagen herumgekrabbelt, nicht nur, weil es ihnen Spaß gemacht hatte, sondern weil sie wußten, daß sie damit ihren Müttern eine große Freude bereiten würden, auch wenn vom Rösten des Kaffees in einem eigens dafür ausgewählten Topf oder Tiegel die Küche voll beißenden Qualms gewesen war.

«Zur Feier des Tages», vollendet Großvater den Satz und geht an den Küchenschrank, um die Tassen herauszunehmen, während sich Mutter dem Kochherd zuwendet und der Junge hofft, daß Großvater den Gedanken der Feier ausweitet.

Da erstarren Mutter, der Großvater und das Kind vor Schreck, erstarren ihre Bewegungen und auch jede Regung in ihren Gesichtern, bleiben die Münder wie bei einem steckengebliebenen Wort halb offen: Schwere, eisenbeschlagene Stiefelschritte, laute russische Worte und dröhnendes Gewehrkolbenwummern gegen die verschlossenen Wohnungstüren der geflohenen Flurnachbarn, Splittern von Holz und heftiges Toben die Treppe hinauf, einen kurzen Maschinengewehrfeuerstoß in den Keller hinein, ein Aufreißen der Küchentür und ein hereinstürmender russischer Soldat mit wirrem Fuchteln der vorgehaltenen Maschinenpistole sind für alle atemberaubend genug, um vor Entsetzen zu erstarren. Diese Starre läßt sogar den vorwärts stürmenden Soldaten, seine wilden Gebärden mit der Maschinenpistole innehalten. Wie er drei, vier Schritte vor der geöffneten Küchentür stehenbleibt, ganz verwirrt ist von der unerwarteten Anwesenheit dieser drei Deutschen und der morgenfrische Luftzug durch die Küche weht, kommt Bewegung in die Körper der Erwachsenen und des Kindes zurück: Großvater läßt den Arm vom Küchenschrank sinken, Mutter nimmt den Wasserkessel vom Herd, und der Junge tritt ganz nahe an sie heran, besieht sich den russischen Soldaten – sein Gesicht und den roten Stern vorn auf der Pelzmütze, seine Uniform mit buntglänzenden Abzeichen, die Maschinenpistole und spricht in Gedanken die oft vom Großvater gehörten Worte: Russe, Bolschewik, Befreiersoldat – und schmiegt sich an die Mutter.

Der Soldat, noch nicht beruhigt und als wollte er in der Küche nicht weiter stören, stürmt erneut los, auf die Tür zur guten Stube zu, reißt sie auf, setzt mit dem nächsten großen Schritt über die Türschwelle und bleibt ruckartig stehen, den einen Fuß in der Küche, den anderen in der guten Stube, verharrt wie auf einer Momentaufnahme, reißt sich herum und sieht auf den Jungen.

Der hat «Nein!» gebrüllt.

Jetzt klammert der Kleine an der Mutter, schaut verzweifelt zu ihr auf, als wäre sein Herz am Zerspringen. Ihm brennt die Angst in den Augen: Mit den Stiefeln in die gute Stube!

Nein, das durfte auch ein Befreiersoldat nicht! Nein, nur das nicht! Mit den Stiefeln auf den guten, teuren Teppich! Mutter würde das nicht hinnehmen und mit dem Befreiersoldaten schimpfen! Wenn der dann böse würde – nicht auszudenken! Nein, er darf es Mutter nicht antun! Die gute Stube ist nur für Ostern, Pfingsten und Weihnachten da, für das Kaffeetrinken an Geburtstagen – ausnahmsweise manchmal an Sonntagen, aber selten.

In der guten Stube ist alles teuer und sauber. Vater, Mutter und Großvater, auch Großmutter, als sie noch lebte, haben dafür gedarbt und gespart, haben auf so manches verzichtet: für das Buffett mit den Sammeltassen darin, für das Vertiko mit dem großen Porzellanelefanten darauf, für die Chaiselongue mit den beiden Samtkissen, für die Gardine mit dem feinen Muster, für den Kronleuchter mit den vier Armen, für den runden,

polierten Tisch mit den gehäckelten Deckchen, für die Stühle mit den gedrechselten Beinen und den gepolsterten Rückenlehnen, für die beiden Sessel am runden Tischchen mit der Stehlampe daran, für die reichverzierte Wanduhr mit dem tiefen, vollen Gong und für das große Bild vom übermütigen Herbst in dem breiten goldenen Rahmen. Die gute Stube ist Mutters ganzer Stolz. Jeden Sonnabend putzt sie auch die Fenster der guten Stube, egal, ob am Sonntag darin Kaffee getrunken wird oder nicht. Mutter wischt und bohnert die freien Fußbodenflächen und saugt den Teppich ab, und mit etwas Sidol auf einem weichen Läppchen reibt sie die Türklinken, den Fensterknauf und das Uhrpendel blank. An sonnigen Tagen öffnet sie die Fenster, damit die Luft nicht muffig wird.

«Jaja, dein Heiligtum!» sind Großvaters Worte immer zur Mutter, wenn er von der guten Stube spricht, und der Junge konnte sich unter Heiligtum nichts anderes vorstellen als etwas Kostbares, Teures, Sauberes, Ordentliches und Gutes. Ein Heiligtum mußte gehegt und gepflegt werden und nicht mit Stiefeln getreten. Auch nicht von einem Befreiersoldaten! Und hätte das Kind nicht losgebrüllt, um ihn zu warnen, der Soldat wäre auch ohnedies nicht einen Schritt weitergestürmt. Er hätte sich nur nicht sofort nach dem Jungen umgesehen. Ja, er hätte auf ihn überhaupt nicht geschaut, sondern nur auf den Großvater und die Mutter, denn er war nicht erst beim Über-die-Schwelle-treten, sondern bereits beim Aufreißen der Tür einem wie Ehrfurcht gebietenden Zwang erlegen: Das Tiefbraun der Möbel und das Weiß der Gardine, das Weinrot des Teppichs mit seinen leuchtend-belebenden Ornamenten, das Dunkelbraun der samtenen Kissen und das Goldfarbene der Rükkenlehnen, des Bilderrahmens, der Gardinenstange und des hin- und herschwingenden Perpendikels der Wanduhr machten, betont durch die strenge Form der Ordnung, einen würdevollen Eindruck und schienen unverletzlich. Davor schreckt sogar ein Befreiersoldat zurück. Er unterbricht seinen Sturmschritt und hat das gebrüllte «Nein!» des Kleinen richtig verstanden, wirft einen kurzen Blick auf ihn, und dann, als müßte er sich vergewissern, sieht er noch einmal in die gute Stube hinein und zieht seinen Fuß langsam über die Schwelle zurück. Während auf dem Flur, auf der Treppe, in den Wohnungen über ihm gerufen, gelaufen und gepoltert wird, betrachtet er sich das Heiligtum andächtig. Obwohl er in seinem Leben zum ersten Mal vor solch einer Pracht steht, fühlt er, daß er es kennt, daß es ihm irgendwie vertraut ist. Er kann sich nur nicht erinnern, woher und in welcher Form. Durch dieses Unbegreifliche rücken die drei Menschen vor ihm in weite Ferne. Er wendet sich von der guten Stube ab, sieht den Großvater an und fordert barsch: «Uri!» Das R rollt drohend auf der Zunge.

«Uri! Uri!» wiederholt der Soldat.

Großvater versteht nicht.

Also noch einmal nachdrücklich: «Uri!» Der Soldat weist in die gute Stube zum Regulator an der Wand und zeigt dann auf sein linkes Armgelenk.

Großvater hat keine Armbanduhr, nur eine Taschenuhr! Die zieht er verängstigt aus der Uhrentasche am Hosenbund und hält sie dem Soldaten hin.

Eine Taschenuhr? Wie soll er die um den Arm binden? Oder soll er sie in die Hosentasche zu seinem Machorka stecken? Jedesmal, wenn er auf die Uhr schauen wollte und sie aus der Hosentasche zöge, würde er Machorka dabei verschwenden. Das kann er sich nicht leisten. Vielleicht ist dem Alten seine Armbanduhr lieber als die Taschenuhr, und er hält sie zurück! Es darf einer nicht so schnell aufgeben.

«Uri!» verlangt der Soldat nun kategorisch und zeigt auf Großvaters Arm. Der streckt beide Arme vor, so daß Hemd und Pullover die Handgelenke freigeben.

«Nur Taschenuhr», entgegnet Großvater bedauernd und reicht sie hilflos dem Soldaten.

«Diese verdammten Kapitalisten», denkt er, geht einen Schritt auf Großvater zu und sagt vorwurfsvoll: «Kapitalist!» Danach zeigt er auf die Mutter und wiederholt: «Kapitalist!» Er spuckt verächtlich vor ihnen auf das blankgebohnerte Linoleum. «Wse Kapitalisty!» gibt er mit einer zusammenfassenden Handbewegung seiner Überzeugung Ausdruck und hat Großvater und die Mutter tief getroffen, Großvater tiefer als die Mutter. Denn dieser hat Zeit seines Lebens schwer für die Kapitalisten schuften müssen und gegen sie gekämpft: im Arbeitersamariterbund, im Arbeiterturnverein, im Arbeitergesangverein, in der Sozialdemokratischen Partei, in der Gewerkschaft und im Konsum. Den Konsum dieser Stadt hat er gegen die gewinnsüchtigen Großhändler, gegen die Ausbeutung der Arbeiter, gegen den Profit mitgegründet. Er, der Großvater, könnte diesem jungen Heißsporn Geschichten erzählen! Tuchmacher ist er, und er hat gekämpft, wenngleich ein bißchen anders als die Bolschewiki und ihr Lenin, nicht gar so stürmisch wie es die Kommunisten, auch die deutschen, an sich haben. Doch nun nach der Befreiung werden alle etwas klein beigeben müssen, die Sozialdemokraten und die Kommunisten, und sie werden es gemeinsam mit dem Neuen in Deutschland auch schaffen. Er, Großvater, würde nicht mehr sehr viel dazu tun können mit seinen einundsiebzig Jahren, aber er wird es noch erleben, das, was er sein Lebtag gewollt und wofür er sich geschunden hat. Und so widerspricht er dem jungen Russen, dem Befreiersoldaten, energisch, indem er sich dabei mit der flachen Hand an die Brust schlägt: «Ich nicht Kapitalist!»

«Kapitalist!» unterstreicht der Befreiersoldat nochmals und wehrt Großvater ab.

«Himmeldonnerwetter», denkt der Alte, «so sind sie, lassen nicht mit sich reden!» Und er sucht krampfhaft nach einem überzeugenden Beweis, denkt an seine verborgen gehaltenen, auf einem schwarzen Samtkissen aufgesteckten Abzeichen der verschiedenen Arbeitervereine, der getragenen Maiabzeichen, an die ziselierten und goldgeränderten Porträts von August Bebel, von Karl und von Rosa, an die rote Fahne und den darauf gereichten Händen und an das «Hoch die Solidarität», von einer goldenen Kordel umrandet. Großvater kann nicht zu Ende denken, weil der Soldat ungeduldig wird, seine Maschinenpistole hochreißt und sie auf Großvater richtet, denn er will herauskriegen, mit wem er es hier zu tun hat.

«Dokument! Dokument!» fremdländisch, kurz und zusammengepreßt klingt das Wort, schnell und hastig gesprochen, begleitet von dem vorgehaltenen und auf Großvater gerichteten Lauf der Maschinenpistole, an deren Abzug der gekrümmte Zeigefinger des Soldaten leicht und ruhig aufliegt, während seine Augen aufgeregt vom Großvater zur Mutter und von der Mutter zum Großvater hin- und herrollen. Die Augen der Mutter und des Großvaters begegnen sich angsterfüllt, blicken dann wieder auf den Soldaten, lassen keinen klaren Gedanken aufkommen. Ihrer beider Münder bleiben sprachlos. Auf dem Gesicht der Mutter breiten sich rote Flecken aus, werden kräftiger. Aus dem Gesicht des Großvaters scheint alles Blut gewichen, es wird blaß und bleich.

«Dokument! Dokument!» wiederholt der Soldat noch einmal, nur hastiger und lauter, das Wort noch immer kurz und zusammengepreßt.

Er braucht einen Identitätsnachweis des Großvaters, eines Mannes mit Vor- und Zunamen, mit Geburtsdatum, Geburtsort und Wohnanschrift und, für den Befreiersoldaten das Allerwichtigste, mit einem gesiegelten Paßfoto, das den Großvater als den Mann ausweist, der er ist. Denn: Er könnte ein Faschist sein, der seine Soldatenuniform in Windeseile ausgezogen, versteckt, vergraben oder verbrannt und nun diese braune Hose und den dicken dunkelblauen Rollkragenpullover angezogen hat. Nein, Kolja läßt sich nicht hintergehen! Auch nicht von diesem Mann vor ihm, der nicht beweisen will, wer er ist. Also hat er etwas zu verbergen.

«Faschist!» sagt der russische Soldat. Es klingt fremdländisch, zischend, wie ein erhobener Fingerzeig, unterstützt durch einen Schritt des Soldaten auf den Großvater zu, durch einen Stups mit dem kurzen, klobigen Lauf der Maschinenpistole in Großvaters Hüfte und durch eine unübersehbare Aufforderung mit dem Kopf, zur Tür hinauszugehen.

Großvaters Gesicht ist weiß und seine Augen blicken irre.

«Faschist!» sagt der Befreiersoldat zur Mutter und zu dem Jungen. Aus der fremdländischen Aussprache klingt etwas wie Bitte um Verständnis für seine Handlung, die ausreicht, um Mutter zur Besinnung und zu einem klaren Gedanken zu bringen. In den zweiten Schritt des Großvaters zur Tür hin und in den ersten Schritt des Soldaten mit der vorgehaltenen Maschinenpistole und dem gekrümmten Zeigefinger am Abzug hinein schreit sie: «Wilhelm, dein Ausweis!»

Großvater schwenkt, als hätte er wie ein junger Bursche soeben erst seine militärische Grundausbildung beendet, auf dem linken Absatz herum und sieht den Rotarmisten mit einem zuversichtlichen Lächeln an, so, wie es dem Jungen vertraut ist, solange er sich erinnern kann, wenn Großvater wieder einmal auf eine seiner Voraussagen recht bekam und meinte: Na, was habe ich euch gesagt? – Das hört er jetzt nicht, sondern Großvater hebt die rechte Hand mit dem hochgestreckten Zeigefinger, was jedem Kind in jedem Winkel der Welt zuerst durch Mutter und Vater und danach durch die Lehrer zur verständlichsten Geste wird und bedeutet: Aufgepaßt! Dazu ruft Großvater: «Moment! Moment!» und eilt mit langen

Schritten an dem Soldaten vorbei in die gute Stube hinein. Der Soldat folgt Großvater bis zur Türschwelle, nimmt den gekrümmten Zeigefinger vom Abzug und läßt die Maschinenpistole sinken.

Der Befreiersoldat läßt Großvater keinen Augenblick aus den Augen. Jeden seiner Schritte quer durch die gute Stube zum Vertiko hin verfolgt er, sieht, wie Großvater das oberste Fach herauszieht. Mutter und der Junge hören es, hören, wie Großvater wieder zurückkommt, hören auch ein leichtes Rascheln von Papier dabei. Großvater steht vor dem Soldaten und sagt: «Dokument!» Er reicht seinen aufgeschlagenen Ausweis, der Soldat schaut auf das gesiegelte Paßfoto, schaut auf Großvater und wieder auf das gesiegelte Paßfoto und wieder auf Großvater. Der lächelt.

«Ich nix Faschist!» beteuert Großvater und ahmt die fremdländische Aussprache des Befreiersoldaten nach, in der Hoffnung, daß der ihn jetzt besser versteht und vor allem: ihm auch glaubt.

Als brauchte er ein noch überzeugenderes, beweiskräftigeres Argument, verlangt der Rotarmist mit einer fordernden Handbewegung Großvaters Brieftasche, in der der Ausweis neben anderen Papieren steckt. Diese Papiere zieht der Soldat heraus, gibt sie Großvater zurück. Er betrachtet die schokoladenbraune, immer geschonte, weiche, lederne Brieftasche, die sich der Junge so gern angesehen hat und manchmal, wenn Großvater mit ihm am Sonntagnachmittag auf den Fußballplatz gegangen war, auch in seiner Jackentasche hat tragen dürfen. Mit einer kurzen Handbewegung steckt sie der Soldat unter seine Uniformjacke, lächelt nun auch Großvater an, der wiederum nicht mehr lächelt, und sagt: «Ty ne Faschist!» Er ruckelt Großvater an der Schulter, wendet sich der Mutter und dem Jungen zu und wiederholt: «On ne Faschist!» Er kommt zwei Schritt näher, bleibt vor der Mutter stehen. Sie ist noch unsicher, doch erleichtert, denn: nun hat der Soldat erst einmal etwas, was ihm gefällt, er wird sich beruhigen, und Großvater ist gerettet. Es ist zwar schade um die schöne Brieftasche, denn sie war ein teures Stück. Damals, als Mutter in dies Haus gezogen war, hatte sie von ihren Näharbeitseinkünften immer einige Groschen auf die Seite gelegt, um dem Schwiegervater zum ersten Weihnachtsfest, das sie hier mit ihrem Mann verlebte, eine Freude zu bereiten. Sie denkt jetzt: «Der Soldat freut sich über die Brieftasche und wird Großvater nichts mehr tun, alles andere ist nebensächlich. Hoffentlich fällt er nicht noch in den letzten Tagen.» Dabei schaut sie in sein feingeschnittenes Gesicht, das ihr etwas dreist erscheint, aber auch so mager. Haben bestimmt viel durchgemacht, die Bürschchen. Hat sich bestimmt noch keine dreimal rasiert in seinem Leben, und sie sieht die spärlich sprießenden Härchen an seinem Kinn, findet, daß er intelligent aussieht, und sie würde sehr gern wissen, wo er in der Weite dieses Rußlands zu Hause ist.

«Nix Faschist!» sagt auch die Mutter zum Befreiersoldaten sehr erleichtert und nickt.

Der Rotarmist sieht der Mutter die Erleichterung an, und er denkt: «Otlitschno!» Ihm ist wohl zumute, daß sich alles so gut mit diesen Deutschen geklärt hat. Er ist froh, daß sie vier so beieinanderstehen, die Mutter ihn so offen ansieht. Ihr Gesicht wird weich; Güte, Beharrlichkeit und Geduld sprechen daraus, wie er es von seiner Mutter her kennt, wenn sie glücklich und zufrieden war, wenn sie in ihrer Altmütterchenbluse, mit einem dunklen Tuch um den Kopf, draußen vor ihrem Häuschen auf der Bank am Hoftor saß, mit den Nachbarinnen plauderte oder wenn sie sah, mit welchem Appetit er, «moj Kolja, moj Maltschischka», ihre selbstgemachten Nudeln aß. Ihm läuft das Wasser im Munde zusammen, daß er schlucken muß und plötzlich großen Durst verspürt.

«Woda!» sagt er bittend zur Mutter, wobei er das A betont. Und obgleich sie nicht versteht, was der Soldat will, vermutet sie, daß es sich um etwas Gutes handelt, dem sie voll und ganz zustimmen könne; sie nickt, rührt sich aber nicht von der Stelle. So fordert der Soldat noch einmal: «Woda!» und zeigt die Geste des Trinkens.

«Wodka nicht!» beteuert der Großvater.

Der Soldat lacht und erwidert: «Wodka net – woda!» Er zeigt auf den Wasserhahn über dem Ausguß und wieder die Geste des Trinkens.

«Wasser!» ruft die Mutter mit heller Stimme. «Wasser! Er will Wasser!» Sie hüpft beinahe zum Küchenschrank, nimmt ein Glas heraus, geht zum Wasserhahn und füllt es bis zum Rand, reicht es dem Soldaten und wiederholt: «Wasser!»

Der Soldat nimmt ihr das Glas ab, fühlt die Kühle des Wassers, lacht nun auch die Mutter an und formt, wie ein lernfreudiger Schüler, langsam und betont das Wort: *«Wasser – Wasser»*. Dabei nimmt er nicht das Wasser im Glas wahr, sondern das klare Wasser, von einem hohen, steilen Ufer herab unübersehbar weit blau schimmernd. Blau schimmernd sieht er sogar die Wiesen und die am Fluß liegenden Dörfer, winzig in der Ferne – für ihn und seine Spielgefährten damals das Ende der Welt. Hier am Dnepr war alles Sonnenschein für die Kinder. Dort, wo schon nichts mehr bebaut war, wuchs Weidengestrüpp, durch das sie sich einen Weg bahnten, dann den steilen Hang hinunter zum Fluß liefen, badeten und zu der grünen, von Gebüsch überwucherten Insel hinüberschwammen. Aber nicht im Frühjahr. Dann begrub die Frühlingsflut die Sträucher und Bäume der Insel unter sich, und das andere Ufer war kaum noch zu erkennen. Die Kinder standen und staunten, und sie verstanden das Sprichwort «Selten nur fliegt ein Vogel bis über die Mitte des Dnepr». Jetzt erinnert sich der Soldat an ein Gedicht Jessenins:

> «Hab die Eltern verlassen bald,
> Rußland blau in der Ferne liegt.
> Überm Teiche am Birkenwald
> Mutters Trauer das Sternbild wiegt.»

Liebe und Sehnsucht sind in ihm: Rodina – Matuschka. Wieder taucht seine Mutter in der Erinnerung auf, auf dem Bänkchen sitzend, vor dem strohbedeckten Haus mit den geschnitzten Fensterrahmen, und er sieht diese deutsche Mutter vor sich stehen und denkt: «Molodaja Matj», die ihm ein Glas Wasser gereicht hat, aus dem er den letzten langen Schluck nimmt. Er, der russische Soldat, der Befreiersoldat, wird ihr, dem Kind und dem Großvater nichts antun, denn das ist die wahre Soldatenehre, daß der Soldat ein edler Mensch ist und nur tut, was seinem geliebten Vaterland und seinem Volk Ehre und Freiheit bringt, daheim und in der Fremde. Deshalb hat auch seine Mutter zu ihm gesagt, daß er gut sein solle zu den deutschen Menschen, damit die Sonne erstrahle am Himmel, wenn er, Nikolai Grigorjewitsch Petrow, wieder heimkehrt. Freuen sollen sich die Menschen und wieder erblühen Städte und Dörfer.

So will er der deutschen Mutter, ihrem Jungen und dem Großvater seine gute Gesinnung zeigen. Er beugt sich zu dem Kind und sagt: «Maltschik!»

Und Maltschik, der Junge, schmiegt sich an seine Mutter, sieht den Befreiersoldaten schüchtern und aufmerksam an, fühlt eine ferne Fremde nah.

«Malenki» sagt der Befreiersoldat und will den Kleinen an sich ziehen. Dem klingen die beiden Worte fröhlich. Sein Lächeln jedoch wirkt mißtrauisch. Er weiß nicht, was der Soldat von ihm will.

Doch der möchte ihn erfreuen, erfreuen auch die Mutter, den Großvater. Weil es mit Worten mühselig ist, wird er Musik machen. Er schiebt die Maschinenpistole auf den Rücken, nimmt seine Mundharmonika aus der linken Brusttasche heraus, hockt sich vor den Jungen hin und beginnt zu spielen, drei, vier Atemzüge lang, um ihm zu zeigen, wie herrlich seine Harmonika klingt. Dann hat er seine Melodie und den Rhythmus gefunden. Im Takt seiner Melodie streckt er zuerst das rechte Bein seitwärts weg, daß der Junge glaubt, er würde umfallen, doch flink zieht er es wieder heran und streckt das linke Bein ebenfalls seitwärts weg, Musik und Tanz werden eins. Die Mutter und der Junge beginnen fast gleichzeitig vor Vergnügen im Takt zu klatschen, während Großvater nur daneben steht und schmunzelt.

Das Lied und der Tanz sind zu Ende. Der Soldat schnauft von der Anstrengung, aber er bleibt in der Hocke vor dem Jungen, reicht ihm die Mundharmonika, zieht ihn an sich, er drückt und küßt ihn, will mit dem Jungen auf dem Arm aufstehen, als Schüsse im Hausflur fallen, die Küchentür aufgerissen wird, ein kurzer Feuerstoß hineinknattert, Großvater sich blitzschnell auf die Maschinenpistole des Befreiersoldaten stürzt und von dessen Rücken aus der MPi einen Feuerstoß auf einen Hitlerjungen zurückjagt.

Fla-Raketen neben Rohren

Truppenluftabwehr – moderne Waffengattung der Landstreitkräfte

Oberstleutnant Dr. Karl-Heinz Otto

Vom Waldrand aus schießt die Artillerie aus allen Rohren, schwere Panzer verlassen ihre schützenden Deckungen und stürmen vorwärts. Ihnen folgen die mot. Schützen in geländegängigen Schützenpanzerwagen. Plötzlich übertönen schrille Geräusche das Klirren der Panzerketten und das Dröhnen der Artillerieeinschläge. «Gegnerische» Jagdflugzeuge und Kampfhubschrauber preschen im Tiefflug über das Gefechtsfeld. Nur ein Ziel verfolgen sie: Ihre todbringenden Raketen gegen unsere Truppen abzufeuern ...

Funkmeßhöhenfinder der Truppenluftabwehr

Doch der Manöverplan des «Luftgegners» geht nicht auf. Er geht nicht auf, dank der militärischen Meisterschaft der Einheiten der Flak und Fla-Raketen.

Schauen wir den Fla-Soldaten zu. «Neues Ziel! Zwei Maschinen. Seitenwinkel 195 – Entfernung 35!» meldet der Funkorter 1. Jetzt heißt es auch für die anderen Funkorter in der Raketenleitstation, dem computergesteuerten Zentrum einer Fla-Raketenbatterie, sich voll zu konzentrieren.

Weit vor Erreichen der eigenen Truppen klären sie die gegnerischen Luftziele auf, verfolgen auf ihren elektronischen Bildschirmen jede ihrer Bewegungen. Wie werden sie angreifen? Welche taktische List anwenden? Klüger als der Gegner sein, vorausdenken, seinen Plan durchschauen und sich nicht überraschen lassen.

Auf den Funkortern lastet eine große Verantwortung gegenüber den vielen Genossen draußen auf dem Gefechtsfeld. Das beflügelt sie. Zwischen den wechselnden Farbkodes der Kontrolltableaus springt plötzlich eine rote Signallampe in den Vordergrund. Ihr aufdringliches Flackern bedeutet: «Zielzuweisung!» Jetzt gilt es! Kurze Kommandos lösen sich ab. Kein überflüssiges Wort. Nach Sekunden die Meldung: «Ziel aufgefaßt! Ziel in der Zone!»

Wie von magischer Hand gesteuert, richten die Fla-Raketen auf den mobilen Startrampen die vom Computer der Funkmeßstation errechneten Zielpunkte an. Nun haben

die angreifenden Luftziele keine Chance mehr. Endlich die ruhige Stimme des Batteriechefs: «Start!» Doch diesmal bleibt alles still. Kein donnerndes Abheben der Fla-Raketen von den Schienen der Startrampen. Wir befinden uns im Manöver.

Die Fla-Raketensoldaten, die hier übten, gehören zu einer Einheit der Truppenluftabwehr. Ihre Aufgabe besteht im Schutz der Truppen gegen Schläge aus der Luft. Im Jahre 1961 wurde die Truppenluftabwehr selbständige Waffengattung der Landstreitkräfte der NVA. Bis dahin waren ihre Truppenteile, meist Flak-Regimenter, der Waffengattung Artillerie unterstellt. Das hatte historische Gründe.

Flakartillerie – nur eine historische Größe?

Bereits im 18. Jahrhundert fand der erste Kampf gegen ein Luftziel statt. 1794 beschossen österreichische Artilleristen mit einem Mörser einen Heißluftballon (ihren Erfindern zu Ehren lange Zeit als «Montgoliére» be-

Flak-Batterie 57 mm beim Gefechtsschießen

57-mm-Soloflak beim Gefechtsschießen

Mobiler Fla-Raketenkomplex der Truppenluftabwehr auf Dreiachs-SPW

Strela-Schütze deckt mot. Schützenkompanie

Fla-Raketenbatterie Krug beim Gefechtsschießen

zeichnet), dessen Besatzung die belagerte französische Festung Maubeuge verlassen wollte. Das Schießen erwies sich als uneffektiv, denn die Ballonbesatzung kam mit dem Schrecken davon.

Die ersten Waffen der Luftabwehr wurden deshalb als «Kompromißgeschütze» bezeichnet und fanden als Ballonabwehrkanonen (BAK, aber auch Sockelkanonen genannt) Eingang in die artilleristische Bewaffnung. So führte das kaiserliche deutsche Heer bereits 1906 die von der Rheinischen

Metallwaren- und Maschinenfabrik produzierte 50-mm-Ballonabwehrkanone L/60 ein. Eine ähnliche Entwicklung vollzog sich in der zaristischen russischen Armee. Hervorzuheben ist die von F. F. Lender konstruierte und in den Putilow-Werken (Petrograd) hergestellte 76-mm-Fliegerabwehrkanone.

Als man unmittelbar vor dem ersten Weltkrieg reguläre Fliegerkräfte aufstellte und die militärische Nutzung des Luftraumes zunehmend an Bedeutung gewann, wurde die Entwicklung wirksamer technischer Abwehrmittel zwingend erforderlich.

1916 wurden die nun als «Sondergeschütze» für die Luftabwehr produzierten Geschütze in der kaiserlich-deutschen Armee mit Fliegerabwehrkanonen (Flak) bezeichnet. Damit war die Gattungsbezeichnung Flakartillerie entstanden.

Entscheidende Impulse für die Weiterentwicklung der Flakartillerie gab die rasante Verbesserung der Leistungskennziffern der Kampfflugzeuge. Während beispielsweise die Geschwindigkeit der zu Beginn des ersten Weltkrieges eingesetzten Flugzeuge zwischen nur 80 und 100 km/h lag, erreich-

Startrampe des Fla-Raketenkomplexes Kub in Gefechtslage

Funkorter bei der technischen Kontrolle einer mobilen Rundblickstation

Raketenleitstation der Truppenluftabwehr

Zwillingsflak ZU-23-2 deckt eine Funktechnische Einheit. Im Hintergrund Funkmeßaufklärungsstation

ten moderne Jagdflugzeuge am Ende des zweiten Weltkrieges bereits Höchstgeschwindigkeiten bis zu 690 km/h.

Auch in den sowjetischen Streitkräften entwickelte sich die Flakartillerie bis zum Beginn des zweiten Weltkrieges entsprechend den aufgezwungenen Erfordernissen. Allein von 1934 bis 1939 vervierfachte sich ihr Personalbestand. Entscheidendes Unterpfand für ihre gestiegene technische Leistungsfähigkeit bildeten die 1939 in die Bewaffnung der Roten Armee eingeführten 85-mm- und 37-mm-Fliegerabwehrkanonen. Ihre Effektivität wurde durch den wachsenden Einsatz von Scheinwerfern (für das Nachtgefecht), Horchgeräten, Kommandogeräten (Analogrechnern), Entfernungsmeßgeräten und ersten Funkmeßstationen erhöht.

Einen anschaulichen Einblick in die Wirksamkeit der sowjetischen Flakartillerie vermittelt die heldenhafte Verteidigung Moskaus durch das 1. Luftverteidigungskorps. Mit über 1600 Fliegerabwehrkanonen und Fla-MGs, die von 763 Scheinwerfern und 303 Sperrballons unterstützt wurden, schützten sie die sowjetische Hauptstadt gegen den faschistischen Aggressor.

Fla-Raketen-Panzer der Strela-Familie

Funkmeßgesteuerte Vierlingsflak Schilka

Bis zum Januar 1942 griff die faschistische Luftwaffe Moskau 122mal mit insgesamt 8000 Flugzeugen an. Dabei gelang es nur 3 Prozent von ihnen, das dichte Flakfeuer zu überwinden und ins Stadtinnere vorzudringen. 952 faschistische Flugzeuge wurden abgeschossen. Die Gesamtbilanz der Flakartillerie der Landstreitkräfte der Roten Armee während des zweiten Weltkrieges betrug 18704 Abschüsse der faschistischen deutschen Luftwaffe.

In der Nationalen Volksarmee der DDR wurde seit ihrer Gründung im Jahre 1956 der Luftverteidigung große Aufmerksamkeit gewidmet. So bestand die Erstausstattung der Flakartillerie der Landstreitkräfte entsprechend dem Entwicklungsstand der Luftabwehrmittel aus sowjetischen Flakmodellen der Kaliber 37 und 85 mm, die sich bereits im zweiten Weltkrieg bewährt hatten.

Die Leistungskennziffern der 37-mm- und 85-mm-Flak waren effektiv, um Flugzeuge mit Kolbenmotoren erfolgreich zu bekämpfen. Den Anforderungen zur Abwehr der mit Überschallgeschwindigkeit handelnden Strahlflugzeuge genügten die von Hand und nach Angaben optischer Visiere gerichteten Fla-Kanonen jedoch bald nicht mehr.

Ihre erste wesentliche Modernisierungsetappe erfuhr die Flakartillerie der Landstreitkräfte durch die Einführung funkmeßgesteuerter Flaksysteme Ende der 50er Jahre. So wurde die 37-mm-Flak durch das 57-mm-Flaksystem S-60 abgelöst. Für die Flak 85-mm wurde die funkmeßgesteuerte 100-mm-Flack KS-19 eingeführt.

Erstmals sprechen wir bei dieser Flakgeneration von Waffensystemen. So gehörten zu einer S-60-Flakbatterie sechs 57-mm-Solo-Flak, eine Geschützrichtstation (Funkmeßstation) vom Typ GRS-9 und ein Kommandogerät 6/60 (Analogrechner mit 3-m-Entfernungsmeßgerät). Der hohe Standardisierungsgrad der funkmeßgesteuerten Flaksysteme kam in der Nutzung der Funkmeßtechnik GRS-9 sowohl für die 57-mm- als auch für die 100-mm-Flak zum Ausdruck. Das für die 100-mm-Flak verwendete Kommandogerät 6/19 enthielt nur geringe technische Abweichungen gegenüber dem Modell 6/60. Später wurden GRS und Kommandogerät konstruktiv in einem Funkmeßfeuerleitgerät vereinigt.

Der höhere Kampfwert der 57-mm- und 100-mm-Flak ergab sich vor allem aus der engen Verknüpfung von Funkmeß- und Rechentechnik mit modernen Waffensystemen. Die entscheidenden Leistungsmerkmale waren höhere Feuergeschwindigkeit und Treffgenauigkeit sowie größere Reichweiten.

Eine der markanten Anforderungen an die Truppenluftabwehr sind ihre Manövermöglichkeiten. So wurde mit wachsender Bedeutung der Panzerwaffe erforderlich, Fla-Systeme zur unmittelbaren Begleitung der Panzertruppen während des Gefechts zu entwickeln. Die 57-mm- und 100-mm-Solo-Flakbatterien wurden deshalb durch die wesentlich mobileren Fla-SFL (Selbstfahrlafetten) ergänzt.

Als erste Fla-SFL erhielt die Truppenluftabwehr der NVA die ZSU-57-2. Diese 57-mm-Zwillings-Fla-SFL verschoß die gleiche Munition wie die 57-mm-Solo-Flak. Ihre entscheidenden taktischen und technischen Vorteile lagen vor allem in der höheren Mobilität und Feuergeschwindigkeit. Diese Vorteile konnten jedoch auf die Dauer den Nachteil, nur nach Angaben des optischen Visiers schießen zu können, nicht ausgleichen.

Bereits Ende der 60er Jahre wurde deshalb die Fla-SFL-57-2 durch die 23-mm-Vierlings-Fla-SFL ZSU-23-4 abgelöst. Dieses leistungsstarke sowjetische Fla-System behauptet noch heute unter der Bezeichnung Schilka seinen Platz in der Bewaffnung der Truppenluftabwehr unserer Nationalen Volksarmee und in den anderen Armeen des Warschauer Verteidigungsbündnisses. Der hohe Kampfwert der Schilka gründet sich insbesondere auf die optimale Integration moderner Funkmeß-, Waffen- und Panzertechnik. Dabei ergibt die Kombination der funkmeßgesteuerten Vierlingskanone mit dem gepanzerten Kettenfahrzeug eine leistungsstarke Fla-SFL. Sie erfüllt alle Anforderungen zum ununterbrochenen Schutz der äußerst mobilen Panzerverbände gegen Angriffe aus der Luft. Hohe Geländegängigkeit, Feuergeschwindigkeit und Treffgenauigkeit sind ihre hervorstechenden Eigenschaften.

Die hervorragenden Manövereigenschaften ermöglichen den engen Verbund der Schilka mit den zügig operierenden mot. Schützen- und Panzereinheiten. Durch ein stabilisiertes Funk- und Waffensystem wird die Bekämpfung von Luftzielen auch in der Bewegung gesichert.

Damit gewinnt die Fla-SFL besondere Bedeutung zur Bekämpfung von plötzlich und im Tiefflug angreifenden Kampfhubschraubern und Jagdflugzeugen. Durch den Einsatz der speziell für dieses Waffensystem entwickelten Panzerbrand-Granatpatronen wird die Schilka auch gegen Erdziele effektiv.

Die Entwicklung der flakartilleristischen Bewaffnung der Truppenluftabwehr wäre nicht vollständig, ohne die kleinen Kaliber, die Fla-MGs und die 23-mm-Zwillings-Flak, zu erwähnen. Immerhin wurden von sowjetischen Fla-MG-Einheiten während des zweiten Weltkrieges über 2400 faschistische Flugzeuge (11% der Gesamtabschußquote) vernichtet.

In den Anfangsjahren wurde vor allem das Vierlings-Fla-MG des Kalibers 14,5 mm genutzt. Seine besonderen Kampfeigenschaften waren hohe Schußfolge und Feuerdichte. Später wurde die 23-mm-Flak ZU-23-2 eingeführt. Diese Zwillingsflak vereint die Vorteile der Fla-MGs (hohe Feuerdichte und schnelle Einsatzbereitschaft) mit der höheren Vernichtungskraft der leichten Flak. Die 23-mm-Zwillings-Flak gehört zur aktuellen Bewaffnung der Nationalen Volksarmee und der Kampfgruppen der Arbeiterklasse der DDR.

Funkmeßaufklärungstechnik – Auge und Ohr der Truppenluftabwehr

Moderne Kampfflugzeuge sind in der Lage, mit mehrfacher Schallgeschwindigkeit (1 Mach = 330 m/s = einfache Schallgeschwindigkeit) anzufliegen.

Sie könnten beispielsweise das Territorium unserer Republik in wenigen Minuten überqueren. Um rechtzeitig die Truppen warnen und notwendige Abwehrmaßnahmen einleiten zu können, ist deshalb eine stabile Luftraumaufklärung notwendig.

Die Truppenluftabwehr verfügt zur Sicherung der Aufklärung über unterschiedliche Funkmeßaufklärungsstationen.

Zu ihrer Aufgabe gehört es, angreifende Luftziele bereits weit vor den Räumen ihrer Aufgabenerfüllung aufzuklären. Dabei ist unter Aufklären eine Reihe von Handlungen zu verstehen, die für die rechtzeitige Vernichtung der Luftziele erforderlich ist. So umfaßt die funktechnische Aufklärung:

- das Ermitteln des jeweils aktuellen Aufenthaltsortes des Luftzieles nach den Koordinaten Entfernung, Seiten- und Höhenwinkel (oder Höhe),
- die Charakterisierung der Luftziele nach Einzel- und Gruppenzielen (Ermittlung der Zielanzahl, ihrer Manöver und des Einsatzes von Funkmeßstörungen),
- die Kennungsabfrage und Unterscheidung nach «Gegner» oder «Eigener».

Die Einführung der Funkmeßaufklärungsstationen in die Ausrüstung der Truppenluftabwehr machte sich beim Übergang von der hand- zur funkmeßgesteuerten Flak erforderlich.

Dabei bildeten die Aufklärungs- und die Geschützrichtstationen der Flakbatterien gewissermaßen eine Informationskette. Die Funkorter der Rundblickstationen sind die ersten, die den Luftgegner bereits in Entfernungen über 100 km ausmachen.

Auf ihren Panoramabildschirmen bilden sich die Flugkörper als leuchtende Echos ab. Die Luftlageinformationen werden in Führungsstellen bearbeitet und an die Geschützrichtstationen oder Feuerleitgeräte übermittelt. Diese können dann sicher und schnell die zur Bekämpfung angewiesenen Ziele auffassen. Im Rechner werden dann beinahe zeitlos die Schußwerte und Angaben für das automatische Richten der Kanonen ermittelt.

Zu den ersten Funkmeßaufklärungsstationen der Truppenluftabwehr gehörten die Rundblickstationen der Typen P-10 und P-15. Sie unterschieden sich von den Aufklärungsstationen der Luftverteidigung des Landes vor allem durch ihre hohe Mobilität. Diese Erstausrüstung wurde bald modernisiert und durch leistungsfähigere Typen ersetzt.

Da die Rundblickstationen, die an ihren meist in Rundumsuche arbeitenden, weitausladenden Antennen zu erkennen sind, in der Regel nur zwei Koordinaten (Entfernung und Seitenwinkel) ermitteln, werden zusätzlich zur Höhenbestimmung sogenannte Höhenfinder eingesetzt. Sie erkennt man an den vertikal gestellten Parabolantennen, die typische Nickbewegungen ausführen.

Trugen die Funkmeßaufklärungsstationen

als «Auge und Ohr» der Flakartillerie wesentlich zur Steigerung der Effektivität der Luftabwehr bei, waren sie für die Einführung von Fla-Raketenkomplexen geradezu unentbehrliche Voraussetzung.

Fla-Raketenkomplexe – Hauptschlagkraft der Truppenluftabwehr

Lange Zeit war die Flakartillerie in der Lage, den Schutz der Truppen gegen Luftangriffe effektiv zu sichern. Doch mit der ständigen technischen Weiterentwicklung der Luftangriffsmittel und ihrer zunehmenden Flughöhe und -geschwindigkeit sah sich die Sowjetunion gezwungen, wirksamere Fla-Raketenkomplexe zu entwickeln.

In der Nationalen Volksarmee begann die Ausrüstung mit Fliegerabwehr-Raketen sowjetischer Produktion in den 60er Jahren.

Die ersten Fla-Raketentruppenteile gehörten zur Luftverteidigung des Landes und hatten die Aufgabe, vor allem große Städte und Industriezentren gegen Luftangriffe zu schützen.

Mitte der 70er Jahre erhielten die Landstreitkräfte Fla-Raketen. Strela – Pfeil – hießen diese ersten Fla-Raketen der Truppenluftabwehr. Seitdem gehören diese handlichen Ein-Mann-Raketen zu den wirkungsvollsten Waffen gegen tieffliegende Ziele.

Die Strela wird vor allem in den mot. Schützen- und Panzereinheiten eingesetzt. Bei der Abwehr überraschend angreifender Jagdflugzeuge und Kampfhubschrauber sind die Fla-Raketen besonders effektiv. Dabei kommen den Fla-Raketenschützen insbesondere solche Gefechtseigenschaften der Strela zugute wie ihre schnelle Gefechtsbereitschaft und hohe Treffsicherheit. Die tragbare Waffe ist sowohl in kompliziertem Gelände als auch in der Bewegung von Gefechtsfahrzeugen aus einsetzbar.

Doch nicht lange blieben die treffsicheren «Pfeile» gegen Tiefflieger die einzigen Raketenwaffen der Truppenluftabwehr. Bereits während der Oktoberparade 1977 demonstrierten unsere Landstreitkräfte ihre gewachsenen Verteidigungsmöglichkeiten gegen Schläge aus der Luft. Über den Marx-Engels-Platz rollten die mächtigen Zwillingsstartrampen und Transportladefahrzeuge des Fla-Raketenkomplexes Krug. Schon die äußeren Abmessungen der Raketen lassen ihre große Reichweite nach Entfernung und Höhe sowie ihre Vernichtungskraft ahnen. In ihren technischen Kennziffern ähneln sie vergleichbaren Fla-Raketen der Luftverteidigung des Landes. Doch ein wesentlicher Unterschied zu diesen vor allem für den stationären Einsatz konstruierten Fla-Systemen fällt ins Auge: Die Start- und Leiteinrichtungen des Fla-Raketenkomplexes Krug sind auf gepanzerten Gleiskettenfahrzeugen montiert. Damit erreicht das Waffensystem jene hohe Geländegängigkeit, die für den mobilen Einsatz vor allem der aktiv handelnden Einheiten der Truppenluftabwehr erforderlich ist.

So sind die Fla-Raketenpanzer dank ihrer durchdachten Konstruktion in der Lage, hohe Marschgeschwindigkeiten und zügige Manöver auch in kompliziertem Gelände zu realisieren sowie in kurzer Zeit in neuem Stellungsraum Gefechtsaufgaben zu lösen. Mit der Einführung des Fla-Raketenkomplexes Krug vollzog sich in der Bewaffnung der Truppenluftabwehr eine folgerichtige Antwortreaktion auf die immer bedrohlichere Hochrüstung der NATO besonders auf dem Gebiet der Luftangriffswaffen. Jetzt konnte, dem internationalen Trend folgend, die mittlere 100-mm-Flak aus der Bewaffnung genommen werden. Die Krug-Raketen boten einen sicheren Schutz.

Ein Jahr später zeigte die Truppenluftabwehr bereits ein weiteres Fla-System. Auf der Ehrenparade der Nationalen Volksarmee in Berlin wurde der Fla-Raketenkomplex Kub vorgestellt. Markantes Merkmal bildeten die flachen Kettenfahrzeuge, die mit jeweils drei Fla-Raketen bestückt waren. Im Interesse eines hohen Standardisierungsgrades sind auch sämtliche funkmeßtechnischen Anlagen zur Luftzielaufklärung und Raketenleitung auf solchen Basisfahrzeugen montiert. Die besondere Konstruktion der Gleisketten sichert eine äußerst hohe Beweglichkeit der Kampftechnik, des Komplexes Kub. Seine Gefechtsmöglichkeiten liegen entsprechend seinen Ausmaßen zwischen denen des Fla-Raketenkomplexes Krug und der Strela-Komplexe. Die Feuermöglichkeiten werden durch den Einsatz von Spezialfahrzeugen zum Raketentransport und zum Beladen der Startrampen günstig beeinflußt. Ein integrierter Hydraulikkran sichert das zügige Nachladen mit Raketen auch in kompliziertem Gelände. Welchen waffentechnischen Qualitätssprung die Truppenluftabwehr seit Mitte der 70er Jahre erfahren hat, wurde schließlich zur großen Ehrenparade der Nationalen Volksarmee anläßlich des 35. Jahrestages der Gründung der DDR offensichtlich. Neben Schilka, Krug und Kub wurden noch weitere Fla-Raketenkomplexe gezeigt.

Auffällig waren die mobilen Fla-Komplexe der Strela-Familie, die vom Zweiachs-SPW oder von Kettenfahrzeugen getragen wurden.

Die Mehrfachstarteinrichtungen sind jeweils auf dreh- und schwenkbaren Konsolen montiert, die den Rundumeinsatz der Strela ermöglichen. Hohe Richtgeschwindigkeiten verbessern die Gefechtsmöglichkeiten gegen überraschend auftauchende Luftziele.

Die feste Verkopplung der Strela mit den Gefechtsfahrzeugen erweitert ihre Einsatzvarianten beträchtlich. Insbesondere wird die ununterbrochene Deckung dynamisch operierender Panzereinheiten gegen tieffliegende Ziele effektiv.

Ein besonderes Achtungszeichen während dieser Parade setzte noch ein Fla-Raketenkomplex der Truppenluftabwehr. Er ist auf einem Dreiachsfahrzeug montiert und dokumentiert technische Merkmale fortgeschrittenster Fla-Technik. Jedes Gefechtsfahrzeug vereinigt in sich Funkmeßstationen unterschiedlicher Bestimmung, eine Starteinrichtung zur gleichzeitigen Aufnahme von sechs Fla-Raketen sowie eine autonome Stromversorgungseinrichtung.

Die Fla-Raketen werden unmittelbar aus den kombinierten Transport- und Startcontainern verschossen. Durch die Nutzung des Containerprinzips (das auch für die trag- und fahrbaren Strela-Komplexe typisch ist) verringert sich der Wartungsaufwand. Gleichzeitig können die Beladeprozesse wesentlich beschleunigt werden. Insgesamt verbessert der hohe Integrationsgrad die Gefechtsmöglichkeiten beträchtlich. Gestiegene technische Zuverlässigkeit und erweiterte taktische Möglichkeiten kennzeichnen diesen modernen Fla-Raketenkomplex.

Somit verfügt die Truppenluftabwehr über einen Fla-Raketenschirm, der in engem Zusammenwirken mit den bewährten Modellen der Flakartillerie die Truppen der Landstreitkräfte zuverlässig gegen Schläge aus der Luft zu schützen vermag.

Die gegenwärtige Entwicklungsetappe der Fla-Bewaffnung der Truppenluftabwehr ist dabei gekennzeichnet durch eine umfassende Ablösung der schweren und mittleren Flak (Kaliber über 60 mm) durch Fla-Raketenkomplexe. Gleichzeitig steigt die Bedeutung der kleinkalibrigen mehrrohrigen Fla-Waffen, die vorzugsweise auf Selbstfahrlafetten montiert sind und über integrierte Funkmeß- und Rechentechnik verfügen. Damit sichert die Flakartillerie hohe Feuergeschwindigkeiten und Treffgenauigkeiten vor allem gegen tieffliegende Ziele. Die Effektivität der Truppenluftabwehr wird deshalb durch den kombinierten Einsatz von Fla-Raketenkomplexen und Flakartillerie bestimmt.

Erstmals bewährte sich dieses Konzept, als die USA in den Jahren 1964 bis 1973 das vietnamesische Volk «in die Steinzeit zurückbomben» wollten. Die überschallschnellen Jagdbomber und mit modernster Elektronik bestückten strategischen Bombenflugzeuge stießen auf ein einheitliches Luftabwehrsystem unterschiedlicher Flak- und Fla-Raketenkomplexe. Dabei vernichtete die heldenhaft kämpfende vietnamesische Luftabwehr annähernd 4200 Flugzeuge und Hubschrauber der feigen USA-Aggressoren.

Auch heute halten die NATO-Militärs Tausende Kampfflugzeuge und gefährliche Angriffswaffen vom Typ «Cruise Missile» in ständiger Gefechtsbereitschaft. Um einem solchen Gegner schon beim ersten Versuch, unsere Grenzen zu überfliegen, Paroli bieten zu können, erfüllen die Fla-Raketensoldaten der Truppenluftabwehr im Diensthabenden System der Luftverteidigung ihre Pflicht.

Sie wissen, auch von ihrer Gefechtsbereitschaft hängt es ab, damit der Krieg bereits im Frieden besiegt wird und die Waffen auch in Zukunft schweigen.

Das Haus am Grenzwald

Eine Begebenheit aus dem Jahre 1936

Alexander Jesch

Vorbemerkung
Die geschilderten Ereignisse beruhen auf Tatsachen. Lediglich Orts- und Personennamen wurden verändert.

Eine knappe Stunde stiegen wir auf dem geröllübersäten Waldweg bereits aufwärts. Der Nebel wurde immer dichter, je höher wir kamen.

Meine Frau murrte zunächst leise, später in dem Ton, der zum Zuhören zwang.

«Bei diesem Wetter das Haus zu suchen», sagte sie hinter mir, und jedes Wort bekam einen winzigen Widerhaken, der begann, mich rückwärts zu ziehen.

Der Teufel mochte mich geritten haben, gestern abend beim Bier die Idee auszuhekken, am nächsten Tag zu dem Haus am Grenzwald zu wandern, zu sehen, wer jetzt darin lebte, ob es überhaupt noch stand. Meine Frau hatte zugestimmt, immerhin war es nicht nur das Haus, in dem unser gemeinsamer Freund Franz seine Kindheit verbracht hatte, es war auch das Haus, in dessen Nähe sich, seinen Erinnerungen nach, eine geradezu abenteuerliche Geschichte abgespielt haben mußte.

Als der Wirt von unserem Plan hörte, warnte er uns. Es sei nicht sicher, ob morgen die Sonne scheine. Sicher sei nur, daß der Weg auf den Berg nicht leicht zu finden wäre. Wir hörten ihm zu und freuten uns, diese Mischung zwischen Österreichisch und Erzgebirgisch wahrzunehmen, die die deutsche Sprechweise der Tschechen in dieser Gegend kennzeichnet.

Das Städtchen lag tief im Talgrund, unser Hotel stand stolz oben auf der Höhe in den Wald eingebettet, und nicht zu Unrecht trug es seinen Namen, der aus dem Tschechischen ins Deutsche übersetzt soviel wie «Schöne Aussicht» bedeutet.

Als wir aber, daheim noch, mit Franz über unser Urlaubsziel sprachen, hatte er den Kopf gesenkt.

«Ihr kennt doch das Erlebnis, das ich als Bub hatte, damals, als mein Vater noch lebte, drüben im Böhmischen.» Und er fuhr fort: «Ihr fahrt genau dahin, wo sich diese Dinge abgespielt haben.» Damit kramte er bereits in seinem umfänglichen Bücherschrank und förderte eine alte Brockhaus-Wanderkarte zutage. Sein Zeigefinger machte eine Gebirgspartie, um schließlich auf einem Punkt stehenzubleiben.

«Hier, da war es!»

Ich erkannte den Namen der Stadt, erkannte auch das winzige Viereck außerhalb der Stadt, das unser Hotel sein würde. Dann fuhr sein Finger über eine Waldgegend und blieb in unmittelbarer Nähe der Grenze zwischen «Tschechoslowakei» und «Deutsches Reich» stehen.

«Hier, seht mal», sagte Franz leise, und sein relativ dicker Zeigefinger senkte sich behutsam auf ein sehr kleines schwarzes Viereck, «da haben sie damals sogar mein Vaterhaus eingezeichnet.»

Er hob den Kopf. «Ich bin seither nie wieder dort gewesen. Aber wissen möcht' ich doch gern, wer jetzt drin wohnt.»

Er zeigte uns noch einen Weg, der vom

Hotelquadrat zum kleinen Viereck durch den Wald führte. Wir versprachen ihm, nachzusehen. Unser Urlaub begann, und nun stiegen wir schon fast eine Stunde bergan, und der Nebel wurde immer dichter ...

Ich fühlte mich Franz verpflichtet. Zugleich hatte ich aber auch das Gefühl, mich rettungslos verirrt zu haben. Schließlich waren seit Franz' Erlebnis mehr als fünfzig Jahre vergangen. Mein Freund war jetzt Mitte sechzig, ältere Augenzeugen der Ereignisse um das Haus am Grenzwald lebten möglicherweise gar nicht mehr.

Geblieben waren die Erinnerungen meines Freundes und vielleicht irgendein altes Haus, in dem jetzt wildfremde Bürger leben mochten, sofern der Krieg das Gemäuer nicht zerstört hatte, denn in dieser Gegend war auch noch im Mai 1945 heiß gekämpft worden.

Wälder waren inzwischen eingeschlagen, neue angepflanzt worden, das Bild, das Franz in seiner Erinnerung hatte, mußte durchaus nicht identisch sein mit dem der Gegenwart. Schweigend stiegen wir weiter bergauf.

«Jetzt reicht's», sagte meine Frau resolut und blieb stehen. «Wer weiß, wohin wir geraten.»

Sie hatte ja recht. Auch mich befiel ein leises Unbehagen wegen eines nicht eingehaltenen Versprechens und eines verlorenen Weges.

Während ich noch zögerte, erklang links von uns aus dem Nebelwald fröhliches Hundegebell, und schon Augenblicke später umtanzte ein Dackel mit begeisterten Sprüngen unsere Beine, wobei er kläffte, gehörigen Sicherheitsabstand hielt und, obwohl er uns nicht aus den Augen ließ, ständig auf weitere Weisungen seines bislang unsichtbaren Herrn wartete.

Und dieser Herr tauchte auf, kam zu unserer Linken aus dem Nebel auf uns zu, gemächlich, Schritt für Schritt, setzte seinen Stock unaufhaltsam vorwärts. Je näher der Mann kam, um so breiter und größer schien er zu werden. In dunkelgrünes Lodenzeug gekleidet, auf dem Kopf einen alten speckigen Hut. Unter dem Hut ein eisgrauer Bart, aus dem lustig eine rötliche Nasenkugel schimmerte. Ein paar Augen, grau, von einem Netz ungezählter Fältchen umgeben, verborgen fast unter dichten buschigen Brauen von der Farbe des Bartes, so stand dieser Nebelwaldgeist schließlich vor uns still. Ein scharfer Pfiff hieß den Dackel schweigen, aber er löste sich nur ungern von seiner Neuentdeckung.

«Guten Tag!» sagte ich und gedachte meiner Erfahrung, daß ältere Tschechen in der Regel Deutsch sprechen.

«Guten Tag auch», gab der Alte zurück, und es war, als habe man unten in der Stadt die große Glocke der alten Klosterkirche angeschlagen.

In der folgenden Sekunde der Ratlosigkeit oder Verlegenheit ergriff er die Initiative.

«Sie hab'n sich verlauf'n, wie's scheint?»

«Verlaufen vielleicht nicht, aber der Nebel macht uns zu schaffen.»

«Wohin wollten Sie denn?»

Ich schwieg ratlos, was sollte ich diesem Waldgeist vom Haus am Grenzwald erzählen? Meine Frau übernahm die Führung.

«Wissen Sie», sagte sie und guckte dem Alten dabei so in die Augen, daß sich der Fältchenwald sofort verdoppelte, «wir haben einen guten Freund, der hier in dieser Gegend seine Kindheit verbracht hat, in einem einsamen Haus, dicht an der Grenze.»

Der Alte nickte bedachtsam. «Ja so, das Haus meinen Sie.»

Die Betonung des Wörtchens «das» ließ uns aufhorchen.

«Wir kommen aus der DDR», ergänzte ich eilig. Der Alte winkte ab, offenbar hatte er das schon herausgehört.

«Von hier aus ist's nicht mehr weit, zehn Minuten vielleicht», brummte er, und seine Augen unterzogen uns einer schnellen, aber scharfen Prüfung, die ihn offenbar befriedigte, denn er fügte hinzu: «Ich hab' Zeit, ich werd's Ihnen zeigen.»

Ein kurzer Blickwechsel zwischen meiner Frau und mir genügte, um unser Einverständnis kundzutun.

«Na, dann kommen S' bitt' schön mit!» sprach der Alte und setzte sich in Bewegung. Während er das tat, sagte er halb über die Schulter: «Was wissen S' denn überhaupt von diesem Haus?»

Ja, was wußte ich von diesem Haus? Mein Freund Franz war damals etwa vierzehn

Jahre alt und lebte in dem Haus mit seinen Eltern. Sein Vater war Waldheger, die Mutter verrichtete Heimarbeit. Sehr bald bekam Franz mit, daß sein Vater nicht nur das Herz auf der linken Seite trug, sondern auch danach handelte. Der alte Franz Gaber – seit Generationen hießen die ersten Söhne der Gabers Franz – war Mitglied der KPTsch. Bereits in der Zeit der Weimarer Republik besaß er ausgezeichnete Kontakte zu den Genossen der KPD, drüben im «Reich». Die Grenze zum Böhmerland war eine in Jahrhunderten gewachsene historische Grenze,

die Menschen beider Seiten vererbten sie von Generation zu Generation. Es gab ungezählte geheime Paschpfade, und in der Regel gelang es den zwar armen, aber um so findigeren Gebirgsbewohnern beider Seiten, alle möglichen staatlichen Kontrollmaßnahmen wie Zoll oder Grenzposten zu hintergehen und die Kontakte von Land zu Land auf kürzestem Weg zu pflegen.

Das änderte sich erst drastisch nach der Herrschaftsübernahme durch die Faschisten in Deutschland. Zwar war die bürgerliche ČSR ein kapitalistischer Staat, aber sie hatte immerhin nach Jahrhunderten ihre Unabhängigkeit von Österreich errungen; so wurde in den Bezirken und Kreisen wie in Prag viel Kulanz geübt, wenn es um Hilfe für Verfolgte ging. Die Genossen der KPD mußten in der Illegalität untertauchen. Die KPTsch und andere fortschrittliche Kreise der ČSR wurden zu einer wichtigen Stütze der gefahrvollen und lebensgefährlichen Arbeit der deutschen Widerstandsbewegung. Die faschistische Geheimpolizei, die Gestapo, nutzte ihrerseits, unterstützt durch SS und SA, die scheinbar offene Grenze, um hier Verbindungen aufzudecken, Fäden zu zerreißen und Fallen zu stellen. Diese Tatsachen erforderten von den deutschen und tschechischen Kommunisten neue Handlungsweisen, Methoden und Taktiken, die bei der deutschen Grenzaufsicht mitunter schweres Kopfzerbrechen verursachten.

Der kleine Franz Gaber passierte in dieser Zeit oft die Grenze, ging ganz offen mit seinem Pilzkorb vorbei an den faschistischen Zöllnern, die häufig Kaufangebote für die herrlichen Steinpilze und Maronen machten. Aber Franz trug seine Pilze zu einer winzigen Ausflugsgaststätte im deutschen Grenzort, in den damals eine erzgebirgische Bimmelbahn und einige Busse Feriengäste brachten. In dieser Gaststätte entnahm der Wirt in der Küche die Pilze und verstaute dann frische Semmeln, ein Pfund Leberwurst und drei Flaschen Bier. Die Grenzer ließen den Jungen mit seinem Korb wohlwollend passieren, ohne auch nur zu ahnen, daß unter den Pilzen ein Stapel der illegalen «Roten Fahne» lag und auf dem Rückweg meist eine deutsche Zeitung, in der bestimmte Buchstaben hauchfein unterstrichen waren. Die Entschlüsselung dieses Codes hätte manchen Gestapochef in helle Aufregung versetzt.

Der Alte hatte mich so weit erzählen lassen. Nun blieb er stehen und drehte sich langsam um. «Ihr Freund hat ja schöne Sachen angestellt, als Bub», wunderte er sich. Meine Frau nickte. «Aber das Tollste kommt erst noch!»

«Was kann's denn da noch geben?» murmelte der Alte, und einen Herzschlag lang schien es mir, als würde er in diesem Augenblick in ein gewaltiges Gelächter ausbrechen. Dabei hatte ich aber das Gefühl, diesem alten Waldläufer durchaus vertrauen zu können, mehr noch, mir war, als würde ich meinem Vater eine Sache anvertrauen, die eben nur unter Vertrauten ausgesprochen werden konnte. «Da bin ich aber gespannt», setzte der Alte hinzu, winkte dem Hund und uns. «Wir sind gleich da!»

Eines Abends also, setzte ich meine Erzählung fort, klopfte es schon nach Einbruch der Dunkelheit bei den Gabers.

Der alte Gaber ging an die Tür. Draußen stand ein Mann. Nach der Begrüßung gab er das Kennwort, und Gaber ließ ihn eintreten. Der Sohn wußte, wie er sich bei solchen Besuchen zu verhalten hatte. Er begrüßte den Gast artig und zog sich alsbald zurück in seine Schlafkammer, die neben der Wohnstube lag. In der Regel ließ Franzel die Tür einen Spalt offen, denn es war ja doch so herrlich spannend, was der Vater mit den Genossen absprach, mitunter kam auch für ihn ein Auftrag zustande, der den Mut und die Findigkeit herausforderte.

Diesmal ging's um Spanien. Dort hatten sich die Generale unter dem Faschisten Franco gegen die Republik erhoben und trachteten, eine Diktatur zu errichten. Das schlimme war, daß die Republikaner fast allein standen, denn alle Länder mit Ausnahme der Sowjetunion beschränkten sich auf Protestnoten und Erklärungen.

Mehr noch. Die deutschen und italienischen Faschisten rüsteten Truppen aus und unterstützten offen die Putschisten um Franco. Trotzdem wurde es sowohl für die Aufrührer wie auch für ihre Helfershelfer

kein leichtes Spiel, die Republik zu stürzen. Aus aller Herren Länder kamen Antifaschisten zu Hilfe, Bergleute aus Frankreich, Wollscherer aus Schottland, Hafenkulis aus New York, Holzfäller aus Kanada, österreichische Lehrer, tschechische Studenten, Militärberater aus der Sowjetunion. Das italienische Garibaldibataillon machte den Francofaschisten ebenso zu schaffen wie das deutsche Thälmannbataillon. Zum Ärger und zur Wut der nazistischen Machthaber schafften deutsche Kommunisten, Sozialdemokraten und Antifaschisten es immer wieder, nicht nur aus dem riesigen Gestapogefängnis «Reich» auszubrechen, sondern auch in Spanien an der Seite des spanischen Volkes gegen die Konterrevolution zu kämpfen.

Der Waldweg hatte sich etwas verbreitert, ein leichter Wind begann die Nebelschwaden zu zerstreuen. Der Alte ging einen halben Schritt vor uns, und obwohl er nach vorn blickte, hatte man das Gefühl, daß er aufmerksam zuhörte.

«Und was hat, bitt' schön, der Franz mit dieser Geschichtslektion zu tun?»

Meine Frau stieß mich leicht in die Seite. «Da hast du es», murmelte sie. «Nein, junge Frau», brummte der Alte gemütlich, «lassen S' ihn nur reden. Ich find's gut, wenn junge Leut' so schön Bescheid wissen.» Er blieb stehen, und sein Stock wies in die Richtung, wo sich nicht weit entfernt der Wald lichtete. «Wenn's Ihnen nicht pressiert», sagte er dazu, «wir sind gleich da. Erzählen S' halt noch ein bisserl!»

Franz hörte also, wie der Gast dem Vater mitteilte, daß ein wichtiger Parteiauftrag vorläge. Sechs Genossen seien im Reich unterwegs. Sie kämen getrennt, das heißt, sie gingen paarweise, und die Gruppen kannten sich untereinander nicht. Drüben, in einem deutschen Grenzstädtchen, war der Anlaufpunkt, wo sich die sechs Mann treffen sollten. Der alte Gaber müßte die Genossen in Empfang nehmen und sicher über die Grenze bringen. Franz hinter seiner Tür hielt den Atem an. In der Küche fuhr der Gast inzwischen fort: Die Genossen im Kreis hätten sichere Nachricht, daß dieser Anlaufpunkt durch den neuen Abwehrchef der Nazis ins Visier genommen sei. Dieser Sturmführer Hartmann und sein Adjutant Schindler seien ein paar ganz besondere Spezialisten, die der Abwehrzentrale in Berlin direkt unterstünden.

«Hartmann?» unterbrach mich der Alte interessiert. «Ist der Name Hartmann wirklich gefallen?»

Ich nickte. Franz sprach von diesem SS-Offizier in einem Ton, in dem man von einer Ratte spricht, sich aber sicher ist, daß diese Ratte außergewöhnliche Raffinesse besitzt.

«Gewiß», antwortete ich, «dieser Hartmann muß ein ganz verflucht gerissener Faschist gewesen sein.»

Die Reaktion des Alten verblüffte mich. Er schüttelte zunächst mit dem Kopf, dann kollerte ein Lachen aus seinem mächtigen Brustkasten. «Da irren Sie aber, lieber Herr», sagte er, indem er Atem schöpfte, «da irren Sie sich aber gewaltig. Dieser Hartmann war bei Licht besehen ein großes Rindvieh!»

«Wieso», staunte meine Frau, «kannten Sie ihn denn?»

Der Alte nickte. «Die Leute sind uns allen hier aus dieser Zeit bekannt», antwortete er unbestimmt. «Aber erzählen Sie mal weiter!»

Franz erfuhr also auf seinem Lauscherposten, daß es notwendig war, die Genossen noch vor dem Anlaufpunkt abzufangen und umzuleiten. Diese Aufgabe, so hatte die Parteileitung beschlossen, durfte aber Vater Gaber nicht lösen, weil er drüben bei den Nazis bekannt war und sich so in die Gefahr brachte, verhaftet zu werden. Deswegen habe die Partei den Gast beauftragt, vorerst für die nächsten beiden Tage Quartier zu nehmen und zu helfen, daß die deutschen Genossen gut über die Grenze kämen. Mittlerweile hatte die Mutter Brot, Wurst, Butter und ein paar Flaschen Bier aufgetragen, und der Gast stärkte sich ausgiebig.

«Ich werd' mal schaun, ob der Bub schon schläft», sagte der Vater unvermittelt, und noch ehe Franz die Tür zuschieben konnte, stand der Vater vor ihm. «Hab's mir fast gedacht, Blitzbub», schimpfte er, «na, dann komm rein und hock dich still hin!»

Der Fremde erhob sich und reichte Franz die Hand. «Ich bin der Hellbergs Karl», stellte er sich vor und sah zugleich das unwirsche Augenzwinkern beim alten Gaber.

«Weiß schon, Genosse Franz», sagte der herzlich, «weiß, was du sagen willst. Aber sind wir nicht alle eine Familie? Unseren Namen verdecken wir vorm Feind, wenn's not ist. Unter uns behalten wir unsere Namen, na?» Dieser Genosse Karl Hellberg hinterließ bei Franz eine unauslöschliche Spur im Gedächtnis. Mein Freund versäumte es nie, wenn er zu Jugendstunden gerufen wurde, den jungen Menschen von diesem unerschrockenen, selbstlosen Mann zu erzählen. Jedenfalls berieten die Genossen an diesem Abend noch im Beisein von Franz, daß die Mutter die schwierige Aufgabe übernehmen sollte, die sechs Genossen abzufangen und umzuleiten. Zwei wurden mit dem Vormittagszug erwartet, eine Stunde später sollten die nächsten mit dem Bus aus der Chemnitzer Richtung kommen (Karl-Marx-Stadt hieß bis 1953 Chemnitz), und schließlich wurden gegen ein Uhr mittags die zwei letzten als Wanderer auf der Kammstraße erwartet. Treffpunkt sollte das Haus eines Waldarbeiters sein, das am Rand des Städtchens lag. Dieser Waldarbeiter war zunächst von den Nazis verdächtigt worden, dann aber zum Vorarbeiter avanciert, weil die Nazis nun von seiner Loyalität überzeugt waren.

Franz überfiel ein gewaltiger Schreck, als er den Vorschlag hörte, seine Mutter sollte den gefahrvollen Auftrag übernehmen. Daß sich der Vater drüben im Deutschen nicht sehen lassen durfte, begriff der Junge. Zugleich aber wurde ihm klar, daß die Mutter dann ebenfalls mit auf der Liste stand. Ein Junge aber, von denen es drüben genauso viele gab wie in der ČSR, auf den würden die Nazis nicht verfallen. Als ihm dieser Gedanke kam, wußte er auch, daß sowohl dieser Karl Hellberg als auch Vater und Mutter ihm einen solchen Einsatz strikt verbieten würden. Egal, er mußte die Sache übernehmen, und zwar so, daß es die Erwachsenen nicht merkten.

Franz richtete seine Augen auf den Vater: «Und ich wollt' eigentlich übermorgen rüber zum Karliček, Forellen fangen, im Steinbach.»

Die Großen nickten sich zu, es war gut, wenn der Junge aus dem Haus war.

«Gut so, Franz!» stimmte der Vater verdächtig schnell zu.

Franz merkte, er war auf dem richtigen Weg.

«Bring ein paar Forellen mit, damit die Genossen was Guts zum Abend haben», schlug Hellberg vor, und die Mutter sagte eifrig: «Ich mach dir dann Brote und was zu trinken auf den Weg!»

Der Alte hatte während des letzten Teils meiner Erzählung die Schritte verlangsamt.

«Da ist das Haus am Grenzwald, das Sie suchen», sagte er und deutete mit dem Stock nach vorn. Der Wind hatte hier, außerhalb des Waldes, den Nebel auseinandergerissen. Vor uns lag eine Wiese, etwa zweihundert Meter breit und doppelt so lang. Mitten auf dieser Wiese stand ein einsames Haus, niedrig, mit winzigen Fenstern in den weißen Mauern, die Läden waren geschlossen. Ein steiles Dach schützte die Mauern. An der rechten Seite ein winziges Gärtchen, in dem ein paar uralte Apfelbäume standen. Der Alte schritt mit weit ausgreifenden Schritten auf das Haus zu. Wir folgten.

Obwohl gegenwärtig unbewohnt, machte das Anwesen einen gepflegten Eindruck. Neben der Tür, zu der drei ausgetretene Stufen führten, befand sich eine kleine Metalltafel an der Wand.

«Aber das ist doch», entfuhr es meiner Frau, die auf das Reliefbild auf der Tafel deutete, «das ist doch der Franz!»

Der Alte war einen Schritt beiseite getreten, er schüttelte bedachtsam den Kopf. «Nein, junge Frau», sagte er leise, «das ist der Vater von Ihrem Freund.» Und bereitwillig übersetzte er die Inschrift der Tafel, als habe er den Text auswendig gelernt: «Hier lebte der Genosse Franz Gaber bis 1938. Er war einer der ungezählten Kämpfer gegen den Faschismus. Er wurde 1944 in Prag durch die Faschisten zum Tode verurteilt, von der Roten Armee befreit und lebte bis zu seinem Tode in der DDR. Dieses Haus ist Sommererholungsheim für ehemalige Widerstandskämpfer gegen den Faschismus.»

Meine Frau sah mich an. «Franz wird froh sein», sagte sie, und ich nickte still. Wir gingen langsam einmal um das Gebäude herum und trafen unseren Begleiter wieder, der es sich auf den Stufen bequem gemacht hatte und seinem Hund den Kopf kraulte.

«Danke», sagte ich und blickte ihn an, «nun können wir unserem Freund mitteilen, daß sein Vaterhaus in besten Händen ist.»

Der Alte nickte. Dann meinte er: «Gehn wir noch die paar Schritte zum Grenzbach?»

Richtig, der Grenzbach! Über den waren ja auch die sechs Genossen gekommen. Wir stimmten zu, und es ergab sich, daß ich die Erzählung von Franz fortsetzte:

Es lief alles so, wie es sich Franz ausgedacht hatte. Er stand an dem fraglichen Tag vor Morgengrauen auf, schlich sich aus dem Haus. Vorher legte er einen Zettel in die Kaffeebüchse, die die Mutter stets zum Frühstück öffnete. «Liebes Mutterle», stand da, «ich hab' alles mitbekommen. Einen Jungen wie mich werden die Nazis nicht schnappen. Macht euch keine Sorgen!»

Dann ging der Junge über die Grenze und schaffte es auch, in die kleine deutsche Stadt zu kommen, es war ja nur eine reichliche halbe Stunde zu Fuß. Er fiel auch nicht auf. Pünktlich um neun Uhr bimmelte und pfiff sich die Schmalspurbahn herauf, und Franz erkannte alsbald unter den Ankömmlingen die beiden fraglichen Genossen. Er pirschte sich an sie heran und gab das Kennwort. Die beiden gingen darauf ein, und es gelang Franz, sie sowohl auf die neue Uhrzeit, nachmittags um vier, als auch auf die neue Anlaufstelle hinzuweisen. Dann mußte er zum Markt, und auch hier fing er die zwei Genossen ab, die mit dem Bus kamen. Dann aber geriet Franz in arge Bedrängnis. Er stand vor dem Bäckerladen am Markt, keiner kümmerte sich um ihn, als von der Bahnhofstraße her eine Gruppe Jungvolk in Gleichschritt anmarschierte, scharf das Lied vom Grenadier von Sedan schmetternd. Unwillkürlich mußte Franz an die Stunden im Kreis seiner Kameraden drüben im Tschechischen denken, an die Kindergruppe der Kommunistischen Jugend, wo sie auch Lieder sangen, hübsche böhmische und auch welche in der Mundart des Gebirges, aber nicht solche wie die Pimpfe. Und er erschrak, als plötzlich eine Stimme neben ihm sagte: «Na, junger Mann, dienstfrei heute?»

Vor ihm standen etliche Männer, alle in der braunen Uniform der SA. Der Fragesteller, ein kleiner Dicker, hakte den Daumen hinter das Koppelschloß und deutete mit dem anderen Daumen über seinen Rücken zu der marschierenden Jungengruppe.

Franz schluckte. Ein langer Dürrer, dem das Braunhemd um die Schultern schlotterte, enthob ihn allen weiteren Überlegens. «Bist doch von hier, oder?» Franz nickte eifrig. Dabei schossen seine Gedanken Kobolz. Wer weiß, vielleicht wollten die nur irgendeinen Weg wissen. «Na also», sagte der Dürre, «der Bub weiß Bescheid. Du bist doch auch beim Jungvolk?» Irgend etwas zwang Franz zu nicken. «Machst ihn ja kopfscheu!» fiel der kleine Dicke ihm ins Wort und setzte gönnerhaft hinzu: «Wir können's ja verstehen, wenn einer mal bummelt, was?» Damit sah er sich in der Runde um, und seine Gefährten feixten einmütig. «Wir sind nämlich zu einem Lehrgang hier», verkündete der Dicke weiter. «Nichts los hier oben bei euch.» «Aber hier soll's echtes böhmisches Bier geben», warf ein anderer ein, und Franz merkte auf. Der konnte nur die Zollschenke meinen, weit weg von der Stadt, direkt an der Grenze. Dort hatte es immer Pilsner gegeben. «Das ist die Zollschenke!» sagte er schnell, und die SA-Männer nickten, so etwas hätten die Kameraden vom letzten Lehrgang auch berichtet. «Kannst dir ein paar Groschen verdienen», schlug der Kleine vor, «wenn du uns heute abend den Weg zeigst!»

Franz überlegte. Ein großer Stein fiel ihm vom Herzen. Die wollten ihn nicht verhaften, die wollten saufen. «Ich weiß nicht, ob ich heute abend Zeit hab'.» Der Dürre reckte sich hoch. «Betracht's als Befehl, oder bist du kein Pimpf?»

Franz schüttelte impulsiv den Kopf, was die SA-Männer allerdings zum Glück falsch deuteten. «Na also», sagte der Dicke, «oder hat dein Vater was gegen die Partei?»

«Der ist schon von Anfang an drin!» erwiderte Franz stolz und hätte sich im selben Augenblick auf den Mund schlagen können, nun war alles verraten. «Na also», sagte indessen der Dicke erneut, «gibt's also keine Probleme. Vielleicht ist sein Vater sogar ein alter Kämpfer!» Franz erhielt Bescheid, abends um halb acht an derselben Stelle zu sein. Zum ersten Mal in seinem Leben nuschelte er den verhaßten Hitlergruß und mußte einem Faschisten die Hand geben.

Er hatte zu tun, noch rechtzeitig zur Kammstraße zu kommen. Auch dort traf er die beiden Genossen. Eigentlich, so dachte er, war es gar kein Problem, illegal im Reich zu arbeiten, jedenfalls klappte auch hier die Verständigung hervorragend. Dann schlug Franz einen weiten Bogen um die Stadt und traf gegen sechs Uhr auf den Vater. Diese Begegnung fand noch auf deutschem Gebiet

statt. Drüben leuchtete das weiße Gemäuer des Hauses herüber, wenige Schritt weiter unten plätscherte der Grenzbach. Franz wollte gerade aus seiner Deckung heraus, als die Stimme des Vaters neben ihm ertönte: «Bleib liegen!»

Wir standen am Grenzbach. Das Wasser murmelte geschäftig zwischen den Steinbrocken, Farnwedel neigten sich, und in den Fichten rauschte leise der Wind. Grillen zirpten, irgendwo zwischerte ein Vogel.

«Hier muß es gewesen sein», sagte ich, und meine Frau nickte, auch sie kannte ja die Erlebnisse unseres Freundes. Entlang dem Bachufer standen die weißen Steine, auf der einen Seite die Buchstaben «DDR» und auf der anderen «ČS».

«Ist schon was passiert, auf diesem Stükkel Erde», sagte der Alte nachdenklich und mußte den Dackel zurückpfeifen, der sich als illegaler Grenzgänger betätigte. «Und wie ging's weiter?» fragte er gespannt.

Der Vater hob sich die notwendige Auseinandersetzung mit Franz bis zur Rückkehr auf. Er zeigte sich sehr besorgt und verlangte zunächst vom Sohn Auskunft über dessen Tun den Tag über.

Jedesmal, wenn Franz stolz berichtete, wie es ihm gelungen war, die Genossen abzufangen und zur neuen Adresse zu dirigieren, seufzte der Vater tief und schüttelte den Kopf. Dann berichtete Franz von seinem Erlebnis mit den SA-Leuten.

«Bist sicher, daß sie kommen?» fragte der Vater plötzlich wie umgewandelt. Franz nickte zaghaft, die Verabredung galt mit Handschlag. Der alte Gaber überlegte einen Augenblick. «Was man versprochen hat, muß man halten!» erklärte er. Dann aber zog er seinen Jungen in Deckung, denn auf dem Waldweg am Bach näherten sich bewaffnete Deutsche.

«In diesem Grenzabschnitt ist heut der Teufel los», flüsterte der Vater, «die haben alles verstärkt. Sie warten auf unsere Genossen, die hier 'rüber sollen.» Franz hob den Kopf. Ein unbestimmtes Gefühl sagte ihm, daß er etwas falsch gemacht hatte mit seinem Alleingang, er wußte nur nicht, was. Der Vater schien das zu merken, er lächelte kurz. Dann sagte er: «Du mußt deine Verabredung einhalten. Noch mehr, du mußt die SA-Leute in die Nähe der Schenke bringen. Dann sag ihnen, daß man dich zu Hause erwartet! Sie werden den Weg allein finden. Geh über den Grenzweg zurück bis hierher und komm dann nach Hause!» Franz sah den Vater an, in seinen Augen stand Strenge und zugleich Güte, die Verzeihung verhieß.

Pünktlich war der Junge am Markt. Tatsächlich erwarteten ihn die SA-Männer und zogen mit Franz den Berg hinauf. Am Waldrand verabschiedete er sich, er müsse heim. Die Faschisten schenkten ihm eine Mark und zogen angeregt schwatzend auf dem vorgegebenen Weg davon. Franz ging zurück, es waren fast zwei Kilometer. Unterwegs bemerkte er, daß entlang der Grenze eine merkliche Bewegung der Streifen in Richtung Zollschenke im Gang war.

Erst als der Junge über den Bach war und die Tür zur Stube öffnete, konnte er wieder richtig Luft holen. Er trat ein. In der Stube saßen die Eltern, Karl Hellberg und die sechs Männer, alle abgespannt und müde, aber stolz und froh zugleich.

«Hat Ihnen Ihr Freund auch gesagt, weshalb er nochmal zurück mußte, um die Leute von der SA zu führen?» fragte der Alte, und ein erwartungsvoller Ton lag in seiner Stimme. Wir schüttelten den Kopf, darüber hatte Franz nie mit uns gesprochen. «Dann will ich es Ihnen erzählen», sagte der Alte, «die Geschichte kennt hier jedes Kind.» Damit wandte er sich um und schritt langsam wieder dem Haus entgegen.

An dem betreffenden Morgen hatten die Eltern entsetzt festgestellt, daß Franz auf einem gefährlichen Alleingang war. Der Genosse Hellberg, damals schon etliche Monate im Kreis tätig, war aus Deutschland gekommen. Man hatte ihn dort verhaftet und wollte ihn aushorchen. Als aber alle Foltern und Verhöre nichts nützten, ihn zu einer Aussage zu verleiten, hatte man ihn freigelassen in dem Wunschdenken, er würde die Beobachter, die seiner Spur folgen sollten, an die richtigen Stellen führen. Aber es gelang Hellberg, sich der Verfolgung zu entziehen und nach einem abenteuerlichen Weg durch Deutschland die ČSR zu erreichen. Mit allen Methoden und Schlichen der Faschisten vertraut, wurde er beauftragt, den Anlauf der Freiwilligen für Spanien zu sichern. An dem Tag also, um den es hier geht, knallten plötzlich am hellerlichten Vormittag von deutscher Seite her mehrere Schüsse. Ein Mann kam vom Grenzbach her über die Wiese gerannt und hielt erst am Haus der Gabers inne. Franz' Eltern und Hellberg beobachteten den Mann, und als er näher kam, wurde Hellberg aktiv.

«Den kenn' ich», flüsterte er heiser, «der ist bei der Gestapo in Berlin, Neumann heißt er und ist Kommissar!»

Inzwischen klopfte der Mann an die Tür, Frau Gaber öffnete. Er tat schrecklich erschöpft und zeigte sich höchst aufgeregt. Er sei ein einfacher Lehrer aus Sachsen, habe hier Urlaub, er wäre in die Pilze gegangen, plötzlich hätte man auf ihn geschossen. Er sei von den Nazis schon manches gewohnt, aber das ginge zu weit. Hellberg hatte sich beim Eintreten des Fremden in die Schlafkammer vom kleinen Franz zurückgezogen.

An diesem Punkt der Aussage des Fremden trat er in die Stube.

«Keine Bewegung, Kommissar Neumann!» warnte er, und die Pistole, die er auf den Mann hielt, verstärkte die Forderung.

«Franz, bind ihn am Stuhl an!» Gaber tat wie geheißen. Nun folgte eine Sache, die heute schwer zu verstehen ist. Ohne vorherige Absprache gelang es Hellberg und Franz Gaber, dem Mann klarzumachen, daß man ihn schon lange in einer Kartei erfaßt habe. Es sei ein leichtes, da er, der berüchtigte Gestapokommissar, sich nun in den Händen der von ihm so verhaßten Kommune befinde, ihn der gerechten Strafe zuzuführen. Davon hätte man jedoch herzlich wenig. «Sie werden reden, Neumann», sagte Hellberg, «Sie werden alles auspakken, was sich bisher in Ihrer Laufbahn ereignet hat.»

So eingeschüchtert und überrumpelt, packte der Faschist wirklich aus. Er resignierte plötzlich, er war allein und hilflos, einer ihm unbekannten Macht ausgeliefert. Er sei von Berlin gekommen, im direkten Auftrag. Man habe erfahren, daß sechs Männer nach Rotspanien wollten. Er sei dem SS-Sturmführer Hartmann zugeteilt worden. Dieser habe ihn vor allem auf das Haus am Grenzwald aufmerksam gemacht. So habe er eine eigne – wie er nun erkenne – nutzlose Erkundung durchführen wollen. Übrigens, sagte der Gestapomann mit leisem, boshaftem Triumph in der Stimme, die neue Adresse sei eine Finte gewesen, dieser Mann, der Vorarbeiter, arbeite mit dem Reich zusammen, und in dieser Stunde würde eine Aktion anlaufen, die die sechs Männer hinter Zuchthausmauern brächte.

Hellberg half noch ein wenig mit dunklen Drohungen nach, schließlich verriet der Gestapomann nicht nur die Telefonnummer Hartmanns, sondern auch dessen Decknamen. Gaber brachte den Faschisten in den Keller, wo er, gut verschnürt, zunächst unschädlich war. Die Mutter sollte das Haus bewachen. Hellberg und der Vater würden über die Grenze gehen, um die Genossen abzufangen.

Franz Gaber überschritt zunächst den Bach und entdeckte Minuten später seinen Sohn. Während sich der Junge erneut auf den Weg in die Stadt machte, beriet sich Gaber mit Hellberg. Dieser sollte die Genossen abfangen, während sich Gaber in ein nahegelegenes Gasthaus begab, das Telefonanschluß hatte. Hellberg sollte die Freiwilligen zur alten Futterhütte bringen, nicht weit weg von dem Platz, an dem sie sich jetzt befanden, und die Rückkehr von Gaber abwarten. In dem Gasthaus war Gaber bekannt. Der Wirt erschrak, als er den Mann erkannte, von dem er wußte, daß er Kommunist war. Er war trotzdem Manns genug, Franz die Benutzung des Telefons zu gestatten. Dieser wählte die Nummer Hartmanns.

Der Wirt, der das Gespräch neugierig belauschte, wunderte sich, daß Gaber ein Taschentuch auf den Hörer legte.

«Hier Kondor», meldete sich Franz inzwischen. «Hören Sie, Obersturmführer, es ist jetzt nicht Zeit, lange Unterhaltungen zu führen. Glücklicherweise bin ich einem tollen Trick der Kommune auf die Schliche gekommen.» Der Wirt erstarrte. Gaber telefonierte mit der SS? Kopfschüttelnd begann er seine Gläser zu spülen. Dabei bemühte er sich, jedes Wort zu verstehen, denn wer mochte wissen, was der Gaber neuerdings trieb?

Inzwischen sprach Franz weiter: «Sie müssen sofort alle Verstärkung im Bereich dreiundzwanzig ablösen, sofort, verstehen Sie?» Gaber lauschte. «Sie können natürlich meinen Rat in den Wind schlagen», sagte er dann etwas schärfer. «Ich werde allerdings entsprechend meinen Bericht abfassen. Ob Sie dann weiter diese Dienststelle leiten, kann ich nicht mit Sicherheit voraussagen, glaube es aber nicht. – Wohin die Verstärkungen sollen? – Zur Zollschenke im Abschnitt einundzwanzig! – Die Roten haben sich SA-Uniformen besorgt und gehen dort in aller Seelenruhe in die Tschechei, während Sie die Dreiundzwanzig bewachen! – Wie ich das rausgekriegt habe? Später, Obersturmführer, wenn ich zurück bin. Jetzt ist Eile not! Fassen Sie die Leute, sonst kann ich für nichts garantieren! – Jawohl! Dann lassen Sie Ihre Männer mal Dampf machen!»

«Du weißt von nichts!» sagte Gaber zum Wirt. «Bei dir hat keiner angerufen. Wenn wieder bessere Zeiten sein werden und du noch Wirt bist, komm' ich mit der Anna und dem Franzel auf Kaffee und Kuchen zu dir! Na, mach's gut!»

Etwa eine Stunde später zogen die verstärkten Posten im Abschnitt 23, gegenüber dem Haus am Grenzwald, ab. Gaber holte Hellberg und die sechs Genossen aus der Futterhütte, und sie erreichten sicher tschechisches Gebiet. Den Gestapomann brachte Hellberg etwa einen Kilometer weiter aufwärts am Grenzbach auf die deutsche Seite zurück und band ihn dort an einen Wegweiser.

Er war sicher, daß er Stunden später von Zöllnern gefunden würde. Die Leute des Hartmann nahmen in der Nähe der Zollschenke etliche SA-Männer fest, und es dauerte Stunden, bis deren Identität festgestellt werden konnte.

Der Hartmann kam später nach Prag und erkannte dort Franz Gaber, der nach der deutschen Okkupation das Haus am Grenzwald verlassen hatte.

«Und der Genosse Hellberg?» fragte meine Frau. Wir standen wieder vor dem Haus. Meine Frau hatte einen Strauß Glockenblumen gesammelt, den sie hinter die Tafel steckte. «Was hat Ihnen denn der Franzel von ihm erzählt?» fragte der Alte dagegen.

«Er sagte, daß er den Genossen damals aus den Augen verloren hätte. Wie sein Vater, der alte Franz Gaber, erzählte, sei Hellberg mit nach Spanien gegangen, man hätte nie wieder was von ihm gehört.»

«Schön haben Sie das mit den Blumen gemacht, junge Frau», brummte der Alte. «Ich wohn' in der Mühlengasse 11, in der ersten Etage. Man kann's finden, denn drunter ist die Parteileitung der Stadt.»

Wir sahen ihn an. Er nickte. Langsam sagte er: «Wenn Sie wieder zu Haus sind, dann sagen Sie dem Franz die Adresse. Vielleicht kommt er mal zu uns und besucht mich.» Immer langsamer sprach er, und plötzlich schien es, als zuckten seine Mundwinkel unter dem grauen Bart.

«Und nach wem soll er fragen?» Meine Frau hatte ganz leise gesprochen, sie schien die Antwort zu ahnen.

Der Alte hob den Kopf. Er nickte uns zu.

«Es genügt, wenn er nach Karl Hellberg fragt.»

Torpedo los!

Fregattenkapitän Dieter Flohr

Alarmklingeln schrillen durch die Decks. Es ist drei Uhr. Noch liegen die Schatten der Nacht über dem Stützpunkt der Volksmarine. Auf den am Wohnschiff vertäuten Torpedoschnellbooten wird es lebendig. Im Laufen streifen die Männer, noch den Schlaf in den Augen, ihre Matrosenblusen und Uniformjacken über, setzen sich ihre blauen Käppis auf. Sekundenschnell sind alle Gefechtsstationen auf den Booten besetzt. Hilfs- und Hauptmaschinen werden angelassen und warmgefahren. Die Elektrogasten schalten das Bordnetz zu. Vielstimmiges Gedröhn der leistungsstarken Dieselmotoren vertreibt die Ruhe dieser Nacht. Nebelgraue Abgasschwaden umhüllen die flachen Boote. Die Augen beginnen zu brennen. Zu den ersten, die ihren Gefechtsabschnitt über die Bordsprechanlage seeklar melden, gehören die Genossen des Maschinengefechtsabschnitts auf dem Torpedoschnellboot «Fiete Schulze». Motorenmaat Rüdiger Schimmel, die Motorengasten Bernd Fessel und Mario Schulz, Ralph Meyer in seinem Pumpenabschnitt und die E-Mixer Peter Dornburg und Matthias Großmann haben ihren Ehrgeiz darangesetzt, schnellstmöglich die Stromversorgung aller Gefechtsstationen an Bord und die Manövrierfähigkeit des Bootes sicherzustellen. Die vorgeschriebenen Funktionskontrollen an Bord verlaufen ohne Komplikationen. Blitzschnell schwenken die Doppellafetten mit den 30-mm-Rohren ein. Die Funkmeßantennen beginnen sich zu drehen.

Maat Günter Schwarz, ein stämmiger Schiffbauer aus Dresden, Steuermannsmaat auf der «Fiete Schulze», legt die Seekarten zurecht, ordnet Tafelwerk, Tabellen, Stechzirkel, Kursdreiecke und diverse Bleistifte für die bevorstehenden Standortbestimmungen und Kursberechnungen. Schon bald hat der Kommandant, Kapitänleutnant Detlev Pein, alle Klarmeldungen erhalten. Sein Boot ist see- und gefechtsklar. Während die Mel-

Die Torpedoschnellboote auf dem Marsch zum Übungsgebiet

Klar zum Seezielschießen.
Die 30-mm-Kanonen sind auf das Ziel gerichtet

In der Brücke der «Fiete Schulze» herrscht konzentrierte Aufmerksamkeit. Rechts der Kommandant des TS-Bootes, Kapitänleutnant Detlev Pein

Aus dem Dunst über See löst sich ein Raketenschnellboot der Bundesmarine vom Typ 143 A

dung zum Stab weitergeleitet wird, ist Zeit für die Besatzung, den orangefarbenen Kampfanzug anzulegen. Er bietet Schutz vor Wind und Wetter wie auch vor chemischen Kampfstoffen.

Minuten vergehen, dann kommt der Befehl zum Auslaufen. «Alle Leinen los und ein!» Kommandant Detlev Pein, ein hochaufgeschossener, sportlich wirkender Offizier, hat seinen Platz auf der zugigen Außenbrücke unterhalb des Gittermastes eingenommen. Pfiffe schrillen. Kommandos durchdringen den Motorenlärm. Als erstes Boot legt die «Fiete Schulze» ab, gewinnt schnell an Fahrt und ist wenig später von der Dunkelheit aufgesogen. In geringen Abständen folgen andere Boote. Ihre Positionslichter schwanken und wippen im Rhythmus der vom aufgewühlten Fahrwasser leicht bewegten Boote. Eine mehrtägige Übung der Schnellbootkräfte nimmt ihren Anfang.

Die Besatzung der «Fiete Schulze» hatte sich seit Tagen sorgfältig auf diesen Seetörn vorbereitet. Das war bereits harte Arbeit für jedermann. Da mußten Übungstorpedos übernommen und in die Ausstoßrohre eingezogen werden. Viele Stunden dauerte die

Der Übungstorpedo ist aufgeschwommen und eingefangen. Im Hintergrund das TS-Boot «Fiete Schulze»

Im Dunkel der Nacht werden Übungsminen übernommen, die noch vor Morgengrauen auf genau berechneter Position gelegt werden

Torpedogast Stabsmatrose Andreas Mitternacht hat sich auf seine Aufgabe für diese Übung gut vorbereitet. Sein Torpedo «trifft» das Zielschiff am Heck

Ausrüstung mit Artilleriemunition, Wasserbomben, Verpflegung und den notwendigen Betriebsstoffen. Die Trinkwasservorräte wurden ergänzt. Mehrmals trainierten die Genossen des Minenübernahmekommandos nach der Stoppuhr die Verzurrung von Seeminen und unterboten die Norm erheblich. Der I. Offizier, Kapitänleutnant Frank Hänsel, führte am Liegeplatz einige Bootsgefechtsübungen durch, die den «Jungs» so ziemlich alles abverlangten. Bei diesem «Trockentraining» überprüfte der energische, körperlich etwas untersetzte Kapitänleutnant ein letztes Mal die Kenntnisse und Fertigkeiten jedes Genossen auf den verschiedenen Spezialgebieten. Ein Signal folgte dem anderen: «See- und gefechtsklar machen!» – «Luftalarm!» – «Chemischer Alarm!» – «Feuer und Leck im Schiff!» – «Teilweise Entaktivierung!» – «Störungssuche und Beseitigung von Ausfällen!» ... Müde waren die Matrosen und Maate Abend für Abend in die Kojen gesunken.

Jetzt gilt es, das Gelernte beim Einsatz auf See anzuwenden. Immerhin geht es um wichtige Pluspunkte im Soldatenwettbewerb. Und da hat sich das FDJ-Kollektiv des Bootes vorgenommen, diesmal ganz weit vorn mitzumischen.

Die TS-Boote haben den freien Seeraum erreicht. Über der Insel Rügen dämmert der neue Tag herauf. Das Dröhnen der Motoren wird stärker. Weit recken sich die Vorsteven der Boote aus dem Wasser. Achtern peitschen die Propeller die See zu schneeweißen Gischtbergen. Die Boote haben die Geschwindigkeit erhöht. Ihre roten Dienstflaggen knattern im Fahrtwind.

«Backbord 20, hoch 45, Luftziel!» Der Signalgast Holger Engelbrecht hat das Flugzeug als erster ausgemacht. «Luftalarm!» Die Alarmklingel schlägt an. «Ziel aufgefaßt!» Das Flugzeug bildet auf dem Funkmeßschirm des Artilleriesystems einen Leuchtpunkt. Alle Kurswerte gehen gedankenschnell in den Bordrechner, und wie von Geisterhand bewegt, richten sich die Geschützrohre mit dem entsprechenden Vorhalt auf das Übungsziel.

«Entwarnung!»

Kursänderung nach Steuerbord. Die See ist nur mäßig bewegt. Unaufhaltsam stürmen die Boote voran. Die Sonne ist inzwischen als grellgelbe Scheibe hinter Nebelschwaden zu sehen. Nebel und der Sonnenball werfen ein eigenartiges weißes Licht auf die See. Die Sicht ist miserabel. Die Boote des Verbandes sind gerade noch erkennbar. Im Augenblick sind optisch ringsum keine Frachter oder Fischereischiffe auszumachen.

Über UKW kommt vom Stab der Befehl zum Ablaufen. Aufklärung in einem bestimmten Seegebiet ist durchzuführen. Mit hoher Fahrstufe trennt sich die «Fiete Schulze» von den übrigen Booten des Verbandes. Achtern erhebt sich erneut ein meterhoher Gischtberg. Verstärkte Luft- und Seeraumbeobachtung ist befohlen. Jeder Genosse an Oberdeck hat den ihm zugeteilten Sektor genauestens mit dem Fernglas oder mit dem bloßen Auge abzusuchen und jedes Luft- oder Seeziel sofort dem Kommandanten zu melden.

Auf dem Bildschirm vor Kapitänleutnant Hänsel zeigen sich einige Leuchtflecke: unbekannte Fahrzeuge. Die «Fiete Schulze» pirscht sich an das erste Ziel heran. Es ist ein Schlepper unserer Bagger-, Bugsier- und Bergungsreederei, der einen riesigen, oben offenen Ponton auf dem Haken hat – ein gewaltiger Topf aus Beton für den Hafenbau. Danach löst sich ein Frachter aus dem Dunst. Auch der ist nicht das gesuchte Ziel. Kommandant Pein hält auf einen weiteren Leuchtpunkt zu. Diesmal ist es der gesuchte Schlepper mit der Seezielscheibe. Schnell sind Position und Bewegungselemente bestimmt. Die «Fiete Schulze» läuft zurück zum Verband.

«Gefechtsalarm! Klarmachen zum Seezielschießen!» Es geht heute um das beste Boot des Verbandes im Artillerieschießen. Drei Boote haben sich bisher für den Endkampf empfohlen: die Raketenschnellboote «Otto Tost», «Heinrich Dorrenbach» und das Torpedoschnellboot «Fiete Schulze».

Die Scheibe kommt als gelbroter winziger Punkt in Sicht. An der Visiersäule steht Stabsmatrose Maak, ein schlanker, etwas ernst wirkender Betonfacharbeiter aus Schwerin. Völlig ruhig richtet er das Kreisvisier. Dann brüllen die Geschütze auf. Rotglühende Punkte der Leuchtspurgeschosse umschwirren die Seezielscheibe. Einige dieser «Funken» prallen von der Wasseroberfläche ab, andere sitzen haargenau im Zentrum. Getroffen! Noch aber steht das Urteil des Schiedsrichters aus. In die Auswertung fließen u. a. die seemännische Ordnung an Bord, das taktisch richtige Verhalten der Besatzung, der Zustand der Artilleriewaffen, die theoretischen Kenntnisse der Genossen des Gefechtsabschnitts und die Führung des Bootes durch den Kommandanten ein. Es heißt nun, abzuwarten.

Unter Landschutz geht die «Fiete Schulze» vor Anker. Der Motorenlärm nimmt ab. Mittagspause. Stabsmatrose Malotki hat in seiner winzigen Kombüse gezaubert. Es gibt Spaghetti mit Jagdwurst und Tomatensauce. In der warmen Mittagssonne schaufeln die Männer gewaltige Mengen davon in sich hinein. Gerade wollen sich einige Matrosen auf dem stählernen Oberdeck ein wenig zur Ruhe ausstrecken, da schrillen erneut die Alarmklingeln. Zwölfmal Anton: Ankermanöver! Kaum ist der Anker an Oberdeck, läuft das Boot erneut auf einem Aufklärungskurs. Nicht lange, und das erste Ziel ist identifiziert. Der 2. Wachoffizier, Leutnant Uwe Bertrand, hat es schnell herausgefunden: Es ist der Schlepper A 1401 «Eisvogel» der BRD-Marine. Im Schlepp hat er eine Schießscheibe. Wenig später tauchen auch die «Schützen» auf: Aus dem Dunst schälen sich zwei BRD-Raketenschnellboote vom Typ 143 A, die Boote P 6121 und P 6118, heraus und laufen in langsamer Fahrt vorüber. Doch da ist noch ein drittes, vor Anker liegendes Schiff zu klassifizieren. Leutnant Bertrand tritt erneut in Aktion: «Wehrforschungsschiff ‹Planet›, BRD», meldet er. Dieses Schiff «erforscht» offensichtlich Seegebiete vor den Küsten sozialistischer Ostseeländer.

Am Abend versammeln sich die SED-Mitglieder der «Fiete Schulze». Der bisherige Verlauf der Übung wird eingeschätzt, jeder Genosse sagt seine Meinung. Angesichts der Begegnung mit den NATO-Einheiten wollen alle einmal mehr ihr Bestes geben, um gute und sehr gute Ausbildungsergebnisse zu erzielen und die anderen FDJler dabei mitreißen. Auch die Ergebnisse des Artilleriewettstreits liegen nun vor. Die «Fiete Schulze» hat leider nur den 3. Platz belegen können. Obwohl die Salven einwandfrei lagen, bemängelten die Schiedsrichter einige taktische und seemännische Details bei der Vorbereitung und Organisation des Gefechtsschießens. Der Punktabstand war zwar äußerst gering, aber die «Otto Tost» kam vor der «Heinrich Dorrenbach» und der «Fiete Schulze» ein.

Es ist stockdunkle Nacht. Dichte Wolken haben sich vor den Mond geschoben. Von der nahen Hafenstadt blinken Tausende Lichter herüber: Neubauten, Ferienheime, eine Eigenheimsiedlung. Die «Fiete Schulze» schiebt sich in langsamer Fahrt an den Ansteuerungstonnen vorüber. Wenige Minuten später gibt Kapitänleutnant Detlev Pein das Kommando: «Alle Leinen fest!» Auf der Pier wartet ein Arbeitskommando mit einem Autodrehkran, einem LKW vom Typ W 50, der mit dunklen Walzen beladen ist. Seeminen! Das Minenkommando des Schnellbootes tritt auf dem Achterdeck an. Kapitänleutnant Hänsel erläutert noch einmal mit wenigen Worten, worauf es ankommt: Schnell, präzis, möglichst geräuscharm und seefest sind die Minen auf dem Oberdeck zu verzurren. Bereitgelegte Ketten und Stahllaschen klirren. Schon senkt sich die erste Mine aus dem Dunkel des Nachthimmels auf das Deck. Von kräftigen Matrosenfäusten gepackt, sitzt sie auf Anhieb auf den Minenschienen des Oberdecks und wird mit sicheren, eingeübten Handgriffen verzurrt. Das tagelange Training zahlt sich aus. Kapitänleutnant Hänsel benötigt nur wenige knappe Kommandos. Jeder Mann weiß, was zu tun ist, auch der Schiffskoch, Stabsmatrose Malotki, der ebenso wie alle anderen zuzupacken versteht, nur daß er bei dieser Gefechtsrolle seine schneeweiße Berufsbekleidung gegen den orangefarbenen Kampfanzug der Volksmarine eingetauscht hat. In Rekordzeit sind alle Minen übernommen und festgezurrt. Minuten später werden die Lichter der Stadt achteraus spärlicher und verschwinden schließlich gänzlich hinter einer Landzunge.

Gegen 3.30 Uhr erreicht die «Fiete Schulze» das befohlene Gebiet, in dem eine Übungsminensperre zu legen ist. Jetzt ist genaue Navigation gefragt. Zum einen müssen die Minen zur Übung exakt auf die befohlene Position geworfen werden, und zum anderen müssen sie anderntags genau dort durch Hilfsschiffe wieder aufgefunden und geborgen werden können. Maat Günter Schwarz und der 1. Wachoffizier (IWO), Kapitänleutnant Hänsel, wirken gut zusammen, bestimmen den Standort des Bootes in der Seekarte mit elektronautischen Geräten in immer kürzeren Zeitabständen. Dann kommt vom Kommandanten der Befehl: «Mine! – Wurf!» Kurzes metallisches Rollen, dann ist das erste schwarze Ungetüm in der Hecksee verschwunden. Die anderen Minen folgen. Das Boot nimmt wieder Fahrt auf. Auch diese nächtliche Aufgabe ist erfüllt – wie es den Anschein hat, mit gutem Ergebnis.

Ein neuer Tag bricht an. Noch immer ist die «Fiete Schulze» unterwegs. Eine neue Übung steht bevor, eigentlich die wichtigste für die Besatzung: das Torpedoschießen.

Der Fahrtwind schneidet in die Gesichter der Männer an Oberdeck. Bald sind die anderen Boote der Einheit erreicht. «Gefechtsalarm! Klar zum Torpedoangriff!»

Kommandant Detlev Pein hangelt von seinem luftigen Platz auf der Außenbrücke nach unten. Er möchte sich auf dem Funkmeßschirm über die genaue Lage des anlaufenden Zielschiffes und eines Geleits überzeugen. «Zielsuche im Sektor 100 bis 140 Grad durchführen!» Das TS-Boot stürmt unaufhaltsam voran. Kurze Zeit später die Meldung: «Ziel in 130 Grad, Distanz 80 Kabel. Ziel gibt keine Kennung!»

«Ziel genau verfolgen!»

Befehle und Meldungen scheinen sich jetzt zu überstürzen. «Torpedoschießwerte erarbeiten!» – «Rohr 1, klarmachen zum Schuß, Lauftiefe des Torpedos 10 Meter!» – «Gefechtskurs 110 Grad steuern!» – «Richard vor!» Der Signalwimpel R, wie Richard, fliegt in die Rah.

«Rohr 1 – Illos! – Richard nieder!»

Ein Knall, dem ein kurzes Fauchen folgt. Durch das Boot geht ein Ruck. Aus dem vorderen Torpedoausstoßrohr steuerbord flutscht ein dunkler langgezogener Schatten und klatscht nach kurzem Flug durch die Luft ins aufspritzende Wasser. Der Torpedo geht auf die eingestellte Tiefe und auf seinen Kurs zum Zielschiff.

Der Kommandant stoppt die rasante Fahrt. Eigentlich müßte er jetzt auf Gegenkurs gehen und sich mit Höchstfahrt vom «Gegner» lösen. Aber bei dieser Übung kommt es darauf an, den Torpedo und seine Bahn zu beobachten, die Trefferauswertung zu erleichtern und diesen «Aal» am Ende seiner Laufstrecke wieder einzufangen. Oberbootsmann Holger Jäger und ein weiterer Genosse haben Beobachtungsposition am Bug bezogen. «Blasenbahn Steuerbord zehn!»

Der Kommandant läßt mit der Fahrt angehen. Der ausgestreckte rechte Arm des Bootsmannes zeigt die Richtung, in der der Übungstorpedo verfolgt werden muß. Er ist zu wertvoll, als daß er im Meer verschwinden dürfte. Mit hohen Umdrehungszahlen der Motoren läuft das Boot dem Torpedo nach, dessen ausgestoßenes Gas-Luft-Gemisch nach geleisteter thermodynamischer Arbeit in der winzigen Torpedo-Dampfmaschine an der Wasseroberfläche eine gut sichtbare Spur hinterläßt. Das Zielschiff kommt backbord in Sicht. Der Vorhalt ist gut berechnet worden. Irgendwo werden sich Zielschiff und Unterwassergeschoß begegnen. Nur noch wenige Meter, dann ist alles klar: Die Blasenbahn zieht unter dem Heck des Zielschiffes hindurch. Getroffen!

Aber noch ist vielpferdige Kraft in dem Projektil. Die Verfolgung geht weiter, nachdem der ladungslose Übungstorpedo das Zielschiff unterlaufen hat. Endlich taucht der rot-weiß gestrichene Torpedokopf, weißen Rauch ausstoßend, aus dem Meer auf. Vertikal hängt der stählerne «Aal» nun im Wasser, er «steht auf und nieder». In den Übungskopf geblasene Preßluft ließ den Torpedo aufschwimmen, nachdem der Treibstoff aufgebraucht war. Ein Schlauchboot wird ausgesetzt. Bald hat Bootsmann Obermeister Jäger das Projektil eingefangen. Ein Torpedofangschiff nimmt unseren «Erfolgstorpedo» an Bord. Leutnant Bertrand sollte recht haben mit seiner Voraussage: «Das dürfte die Note ‹Eins› sein.»

Die «Fiete Schulze» dreht ab und schließt zum Verband auf. Jetzt sind die anderen Besatzungen an der Reihe.

Uniformen der Volksmarine der NVA (1960–1986)

Dr. Klaus-Ulrich Keubke

Am 3. November 1960 verlieh der Minister für Nationale Verteidigung der DDR, Generaloberst H. Hoffmann, den Seestreitkräften der NVA auf Beschluß des Nationalen Verteidigungsrates der DDR vom 19. Oktober des Jahres anläßlich des 42. Jahrestages des Aufstandes der Kieler Matrosen den verpflichtenden Namen «Volksmarine».

Dieser Ehrenname erinnert an die revolutionären Vorbilder der Angehörigen der Seestreitkräfte der NVA. Am 2. August 1917 hatten revolutionäre Matrosen der kaiserlichen Flotte den Dienst verweigert und, dem Beispiel russischer Revolutionäre folgend, den sofortigen Frieden gefordert. Die beiden Führer des Matrosenaufstandes, Max Reichpietsch und Albin Köbis, fielen unter den Kugeln eines Hinrichtungskommandos. Ein Jahr später, im November 1918, formierten sich in Berlin unter Führung von Heinrich Dorrenbach und Paul Wieczorek revolutionäre Matrosen zur Volksmarinedivision. Opfermutig traten sie in den Kämpfen von 1918/1919 an der Seite der revolutionären Arbeiter und Soldaten der Reaktion und Konterrevolution entgegen. Mit Rudolf Egelhofer war ein revolutionärer Matrose Oberkommandierender der Roten Armee der Bayrischen Räterepublik. Die Haltung dieser großen Vorbilder ist den Angehörigen der Volksmarine Verpflichtung.

Anläßlich der Namensverleihung fanden auf dem Greifswalder Bodden – in Anwesenheit ehemaliger Angehöriger der Volksmarinedivision und Teilnehmern an revolutionären Kämpfen der deutschen Arbeiterklasse – ein militärisches Zeremoniell und eine Flottenparade moderner Kampfschiffe und -boote statt.

Die Namensverleihung an die Seestreitkräfte der NVA spiegelte sich auch in einem Detail der Uniform wider. Zu jenem Zeitpunkt wechselten die Matrosen und Maate der Teilstreitkraft ihre Mützenbänder. Sie führten nunmehr solche mit der gestickten Aufschrift «Volksmarine».

Eine weitere politische Entscheidung, die sich in der Uniformierung der Volksmarine niederschlug, wurde in jener Zeit durch die Staatsführung der DDR getroffen. Das Gesetz zur Änderung des Gesetzes über das Staatswappen und die Staatsflagge der DDR, das Wilhelm Pieck am 1. Oktober 1959 unterzeichnet hatte, wurde sehr bedeutsam. Bis dahin bestand die Staatsflagge nur aus den Farben Schwarz-Rot-Gold. Aber von nun an führte sie auf beiden Seiten in der Mitte das Staatswappen – Hammer und Zirkel, umgeben von einem Ährenkranz, der im unteren Teil von einem schwarzrotgoldenen Band umschlungen ist. Dieses Symbol brachte den Charakter der DDR als sozialistischen Staat der Arbeiter und Bauern äußerlich deutlich zum Ausdruck; die Unterscheidung von der Staatsflagge der BRD war gegeben.

Noch am Tage der Verleihung des Ehrennamens «Volksmarine» an die Seestreitkräfte der NVA setzten alle Schiffe und Boote als Repräsentanten des Arbeiter-und-Bauern-Staates die neue rote Dienstflagge mit dem schwarzrotgoldenen Streifen und dem Staatsemblem der DDR.

Tafel I

Tafel II

Tafel III

Tafel I
1 Matrose, Dienstuniform – Sommer
2 Matrose, Gefechtsuniform
3 Matrose, Paradeuniform – Sommer
4 Matrose, Arbeitsuniform – Sommer

Tafel II
1 Matrose, Borduniform – Winter
2 Meister, Stabsdienstuniform – Übergangsperiode (seit 1983)
3 Obermaat, Stabsdienstuniform – Winter
4 Fähnrich, Paradeuniform – Sommer

Tafel III
1 Leutnant, Stabsdienstuniform (Uniformkleid) – Winter
2 Oberleutnant, Dienstuniform – Sommer
3 Fregattenkapitän, Gesellschaftsuniform (kleiner Gesellschaftsanzug) – Sommer
4 Vizeadmiral, Ausgangsuniform – Winter

In den folgenden Monaten wurde weiterhin in der Volksmarine wie in den anderen Teilstreitkräften der NVA und auch in den anderen bewaffneten Organen der DDR die schwarzrotgoldene Kokarde im Mützenemblem gegen die mit dem Staatsemblem ausgetauscht. Unter Beibehaltung der äußeren Form des Mützenemblems war damit ein für alle bewaffneten Organe der Republik einheitliches Emblem geschaffen. Bis Mitte des Jahres 1962 erfolgte das Auswechseln der Kokarden.

Etwa zur gleichen Zeit – in der zweiten Jahreshälfte 1962 – erhielten die Schirmmützen der Meister und Offiziere der Volksmarine den in der Form gleichen Mützenkranz wie die der Offiziere der Landstreitkräfte, allerdings in Goldstickerei. Für die Admirale gab es seitdem Mützenkränze in Form dieser Effekten wie für die Generale der Landstreitkräfte.

Die hier aufgeführten Veränderungen der Uniformierung der Volksmarine fanden ihren Niederschlag bereits in der neuen Bekleidungsvorschrift der NVA, der DV-10/5, die mit Wirkung vom 1. Dezember 1960 in Kraft getreten war. Unmittelbar vor Erscheinen der neuen Dienstvorschrift erhielten die Offiziere und Admirale Uniformhemdblusen aus leichter Popeline in einem hellen steingrauen Farbton. Die Meister der Teilstreitkräfte erfuhren ebenfalls Verbesserungen ihrer Uniformierung durch die Fertigung aus dem Stoff für Offiziersuniformen seit 1961. Schließlich konnten ab 1962 und 1963 die Offiziere und Admirale sowie die weiblichen Angehörigen der Volksmarine einen neuen Sommermantel kaufen und verwenden. Dieser Mantel aus gummierter Baumwolle leistete auch als Regenmantel gute Dienste.

Im Herbst 1960 entwickelt und seit 1961 eingeführt, war erstmals während der Parade zum 1. Mai 1961 in der Hauptstadt der DDR der Ehrendolch für Offiziere (nicht für weibliche Offiziere), Generale und Admirale zu sehen. Diesen Dolch gab und gibt es in mehreren Ausführungen, die sich jeweils durch andere Oberflächen- und Gehängefarben voneinander unterscheiden. Für die Offiziere der Volksmarine ist der Dolch an Knopf, Griffring, Parierstange sowie Mund- und Ortblech der Scheide goldfarben, bei den Admiralen ist er feuervergoldet. Der dunkelblaue Untergrund schimmert durch das goldfarbene Gehänge. Getragen wurde der Ehrendolch zur Parade mit und ohne Uniformmantel und zur Ausgangsjacke untergeschnallt bzw. beim Uniformmantel durch den Tascheneingriff gezogen.

Einschneidend veränderte sich Anfang der 60er Jahre die Uniformierung der Frauen, die in der Volksmarine ihren Dienst versehen. Sie bekamen zum 1. März 1962 neue Ausgangsuniformen und ab Juli des Jahres schrittweise auch neue Dienstuniformen. Die vorhandenen Uniformen wurden natürlich noch aufgetragen. Anstelle der bisher aufgesetzten Baskenmützen gehörten jetzt ein Schiffchen zur Dienst- und eine Kappe zur Ausgangsuniform. Die Uniformjacken beider Uniformarten besaßen nur rechts eine Innentasche. Die zuvor außen befindlichen zwei Taschen entfielen. In der Sommertrageperiode (vom 1. Mai bis zum 30. September) war es ihnen gestattet, den Kragen der Uniformhemdbluse über den Jackenkragen zu legen.

Am 4. April 1962 erfolgte erstmals die Einberufung junger Männer zu ihrem 18monatigen Ehrendienst zum Schutze des Friedens und des Sozialismus auf der Grundlage des Gesetzes über die allgemeine Wehrpflicht vom 24. Januar 1962. Gewichtige Gründe hatten für diese einschneidende Maßnahme gesprochen. Seit Einführung des Freiwilligenprinzips im Jahre 1956 war zwar eine zuverlässige und kampfstarke Armee aufgebaut worden, doch hatten sich am Ende der 50er/Anfang der 60er Jahre die Bedingungen für den bewaffneten Schutz des Sozialismus grundlegend gewandelt. Die NATO war endgültig zum Hauptinstrument der USA-Globalstrategie in Europa und die Bundeswehr der BRD zur Speerspitze ihrer Militärstrategie geworden. Eben erst hatten die im Rahmen des Warschauer Vertrages abgestimmten Sicherungsmaßnahmen der DDR vom 13. August 1961 dem Imperialismus der BRD den Weg versperrt, seinen Herrschaftsbereich nach Osten auszudehnen. Doch unaufhörlich forcierten die Armeen des NATO-Paktes ihre Bereitschaft und Fähigkeit, ihre antisozialistische Politik mit militärischen Mitteln und Methoden fortzusetzen. Die bedrohten Errungenschaften der mehr als zehnjährigen Aufbauarbeit für alle Bürger zu schützen wurde zur Pflicht aller.

Weitere wichtige Gründe für die allgemeine Wehrpflicht ergaben sich aus den Veränderungen im Militärwesen. Ein moderner, vom Imperialismus entfesselter Krieg würde zu einem massenhaften Einsatz komplizierter Technik und Ausrüstung zwingen. Um sie zu beherrschen, mußte die Armee auf eine große Zahl militärisch gut ausgebildeter Bürger zurückgreifen können. Nur durch die allgemeine Wehrpflicht konnte die NVA entsprechend diesen neuen Bedingungen kontinuierlich und qualifikationsgerecht ihre Aufgaben erfüllen.

In der Volksmarine wurden junge Männer als Wehrpflichtige nur in die Gefechtseinheiten zu Lande einberufen. Sie trugen die Uniformen wie die Matrosen bisher auch. Die Anzahl der jeweiligen Uniformstücke war in der DV-98/4 «Bekleidungs- und Ausrüstungsnormen der Nationalen Volksarmee» geregelt.

Jene Jahre waren vor allem dadurch gekennzeichnet, daß sich die Armee ganz im Zeichen der stürmischen Umwälzungen im Militärwesen weiterentwickelte. Dreh- und Angelpunkt der militärischen Arbeit in der NVA, vor allem in der Gefechtsausbildung, war die Frage der Gefechtsbereitschaft. Auch in der Uniformierung der Armee prägten sich dabei die Unterschiede zwischen den Uniformarten und Spezialbekleidungen für die verschiedenen militärischen Aufgaben weiter aus. Für die Angehörigen der Volksmarine mußte nunmehr dringend eine zweckmäßige Gefechtsuniform entwickelt werden.

Noch Ende der 50er Jahre konstituierte sich ein Arbeitskreis «Kampfanzug für Seestreitkräfte». In der Zeit vom 1. Dezember 1960 bis zum 5. Januar 1962 erfolgte die praktische Erprobung dieses Anzugs unter allen Bedingungen des militärischen Lebens an Bord von Schiffen und Booten, wie beispielsweise dem Rudergehen, der Übernahme von Wasserbomben, dem Klarmachen von Minenräumgeräten usw., und unter den unterschiedlichsten Witterungseinflüssen auf See. Nach erfolgreichem Abschluß dieser Erprobungen bestätigte die Leitung des Ministeriums für Nationale Verteidigung der DDR am 16. März diese Gefechtsuniform der Volksmarine. Daraufhin erfolgte in diesem und im folgenden Jahr ihre Einführung.

Der dreiteilige Kampfanzug der Angehörigen der Volksmarine wurde auf den Schiffen und Booten getragen. Er setzte sich aus einer einreihigen Jacke mit Kapuze, der Rundbundhose und der in die Jacke einknöpfbaren Schwimmweste zusammen. Bei dem Material für Jacke und Hose handelte es sich um spezialbeschichtete Dederongewebe und bei dem der Schwimmweste um Dederonseide – alles orangefarben. Eine kleinere äußere Tasche auf der Jacke barg die Rollennummer, d. h. unter anderem den Platz auf der Gefechtsstation. Die Taschen der Hose konnten die Pistole, das Kappmesser, einen Farbbeutel und ein Verband- und Entgiftungspäckchen aufnehmen.

Diese Gefechtsuniform wurde und wird – inzwischen weiter vervollkommnet – der notwendigen Mehrzweckfunktion als Kampfanzug, Schutzanzug vor radioaktiven, chemischen und bakteriologischen Kampfstoffen, als Wetterschutz bei stürmischer See und als Rettungsmittel in Notfällen vollauf gerecht. Bisher übliche Bekleidungs- und Ausrüstungsgegenstände wie der chemische Schutzanzug, das Ölzeug und die Schwimmjacke «Seebär» entfielen. Bedingt durch die Materialzusammensetzung mußte unter dem Kampfanzug von den Matrosen und Maaten im Sommerhalbjahr der Arbeitsanzug und von den Meistern und Offizieren die Borduniform sowie im Winter von allen der Watteanzug getragen werden.

Diesen dunkelblauen Watteanzug hatten die Angehörigen der Volksmarine von 1961 bis Mitte des Jahrzehnts erhalten. Jacke und Hose dieser Uniform bestanden aus Baumwoll-Zeltbahngewebe. Dieses Gewebe und seine Verarbeitung gewährleisteten bei geringem Gewicht und Volumen eine hohe Wärmehaltung und große Beweglichkeit. Die Schiffsoffiziere trugen zudem seit Anfang der 60er Jahre auch noch einen zweireihigen Mantel mit einknöpfbarer Webpelzfütterung und Webpelzkragen als zusätzliche Wetterschutzbekleidung – den kurzen Wattemantel.

Das äußere Erscheinungsbild aller Armeeangehörigen und für alle Uniformarten in der Wintertrageperiode veränderte jedoch ein anderes Uniformstück: die neue Wintermütze. Ihre schrittweise Einführung erfolgte auf Grund des Befehls Nr. 86/63 des Ministers für Nationale Verteidigung der DDR vom 2. Oktober 1963 und schloß 1965 ab. Die Wintermütze, die in ihrer äußeren Form sowjetischem Vorbild folgte, war für die Volksmarine dunkelblau. Für Matrosen und Maate bestand das Grundmaterial der Mütze aus Uniformtuch; für Meister, Offiziere und Admirale aus Uniformtrikot. Die Wintermütze der ersteren Armeeangehörigen war mit Pelzbesatz aus Wollmischgarn, die der Meister und Offiziere aus Grisuten und die der Admirale aus Naturpersianer versehen. Hinzu kamen die jeweiligen goldfarbenen Kokarden mit dem Staatsemblem.

In der zweiten Hälfte der 60er Jahre gab es in der Uniformierung der Volksmarine vor allem Modifizierungen in einzelnen Details. Es wurden aber auch neue Bekleidungsstücke eingeführt. Zuerst ersetzten ab 1. Januar 1965 stumpfe Winkel zur Kennzeichnung des Dienstverhältnisses am rechten Unterärmel der Uniformjacken bzw. der Kieler Hemden und Überzieher die bisherigen spitzen Winkel und Doppelwinkel für

Tafel IV

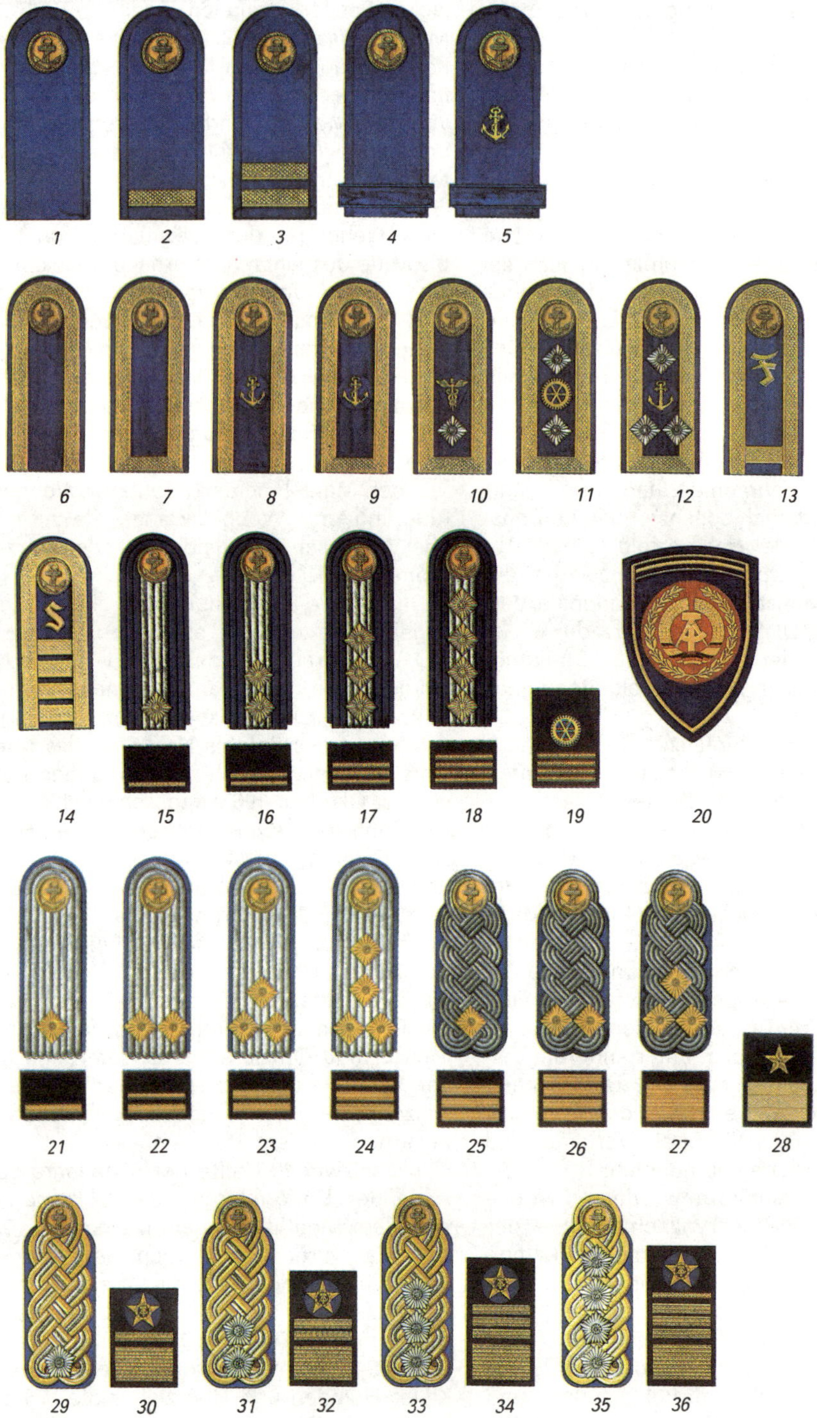
1
2
3
4
5
6
7
8
9
10
11
12
13
14
15
16
17
18
19
20
21
22
23
24
25
26
27
28
29
30
31
32
33
34
35
36

Tafel IV
Dienstgrad- und Ärmelabzeichen, Dienstlaufbahnabzeichen sowie Abzeichen für Sonderausbildung der Volksmarine der NVA 1983

1 *Matrose*
2 *Obermatrose*
3 *Stabsmatrose*
4 *Unteroffiziersschüler*
5 *Berufsunteroffiziersschüler*
6 *Maat auf Zeit*
7 *Obermaat auf Zeit*
8 *Maat (Berufsunteroffiziere)*
9 *Obermaat, Berufsunteroffiziere (beide seemännische Laufbahn)*
10 *Meister (Verwaltungslaufbahn)*
11 *Obermeister (technische Laufbahn)*
12 *Stabsobermeister (Küstendienstlaufbahn)*
13 *Fähnrichschüler (1. Studien jahr)*
14 *Offiziersschüler (4. Studienjahr)*
15 *Fähnrich*
16 *Oberfähnrich*
17 *Stabsfähnrich*
18 *Stabsoberfähnrich*
19 *Ärmelstreifen und Dienstlaufbahnabzeichen eines Stabsoberfähnrichs (technische Laufbahn)*
20 *Ärmelabzeichen der Fähnriche*
21 *Unterleutnant*
22 *Leutnant*
23 *Oberleutnant*
24 *Kapitänleutnant*
25 *Korvettenkapitän*
26 *Fregattenkapitän*
27 *Kapitän zur See*
28 *Ärmelstreifen und Dienstlaufbahnabzeichen eines Kapitäns zur See (seemännische Laufbahn)*
29 *Konteradmiral*
30 *Konteradmiral*
31 *Vizeadmiral*
32 *Vizeadmiral*
33 *Admiral*
34 *Admiral*
35 *Flottenadmiral*
36 *Flottenadmiral*
37 *Signal*
38 *Artillerie*
39 *Funk*
40 *Fernmelde*
41 *E-Technik*
42 *Turbine*
43 *Kraftfahrer*
44 *Pionier*
45 *Waffenleit*
46 *Artillerie-Elektriker*
47 *Chemischer Dienst*
48 *Taucher*

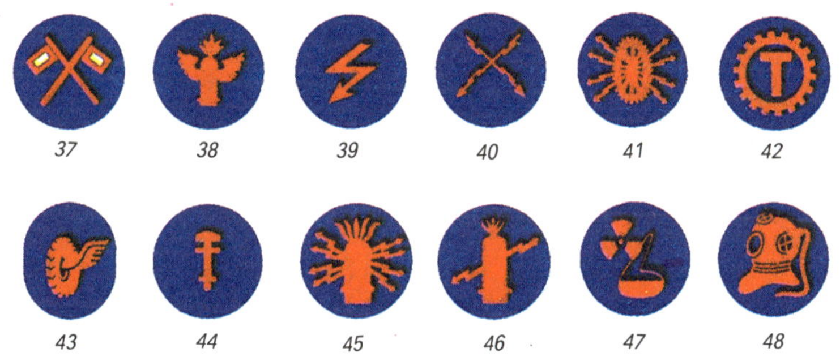

eine mehr als drei- bzw. mehr als fünfjährige Dienstzeit der Matrosen, Maate und Meister. Nunmehr führten Matrosen und Maate auf Zeit einen goldfarbenen oder blauen stumpfen Winkel und die Maate und Meister, die als Berufssoldaten dienten, einen derartigen Doppelwinkel. Beide Winkelarten befanden sich 1 Zentimeter über dem Ärmelaufschlag.

Veränderungen gab es auch bei den Dienstlaufbahnabzeichen und bei den Abzeichen für Sonderausbildung der Matrosen und Maate. Mit dem Inkrafttreten der neuen Bekleidungsvorschrift, der DV-10/5, am 1. Dezember 1965 kamen die Dienstlaufbahnabzeichen Justiz für Maate, juristische Laufbahn für Meister und Offiziere hinzu. Festgelegt war, daß die Offiziersschüler des 3. und des 4. Lehrjahres schon Dienstlaufbahnabzeichen wie die Offiziere führten. Eine Reihe neuer Abzeichen wurde für die abgeschlossene Sonderausbildung der Matrosen und Maate geschaffen. Mit der Einführung von solchen für Turbine, Hydroakustik, Funkmeß, Elektro-Nautik, E-Meß, Waffenleit, Ari-Elektriker und chemischer Dienst spiegelten sich auf diesem spezifischem Gebiet der Uniformierung auch äußerlich die gewachsenen Anforderungen an die Meisterung neuester Militärtechnik wider.

Eine Änderung der Dienstlaufbahnordnung, am 14. Januar 1966 durch den Staatsrat der DDR beschlossen, fügte die Unteroffiziers- und Offiziersschüler als Dienstgrade nach den Matrosen bzw. Maaten und Meistern ein. Seitdem waren die Unteroffiziersschüler im Dienstgrad der Obermatrosen, die Offiziersschüler im 1. Lehrjahr dem Maat, im 2. Lehrjahr dem Meister, im 3. Lehrjahr dem Obermeister und im 4. Lehrjahr dem Stabsobermeister gleichgestellt. Infolge dieser Regelung wurden Offiziersschüler des 3. und 4. Lehrjahres – wie schon bei den Dienstlaufbahnabzeichen deutlich geworden – in der Uniformierung wie die Offiziere ausgestattet.

Im Zuge der Einführung neuer Felddienstuniformen in den Landstreitkräften der NVA erhielten schließlich auch die Gefechtseinheiten der Volksmarine zu Land bis Ende 1969 Kampfanzüge in grünbräunlichem Farbton mit aufgedruckten kleinen braunen Strichen. Letztere verliehen ihm einen zusätzlichen Tarneffekt, brachten ihm aber auch die scherzhafte Bezeichnung «Ein-Strich-kein-Strich-Anzug» ein.

Mit seinem Befehl vom 15. April 1966 wies der Minister für Nationale Verteidigung der DDR an, ab Dezember des Jahres eine neue einheitliche Sportbekleidung an alle Armeeangehörigen auszugeben. Sie bestand aus einem gelben Sporthemd, einer roten Sporthose, einem schwarzweiß melierten Trainingsanzug für Matrosen, Maate, Meister und Offiziere sowie einem dunkelblauen Trainingsanzug für Admirale. Matrosen und Maate führten auf der Sporthose vorn links bzw. an der Trainingsjacke Mitte links in Brusthöhe einen gewebten gelben, klaren Anker auf einer ovalen, blauen Stoffunterlage. Offiziere der Teilstreitkraft hatten ihn gelb umrandet. Admirale kennzeichneten zwei mattgoldene Tressen in der Mitte des linken Oberärmels der Trainingsjacke.

Ab 1966 erhielten die Meister, Offiziere und Admirale neuartige Uniformmäntel. Sie waren aus Kammgarngewebe gearbeitet und mit Schaumstoff verbunden. 1967 fiel die weiße Dienst- und auch die weiße Ausgangsjacke fort. Ebenfalls im selben Jahr wurden die Abmessungen der Dienstgradsterne für Meister und Offiziere vereinheitlicht und auf nur noch 12 Millimeter Seitenlänge gebracht. Vorher hatten die Offiziere der Dienstgrade Korvettenkapitän bis Kapitän zur See größere Sterne als die Leutnante und der Kapitänleutnant. Abschließend in den 60er Jahren – vom April 1969 an – bekamen die Frauen, Meister, Offiziere und Admirale einen neuen Sommermantel aus synthetischem Mischgewebe.

Vielfältig gestaltete sich das äußere Bild der Angehörigen der Volksmarine vom Eintritt in die 70er Jahre bis zur Gegenwart. Auf Grund der schnell voranschreitenden Entwicklung der Militärtechnik benötigte die NVA mehr militärische Spezialisten mit festem politischem Standpunkt, mit langjährigen Erfahrungen und mit Fachschulqualifikation. Deshalb beschloß der Nationale Verteidigungsrat der DDR am 17. Mai 1973, das Fähnrichkorps der NVA zu schaffen. Seit der Ernennung der ersten Fähnriche am 3. Januar 1974 dienen sie auch in der Volksmarine als Vorgesetzte und Spezialisten zumeist in operativen (z. B. Zugführer oder Hauptfeldwebel), technischen (z. B. Pumpentechniker auf Schiffen und Booten) und administrativen Dienststellungen (z. B. Leiter von Geschäfts- und VS-Stellen). Im Interesse einer Profilierung dieser Fachschulkader und ihrer langjährigen Perspektive wurden mit Beschluß des Nationalen Verteidigungsrates der DDR vom 23. Juli 1979 die vier Dienstgrade Fähnrich, Oberfähnrich, Stabsfähnrich und Stabsoberfähnrich eingeführt.

Fähnriche erhielten von Beginn an Uniformen und Ausrüstung wie die Offiziere, jedoch ohne die Feldbinde und den Ehrendolch. Zwischen 1974 und 1979 trugen sie in der Volksmarine Schulterstücke aus dunkelblauen und in der Mitte silberfarbenen Plattschnüren mit zwei goldenen Sternen und auf dem linken Oberärmel ein Ärmelabzeichen. Bis 1979 befanden sich auf ihm je nach Dienstalter Sterne – 1 Stern nach dem 11., 2 Sterne nach dem 16. und 3 Sterne nach dem 21. Dienstjahr. Die Dienstlaufbahnabzeichen der Fähnriche lagen in diesen Jahren von 1974 bis 1979 noch zwischen den beiden Sternen auf den Schulterstükken. Ab 1979 waren sie über den Ärmelstreifen am Unterärmel der Uniformjacken befestigt.

In der zweiten Hälfte der 70er Jahre ersetzte auch in der Volksmarine eine wattierte Felddienstuniform im Stricheldruck – ähnlich der Felddienstuniform für die Sommertrageperiode – den bisher verwendeten dunkelblauen Watteanzug in den Gefechtseinheiten zu Lande. Als zusätzlicher Kälteschutz konnte im Winter ein Webpelzkragen eingeknöpft werden.

Die Sorge der Partei der Arbeiterklasse um die Verbesserungen der Dienst- und Lebensbedingungen der Armeeangehörigen kam auch in der Uniformentwicklung zum Ausdruck. Die wirtschaftlichen Erfolge der DDR, von ihren Werktätigen erbracht, ließen es zu, die Uniformierung der NVA weiter zu verbessern. So erhielten die Frauen der Volksmarine Ende 1973 eine neue, vierte Uniformart – die Stabsdienstuniform. Sie setzte sich aus einem zweiteiligen Anzug mit Weste und Hose zusammen, die bis heute variabel mit einer weißen Hemdbluse, mit oder ohne Binder bzw. mit einem weißen Pullover (Rollkragen mit langen Ärmeln oder Römerkragen mit kurzen Ärmeln) kombiniert werden dürfen. Die Weste kann auch zum Rock und die lange Hose zur Uniformjacke getragen werden, so daß sich die Frauen im Rahmen der Bestimmungen nach ihren Wünschen sehr vielfältig und witterungsgerecht kleiden können. Seit 1983 tragen die Frauen außerdem noch im Sommer ein kurzärmeliges und im Winter ein langärmeliges Uniformkleid.

Von Mitte 1975 an begann die Ausgabe neuer, brauner Trainingsanzüge an alle NVA-Angehörigen. Ab 1976 erhielten auch die Offiziere und Admirale der Volksmarine schrittweise eine besonders gearbeitete Gesellschaftsuniform. Vor allem repräsentativen Zwecken dienend, gibt es den großen und den kleinen Gesellschaftsanzug. Zum ersteren gehören die gleichfalls neu eingeführte Achselschnur (in der Volksmarine goldfarben) und der Ehrendolch sowie maximal vier Orden oder Medaillen am Band. Zum kleinen Gesellschaftsanzug – entweder zweireihige Uniformjacke oder spezielle Uniformhemdbluse – werden nur die Interimsspangen der Auszeichnungen angelegt.

Generell verdeutlicht der Exkurs in die Geschichte der Uniformierung der Volksmarine: Ihre gegenwärtigen Uniformen sind das Ergebnis einer insgesamt mehr als drei Jahrzehnte erfolgten kontinuierlichen Entwicklung. Die dafür maßgeblichen Entscheidungen der Partei- und Staatsführung der DDR und der Armeeführung der NVA berücksichtigten die wachsenden Anforderungen, die durch den militärtechnischen Fortschritt an die Aufrechterhaltung der notwendigen hohen Kampfkraft und Gefechtsbereitschaft gestellt werden. Sie zielten zugleich darauf, die von Angehörigen der Volksmarine im täglichen Dienst erbrachten Leistungen auch in dieser Form anzuerkennen. Das Bewußtsein, diese Uniformen als wahre Uniformen des Friedens zu tragen, gibt jedem Matrosen, Maat, Meister, Fähnrich, Offizier und Admiral ein Gefühl des Stolzes und der tiefen Verbundenheit mit seiner Heimat und der Bevölkerung der DDR.

Aufgewacht

Peter Lutz

Vom Nachtdienst ausruhend,
stört mich der Lärm vom Kindergarten
gegenüber.
Einmal wach, greife ich zur Zeitung.
Auf der Titelseite – Bilder aus Beirut.
Lange stehe ich am Fenster
und sehe zum Kindergarten hinüber.

Die Jagdflugzeuge der LSK/LV in den fünfziger Jahren

Dr. Jürgen Willisch

Oktober 1956. Es ist ein warmes Herbstwochenende. Zehntausende Cottbuser zieht es auf den nahen Militärflugplatz. Die Einladung zum I. Kultur- und Sportfest der Luftstreitkräfte der jungen NVA übte auf sie eine magnetische Wirkung aus. Angeregt wurde das große Interesse auch durch den zunehmenden Flugbetrieb. Aufmerksam hatten jung und alt in den letzten Monaten verfolgt, wie die Flugzeugführer zu ihren Übungsflügen gestartet waren. An diesem Sonntag sollten die Besten von ihnen das in der fliegerischen Ausbildung Erlernte auf der Flugschau vorführen.

Die im Aufbau befindlichen Fliegergeschwader verfügten im Sommer 1956 neben der unbewaffneten Anfangsschulmaschine Jak-18 über das Übungsjagdflugzeug Jak-11. Während der Rumpf der Jak-18 völlig aus Metall bestand, hatte die Jak-11 ein verschweißtes Stahlrohrgerüst, das mit Duralblechen bzw. Sperrholz behäutet war. Leitwerk und Ruder beider Maschinen trugen Stoffbespannung. Das Dach der zweisitzigen, nach hinten aufschiebbaren Kabine der Jak-11 konnte im Notfall abgeworfen werden. Die Tanks befanden sich in den Tragflügeln. Die Landeklappen aus Duralblech und das Fahrwerk wurden mit Hilfe von Preßluft betätigt. Zur Ausrüstung gehörten Doppelsteuerung, Funkgeräte, eine Nacht- und Blindflugausrüstung sowie ein Foto-MG. Die Bewaffnung bestand aus einem 12,7-mm-Maschinengewehr UBS. Dieses Übungsjagdflugzeug verlangte beim Start und bei der Landung große Konzentration. Der Flugzeugführer mußte genau die Richtung halten, weil das große Drehmoment der Luftschraube die Maschine ausbrechen ließ. Parallel zur militärtechnischen Ausbildung eigneten sich die NVA-Flugzeugführer die sowjetischen Erkenntnisse über die Luftkampftaktik an. Ziel der Ausbildung war es, die Militärflieger so zu qualifizieren, daß die Luftstreitkräfte der NVA im nächsten Jahr in das Luftverteidigungssystem der sozialistischen Militärkoalition übernommen werden konnten. Bereits in der Aufbauphase sammelten sie ihre Erfahrungen in der Luftraumsicherung, als sie den Himmel von amerikanischen Ballons säuberten. Diese trugen bei Westwind Hetzflugblätter gegen die Arbeiter-und-Bauern-Macht über die Staatsgrenze. Es war einer der vielen Versuche des Imperialismus, die Entwicklung der DDR zu behindern.

Im Ergebnis des intensiven Trainings erreichte ein Teil der jungen Flugzeugführer schon bald die geforderten Ausbildungsziele. Im Oktober 1956 war die Umschulung der ersten Besatzungen auf Strahlflugzeuge bereits im vollen Gange. Wenige Monate vorher hatte die NVA aus den Händen ihrer tschechoslowakischen Waffenbrüder die ersten MiG-15 erhalten. Dieses Jagdflugzeug hatte sich bei der Abwehr der USA-Aggression in Korea in den Jahren 1950 bis 1953 legendären Ruhm erworben. Erwies sich doch die MiG-15 als ein leicht zu wartendes und wenig störanfälliges Flugzeug, das über ausgezeichnete flugtaktische Eigenschaften verfügte. In Korea zeigte sich die MiG der US-

Mit der Jak-18 und der Jak-11 begann der Aufbau unserer Luftstreitkräfte der NVA

MiG-15bis

Jak-18A

amerikanischen F-86 «Sabre» in vielerlei Hinsicht überlegen. Die F-86 gehörte ab 1956 auch zum Bestand der BRD-Luftwaffe. Die Flugzeugführer der NVA wußten: Obwohl beide Typen über ein etwa gleichstarkes Triebwerk verfügten, erreichte die MiG-15 neben einer besseren Steigleistung auch eine weitaus größere Gipfelhöhe. In Flughöhen über 6000 m war sie schneller, ein Vorteil, der sich mit zunehmender Höhe vergrößerte. Durch den engen Kurvenradius und eine gute Wendigkeit zeigte sie auch in der Horizontalen bessere Leistungen als der amerikanische Jäger. Mit einer Bewaffnung von drei Maschinenkanonen verfügte sie über eine große Feuerkraft. Die verbreitetste Version – die MiG-15bis – kam auch in den Jagdfliegerkräften der NVA zum Einsatz. Sie war ein in Ganzmetallbauweise hergestellter Mitteldecker mit pfeilförmigen Flügeln und freitragendem Leitwerk. Das hydraulisch betätigte, robuste Fahrwerk ermöglichte Start und Landung von Rasenplätzen und Schneebahnen.

Bis zum Frühjahr 1957 wurden die Kommandeure und Fluglehrer auf diese MiG umgeschult. In relativ kurzer Zeit bewältigten die NVA-Flugzeugführer die Probleme, die sich aus der erhöhten Start-, Lande- und Fluggeschwindigkeit ergaben. Intensives Kabinentraining in den Ausbildungsbasen der Fliegerschule und in den Truppenteilen ermöglichte es den Flugzeugführern, sich neue Elemente der Taktik und der Steuer-

Start für die Besatzungen der MiG-17F

MiG-15UTI

MiG-17PF

technik schnell anzueignen. Das versetzte sie in die Lage, das neue Waffensystem auch in komplizierten Situationen zu beherrschen. Für das ständige Training sowie die weitere Vervollkommnung in der Steuertechnik und in anderen Elementen der Gefechtsausbildung hatte jedes Geschwader einige Trainer MiG-15 UTI. Diese Flugzeuge standen in den folgenden Jahren auch für den vor jedem Flugdienst obligatorischen Wetterflug zur Verfügung.

Mit der neuen Technik wurden die möglichen Kampfhandlungen der Jagdfliegerkräfte – aber auch der anderen Waffengattungen der Teilstreitkräfte – komplexer. Es zeigte sich immer stärker, daß die Luftstreitkräfte und die Luftverteidigung der NVA ihre Aufgaben nur dann gemeinsam erfüllen konnten, wenn sie alle verfügbaren Kräfte und Mittel koordiniert und zusammengefaßt einsetzten. Um das Zusammenwirken der Fliegerkräfte, der Funktechnischen Truppen und der Flak-Artillerie zu verbessern, wurde im Mai 1957 aus den bisherigen Verwaltungen der LSK bzw. der LV das Kommando der LSK/LV gebildet.

Nicht nur auf Flugschauen und Paraden demonstrierten die Flieger ihr Können. In erster Linie dienten dazu Truppenübungen wie die vom Sommer 1956 und Herbst 1957. Hier bewiesen die Flieger, daß ihre Leistungen in der Gefechtsaufklärung und Sicherung von Gefechtshandlungen der Landstreitkräfte Fortschritte machten. Ihre hohe Flugdisziplin und gute taktische Leistungen zeigten: Sie waren flexibel einsetzbar.

Vor und nach dem Start haben die Techniker das Wort

Im Herbst 1957 erregte es allgemeines Aufsehen, als in einer Übung die seit Juni in den Luftstreitkräften eingesetzten MiG-17F auftauchten. Dieses Jagdflugzeug erreichte durch den Einbau des stärkeren WK-1F-Triebwerkes eine größere Geschwindigkeit, Gipfelhöhe und bessere Steigleistungen als sein Vorgänger. Der erstmalige Einbau eines Nachbrenners ermöglichte es dem Flugzeugführer, im Angriff kurzzeitig den Triebwerksschub über die Dauerhöchstleistung zu verstärken. Dazu wird zusätzlich Treibstoff in den Abgasstrahl eingespritzt. Die Schubsteigerung kann aber nur durch einen höheren Treibstoffverbrauch erreicht werden. Aerodynamische Verbesserungen, wie das dünnere Profil und die doppelte Pfeilung von 45 bis 42 Grad der Tragflügel, erhöhten die Manövrierfähigkeit und die Flugstabilität besonders im schallnahen Bereich. Die MiG-17 war nahe ihrer Minimalgeschwindigkeit genausogut steuerbar wie bei ihrer Höchstgeschwindigkeit von 1145 km/h. Bei Start und Landung verhielt sie sich ausgesprochen «gutmütig».

Am auffälligsten veränderte sich die Elektrospezialausrüstung. Zum Standard gehörten ein Heckwarngerät «Sirena-2», ein Mehrkanal-UKW-Funkgerät, das Freund-Feind-Kenngerät, das automatische optische Visier, der Funkkompaß sowie die entsprechenden Navigationsgeräte. Das Periskop auf dem Kabinendach erleichterte die Beobachtung der hinteren Halbsphäre. Durch das enge Zusammenwirken mit den Funktechnischen Truppen konnten die Jagdflug-

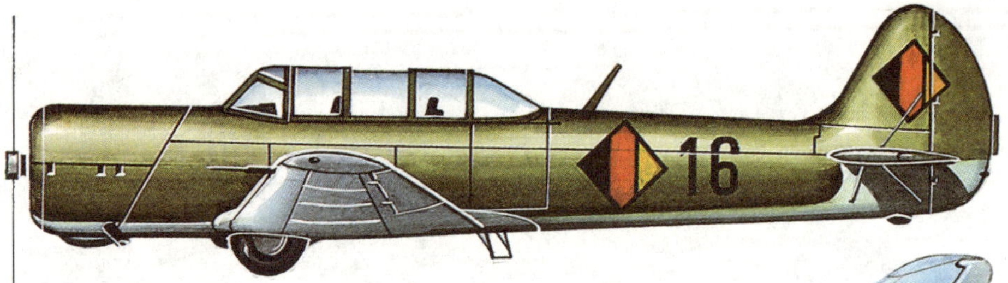

Schulflugzeug Jak-18A

MiG-17PF

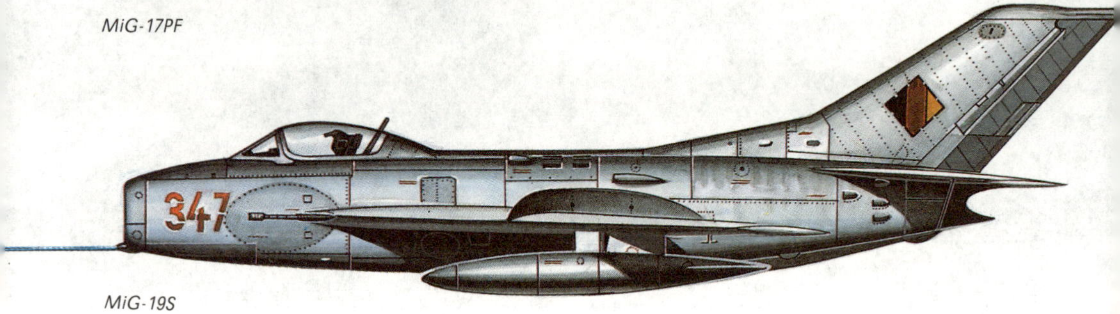

MiG-19S

zeuge vom Boden aus an das Luftziel herangeleitet werden. Im entscheidenden Moment mußte der Flugzeugführer das Ziel visuell ausmachen und danach den Angriff einleiten. Das ging nur bei guten Wetterbedingungen. Demgegenüber verfügten die mit einem Bordfunkmeßgerät ausgestatteten MiG-17 PF (Abfangjäger) über noch günstigere Einsatzmöglichkeiten. Mit dieser Maschine waren die Flugzeugführer in der Lage, eindringende Flugzeuge unter schwierigen meteorologischen Bedingungen am Tag und in der Nacht zu bekämpfen. Die Antenne des Funkmeßgeräts «Isumrud-5» befand sich in einem Wulst über dem Lufteinlauf und die Zielbekämpfungsantenne in einem Radom direkt im Lufteinlauf. Das Radargerät hatte eine Auffassungsentfernung von 12 km. Die Zielbekämpfungsantenne trat in Aktion, wenn sich der Abfangjäger dem Ziel bis auf 2 km genähert hatte. Dieses konnte dann mit den drei 23-mm-Bordkanonen bekämpft werden.

Die neue Technik stellte veränderte Anforderungen an die Aufgaben und die Taktik der Jagdfliegerkräfte. Die Ausbildung mußte dieser Entwicklung Rechnung tragen, und die Dokumente mußten präzisiert werden. In den folgenden Jahren gingen die Flugzeugführer daher zum Training unter komplizierten Bedingungen am Tage über. Gleichzeitig begannen die Kommandeure mit der Nachtausbildung auf der MiG-17. Die gezeigte Einsatzbereitschaft und das solide Können schufen die Voraussetzung, daß trotz höherer Anforderungen die kampfstärkeren Jagdflugzeuge reibungslos in die Geschwader eingegliedert werden konnten.

Mit der MiG-19 begann der Einsatz von Überschallflugzeugen in den Fliegerkräften der LSK/LV der NVA

MiG-17F im Verband

Um die Aufgabe noch besser zu erfüllen, jeden anfliegenden Gegner frühzeitig abzufangen und unter allen Umständen zu vernichten, erhielten die Luftstreitkräfte ab 1959 die MiG-19. Zwei im Rumpfheck untergebrachte Triebwerke mit verbesserter Nachbrennerdauerleistung machten diese MiG zum ersten Überschallflugzeug der NVA.

MiG-19S im Paarflug

Eine weitere konstruktive Veränderung war die größere Pfeilung der Tragflügel und das ruderlose Pendelhöhenleitwerk. Letzteres verbesserte die Steuerbarkeit im Überschallbereich.

Bereits nach dem Lösen der Bremsen spürte der Flugzeugführer bei der großen Startbeschleunigung die höhere Schubkraft. Rascher als die MiG-17 stieg die MiG-19 auf 10000 m. Im Horizontalflug beschleunigte die Maschine schnell, erreichte und durchbrach unmerklich die Schallmauer. Der Flugzeugführer erkannte lediglich an der größeren Beschleunigung im Kurvenflug und im veränderten Steuerdruck, daß er mit Überschallgeschwindigkeit flog. Der erstmals neben den üblichen Landehilfen eingebaute Bremsfallschirm sowie eine zusätzliche Luftbremse verbesserten die Landeeigenschaften und verkürzten die Landestrecke beträchtlich. Mit der modernisierten MiG-19PM erlangten die Jagdfliegerkräfte die Möglichkeit, mittels Funkmeßleitverfahren gegnerische Luftziele zu jeder Tageszeit, unter schwierigen Wetterbedingungen in großen und mittleren Höhen und im Überschallflug abzufangen. Dieses Jagdflugzeug war nur mit Raketen bewaffnet. Das Funkmeßgerät RP-20U war wie in der MiG-17PF im Bug untergebracht. Von seinem Leitstrahl gelenkt, konnten mit der 83 kg schweren Luft-Luft-Rakete K-5 Ziele bis zu 4 km Entfernung bekämpft werden. Der Flugzeugführer mußte aber während des gesamten Abfangvorgangs den Leitstrahl auf den Gegner gerichtet halten. Erst danach waren weitere Manöver möglich.

Grundlage für den erfolgreichen Übergang auf den neuen Typ war die gründliche Beschäftigung der Flugzeugführer mit der Theorie des Fluges im Überschallbereich. Kontrollflüge, gewissenhaftes Kabinentraining und Rollen mit der MiG festigten ihr Wissen. Wesentlicher Bestandteil der Ausbildung war das ständige Training des Schießens auf Luft- und Bodenziele. Der Einsatz gelenkter Luft-Luft-Raketen brachte neue taktische Verfahren mit sich.

Der Luftkampf wurde durch die hohen Geschwindigkeiten der Flugzeuge komplizierter. Es zeigte sich: Die Forderung, im ersten Angriff erfolgreich zu sein, konnten die Jagdflieger nur im gemeinsamen Handeln mit den anderen Waffengattungen der LSK/LV erfüllen. Daher wurden ihre Kräfte und Mittel Ende 1961 in Luftverteidigungsdivisionen zusammengefaßt. Am Ende der Aufbauetappe der NVA war die Einsatzbereitschaft der Jagdfliegerkräfte durch die verbesserte ingenieurtechnische Sicherstellung und die Gefechtsbereitschaft der Funktechnischen Truppen erhöht worden. Die Jagdflieger der NVA beherrschten mit ihren MiGs die erforderlichen Manöver, um in allen Höhenbereichen sowie unter komplizierten Bedingungen handeln zu können. Die LSK/LV hatten ein hohes Niveau an Kampfkraft und Gefechtsbereitschaft erreicht. Sie waren im Verlauf von fünf Jahren zu einer zuverlässigen Teilstreitkraft der NVA geworden. An der Seite ihrer sowjetischen Waffenbrüder der GSSD unterstrichen sie ihre Bereitschaft, jede Verletzung der Luftgrenze des sozialistischen Lagers zu verhindern.

«eine kräftige Offensive auf dem hiesigen Kriegs-Theater ...»

Die Schlacht bei Großbeeren am 23. August 1813

Dr. Dorothea Schmidt

Unmißverständlich war der Befehl des französischen Kaisers Napoleon I., datiert vom 13. August 1813, den der Generalstabschef übermittelte: «Seine Majestät nimmt an, daß Sie mit einer Armee wie die Ihrige ist, den Feind rasch zurückwerfen, Berlin einnehmen, die Einwohner entwaffnen, die Landwehr und die ganze Masse schlechter Truppen zerstreuen werden. Sollte Berlin Widerstand leisten, so lassen Sie die Stadt durch Granaten in Brand schießen und suchen Sie die Stadtmauer durch schwere Feldgeschütze in Trümmer zu legen.»

Dieser Befehl erging an Nicolas Charles Oudinot, Herzog von Reggio und Marschall von Frankreich. Unter seinem Kommando stand im August 1813 die «Armée de Berlin». Das waren das IV. Armeekorps (Marschall Bertrand), das VII. Armeekorps (General Reynier), das von Oudinot befehligte XII. Armeekorps und ein Kavalleriekorps, zusammengesetzt aus Soldaten vieler europäischer Länder. Ihre Stärke betrug 68 000 Mann, darunter 9 700 Reiter, mit 216 Geschützen.

Große Erwartungen knüpften sich an die Unternehmungen der Berlinarmee, deren einzelne Korps sich bis 18. August südlich von Berlin, bei Baruth, sammelten. Eine schnelle Einnahme der preußischen Hauptstadt hätte in den napoleonischen Truppen nicht nur die dringend benötigte Siegeszuversicht erweckt, sondern vor allem bereits zu Beginn des Herbstfeldzuges 1813 eine Schlachtentscheidung gebracht. Das war um so notwendiger, da auch Napoleon das in den zurückliegenden Wochen des Waffenstillstandes zu seinen Ungunsten veränderte politische und militärische Kräfteverhältnis ins Kalkül ziehen mußte.

Der am 4. Juni 1813 in Pläswitz (Pielaszkowice) vereinbarte Waffenstillstand hatte sowohl der napoleonischen als auch der verbündeten russisch-preußischen Armee die dringend benötigte Ruhepause zur Reorganisation der Streitkräfte verschafft. Vor allem aber war es nach zähen diplomatischen Verhandlungen gelungen, am 14./15. Juni Eng-

Gerhard Johann David von Scharnhorst (1755–1813), Stich von Christian Graf

land und am 22. Juli Schweden als Bündnispartner zu gewinnen. Die britische Regierung erklärte sich bereit, an Preußen noch im selben Jahr 666666 Pfund Sterling und an Rußland 1333333 Pfund Sterling zu zahlen, die dafür 80000 bzw. 160000 Soldaten zum Kampf gegen das napoleonische Frankreich stellten. Schweden trat der Koalition bei, nachdem die Verbündeten ihm den Erwerb Norwegens zugesichert hatten. Am 10. August schloß sich auch Österreich den Verbündeten an und erklärte zwei Tage später Frankreich den Krieg. Das bedeutete, die antinapoleonischen Kräfte gewannen ein zah-

Friedrich Wilhelm von Bülow (1755–1816)

Pommerscher Landwehrinfanterist und ostpreußischer Landwehrkavallerist, Uniformtafel von Richard Knötel

Schlesische Landwehr 1813

Attacke des 1. kurmärkischen Landwehr-Kavallerieregiments

Deutsche Zivilbevölkerung unterstützt 1813 angreifende Kosaken im Kampf gegen die französische Besatzung, Gemälde von Heinz Zander, 1967

lenmäßiges militärisches Übergewicht. Einigkeit bestand allerdings nur in der gemeinsamen Aufgabe, das napoleonische Frankreich zu besiegen. Darüber hinaus verfolgte jeder der Koalitionspartner ganz unterschiedliche Kriegsziele – von der Beseitigung der Ergebnisse der Französischen Revolution bis zur Niederringung des französischen Konkurrenten. Diese widerstrebenden Interessen mußten sich nachteilig auf die gemeinsame Kriegführung auswirken.

Nur mit Mühe einigten sich die Verbündeten – Rußland, Preußen, Österreich, Schweden – auf einen gemeinsamen Operationsplan für den Herbstfeldzug 1813. Das Hauptprinzip hieß: Offensive mit allen Kräften auf die gegnerische Hauptmacht. Dazu wurden die verbündeten Streitkräfte in drei Armeen formiert: Die Hauptarmee stand in Böhmen unter dem Befehl des österreichischen Feldmarschalls Karl Philipp Fürst zu Schwarzenberg (255 000 Mann, 692 Geschütze), die Schlesische Armee, benannt nach ihrem Konzentrierungsraum, unter General der Kavallerie Gebhard Leberecht von Blücher (105 000 Mann, 339 Geschütze) und die Nordarmee unter dem schwedischen Kronprinzen Karl Johann – das war der ehemalige französische Marschall Jean Baptiste Jules Bernadotte – im Süden der Mark Brandenburg (125 000 Mann, 290 Geschütze). Rechnete man noch das selbständige Korps Wallmoden im Raum Mecklenburg mit 27 000 Mann und 60 Geschützen dazu, betrug die Stärke der Feldarmee der Verbündeten 512 000 Mann und 1 381 Geschütze.

Inmitten der Aufstellung dieser drei Armeen befand sich die französische Feldarmee mit insgesamt 427 000 Mann und 1 268 Geschützen. Sie stützte sich auf die Elblinie mit ihren stark ausgebauten Übergängen bei Königstein, Dresden, Torgau, Wittenberg, Magdeburg und Hamburg. Ihre zahlenmäßige Stärke hatte die napoleonische Armee nur mit drakonischen Zwangsmaßnahmen und durch das Einziehen von

Weimarer Militär (Landwehr), Zeichnung von Adam Weise

Schlacht bei Großbeeren
Zeichnung von Ludwig Burger

Schlacht bei Großbeeren
am 23. August 1813

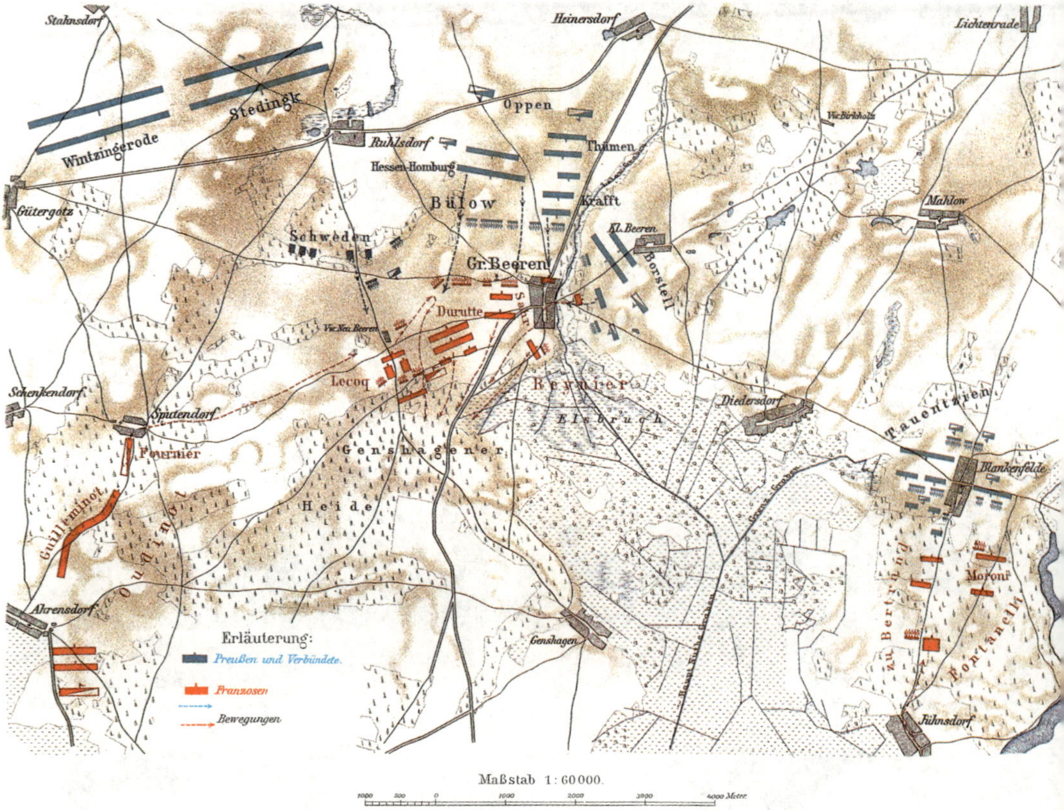

18- bis 19jährigen Rekruten erreicht. Schwere Verluste, etwa 513 000 Mann, hatte der Angriffskrieg Napoleons gegen Rußland 1812 gebracht. Doch gerade durch diesen Sieg des russischen Volkes und der russischen Armee bestanden nun auch für die europäischen Völker, vor allem für das deutsche Volk, günstige Bedingungen für den Unabhängigkeitskampf gegen die napoleonische Fremdherrschaft.

In Preußen waren die patriotischen Kräfte um Gerhard von Scharnhorst, August Neidhardt von Gneisenau u. a. darangegangen, die Volksbewaffnung zu organisieren und an der Seite Rußlands den Kampf aufzunehmen. Dazu wurde die allgemeine Wehrpflicht – vorerst für die Dauer des Krieges – eingeführt. Alle männlichen Einwohner vom 17. bis 40. Lebensjahr, die nicht dem stehenden Heer oder Sonderformationen wie den Freiwilligen Jägern angehörten, verpflichtete man zum Dienst in der Landwehr. Die Mehrheit dieser Landwehrbataillone war während des Frühjahrsfeldzuges von April bis Juni 1813 erst formiert, ausgerüstet und ausgebildet worden. Ihr Einsatz im Herbstfeldzug sollte nun zeigen, was in dieser milizartig organisierten Truppe aus Bauern, Handwerkern, Tagelöhnern u. a. steckte. Ihre Entschlossenheit zum Kampf gegen die französische Herrschaft, für die nationale Unabhängigkeit, war von Anfang an hervorragend.

Der französische Kaiser hielt wenig von der militärischen Tüchtigkeit der Landwehr. Geringschätzig bezeichnete er sie als «Canaille» oder wegen des Kreuzes an der Mütze als «Kreuzbauern». Diese Unterschätzung ihrer Kampfkraft – immerhin betrug allein der zahlenmäßige Anteil der Landwehr an den im Herbstfeldzug mobilisierten 280 720 Mann der preußischen Armee

120565 Mann – sollte sich als Fehlurteil herausstellen. Als erster bekam das Marschall Oudinot vor den Toren Berlins zu spüren.

Die militärische Lage Napoleons im August 1813 war schwierig. Das lag u.a. an den langen Nachschubwegen aus Frankreich, den zahlreichen nur notdürftig ausgebildeten jungen Soldaten und der seit der Niederlage in Rußland sinkenden Disziplin und Moral in den Truppen. Er hatte seine strategischen Pläne ändern müssen. Nach Ablauf des Waffenstillstands am 10. August wollte er sich nun gegenüber der Hauptarmee und der Schlesischen Armee der Verbündeten defensiv verhalten, dafür aber offensiv gegen die Nordarmee der Verbündeten vorgehen. Erst nach dem Sieg über diese Armee sollte der Vorstoß nach Süden gegen die beiden anderen verbündeten Armeen geführt werden. So begann der Herbstfeldzug 1813 mit der Offensive der Armée de Berlin auf die preußische Hauptstadt.

Zu diesem Zeitpunkt stand zum Schutze Berlins auf dem nördlichen Kriegsschauplatz Deutschlands – auf dem nördlichen Kriegstheater, wie es damals hieß – die Nordarmee der Verbündeten. Sie setzte sich aus folgenden russisch-schwedisch-preußischen Truppen zusammen: dem russischen Korps des Generalleutnants von Wintzingerode (29000 Mann, 92 Geschütze), dem schwedischen Korps des Feldmarschalls Stedingk (24000 Mann, 54 Geschütze), dem IV. preußischen Armeekorps des Generalleutnants von Tauentzien (34000 Mann, 42 Geschütze), dem III. preußischen Armeekorps des Generalleutnants von Bülow (40000 Mann, 102 Geschütze) und einigen Divisionen für besondere Aufgaben. Etwa die Hälfte aller preußischen Truppen waren Landwehrmänner. Bei diesem Kräfteverhältnis von 1,9:1 waren die Vorteile eindeutig auf seiten der verbündeten Nordarmee.

In den frühen Morgenstunden des 22. August tagte der Kriegsrat der Nordarmee in Philippsthal bei Saarmund. Der schwedische Kronprinz teilte den anwesenden Generalen Bülow, Wintzingerode und Stedingk seinen Entschluß mit, sich über die Brücken bei Moabit zwischen Charlottenburg und Berlin hinter die Spree zurückzuziehen. In der Runde des Kriegsrats saß als einziger Preuße

Denkmal in Großbeeren

Generalleutnant Friedrich Wilhelm von Bülow; 58 Jahre alt, diente er seit 45 Jahren in der Armee. Vor dem Kriege galt er als einer der heftigsten Gegner der preußischen Patrioten um Gerhard von Scharnhorst. Im Kriegsrat, so wird berichtet, sei er dem schwedischen Kronprinzen entschlossen entgegengetreten. Er verlangte, angesichts der günstigen Lage und voller Vertrauen in die Kampfkraft der neugebildeten Truppen, die Schlacht vor den Toren der Hauptstadt zu wagen. Es gelang, den Kronprinzen umzustimmen. Aber Bülow, aufbrausend und jähzornig, blieb mißtrauisch. Im nachhinein soll er zu seiner Umgebung über den Kronprinzen geäußert haben: «Der ist nicht der Mann, den wir brauchen. Er soll mir mit seiner Moabiter Brücke vom Halse bleiben! Mich bekommt er nicht dazu, daß ich über seine Moabiter Brücke zurückgehe. Unsere Knochen sollen *vor* Berlin bleichen, nicht rückwärts!» – Eine schöne Legende, deren letzter Satz noch heute am Denkmal für den General, der sogenannten Bülowpyramide auf dem Windmühlenhügel bei Großbeeren, nachzulesen ist. –

Der Befehl des Kronprinzen von Schweden, gegeben am 22. August um 9.30 Uhr, ordnete die Bereitstellung der Armee an: «Alle Truppen bereiten sich zur Schlacht vor.» Der linke Flügel des Bülowschen Korps stand bei Heinersdorf (südöstlich von Teltow), das schwedische Korps hinter Ruhlsdorf und das Korps Wintzingerode bei Gütergotz (Güterfelde). Bei Jühnsdorf und Wietstock formierten sich Vortruppen.

Auf französischer Seite hatte Marschall Oudinot für den 22. August angeordnet, zwei Divisionen sollten auf (Märkisch-) Wilmersdorf und eine weitere Division auf Jühnsdorf vorstoßen. Gegen 11 Uhr begann ihr Vormarsch. Er führte zu drei siegreichen Gefechten – bei Wilmersdorf, Wietstock und Jühnsdorf. Die preußischen Truppen mußten ihre Stellungen räumen. Damit hatten die französischen Einheiten den Übergang über die Nuthe erzwungen und deren ausgedehnte Sumpf- und Moorstrecken hinter sich. Vor ihnen lag ein – zu damaliger Zeit – breiter, z. T. sumpfiger Waldgürtel, der von Saarmund über Ahrensdorf und Genshagen nach Jühnsdorf reichte. Auf diesem Wege, so plante Marschall Oudinot in seinem Hauptquartier in Trebbin, sollten die Truppen am folgenden Tage die freie Ebene südlich von Berlin erreichen, sich alle Teile der Armee vereinigen und den Vormarsch auf Berlin ungestört fortsetzen. Dieser Vormarsch führte zum Gefecht bei Blankenfelde und schließlich zur Schlacht bei Großbeeren am 23. August 1813.

Unbemerkt von den Vorausabteilungen der Franzosen hatte eine 13000 Mann starke Division des Korps Tauentzien mit 32 Geschützen bei Blankenfelde Stellung bezogen. Als am 23. August gegen 9 Uhr der Anmarsch gegnerischer Kolonnen gemeldet wurde, ließ Tauentzien durch die Avantgarde den Südausgang von Blankenfelde besetzen. Er bezog mit dem Rest der Division auf den Höhen zu beiden Seiten des Dorfes Stellung. In der Mehrheit waren es Landwehrbataillone, «die Leute vom Pflug und aus der Werkstatt fortgenommen, die Officiere aus der Kanzlei, den Gerichtshöfen, vom Ladentisch ...», heißt es in einem zeitgenössischen Bericht. Das «ungeübte Kriegsvolk» leistete erfolgreich Widerstand. Es zwang die napoleonischen Truppen gegen 14 Uhr zum Rückzug.

Zur selben Zeit ging das Korps des französischen Generals Reynier auf Großbeeren vor. Das Dorf war seit dem Vorabend durch eine schwache preußische Abteilung aus drei Bataillonen mit vier Kanonen besetzt. Nach kurzem Artilleriegefecht mußten sich die Preußen zurückziehen. Eine sächsische Division, zum französischen Korps gehörend, stürmte mit dem Bajonett das brennende Großbeeren und besetzte es. Der französische General hielt damit seine Aufgabe für gelöst und ging mit seinen Truppen westlich und südlich des Ortes ins Biwak, ohne allerdings Vorposten aufzustellen.

Nördlich vom Ort des Geschehens stand zu diesem Zeitpunkt General Bülow mit seinen Truppenteilen bei Heinersdorf. Auf die Meldung von der Besetzung Großbeerens sandte er seinen Stabschef, Oberst Hermann von Boyen, zur Erkundung. Der erkannte die günstige Situation: das IV. französische Korps bei Blankenfelde aufgehalten, das XII. Korps erst im Anmarsch auf Ahrensdorf und somit die einmalige Gelegenheit, die etwa 18000 Mann General Reyniers mit fast vierfacher Übermacht zu schlagen. Alle notwendigen Anordnungen wurden getroffen, der Befehl des Kronprinzen eingeholt, die Truppen in Marsch gesetzt.

Die französischen Truppen, die noch ihr Biwak bezogen, wurden erst aufmerksam auf den Anmarsch der Preußen im strömenden Regen, als sich deren Artillerie auf den Windmühlenhügel – die alles beherrschende Höhe – eingeschossen hatte. Etwa 1½ Stunden dauerte das Artilleriefeuer, in dem die preußische Seite mit 80 Geschützen von schwerem Kaliber den 52 oder höchstens 68 der Franzosen überlegen war. Dann erhielten die preußischen Infanteriebataillone den Befehl zum Angriff. Unter klingendem Spiel gingen sie mit gefälltem Bajonett vor, drangen in das Dorf ein, nahmen es und drängten eine sächsische Division in das südlich gelegene Waldgelände. Die Masse der preußischen Truppen bewegte sich nun auf den Windmühlenhügel zu. Sie erstürmten ihn und schlugen die gegnerischen Truppen nach schwerem Kampf zurück. Eine von General Reynier herangeführte französische Division geriet in die zurückflutenden sächsischen Truppen und wurde mitgerissen. Der allgemeine Rückzug der napoleonischen Truppen blieb unvermeidlich, so daß General Reynier den Befehl zum Abmarsch gab. Der vollzog sich mit den restlichen Truppenteilen in völliger Ordnung und durch die hereinbrechende Dunkelheit auch unbemerkt von den Preußen.

Aber trotz der Dunkelheit war die Schlacht noch nicht zu Ende. Zwei Divisionen des im Anmarsch befindlichen XII. französischen Korps erschienen plötzlich auf dem Schlachtfeld. Ein preußisches Husarenregiment griff die französische Kavallerie in der Flanke an, schlug sie in die Flucht und wurde aber wiederum von zwei Kavallerieregimentern angegriffen. So entstand ein allgemeines Durcheinander, in das auch andere preußische Schwadronen einbezogen wurden. Mitten durch die Stellung der Infanterie des Bülowschen Korps ging die wilde Jagd. «Freund und Feind waren wie Mäusedreck und Pfeffer untereinander gemischt, und man mußte immer erst fragen: wer da? ehe man zuschlagen konnte», berichtete ein Augenzeuge. Erst bei Heinersdorf löste sich das Durcheinander. Nur auf Umwegen gelangten die französischen Reiter wieder zu ihren Truppenteilen, etwa 100 gerieten in Gefangenschaft. Nun befahl auch Marschall Oudinot den Rückzug. Gegen 2 Uhr nachts marschierte das XII. Korps nach Groß-Beuthen und das IV. Korps nach Saalow. Damit befand sich die napoleonische Armee am 24. August nahezu wieder auf der Linie, die sie einen Tag zuvor eingenommen hatte. Die beiderseitigen Verluste waren verhältnismäßig gering: 1000 Mann auf seiten der Verbündeten; 3000 Mann, 13 Geschütze und 60 gefüllte Munitionswagen verloren die Franzosen.

Zufrieden über diesen Sieg der in der Nordarmee vereinten preußischen Truppen schrieb General Bülow am 24. August in seinem Bericht an den preußischen König Friedrich Wilhelm III.: «Ew. Königlichen Majestät habe ich bereits meine Ansicht über die Wieder-Eröffnung des Feldzuges durch eine *kräftige Offensive* auf dem hiesigen Kriegs-Theater allerunterthänigst vorgelegt... Ich muß das ganze Korps, mit Einschluß der Landwehr, wegen seines braven Benehmens Ew. Majestät Gnade mit Recht empfehlen...» Die preußische Hauptstadt Berlin war, zumindest für diesmal, gerettet.

Die erste Schlacht des Herbstfeldzuges 1813 war ein Sieg der Verbündeten. Der Erfolg der Nordarmee blieb unbestritten, auch wenn nur ein Drittel der Armée de Berlin zum Einsatz gekommen war. Damit war der französische Plan einer Offensive nach Norden zunächst vereitelt. Die Berlinarmee trat den Rückzug an und traf am 3. September in Wittenberg ein. Statt sie energisch zu verfolgen, war am Tage nach der Schlacht für die verbündeten Truppen Ruhetag. Sie ließen sich von der herbeiströmenden Berliner Bevölkerung feiern, die mit Lebensmitteln und Geschenken ihren Dank abstattete. Allein die Kosakenabteilungen blieben den französischen Truppen auf den Fersen, behinderten die Marschkolonnen und die Transporte. Sehr langsam rückte die Nordarmee nach.

Mit 9 Bataillonen und 12 Eskadronen hatten die erst im Frühjahr 1813 gebildeten Landwehreinheiten am Erfolg der verbündeten Nordarmee in der Schlacht bei Großbeeren am 23. August großen Anteil. Sie bestanden ihre erste Bewährungsprobe bei guter Disziplin, mit taktischem Geschick und geringen Verlusten. Das hob die Kampfmoral der Landwehrmänner, stärkte ihr Selbstvertrauen und ihr Ansehen in der Öffentlichkeit. So mancher mußte sein vorschnelles Urteil über ihre militärische Schlagkraft revidieren. Die Landwehr erwies sich als eine gelungene Organisationsform, in der die Volksmassen ihren entscheidenden Beitrag in diesem gerechten Krieg leisteten. Die aktive Teilnahme der Volksmassen machte den Kampf für die nationale Unabhängigkeit 1813/14 gegen die napoleonische Fremdherrschaft zu einem vorwärtsweisenden Ereignis in der Geschichte des deutschen Volkes. Daher hatte und hat die Landwehr in den Traditionen des Kampfes der Arbeiterklasse bis in die sozialistische Gegenwart hinein ihren festen Platz.

Raketen, Werfer und Geschütze

Bewaffnung und Ausrüstung von Überwasserkampfschiffen der sozialistischen Flotten

Kapitän zur See Hans Mehl

Mehr als 70 Jahre nach den weltverändernden Tagen der Großen Sozialistischen Oktoberrevolution erfüllen die Streitkräfte der sozialistischen Militärkoalition im Nuklear- und Weltraumzeitalter die entscheidende Aufgabe, durch Wahrung des militärstrategischen Gleichgewichts ein atomares Inferno auf unserem Erdball zu verhindern. Angesichts der verstärkten Rüstungsanstrengungen des Militär-Industrie-Komplexes und der Armeen der NATO-Staaten, die seit Ende der 70er Jahre durch den Hochrüstungskurs der Reaganadministration eine gefährliche Zuspitzung der internationalen Lage mit sich brachte, sahen sich die UdSSR und die mit ihr verbündeten Staaten gezwungen, eine Veränderung des militärischen Gleichgewichts nicht zuzulassen. Im Rahmen dieser kollektiven Verteidigungsanstrengungen kommt dem sicheren Schutz der Seegrenzen und der Wahrung der Sicherheitsinteressen auf hoher See eine bedeutende Rolle zu. Diese ständig anwachsende Bedeutung der Seekriegsflotten der sozialistischen Staaten resultiert u. a. aus der Tatsache, daß die USA über 60 Prozent ihres strategischen Kernwaffenpotentials auf atomar angetriebenen Unterwasserschiffen stationiert haben. Derzeit verfügen die USA neben verschiedenen atomar angetriebenen Angriffs- und UAW-U-Schiffen über 42 Raketen-U-Schiffe mit über 700 Startschächten für interkontinentale Raketen mit atomaren Mehrfachsprengköpfen, unter ihnen die Super-U-Schiffe des Typs «Ohio» mit einer Wasserverdrängung von 18700 Tonnen, von denen bis zum Jahre 2000 noch mindestens 20 Einheiten in Dienst gestellt werden sollen. Hinzu kommen 6 atomar angetriebene und 10 konventionelle Angriffsflugzeugträger, auf denen einige hundert kernwaffentragende Marinejagdbomber stationiert sind, sowie eine Vielzahl von Raketenkreuzern, Raketenzerstörern und Fregatten, die auf allen Weltmeeren präsent sind und in Stützpunkten aller Herren Länder rund um die UdSSR stationiert wurden. Zur maritimen Streitmacht des NATO-Blocks gehören außerdem die Flotten Großbritanniens, Frankreichs (letztere offiziell nicht der NATO unterstellt), der BRD, Italiens und weiterer NATO-Mitgliedsländer, die zum Teil ebenfalls über atomar angetriebene Raketen-U-Schiffe, Flugzeugträger, Raketenzerstörer und Seelandungskräfte sowie eine größere Anzahl konventionell angetriebener U-Boote und starke Marinefliegerkräfte verfügen.

Die Flotten der sozialistischen Staatengemeinschaft verfügen im wesentlichen über die Über- und Unterwasserkampfschiffe und -boote, Marinefliegerkräfte, Sicherstellungsschiffe und Kräfte der Marineinfanterie, die sie im Rahmen des militärstrategischen Gleichgewichts für die Gewährleistung der seeseitigen Landesverteidigung benötigen. Die Kampf- und Sicherstellungsschiffe der sozialistischen Flotten werden in der Regel nach ihren Gefechtsaufgaben in Klassen, Unterklassen und Typen eingeteilt. Entsprechend dieser Zuordnung wird bei der Projektierung und bei der Konstruktion neuer Kampfschiffe ihre Hauptbewaffnung festge-

Sowjetisches UAW-Schiff «Drushny»

Sowjetisches Raketenschiff Typ «Slawny»

76-mm-Decks-Turmgeschütz auf einem sowjetischen UAW-Schiff

Vollautomatisches sowjetisches 57-mm-Zwillingsgeschütz

legt, wobei die Ausgewogenheit der an Bord installierten Waffensysteme und Ausrüstungen zugleich ihren Einsatz bei verschiedenen Gefechtsaufgaben gewährleistet. So ist z. B. ein Raketenkreuzer, dessen Hauptaufgabe in der Bekämpfung gegnerischer Überwasserkampfschiffe mit weitreichenden Seezielraketen besteht, durchaus in der Lage,

Von diesen Minensuchkameras, eingesetzt auf MSR-Schiffen sozialistischer Bruderflotten im Schwarzen Meer, werden je Schiff drei Stück gefahren. Sie arbeiten mit Lichtverstärkern in Tiefen bis zu 50 m. Selbst im Bereich des unsichtbaren Lichtes entstehen noch klare Bilder

Polnisches kleines Raketenschiff «Hutnik»

Funkelektronische Anlagen zur See- und Luftraumbeobachtung und zum Waffeneinsatz auf einem sowjetischen Kampfschiff

eine wirksame U-Boot-Bekämpfung mit an Bord vorhandenen U-Boot-Abwehrwaffen (UAW) durchzuführen.

Ein Ausdruck der Revolution im Militärwesen war die durchgängige Einführung der Raketenbewaffnung als Hauptwaffenart der Flotten. Die zur Bekämpfung von See- und Luftzielen auf Überwasserkampfschiffen installierten Raketensysteme erreichen unter heutigen Bedingungen eine bedeutend größere Schußentfernung und Trefferwahrscheinlichkeit als vergleichsweise die schweren Artilleriegeschütze auf Kampfschiffen früherer Generationen. Alle Seezielraketen der Seestreitkräfte verfügen ausnahmslos über moderne, autonome Zielsucheinrichtungen, die ihren treffsicheren Anflug auf gegnerische Überwasserziele gewährleisten. Zugleich wurde die Vernichtungskraft der Raketen bedeutend erhöht. Ihre Gefechtsköpfe tragen Sprengladungen mit einer Masse von 100 kg und mehr. Der Einsatz der Seezielraketen ist weitestgehend wetterunabhängig, wogegen Nebel, Regen und Schneetreiben das Schießen der Artillerie ohne Funkmeßwaffenleitanlagen früher unmöglich machte. Gleiches trifft sinngemäß für die Raketenwaffen gegen Luftziele zu. Auch ihre Reichweite (Steighöhe) übertrifft bedeutend die der früheren Fla-Artillerie, so daß mit der Bekämpfung von gegnerischen Luftzielen zu einem weit früheren Zeitpunkt begonnen werden kann. Die Luftzielraketen werden vollautomatisch entweder durch Funkmeß-Raketenleitstationen oder durch zielsuchende Lenksysteme gesteuert. Oftmals kommen kombinierte Steuerungen zum Einsatz. In der 1. Phase ihres Fluges werden die Raketen dabei durch Funkmeß-Leitgeräte gesteuert. In der 2. Phase, der Zielannäherung, schalten sie dann auf bordeigene Zielsuchsysteme um. In dieser Annäherungsphase nutzen die zielsuchenden Lenksysteme die Wärmeabstrahlung (Infrarotstrahlung) des Zieles, z. B. die der Triebwerke, indem sie sie in Steuerim-

pulse für die Leitwerke der Raketen umformen. Andere Zielsuchsysteme können die Rakete nach reflektierten Funkmeßwellen auf das Ziel einsteuern, wobei das Aussenden dieser elektromagnetischen Wellen von den leistungsstarken Schiffs-Funkmeßstationen aus erfolgt. Luftzielraketen verfügen oftmals über Annäherungszünder, die die Gefechtsladung der Rakete schon in einer gewissen Entfernung vom Ziel zur Detonation bringen. Meist ist die einsetzende Splitterwirkung ausreichend, um ein gegnerisches Luftkampfmittel außer Gefecht zu setzen.

Die Einführung der Raketenbewaffnung auf den meisten Überwasserkampfschiffen brachte neue Matrosen- und Unteroffizierslaufbahnen mit sich. Mit Exkragen und Bändermütze meistern heute nicht wenige Angehörige auch der Kampfschiffsbesatzungen unserer Volksmarine ihre Aufgaben als Raketentechniker, Hangargasten oder Triebwerksspezialisten.

Trotz der Einführung von Raketen als Hauptbewaffnung der Kampfschiffe wurde die Rohrartillerie in den sozialistischen Flotten kontinuierlich weiterentwickelt und vervollkommnet. Alle klein- und mittelkalibrigen Geschütze sind heute vollautomatische Waffen, deren Munition aus Gurtkästen oder aus großen Trommelmagazinen zugeführt wird. Diese Universalgeschütze sind bis auf wenige Ausnahmen mit Funkmeß-Waffenleitanlagen gekoppelt, die nach Auffassen eines See- oder Luftzieles die Steuerimpulse für die Richtantriebe der Geschütze geben. Als Gefechtsersatzschaltung verfügen die meisten Waffen noch über einen ferngesteuerten Handrichtantrieb (Reserveschießverfahren). Die kleinkalibrigen Geschütze (20 bis 30 mm) übernehmen unter heutigen Bedingungen die Nahbereichsabwehr von Luftangriffsmitteln oder anfliegenden Raketen. Zu diesem Zweck ist ihre Feuergeschwindigkeit bedeutend erhöht worden. Einige dieser Abwehrgeschütze sind als sechsläufige «Revolverkanonen» ausgeführt, mit denen von Funkmeß-Waffenleitgasten anfliegende Raketen wirkungsvoll bekämpft werden können. Die vollautomatischen Geschütze mittleren Kalibers (50 bis 130 mm) gestatten neben der Luftabwehr die treffsichere Bekämpfung von gegnerischen Seezielen oder die Feuerunterstützung bei Seelandungen.

Eine wichtige Bewaffnungskomponente

der Überwasserkampfschiffe der sozialistischen Flotten sind die U-Boot-Abwehrwaffen (UAW). Auf den kleineren, mittleren und großen UAW-Schiffen bis hin zum UAW-Kreuzer bilden sie die Hauptbewaffnung, wobei auch viele größere Kampfschiffe anderer Klassen und Unterklassen mit UAW-Waffen ausgerüstet sind. Eine zuverlässige U-Boot- bzw. U-Schiff-Abwehr verlangt heute leistungsfähige Unterwasserortungstechnik und weitreichende UAW-Waffen. Moderne UAW-Schiffe sind deshalb mit mehreren aktiven und passiven hydroakustischen Ortungsstationen ausgerüstet, von denen einige Typen in aussetzbaren und steuerfähigen Hüllkörpern an Trossen in einer Wassertiefe von bis etwa 200 m nachgeschleppt werden. Nach den Zielangaben der Ortungsstationen, die von hochqualifizierten Hydroakustikern bedient werden, werden die UAW-Waffen über UAW-Feuerleitanlagen eingesetzt. Zu diesen Waffen zählen heute moderne zielsuchende UAW-Torpedos, reaktive Wasserbombenwerfer, weitreichende Raketen-Torpedos und nach wie vor konventionelle Wasserbomben. Die modernen reaktiven Wasserbombenwerfer sind mit vollautomatischen Nachladeeinrichtungen ausgerüstet, so daß eine schnelle Salvenfolge erreicht wird, die die wirkungsvolle Bekämpfung eines georteten U-Bootes ermöglicht. Größere UAW-Schiffe der sowjetischen Flotte sind darüber hinaus mit bordgestützten UAW-Hubschraubern ausgerüstet, die die Reichweite der Unterwasserabwehr mit ihren bordeigenen Ortungsstationen und abwerfbaren UAW-Waffen bedeutend vergrößern.

Im Turbinenfahrstand des Küstenschutzschiffes der Volksmarine «Berlin – Hauptstadt der DDR»

Ein wichtiges Mittel zur Schiffsführung unter allen Lagebedingungen sowie eine unentbehrliche Voraussetzung für den wirkungsvollen Einsatz der Schiffsbewaffnung ist heute die funkelektronische Ausrüstung eines Kampfschiffes. Zu ihr zählen weitreichende See- und Luftraumbeobachtungsstationen, Navigations-Funkmeßanlagen, Funkmeß-Waffenleitanlagen, Funk- und Funkaufklärungsanlagen sowie Anlagen zum funkelektronischen Kampf. Die allgemein auch als RADAR-Geräte (Radio Detecting and Ranging) bezeichneten Funkmeßanlagen gewährleisten die Schiffsführung und den Waffeneinsatz unter allen Wetterbedingungen und zu jeder Tages- und Nachtzeit. Schiffsfunkanlagen arbeiten im Dezimeter-, Ultrakurz-, Kurz- und Mittelwellenbereich. Sie dienen der Nachrichtenverbindung zwischen Schiffskräften und zur Führung von Kampf- und Hilfsschiffen durch vorgesetzte Stäbe. Neben den reinen Funkanlagen kommen weitere Informationsanlagen wie Wetterkartenschreiber und Funkfernschreiber zum Einsatz. Seit einiger Zeit werden auch verschiedene optoelektronische Anlagen auf Laser- und Infrarotbasis verwendet.

Den Vortrieb und die Manövrierfähigkeit der Überwasserkampfschiffe besorgen heute leistungsstarke Antriebsanlagen, basierend auf Gasturbinen bzw. Hochleistungsdieselmotoren. Auf einigen älteren Kampfschiffen sind noch klassische Dampfturbinenanlagen im Einsatz. Gasturbinen haben den Vorteil, große Antriebsleistungen bei geringem Anlagengewicht und Raumbedarf abzugeben. Meist sind mehrere Gasturbinen mit unterschiedlicher Leistung für die verschiedenen Fahrstufen installiert, die aber bei Höchstfahrt über Getriebe zusammen auf die jeweilige Propellerwelle gefahren werden können. Man spricht dann von einer Allregime-Gasturbinenanlage. Die in

Reaktiver Wasserbombenwerfer auf dem Küstenschutzschiff der Volksmarine «Berlin – Hauptstadt der DDR»

verschiedenen Sonderbauformen eingesetzten Hochleistungsdieselmotoren ähneln von der Präzision der konstruktiven Ausführung her mehr einem komplizierten Uhrwerk als einem Motor. Beispielsweise werden die Landungsschiffe der Volksmarine durch sogenannte Gegenkolben-Doppelreihen-H-Motoren angetrieben. Bei ihnen sind zwei Gegenkolben-Reihenmotoren nebeneinander auf einer Grundwanne montiert, so daß die Leistung über vier Kurbelwellen und Verbundzahnräder an den Abtriebsflansch gelangt. Bei den Antriebsmotoren der Raketen- und Torpedoschnellboote der Volksmarine handelt es sich dagegen um bewährte sowjetische Dieselmotoren des Typs M 503 A, die als Stern-Reihenmotoren mit 42 Zylindern (!) ausgerüstet sind. Um diese Antriebsanlagen mit ihren zugehörigen Steuer-Regelungs- und Überwachungsanlagen störungsfrei einsetzen zu können, müssen die Ingenieur-Offiziere, Leitenden Maschinisten und Motorengasten des Maschinengefechtsabschnittes (GA V) über umfangreiche Kenntnisse und Fertigkeiten verfügen, wie überhaupt ein hoher Ausbildungsstand und die Geschlossenheit der gesamten Besatzung eines Kampfschiffes Grundvoraussetzungen für den sicheren Einsatz des Fahrzeugs und seiner Waffen sind. Ob an einer Waffenleitstation im entferntesten Winkel des Schiffes oder am Führungspult im Hauptgefechtsstand – jedes einzelne Mitglied des Kampfkollektivs entscheidet heute über die ständige Gefechtsbereitschaft seines Schiffes, das zusammen mit den übrigen Einheiten unserer Volksmarine und den Schiffen der sowjetischen und der polnischen Seekriegsflotte zum zuverlässigen Schutz der Errungenschaften der sozialistischen Staatengemeinschaft beiträgt.

Topp, Genosse Major!

Hans Joachim Nauschütz

Rainer Wendt stemmte seine langen Beine gegen die untere Kante der Sitzbank und legte die Arme über die Brust. Er freute sich, allein im Abteil zu sein. Nach wenigen Minuten war er bereits eingeschlafen.

Er träumt, daß die fünfjährigen Zwillinge Antje und Jörg in seine Uniformjacke gekrochen sind. Sie haben sie sich über die Köpfe gezogen, jeder hat einen Arm durch einen Ärmel gesteckt. Die Jacke ist zugeknöpft. Sie schlenkern und hüpfen damit durchs Zimmer. Die Schützenschnur hüpft mit. Plötzlich schreien sie: «Wir kommen nicht raus! Wir kommen nicht raus!»

Wendt erwachte. «Verdammte Lauser», murmelte er. Er begriff schnell, daß er noch nicht zu Hause bei seinen Geschwistern war, denn er wurde auf seinem Platz kräftig durchgeschüttelt. Der Zug fuhr schlingernd über das Schienengewirr eines großen Bahnhofs. Er bremste. Neubrandenburg erst, dachte Wendt, noch vier Stunden. Er lächelte. Heute machte es ihm nichts aus, längere Zeit im Zug sitzen zu müssen. So konnte er seinen Gedanken nachhängen. Er tastete nach der Uniformtasche. In der linken war die Schützenschnur aufbewahrt. Er hatte sie nicht angelegt. Zu Hause, wenn sich der Trubel gelegt hatte, wollte er sie langsam, ganz langsam herausziehen, sich etwas kleiner machen und sie vor den Augen der Zwillinge hin- und herpendeln lassen. Sie würden kugelrunde Augen machen, die Schützenschnur betasten und aufgeregt zu Vater und Mutter laufen und sich verhaspelnd davon erzählen.

Und Brigitte? Sie würde die Schnur als erste zu sehen bekommen.

Rainer Wendt stand auf und öffnete das Fenster. Geruch von Diesel schlug herein. In einer Woche wird der Dunst von Diesel über der Heide liegen. Wendt wird als Gruppenführer das schwere Fahrzeug einweisen. Er wird den Gefechtsposten besetzen lassen und danach dem Batteriechef Meldung machen. Kein Zweifel, eine Panne wird es nicht geben. Mittags, genau um zwölf Uhr, werden die Geschoßwerfer in Reih und Glied wieder auf dem Gefechtspark stehen. Schlußpunkt, Genossen Unteroffiziersschüler! Die Prüfungen sind abgeschlossen!

Wendt betrachtete seine Uniformjacke. Er hatte ein breites Kreuz, und die Arme und Beine hatten eine beträchtliche Länge. Der ganze Kerl ein Meter und achtundachtzig Zentimeter. «Ein Baum in der Heide», sagte der Batteriechef. In einer reichlichen Woche würde er vielleicht hinzufügen: «Ein Baum mit Lametta.» Wendt sah an sich herunter. So unrecht hätte der Major nicht. Neben dem Bestenabzeichen das Abzeichen «Für gutes Wissen» in Gold, das Sportabzeichen. Nun würden die Unteroffizierslitzen hinzukommen. Ein einziges Blinken und Glitzern, wenn so einer in der Sonne steht.

Eine Woche noch. – Wendt sah aus dem Fenster. Der Zug rollte aus dem Bahnhof. Er war allein geblieben, der Zug war fast leer. Sonst fuhren in ihm Montagearbeiter nach Boxberg, Studenten nach Berlin und Leipzig, auch Soldaten. Aber heute war Dienstag. Und Wendt war ein Sonderurlauber.

Gestern hatte ihn der Major vor die Front befohlen und gesagt: «Einen Tag Sonderurlaub für die Schützenschnur. Einen Tag hin und einen zurück. Fahren Sie! Ich glaube, es ist gut so.»

Damals ... Spaziergänger konnten den gewandten Kletterer nicht sehen. Er saß so hoch in den Fichten, daß, wenn er sich nicht bewegte, sogar die Vögel irritiert wurden und in das Pelzgezweig der Fichten schlüpften, aber schwirrend auseinanderstoben, wenn er nach den Zapfen angelte und sie in den Beutel gleiten ließ.

Schließlich hatte ein Eichelhäher die ganze Umgebung gewarnt. Bis auf das Rauschen der vom Wind leicht bewegten Zweige war es still. Rainer Wendt konnte von seinem Sitz aus das Fließ gut erkennen. Es teilte die Rohrwiese. Die Fichten standen am Südhang. Wie eine Schildwache besetzten sie den Waldrand. Dunkel, in der Spätsommersonne aber mitunter bläulich schimmernd. Gar zu schön wäre es, in solche Gegend zu kommen, dachte er. Aber keiner auf dem Wehrkreiskommando konnte dem Forstfacharbeiter sagen, ob es Wald am künftigen Dienstort gäbe und wie der beschaffen sein würde.

Gegen Mittag, es waren nur noch wenige trächtige Zapfen fürs Forstsaatgut zu pflükken, die Beutelriemen schnitten schmerzhaft in die Haut, bemerkte er die Mädchengruppe. Sie kam von Westen her durch die Wiese, im Gänsemarsch. Zwanzig Meter vor der Gruppe ein Mädchen mit bis zum Knie hochgekrempelten Hosen. Auch die Bluse war hochgeknotet. Sie stocherte mit einem Stecken nach halbwegs trockenen Stellen. Die Rohrwiese war ein Niedermoor.

Wendt schmunzelte. Er fühlte sich wohl auf seinem Ausguck und schaukelte mit der Fichtenspitze, aber nicht ohne vorher den festen Sitz der Steigeisen geprüft zu haben. Er sah, wie sich die Mädchen am Ufer des Stöbber-Fließes sammelten. Sie prüften die Tiefe. Und dann sprang eines. Jenes mit dem Stecken dirigierte die übrigen und wies auf den günstigen Absprung. Dann schleuderte sie ihren Wanderstock hinüber und sprang nach kurzem Anlauf selbst.

Wendt hörte einen Schrei. Sofort bildete sich um die Gestürzte eine Mädchentraube. Wendt konnte nichts erkennen. Geschickt stieg er abwärts. Er legte die Beutel zu den anderen, verstaute die Steigeisen. Ohne Hast lief er zu den Mädchen. Schon von weitem bemerkte er die Aufregung in den Stimmen. Er hatte sich im Alter verschätzt. Die hier waren erwachsen.

«Guten Tag», sagte er laut und übertönte das Stimmengewirr. Die Traube öffnete sich. Vor Wendt lag ein Mädchen. Blaß, mit Schweißperlen auf der Stirn.

«Sie hat wahrscheinlich was gebrochen», sagte jemand.

Wortlos kniete er sich hin und begann das rechte Bein des Mädchens abzutasten. Er fand die Stelle. Er strich leicht über die Schwellung am Schienbein und fühlte selbst durch die dicke Hornhaut seiner Handfläche den gebrochenen Knochen. Wahrscheinlich nicht gesplittert, dachte er. «Bist der Chef», sagte er zu dem Mädchen, das sie Brigitte nannten, «und läßt deine Truppe im Stich.» Als er sah, daß sie sich auf die Lippen biß und ein paar Tränen aus den Augenwinkeln rannen, räusperte er sich verlegen. «Na, ist ja gut», sagte er nur, erhob sich, blickte in die Runde und fügte auffordernd hinzu: «Bauen wir eine Trage!» Er hob das Mädchen vorsichtig auf und trug es zum Waldrand in den Schatten.

Die Mädels folgten ihm wie Schafe ihrem Schäfer. Dann hatten sie sich gefaßt und halfen beim Tragenbau.

«Die Nerven darf man nicht verlieren», sagte er, «habt ihr ja auch nicht. Wir kriegen das schon hin mit der Brigitte.»

Sie wechselten sich ab beim Tragen. Vier Kilometer sind kein Pappenstiel. Und als sie die Försterei erreichten, war Rainer Wendt nicht nach Bäumefällen. Er hatte sich nicht ablösen lassen. Versteht sich. Er war der hintere Träger gewesen. Seine großen Hände hatten sicher die Holme gehalten, und Brigitte hatte ihm zugelächelt. Dankbar. Zum erstenmal sah Rainer solche Augen!

Wieder trug er sie auf dem Arm. Die Mutter stand in der Tür, rechts und links neben ihr staunten die Zwillinge über den Bruder, welche Last er da aus dem Walde mitbrachte. Er telefonierte mit Forstmeister Greiner. Nach zwei Stunden holte ein Barkas die Verletzte und ihre Freundinnen ab.

Vorher hatte die Mutter die sieben Mädchen, alles Abiturientinnen, beköstigt: Weißbrot, Bienenhonig, kalte Milch. Brigitte einen Kräuterschnaps.

Die Mutter fragte ihn, kaum daß das Auto verschwunden war: «Warum haben die Mädchen denn Sie zu dir gesagt, und du hast wie ein Lehrer gesprochen?»

Er hatte seine zierliche Mutter herumgeschwenkt, daß Antje und Jörg nur vom Zusehen vor Begeisterung kreischten.

«Weil ich so schrecklich erwachsen bin. Aber die eine, die hat du gesagt. Verstehst du das?»

Er hatte es selbst nicht verstanden. Und später dachte er nicht mehr daran. Doch bald hatte Greiner Rainers Unruhe gespürt, wenn der Feierabend nahte. «Magst du den Wald nicht mehr?» fragte er schmunzelnd. Er hatte auch mitbekommen, daß Rainer jeden Tag in die Stadt fuhr. Und nach vierzehn Tagen sagte er: «Bring sie bloß mit, wenn sie wieder gesund ist, sonst demolierst du uns noch die ganze Baumschule.»

Rainer hatte von manch seltenem Baum einen Zweig abgeschnitten, von dem er wußte, daß er für den Wuchs des Baumes nicht vonnöten war.

Es wurde ihr Sommer und ihr Herbst. Brigitte war guter Dinge. Das Bein war geheilt. Sie hatte das Studium ohne Verzögerung aufnehmen können. Ihren ersten gemeinsamen Tag verbrachten sie an der Rohrwiese.

«Als ich deine Hände sah, fürchtete ich um mein Bein. Solche Pranken, und schwarz waren sie auch, vom Harz. Da kann einem ja angst werden mitten im Wald.»

«Und jetzt?» fragte er.

Sie lächelte und wandte den Kopf.

Sie lagen bei den Fichten. Er streichelte sie. Er öffnete ihre Bluse, streifte sie ihr über die Arme.

«Und jetzt?»

«Nie mehr», antwortete sie und sah ihn an dabei.

Da neigte er seinen schwarzen Schopf. Er legte den Kopf zwischen ihre Brüste.

Nachher fragte sie ihn: «Wie weit weg wirst du sein?»

«Dreihundert Kilometer weit. Aber nach

den zehn Monaten will ich versuchen, in deine Nähe zu kommen. Die Wiese wird uns nicht fremd werden.»

«Drei Jahre», sagte Brigitte leise, «dann bin ich fertig mit dem Studium und hin und wieder eine Wirtin mit Mann. Aus meiner Klasse hat eine gesagt: ‹Den mustere ab›.» Sie zog ihn zu sich herunter. «So einen, der Beine schienen und ein Mädchen tragen kann, so einen nicht. Ich komme oft in deine Kaserne. Trampen ist eine Leidenschaft von mir. Und dann, als Unteroffizier bist du ja nicht mehr weit.»

Brigitte wird nicht am Bahnhof stehen. Sie weiß nicht, daß er kommt. Nichts weiß sie vom gestrigen Gespräch mit dem Batteriechef und dem Politstellvertreter. Sie kennt nur Rainers Briefe. «Bald sind wir zusammen. Wenn ich Ausgang habe, werde ich vor deinem Fenster pfeifen, daß die Scheiben klirren. Mit dem Nachtwächter werde ich einen Klaren trinken, und er wird mich ungefragt einlassen, so zwei bis acht Stunden.»

Und Brigitte hatte geschrieben: «Mit zwanzig möchte ich ein Kind haben von dir. Nicht später. Und heiraten möchte ich auch. Alles in der richtigen Reihenfolge.»

Nun würde er sie wiedersehen. Er wollte sie mit nach Hause nehmen. Mit ihr reden. Was verlangte er von Brigitte? Sechsundzwanzig Monate Alleinsein, anstatt der ursprünglichen gemeinsamen Pläne und Hoffnungen. Selten ist er da. Das mit dem Kind werden sie aufschieben müssen. Mit einundzwanzig und Vater ...

Rainer dachte an die Fotografie auf dem

Schreibtisch des Majors: drei Mädchenköpfe. Das Bild war der einzige Schmuck im Raum. Auf das Bild hatte er schauen müssen während des Gesprächs. Er wußte, wann der Major Feierabend machte und was er sich täglich selbst abverlangte. Rainer hatte die Fotografie auch im Blick, als er zu sich selbst im stillen sagte: Topp, Genosse Major! Und dann mit fester Stimme an den Kommandeur gewandt: «Sie haben mich überzeugt. Ich schlage ein und werde auch bei meinem Mädchen Verständnis finden.»

Eine Wette war nicht abgeschlossen worden. Hinter Wendts zwei Sätzen stand: Ich werde an der Unteroffiziersschule bleiben und Unteroffiziere ausbilden. Genauer hieß das: Alle Träume vom baldigen Zusammensein mit Brigitte waren vorerst ausgeträumt. Für über zwei Jahre.

Lange hatte er gedacht: Warum sind sie ausgerechnet auf mich gekommen? Ich bin der Längste, bin ein Flügelmann, falle auf. Deshalb doch nicht. In den Schoß gefallen ist mir nichts. Die Sturmbahn, na ja, das geht schon klar. Polit, da sehe ich seit meiner Schulzeit durch. Aber ich habe nicht weniger für die Note 1 in MKE (Militärische Körperertüchtigung) geschuftet als andere. Auch ich hab' meinen Punkt gehabt. Nach einem Tausend-Meter-Lauf möchte man die Stiefel runterreißen, diese Bleigewichte, nach zweitausend Metern sich auf den Rasen des Sportplatzes packen. Und neunzehnmal das Gewicht hoch? Mensch! Aber ich kann es. Doch das kann es auch nicht sein. Unsere Gruppe ist die beste. Wir haben uns nicht geschont. Müller nicht, Pfeiffer nicht. Und der kleine Witzlak. Jeden Abend bin ich mit ihm auf die Sturmbahn, bis er die Note 2 brachte. Deshalb? – Warum habe ich «ja» gesagt?

Während des Gesprächs mit dem Major war Brigittes Gesicht aufgetaucht. Wie jetzt. Er sah ihre großen dunklen Augen. Sie fragten: Denkst du dabei auch an mich?

Rainer stand auf und schaltete die Deckenbeleuchtung ein. Er nahm dem Mitropakellner den Kaffee ab. Er wunderte sich, daß der Kaffee dampfte, als er eingegossen wurde. Am Fenster wischte ein Berliner S-Bahn-Zug vorbei. Noch gute zwei Stunden, fiel ihm ein.

Er dachte an Greiner. An den Stolz des Meisters, als ein Brief vom Kommandeur gekommen war: Dank an den Betrieb, Dank an die Eltern. Greiner müßte man fragen können. Der verstand ihn. Rainer Wendt konnte es nicht unterlassen, die von Autos überfahrenen Setzlinge und Sträucher aufzurichten und zu stützen. Auch wenn sie wild gewachsen waren. Er konnte es nicht sehen.

Greiner verglich das Wachsen der Bäume mit dem der Menschen. «Du mußt sie hegen und pflegen wie Kinder. Das Unkraut von ihnen fernhalten. Und später mußt du ihnen helfen, zum Licht zu kommen. Dann geht vieles leichter. Aber nicht alles. Ruhe brauchen sie auch. Mitunter hängt davon der Wuchs ab. Was du mal gesetzt hast, beweist sich mit zunehmendem Alter.»

Rainer Wendt würde nicht der einzige Unteroffizier sein, der beim Batteriechef geblieben war. Er wußte es.

Greiner würde sagen: Es gibt eine Pflicht, die muß einer spüren. Sonst ist da nichts Echtes. Du wirst dich schon richtig entscheiden.

Wieder dachte Wendt an seinen Kommandeur. Der hatte ihm neulich beim Gefechtsexerzieren das Kommando abgenommen. Im Gegensatz zu den Schülern hatte er sehr laut die Befehle gegeben. Hatte die Quittung ebenso laut gefordert. Rainer bekam jetzt noch einen roten Kopf. «Ihr sagt euch Zärtlichkeiten!» hatte der Major gerufen, «man könnte meinen, ihr seid den ersten Tag dabei.»

Der Major demonstrierte. Fehlerfrei. Und man wußte ebenfalls von ihm: Der schießt immer die Note 1.

«Ich habe für drei Jahre einen anderen Beruf.» Wendt sagte es laut. Er hörte sich selbst. Plötzlich wußte er, Brigitte würde ihn verstehen. Er wußte, sie würden ein Kind haben und sich selbst. Seine Armeezeit gehörte dazu. Er schummelte sich nicht aus der Zeit. Ein bißchen komisch würde ihm sein, wenn er vor fast Gleichaltrigen stand und als Erzieher Erzieher erzog.

Topp, Genosse Major!

Schnelle Modelle am Draht

Bernhard Krause

«Ist das denn auch Sport, was ihr da macht?» so hört man oft Unbeteiligte und Zuschauer fragen, die Veranstaltungen des leinengesteuerten Modellflugs besuchen. Darauf ist nur mit einem eindeutigen «Ja» zu antworten; denn gerade beim leinengesteuerten Modellflug können hohe Leistungen nur durch großen körperlichen Einsatz erreicht werden. Um ein Geschwindigkeitsmodell mit 250 km/h sicher zu steuern, sind schon ein Höchstmaß an antrainierter Reaktionsschnelligkeit und eine hervorragende physische Gesamtverfassung erforderlich. Das gleiche gilt für das Mannschaftsrennen, bei dem das Modell «nur» 180 km/h fliegt, dafür aber gleichzeitig mit zwei anderen Kontrahenten den Flugkreis teilen muß. Da die Modellsportler zu den wenigen Sportlern gehören, die ihr Sportgerät allein konstruieren und bauen, kommt zu den körperlichen Anforderungen noch ein hohes Maß an Denkarbeit und handwerklichen Fähigkeiten. Welche anderen Sportarten fordern einen jungen Sportler so umfassend wie der Modellsport? Würde mancher Junge vom Fußballspielen noch begeistert sein, wenn er seinen Ball aus Leder und Gummiresten selbst anfertigen müßte?

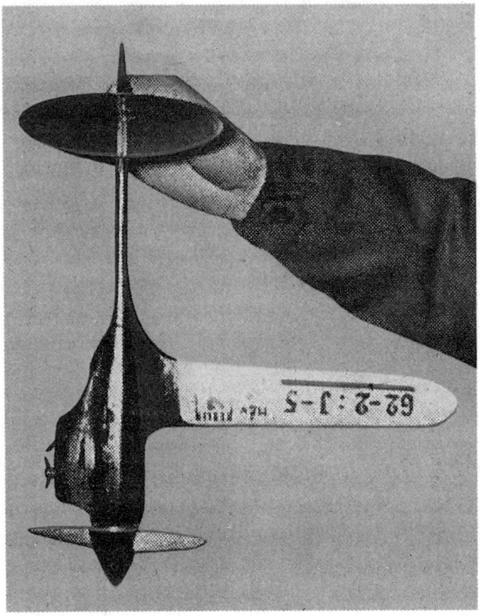

Dieses richtungweisende Geschwindigkeitsmodell der alten «Westentaschenformel» (2 N/dm²) baute 1956 der Berliner Modellflieger Werner Zorn. Die unsymmetrische Bauweise setzte sich erst 20 Jahre später endgültig durch

Doch nun zu den schnellen Modellen am Draht, den Fesselflug-Rennklassen.

Die Erhöhung der Geschwindigkeit war von jeher ein Hauptanliegen des Flugzeugbaus. Daraus resultierte, daß die ersten Rekorde, die nach der Erfindung des leinengesteuerten Modellflugs registriert wurden, Geschwindigkeitsrekorde waren. Der leinengesteuerte Modellflug – auch Fesselflug genannt – ist geradezu dafür prädestiniert, da sich aus der Leinenlänge, den geflogenen Runden und der Flugzeit sehr leicht und exakt die Fluggeschwindigkeit ermitteln läßt.

Mit der Entwicklung des Fesselflugs zum Wettkampfsport entstanden verschiedene Geschwindigkeitsklassen. Die FAI, die internationale Flugsportföderation, wählte aus diesen verschiedenen Klassen die Klasse mit maximal 2,5 cm^3 Hubraum als Weltmeisterschaftsklasse aus. Rekordlisten werden außerdem in den Klassen bis 5 cm^3 Hubraum, bis 10 cm^3 Hubraum und in den Klassen mit reaktivem Antrieb geführt. Zu Beginn der Entwicklung, die zu den heutigen Geschwindigkeitsmodellen führte, flog man symmetrische Modelle mit einer Flächenbelastung von maximal 2 N/dm^2 an 2 Leinen von 0,25 mm Durchmesser. Der Kraftstoff unterstand keinerlei Beschränkung, so daß mit diesen «Westentaschenmodellen» Geschwindigkeiten von über 200 km/h erreicht wurden.

Später, die Geschwindigkeitsklasse hatte von der FAI die Bezeichnung F2A-Speed erhalten, wurden nacheinander verschiedene Regeländerungen eingeführt, die zu den heutigen Modellen mit 1 N/dm^2 Flächenbelastung, Zweileinensteuerung mit Draht von 0,4 mm Durchmesser und Standardkraftstoff führten.

Alle diese Regeländerungen verfolgen den Zweck, den schnell steigenden Motorleistungen entgegenzuwirken, um die Geschwindigkeit der Modelle im Bereich bis etwa 250 km/h zu halten und die Sicherheit zu erhöhen. Oberhalb 250 km/h sind Flugmodelle bei der normalen Leinenlänge von 15,92 m nur noch von gut durchtrainierten Spezialisten zu beherrschen. Wenn man bedenkt, daß die Motoren mit gedopten Kraftstoffen zur Zeit der «Westentaschenformel» etwa 0,26 kW bei 16 000 1/min leisteten und ein heutiger 2,5-cm^3-Rennmotor mit Standard-FAI-Kraftstoff 1,36 kW bei 38 000 1/min leistet, so kann selbst der Laie die Notwendigkeit dieser Regeländerungen erkennen.

Die meisten Regeländerungen bezogen sich auf die Anzahl und den Durchmesser der Steuerleinen, da sie den Hauptanteil am Gesamtwiderstand eines Fesselflugmodells haben!

Aus dieser Erkenntnis heraus entstanden nach und nach die heute üblichen unsymmetrischen Geschwindigkeitsmodelle mit extrem langer Innenfläche, die durch ihre lange Tragfläche einen Teil der Steuerleinen verkleidet.

Welche Bedingungen muß nun ein Modell erfüllen, damit es als Geschwindigkeitsmodell der FAI-Klasse F2A starten kann?

Der Hubraum oder der Motor darf maximal 2,5 cm^3 betragen.

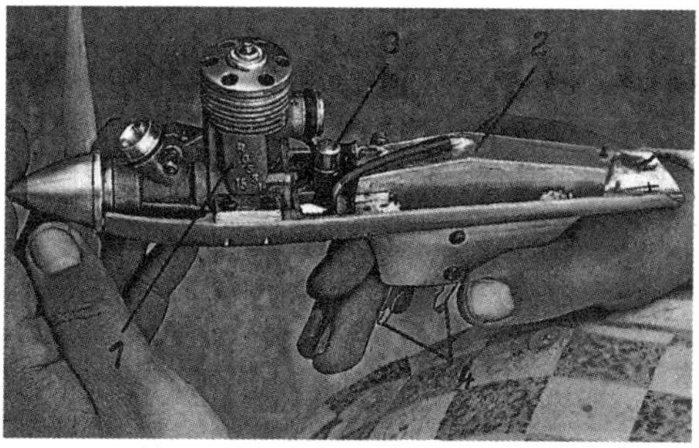

An dem Motoraggregat des dreifachen DDR-Meisters in der F2A, Peter Krause, Cottbus, sind folgende Einzelheiten erkennbar: 1 – Hochleistungsrennmotor, 2 – Tank, 3 – Fliehkraftschalter für die Kraftstoffzufuhr und 4 – Anschlüsse für Steuerleinen

Mit dieser Modelldüse wurde 1986 mit 301,3 km/h ein neuer Rekord aufgestellt. Gebaut von Peter Lang, Berlin, geflogen vom Autor dieses Artikels

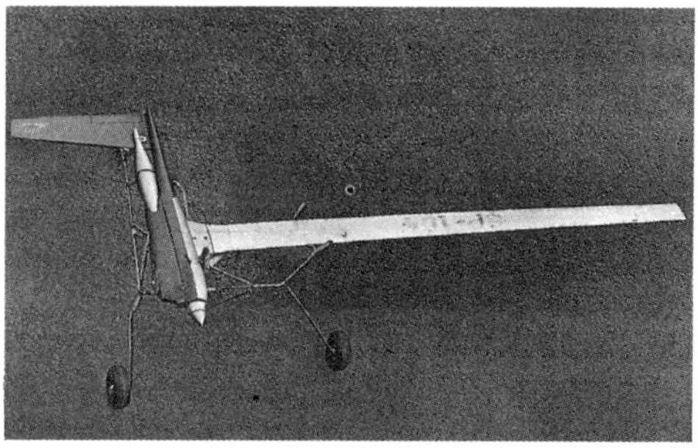

Dieses Modell ist konsequent unsymmetrisch aufgebaut; gut erkennbar der unsymmetrische Startwagen und der Einblattpropeller aus Kohlefaserlaminat

Flugzeugähnliches Aussehen und elegante, strömungsgünstige Formen kennzeichnen ein Mannschaftsrennmodell

Start eines F2C-Modells

Mit einer Tragflächenlänge von 1,57 m dient die Tragfläche schon zum Verkleiden der Steuerleine. Mit solchen Geschwindigkeitsmodellen belegte die Ungarische VR bei den Weltmeisterschaften 1982 die ersten drei Plätze. Die Fluggeschwindigkeit: über 270 km/h! (links)

Mechaniker einer Mannschaft aus Großbritannien, die an den Weltmeisterschaften 1970 teilnahm. Gut erkennbar Schutzhelm, Tankanlage am Arm mit Tankventil am Finger und das unvermeidliche Wettkampfmaskottchen. Durch die farbenfrohe Gestaltung des Modells sollen Verwechslungen im Rennen vermieden werden

Eine vorbildliche F2C-Wettkampfstätte. Im Hintergrund die Schiedsrichtertribüne mit den großen digitalen Rundenuhren und den Anzeigelampen für die Verwarnungen

Rennszene aus dem Weltmeisterschaftsfinale 1970. Zwei Piloten haben ihre Modelle in der Luft, ein Modell wird gerade betankt. Trotz Modellgeschwindigkeit von nur etwa 170 km/h ist die Dynamik des Rennens erkennbar

Der Flächeninhalt von Tragfläche und Leitwerk muß mindestens 2 dm^2 je 1 cm^3 Hubraum betragen.

Die Flächenbelastung darf den Wert von 1 N/dm^2 nicht überschreiten.

Der Motor muß voll verkleidet sein.

Das Modell muß mittels 2 Leinen von 0,4 mm Durchmesser und 15,92 m Länge (Griffachse bis Motorachse) gesteuert werden.

Es ist erlaubt, das Fahrwerk abzuwerfen.

Während der Flugwertung ist die Querachse des Steuergriffs in einer in der Flugkreismitte befindlichen Gabel einzuhängen, um eine Beeinflussung der Fluggeschwindigkeit durch den Piloten auszuschließen. Die Geschwindigkeitsmessung erfolgt über die Distanz von 1 km, das sind 10 Runden. Die Messung beginnt, nachdem das Modell 2 Runden mit in der Gabel eingehängtem Steuergriff zurückgelegt hat.

Für die Geschwindigkeitsmodelle ist dagegen, gemäß den internationalen Rekordklassen, lediglich die maximale Flächenbelastung von 1 N/dm^2 (ohne die Hubraumlimitierung) vorgeschrieben, so daß dem Leichtbau keine Grenzen gesetzt sind.

Es ist demnach z. B. gestattet, mit 4,8-cm^3-Motor, 600 g Masse und 6 dm^2 Flächeninhalt in der Klasse bis 5 cm^3 Hubraum zu fliegen.

Für Schubrohre (Modelldüsen) gilt eine Massenformel, wonach das reine Triebwerk maximal 500 g und das gesamte Modell maximal 1000 g wiegen darf. Auch hier ist die Flächenbelastung von maximal 1 N/dm^2 einzuhalten.

Folgende Bauweise hat sich auf Grund der hohen mechanischen Belastung der Geschwindigkeitsmodelle weltweit durchgesetzt:

Motor und Tank werden auf einer Schale aus Aluminium- oder Magnesiumguß befestigt und so zu einem Antriebsblock vereinigt, den man leicht von einem Modell in das andere tauschen kann. Durch die Montage des Motors auf die Metallschale ergibt sich noch eine erhöhte Kühlfläche für das Kurbelgehäuse des Motors, was sich positiv auf die Motorleistung auswirkt. Der Rumpf mit Motorverkleidung ist aus einem leichten und festen Holz, z. B. Pappel oder Abachi,

COBRA JET
G02135
G62777
ST

00
42
89

gefertigt, doch kommen immer mehr glasfaserverstärkte Kunststoffe und Metall zur Anwendung. Tragflächen und Leitwerk sind aus Holz oder Aluminium hergestellt.

Diese Bauweise ergibt robuste Modelle mit einer Masse von etwa 480 bis 500 g. Die Steuerung erfolgt durch ein Normal- oder Pendelruder mit sehr kleinem Ausschlag.

Je nach Motortyp und Modellkonzept baut man den Motor liegend oder stehend ein. Der Tank wird meist so groß bemessen, daß der Wertungsflug sicher absolviert werden kann und danach der Motor ausgeht.

Ein Hauptproblem bei der Geschwindigkeitsfliegerei ist der Motor. Wie schon erwähnt, leisten moderne 2,5-cm^3-Modellmotoren etwa 1,36 kW bei Drehzahlen um 38 000 1/min. Diese hohe Leistung ist nur durch gasdynamische Abstimmung der Motore zu erreichen. Aus diesem Grunde ist die Verwendung von abgestimmten Auspuffanlagen, sogenannten Tüten, Standard in der Klasse F2A. Das technische Problem bei der Benutzung der Tüten besteht darin, daß die erwünschte Leistungssteigerung nur in einem sehr schmalen Drehzahlbereich, der sogenannten Resonanzdrehzahl, auftritt und daß dieser Drehzahlbereich so hoch liegt, daß er beim Start des Modells nicht erreicht werden kann. Erst wenn das Modell schnell fliegt und der Propeller von vorn angeströmt wird, kann der Motor diese Drehzahlen erreichen. Dazu kommt noch, daß der Motor für den Betrieb im Resonanzbereich wegen der höheren Leistungsausbeute eine größere Kraftstoffmenge benötigt, die so groß ist, daß mit dieser «fetten» Einstellung das Modell ohne Hilfe nicht starten kann. Es besteht nun die Möglichkeit, das Modell mit zu «fett» eingestelltem Motor zu starten und dann durch «Schleudern» in den erforderlichen Geschwindigkeitsbereich zu beschleunigen. Unter «Schleudern» versteht man im Fesselflug ein Beschleunigen des Modells durch die Kraft des Piloten, in dem sich der Pilot mit ausgestrecktem Arm schneller dreht als das Modell fliegt. Diese Methode ist allerdings nur bedingt und kurzfristig einsetzbar, da sie für den Piloten sehr kräfteraubend ist. Durch technische Tricks, wie Fliehkraftschalter oder Schalter am Startwagen, kann dieses Problem auch gelöst werden.

Bei den Weltmeisterschaften 1980 ging es bei einer Modellgeschwindigkeit von 190 km/h wesentlich turbulenter zu

Die richtige Auswahl des Propellers erfordert die größten Erfahrungen des Sportlers; denn nur mit einem exakt auf das Leistungsverhalten des Motors und auf den Luftwiderstand des Modells abgestimmten Propeller kann Höchstgeschwindigkeit geflogen werden. So muß der günstigste Propeller durch Flugversuche ermittelt werden. Da alle Propeller selbst angefertigt werden müssen, ist dieses Verfahren sehr zeitaufwendig. Als Materialien für die Propeller kommen nur Buchenholz, Glasfaserlaminat oder Kohlefaserlaminat in Frage. Die besten Ergebnisse bringen heute Propeller aus Kohlefaserlaminat. Dieses Material erreicht eine Formsteifigkeit und Festigkeit, die denen von Stahl gleichkommen, und dies bei einer sehr geringen Masse. Besonders die Formsteifigkeit ist für die Propeller wichtig, da die Propeller infolge der hohen Drehzahlen und der damit verbundenen Fliehkraft leicht einer hohen elastischen Verformung unterliegen.

Die neueste Entwicklung auf dem Gebiet der Propeller sind die Einblattpropeller. Mit ihnen werden gegenwärtig die höchsten Geschwindigkeiten geflogen. Das fehlende 2. Blatt wird dabei durch ein Gegengewicht in der Propellernabe ersetzt. Die Geschwindigkeitsmodelle dürfen laut Reglement ihr Fahrwerk abwerfen. Daher haben die Sportler im Laufe der Zeit verschiedene Arten von Startwagen konstruiert und gebaut, die dem

Modell und seinem Startverhalten angepaßt sind. Ohne Startwagen werden dagegen meist die nur für Rekordversuche gestalteten Modelldüsen gestartet. Diese «Geschwindigkeitsmodelle mit reaktivem Antrieb» erhalten dazu auf ihrer Unterseite Stahlkufen, auf denen sie starten und landen.

Als Triebwerk der Modelldüsen werden ausschließlich Pulsostrahltriebwerke benutzt. Da die Brennkammer des in Gang gebrachten Pulsotriebwerks glüht, hat sich eine Ganzmetallausführung für die Modelldüsen durchgesetzt. Neben der Tankgestaltung und dem Anlassen – das mit Luftpumpen und Funkeninduktor erfolgt – machen auch die extrem großen Fliehkräfte, die diese Modelle erzeugen, den «Rekordjägern» große Sorgen. Ein Düsenmodell läßt auf den Piloten eine Fliehkraft von etwa 300 N bei 300 km/h einwirken. Diese 300 N müssen aber auch von der Modellkonstruktion aufgenommen werden, ohne daß sie sich verformt. Da sich die Temperaturen der Brennkammer und des Ausstoßrohres im Bereich von 500°C bewegen, wird oft für die tragenden Bauteile Titan verwendet, weil Dural bei dieser Temperatur bereits seine Festigkeit verliert. Da Modelldüsen Geschwindigkeiten von 400 km/h erreichen können, werden sie an einer 19,90 m langen Steuerleine (8 Runden = 1 000 m) geflogen; auch sind Längen von 22,74 m (7 Runden = 1 000 m) oder 26,54 m (6 Runden = 1 000 m) möglich. Als umweltfreundlich können Modelldüsen jedoch nicht bezeichnet werden, da ihr Triebwerkgeräusch in der Regel oberhalb 100 dB liegt.

Etwas leiser und etwas langsamer, aber bei weitem nicht weniger aufregend geht es in der Klasse F2C-Mannschaftsrennen zu.

In einem Rennen dieser Klasse müssen 100 Runden = 10 km mit dem Modell in möglichst kurzer Zeit zurückgelegt werden; es fliegen dabei 3 Modelle (im Ausnahmefall 2 Modelle) gleichzeitig auf einer Bahn. Zu einer Mannschaft gehören neben dem Modell ein Pilot und ein Mechaniker. Die Aufgabe des Piloten ist, wie schon der Name sagt, das Modell vom Kreismittelpunkt aus zu steuern. Der Mechaniker muß auftanken und den Motor anwerfen, denn es ist auf Grund des Reglements nicht möglich, soviel Kraftstoff mitzuführen, um die gesamten 100 Runden durchzufliegen. Es muß mehrfach zwischengelandet und nachgetankt werden.

In diesem Zusammenhang einige Worte zum Reglement. Ein F2C-Modell muß folgende technische Forderungen erfüllen:

1. Es muß einem Flugzeug ähnlich sehen.
2. Die minimale Flügelfläche beträgt 12 dm^2.
3. Die minimale Rumpfhöhe am Pilotensitz beträgt 10 cm.
4. Die minimale Rumpfbreite am Pilotensitz beträgt 5 cm.
5. Die minimale Rumpfquerschnittsfläche am Pilotensitz beträgt 39 cm^2.
6. Der maximale Tankinhalt beträgt 7 cm^3.
7. Der maximale Motorhubraum beträgt 2,5 cm^3.
8. Der minimale Raddurchmesser des Fahrwerks beträgt 25 mm.
9. Die maximale Masse beträgt 700 g.
10. Das Modell muß eine Kabine haben, die eine freie Sicht nach vorn gewährleistet.
11. In dieser Kabine muß ein Pilotenkopf mit den Mindestmaßen 14 × 14 × 20 mm untergebracht sein.
12. Bei einem Durchmesser der Steuerleinen von je 0,3 mm muß deren Länge von Modellmitte bis zur Mitte des Steuergriffs 15,92 m betragen.
13. Der Motor des Modells muß bis auf die Öffnungen, die zur Funktion notwendig sind, vollständig verkleidet sein.

Während des Rennens dürfen die Piloten einen Kreis von 6 m Durchmesser nicht verlassen und die Mechaniker einen Außenkreis von 39,2 m Durchmesser nicht betreten.

Ein Mannschaftsrennen im leinengesteuerten Modellflug geht etwa so vor sich: Nach dem Einnehmen der Plätze (Platzwahl je nach Ergebnis der Auslosung) durch Aktive und Kampfrichter und dem Handzeichen der Aktiven, daß sie zum Rennen bereit sind, gibt der Rennleiter das Kommando zum Beginn der Motorwarmlaufzeit. In den folgenden 90 Sekunden können die Mechaniker die Motoren ihrer Modelle warmlaufen lassen. Weitere 30 Sekunden nach Beendigung der Warmlaufzeit gibt der Rennleiter, nach einem 5-Sekunden-Countdown, das Startzeichen. Dann erst werden die Motoren erneut gestartet, und das eigentliche Rennen beginnt. Da die Modelle gewöhnlich unterschiedlich schnell sind, muß der Schnellere überholen, dabei hat sich der Pilot an die im Reglement vorgeschriebenen «Verkehrsregeln» zu halten, die Kollisionen und Behinderungen vermeiden helfen. Es ist sehr spannend und begeistert jeden Flugsportler und jeden Motorsportfreund, wenn drei Modelle unter hellem Singen der Motoren mit 160 bis 190 km/h im Kreis herumjagen. Je nach taktischem Konzept und nach Motortyp sind die 7 cm^3 Kraftstoffvorrat nach 25, 34 oder 51 Runden erschöpft, so daß zwischengelandet werden muß.

Nach der Landung rollt das Modell dann mit hoher Geschwindigkeit dem wartenden Mechaniker entgegen. Der fängt das Modell an der Außenfläche auf (bei oft über 80 km/h!), tankt es über einen Druckbehälter, der sich an seinem Oberarm befindet, blitzschnell auf, wirft mit ein paar Schlägen gegen den Propeller den Motor wieder an und startet das Modell. Dieser Vorgang des Fangens, Auftankens und Startens dauert bei guten, trainierten Mannschaften etwa 3 Sekunden.

Es gehört sehr viel Geschicklichkeit und ein gutes Reaktionsvermögen dazu, das Modell zu steuern; besonders in der Start- und Landephase. Bei den Überholvorgängen kann es zu kritischen Situationen kommen, die nicht selten mit dem Verlust eines oder mehrerer Modelle enden.

Außer der nervlichen Belastung hat der Pilot, hervorgerufen durch die beachtliche Laufarbeit bei einem Rennen und die oft bis zu 100 N betragende Zugkraft des Modells am Steuergriff, eine große physische Belastung auszuhalten, da während des Fluges der Steuergriff den Oberkörper des Piloten berühren muß. Die Arbeit des Mechanikers dauert in einem Rennen zwar meist nur einige Sekunden, aber es gehört eine ganze Portion Mut dazu, ein Modell aufzufangen, das sich mit 80 km/h nähert. Es kann dabei zu bösen Verletzungen an Händen und Armen kommen, wenn das Modell kurz vor dem Mechaniker springt oder wenn der Mechaniker einmal danebengreift. Nicht selten reißt durch den Schlag beim Fangen die Tragfläche ab oder wird beschädigt. Beim Anwerfen des Motors ist von den messerscharfen Glasfaserpropellern auch schon manche Fingerspitze aufgeschnitten worden. Besonders hohe Anforderungen werden im Finalrennen an die Aktiven und an das Material gestellt, da dann über 200 Runden = 20 km geflogen werden. Nur wer absolut fehlerfreies Material hat und über eine gute Kondition verfügt, kann dort bestehen. Die F2C-Modelle sind Konstruktionen aus Balsaholz, Aluminium und verschiedenen Kunststoffen. Oft wird anstelle von Aluminium das um 30 % leichtere Elektron verwendet, denn leicht müssen die Modelle sein, um gut beschleunigen und verzögern zu können, was bei Start und Landung Sekunden spart. Einige Spitzenmannschaften fertigen ihre Modellrümpfe aus Kohlefaser-Epoxidharz-Laminat, einem hochfesten und leichten Werkstoff aus der Raumfahrttechnik, und erreichen so Modellmassen (mit Motor) von nur 300 g.

Propeller aus Kohlefaserlaminat, die ebenfalls verwendet werden, haben eine Formsteifigkeit, die der von Stahl gleichkommt. Diese Propeller bringen durch ihre bedeutend bessere Formsteifigkeit einen Geschwindigkeitszuwachs der Modelle bis zu 6 km/h gegenüber herkömmlichen Propellern aus Glasfaserlaminat. Die Tragflächen der Modelle, die meist aus sehr leichtem Balsaholz gefertigt sind, dann mit dünnem Glas- oder Kohlefasergewebe-Epoxidharz-Laminat überzogen werden, erhalten durch diese damit entstandene «Sandwich-Bauweise» die zum Aufnehmen des Fangstoßes nötige Festigkeit.

Der technische Aufwand an den Motoren ist noch höher als der an den Modellen. Spitzenmannschaften benutzen meist Sonderkonstruktionen und Eigenbauten, die speziell auf geringen Kraftstoffverbrauch bei höchster Leistung getrimmt werden. Diese Motoren springen auch spätestens beim zweiten Schlag gegen den Propeller an, so daß die Tankzeiten enorm kurz werden. Unterstützt wird dieses gute Startverhalten durch spezielle Tankventile, die dem Motor beim Tankvorgang genau die Kraftstoffmenge zuführen, die zum sofortigen Start benötigt wird.

Zur besseren Verständigung zwischen Mechaniker und Pilot werden in letzter Zeit immer häufiger Sprechfunkgeräte eingesetzt. Der Mechaniker ist damit in der Lage, den Piloten ständig über den Rennablauf zu unterrichten, ihn auf Verwarnungen und Fehler aufmerksam zu machen und ihm den Zeitpunkt, zu dem er den Motor abschalten soll, bekanntzugeben.

Die letzten Zeilen könnten den Eindruck erwecken, daß die Teilnahme am «Team Racing» ohne die eben beschriebene aufwendige, hochgezüchtete Technik sinnlos sei, da man von vornherein technisch unterläge. Das ist aber ein Trugschluß. Auch beim «Team Racing» ist, wie in jeder Sportart, der Mensch der entscheidende Faktor.

Der größte Geschwindigkeitszuwachs eines Modells ist nicht durch einen neuen teureren Spezialmotor, sondern bei der Abstimmung des Propellers mit dem Motor und mit dem Modell herauszuholen. Es ist immer wieder erstaunlich, was kleine Veränderungen in der Propellerform oder des Propellerprofils und der Steigung für Leistungserhöhungen des Modells hervorrufen können. Auf diese gute Abstimmung zwischen Modell, Motor und Propeller ist also das Hauptaugenmerk beim Training zu legen, wenn das Fliegen und die Griffe des Mechanikers zur Routine geworden sind. Wichtig für den «Team Racer» ist, daß immer der gleiche Kraftstoff verwendet wird. Da Kraftstoff mit der Zeit seine verbrennungstechnischen Eigenschaften ändert, sollte er auch immer das gleiche Alter haben, d. h., er sollte möglichst in der gleichen Zeitspanne vor seiner Verwendung gemischt werden.

Das beste Hilfsmittel zum richtigen Einstellen des Motors ist eine kleine Wetterstation, von der Temperatur und Luftfeuchtigkeit abgelesen werden können. In Verbindung mit einem Trainingsbuch, in das die letzten Wetterwerte, nach denen der Motor eingestellt wurde, eingetragen werden, ist eine solche kleine Station in der Hand des Mechanikers das beste Mittel, um den Motor ohne vorherigen Probelauf jederzeit einstellen zu können.

Zusammenfassend kann man zu dieser interessanten Sportart ohne Übertreibung sagen: Sie erzieht, sie bildet, sie erhält fit, und sie macht Spaß. Aktive Beteiligung an den Wehrsportarten «Mannschaftsrennen» und «Geschwindigkeitsflug» fördert mutiges Verhalten, Beharrlichkeit, Fleiß, Gemeinschaftssinn, Kameradschaftsgeist und erhöht die physische Belastbarkeit. Das sind Eigenschaften, die jeder Jugendliche für die Ausübung des Ehrendienstes in der NVA benötigt. Aber auch für die Ausübung des späteren Berufs kommen den Jugendlichen die umfangreichen Kenntnisse in Metall- und Holzbearbeitung, in Werkstoffkunde, Klebetechnik, Kunststoffverarbeitung, in Kraftstoffchemie und Motorentechnik zugute, die sie sich bei der Ausübung des Modellsports in diesen international sehr beliebten Modellflugklassen aneignen. Leider gibt es in der DDR noch nicht genug Wettkampfplätze, auf denen diese schöne Wehrsportart ausgeübt werden kann.

Begegnung mit Äthiopien: Bekele, ein Soldat der Revolution

Dieter Koppetsch

Kurz vor meiner Abreise nach Äthiopien erhielt ich einen Telefonanruf von Wolfgang S., einem Freund und ehemaligen Studienkollegen: «Ich hörte, daß du in den nächsten Tagen nach Addis Abeba fliegst. Ich habe eine Bitte an dich. Kannst du einige kleine Geschenke für einen Bekannten in Addis Abeba mitnehmen?»

Auf meine Frage: «Wie kommst du zu Bekannten in Addis Abeba?», erfahre ich folgendes: Wolfgang war vor einiger Zeit mehrere Monate in einer Klinik des Städtischen Krankenhauses Buch zur stationären Behandlung. Zur selben Zeit wurden dort auch mehrere Angehörige der äthiopischen Armee behandelt, die teilweise komplizierte Kriegsverletzungen erlitten hatten. Während der militärischen Auseinandersetzungen mit Somalia bzw. mit den Separatisten und Konterrevolutionären im eigenen Lande waren sie Opfer dieser Kämpfe geworden. Sie erhielten danach umfangreiche medizinische Betreuung in der DDR, die in Äthiopien nicht möglich war. Wolfgang aber war der einzige Patient in dieser Abteilung, der Englisch sprach. Er hatte den äthiopischen Soldaten geholfen, in der unbekannten Umwelt Kontakt zu bekommen, und sich bemüht, ihren Mut zum Leben zu stärken. Zwischen Wolfgang und mehreren der Soldaten war in den Wochen des Krankenhausaufenthaltes eine echte Freundschaft entstanden. Nach ihrer Rückkehr in die Heimat schrieben sie sich oft. Die Briefe aus Äthiopien berichteten über das persönliche und familiäre Geschehen, über die Entwicklung im Lande.

Bekele Seifu, einer der äthiopischen Soldaten, schrieb an Wolfgang: «Ich bin jetzt noch für einige Wochen im Militärhospital in Addis Abeba zur Nachbehandlung. Voraussichtlich werde ich dann entlassen und kann wieder zu meiner Familie. Vom Staat bekomme ich gegenwärtig eine kleine Rente. Aber ich möchte irgend etwas machen, um meinem Leben Inhalt zu geben. Es wird durch die Regierung viel getan, um die

Auf dem Mercato in Addis Abeba – dem größten offenen Markt Afrikas

Kriegsinvaliden wieder in die Gesellschaft einzugliedern. In dem neugeschaffenen Rehabilitationszentrum in Debre Zeyt gibt es Möglichkeiten, einen neuen Beruf zu erlernen. Überhaupt hat sich in den acht Monaten, die ich in der DDR war, viel verändert ...

Revolutionäre Wachsamkeit ist geboten. Separatisten im Norden bedrohen die Einheit des Landes

Bewaffnete Volksmilizen während der Demonstration zum 1. Mai

Dörfliche Tukuls – die traditionellen Rundhütten – dienen als Wohnung und Lagerhaus

IFA

Blick auf Addis Abeba, die Hauptstadt Äthiopiens

Ein Tukul – eine Rundhütte – wird gebaut

Honig – ein typisches Produkt der äthiopischen Landwirtschaft. In hohen Bäumen hängen Dutzende von Bienenstöcken

Der äthiopische Löwe steht am Beginn der Churchill-Road, der Magistrale Addis Abebas, die über mehrere Kilometer zum Rathaus der Stadt führt

Fruchtbares Tal im äthiopischen Hochland

Am Rande der Stadt wird Wäsche gewaschen und auf Steinen und Wiesen zum Trocknen ausgebreitet

Als ich schwerverletzt zu Euch gebracht wurde, gab es in Äthiopien selbst in den großen Städten häufig noch Schießereien zwischen den Kräften der Revolution und Reaktionären aller Schattierungen, zu denen Anhänger des gestürzten Kaisers ebenso gehörten wie Separatisten oder Mitglieder pseudolinker Gruppen und andere Gegner des sozialistischen Äthiopiens. Der weiße Terror forderte viele Opfer, von denen viele auf dem großen Friedhof der Helden der Revolution an der Straße nach Debre Zeyt bestattet wurden. Auch eine ganze Reihe meiner Kameraden und Freunde befinden sich darunter ...

Heute ist Addis Abeba eine friedliche Stadt. Das Leben pulsiert, und die Menschen gehen wieder ohne Angst auf die Straße und zur Arbeit.»

Bei meiner Ankunft in Addis Abeba finde ich die Worte von Bekele Seifu bestätigt. An meinem Ankunftstag, einem Sonntag, flanieren die Jungen und Alten wie an jedem Feiertag durch die Stadt. Mädchen, mit Jeans und traditionellen Umhängen oder mit modernen Pullovern bekleidet, sind ebenso häufig anzutreffen wie ehrwürdige Alte mit dem traditionellen Shemma, der Nationaltracht der Äthiopier. Unbeeindruckt vom Verkehrsgetümmel treiben Hirten ihre Schafherden durch die City. Ein Zeichen, daß man sich trotz zahlreicher moderner Bauten nicht mehr in Europa, sondern auf dem afrikanischen Kontinent befindet. Fliegende Händler warten mit Souvenirs, Früchten, Schnitzereien, Gewürzen und anderem auf kauflustige Passanten. Schuhputzer bieten ihre Dienste an. Linientaxis halten für ein geringes Entgeld an den Bedarfshaltestellen. Und in den kleinen Cafés sitzen und stehen

Im Schulungszentrum des VEB Traktorenwerks Schönebeck werden äthiopische Fachkräfte ausgebildet

Chicahäuser in Addis Abeba, traditionell aus Eukalyptuszweigen, Stroh, Lehm und Wellblech gebaut, haben für die Lösung des Wohnungsproblems noch große Bedeutung

die zahlreichen Besucher und diskutieren über große und kleine Probleme. Aus dem großen Stadion im Herzen der Stadt hört man die internationalen Ahs und Ohs, wenn eine Aktion mehr oder weniger geglückt ist. Irgendwo lese ich, daß im hochgelegenen Rathaus eine Ausstellung junger äthiopischer Künstler stattfindet. Ein friedliches Bild in einem Land, das sich seit Jahren nach Frieden sehnt.

Sobald es meine Zeit erlaubt, mache ich mich mit einem Kollegen in den nächsten Tagen auf die Suche nach Wolfgangs Freund Bekele. Er sollte sich noch im Kiflea Tore Hospital befinden. Aber dort erfahre ich nur, daß er nicht mehr im Krankenhaus ist. Niemand hier weiß, wohin er entlassen wurde oder wo er wohnt. Aber der freundliche Sanitäter und seine Freunde, mit denen ich spreche, trösten mich und sagen, sie glaubten jemanden zu kennen, der wüßte, wo Bekele wohne. Aber dieser Ato Birku, dieser Herr Birku, der wüßte, wo Bekele wohne, sei jetzt nicht anwesend, und wir sollten uns doch später noch mal melden. Nach vielen vergeblichen Bemühungen gelingt es mir schließlich, Ato Birku zu sprechen, der auch gern bereit ist, uns zu Bekele, Wolfgangs Freund, zu bringen. Tagelang hatte ich die große Flasche Nordhäuser Doppelkorn und die hübschen Kindersachen mit mir herumgetragen und schon befürchtet, daß ich sie nicht mehr übergeben könnte. Ohne Birku wäre es mir sicherlich auch nicht gelungen. Er sagte mir, daß Bekele in der Higher 11, Kebele 08, Haus Nr. 093, wohne. Aber da es weder Straßenschilder noch andere Hinweise gibt, ist es für den nicht Amharisch Sprechenden fast unmöglich, sich in dem Gewirr der kleinen Gassen und Gäßchen außerhalb der großen Straßen zurechtzufinden. Auch Ato Birku hat seine Probleme und muß des öfteren Passanten nach dieser Anschrift fragen, wobei uns Beschreibungen von Bekele und ein Bild, das wir mitgenommen haben, behilflich sind.

Schließlich haben wir das Gäßchen gefunden. Bekele wohnt in einem kleinen Häuschen, in einem sogenannten Chicahaus, das in traditioneller Weise aus Eukalyptushölzern, Stroh und Lehm gebaut ist. Rund

60 Prozent aller Häuser der Hauptstadt sind in dieser Bauart oder aus ähnlichem Material errichtet. An Bekeles Häuschen gibt es keine Klingel. Die Tür zum kleinen Hof ist angelehnt, und mit Birku betreten wir den Hof. Birku ruft einige Worte in amharischer Sprache in das Häuschen, und die Antwort ist wohl eine Aufforderung zum Eintritt, denn gleich darauf geht Birku in das Chicahaus, und wir folgen.

Es ist ein bescheidener Raum, in dem auf einer geflochtenen Liege ein beinamputierter junger Mann sitzt. Außer der Liege befinden sich nur noch ein kleines Tischchen und zwei aus einem Baumstamm geschnitzte Jimmahocker im Raum. An der Lehmwand über der Liege hängt ein Bild von Mengistu Haile Mariam, dem äthiopischen Staatschef und militärischen Führer.

Währenddessen hat Birku dem jungen Mann erklärt, wer die Besucher sind. Ein Leuchten geht über sein Gesicht, als ich die herzlichsten Grüße von Wolfgang übermittle. Er küßt mir immer wieder die Hände. Seine Freude ist kaum zu beschreiben. Er bittet mich und meinen Begleiter, auf den Jimmahockern Platz zu nehmen und von Wolfgang, von den anderen Patienten und von der DDR zu erzählen. Fragen über Fragen sprudeln aus ihm heraus. Nachdem der erste Begrüßungstaumel vorüber ist, stellt uns Bekele seine Frau, die sich bisher bescheiden im Hintergrund gehalten hat, und seine beiden Kinder vor.

«Wie ich mich freue, wie ich mich freue», wiederholt Bekele immer wieder, «daß Sie aus der DDR zu mir gekommen sind. Alle waren so nett zu mir, in der DDR. Die Ärzte, die Schwestern und die Patienten. Sie haben mir sehr geholfen. Ich weiß nicht, wie ich mich jemals dafür bedanken kann. Grüßen Sie alle. Es war so gut, bei Ihnen zu sein. Sie haben mir dort das Leben wiedergeschenkt und mir auch wieder Mut zum Leben gegeben.»

Wir haben Bekele die kleinen Geschenke übergeben. Und sofort probieren seine Kinder die Pullover und Hemden. In dem 2400 Meter über dem Meeresspiegel gelegenen Addis Abeba ist wärmende Kleidung immer gefragt, denn Kühle und Regen im äthiopischen Hochland lassen mitunter vergessen, daß man sich im Herzen Afrikas befindet.

Bekele hat einige Worte mit seiner Frau

Der Wassertransport, oft über mehrere Kilometer, ist auch heute noch ausschließlich Aufgabe der Frauen

Auf dem Friedhof der Helden der Revolution

Dörfliche Landschaft mit traditionellen Tukuls

Blühender Oleander

Das äthiopische Hochland gehört zu den fruchtbarsten Gebieten Afrikas

gewechselt, und bald darauf stehen die kleinen, henkellosen Kaffeeschälchen auf dem winzigen runden Holztisch. Aus einem kupfernen Kännchen wird der Kaffee eingegossen – äthiopischer Kaffee, wie er sein soll: schwarz wie die Nacht, heiß wie die Hölle und süß wie die Liebe.

Unter dem Bild Mengistus entdecken wir einige kleine Fotografien, die Soldaten in unterschiedlicher Uniform und mit unterschiedlicher Ausrüstung zeigen. Als Bekele unser Interesse bemerkt, nimmt er die Fotos von der Wand und reicht sie uns.

«Hier, das sind Aufnahmen, die mich als jungen Soldaten zeigen. Damals war ich in Gonder stationiert, einer der alten Hauptstädte Äthiopiens. Später war ich dann in Harrar, im Südosten Äthiopiens. In Ogaden kämpften wir gegen die Truppen Somalias.

Junge Äthiopierinnen bieten Fladen zum Verkauf

Als wir diese Angriffe zurückgeschlagen hatten, verbündeten sie sich mit den ehemaligen Landlords und anderen Feinden der Revolution und bildeten Banden in dem unübersichtlichen Gebiet. Sie terrorisierten die Bewohner und überfielen die Städte und Dörfer. Mehrmals wurden Brücken und Gleise der einzigen äthiopischen Eisenbahn zwischen Addis Abeba und Djibouti gesprengt. Bei diesen Kämpfen gerieten wir in ein Minenfeld, und ich wurde an beiden Beinen schwer verletzt. Blutverluste, eine eingetretene Wundinfektion und fehlende ärztliche Hilfe hatten meine Überlebenschancen fast ins Hoffnungslose sinken lassen. Daß ich heute wieder lerne, mich zu bewegen, und wieder lachen kann, verdanke ich der Solidarität eures Landes.»

Wir erfahren, daß Bekele Berufssoldat war und daß er gern Soldat war.

«Es war für mich bereits als kleiner Junge klar, daß ich einmal Soldat werde. Ich stamme aus einer alten Soldatenfamilie. Mein Vater, mein Großvater, mein Urgroßvater und zahlreiche Onkel waren Soldaten.»

Ich wußte von dem Stolz der Äthiopier auf ihren Kampfgeist, auf ihre Freiheit, die sie jahrtausendelang gegen eine feindliche Umwelt verteidigt hatten. Gegen jede Fremdherrschaft und Kolonialisierung konnten sie ihre Unabhängigkeit behaupten. Und das Tragen einer Waffe gehört auch heute noch in den abgelegenen Gebieten zum Statussymbol eines richtigen Mannes.

Bekele erzählt, daß sein Großvater 1936 gegen die Italiener kämpfte und einer seiner Verwandten 1894 in der siegreichen Schlacht von Adua fiel, in der Schlacht, mit der es Äthiopien gelang, seine Freiheit zu verteidigen und der einzige unabhängige Staat Afrikas zu bleiben.

Die Armee Äthiopiens spielte auch in der jüngeren Geschichte des Landes eine hervorragende Rolle. Der Sturz des Kaisers Haile Selassie I. und seines halbfeudalen Systems war ein Werk junger progressiver Offiziere und Soldaten um Mengistu Haile Mariam. Stolz weist Bekele dabei auf das farbige Porträt Mengistus, das ihn in der Uniform der äthiopischen Armee zeigt. Und man spürt Bekeles aufrichtigen Stolz, daß es die Armee und ihre Soldaten waren, die Äthiopien aus dem jahrhundertelangen Schlaf weckten, die die feudalistischen Strukturen zerstörten und etwas völlig Neues schufen.

Während wir mit Bekele über die Armee und die Soldaten seiner Familie sprechen, hat seine junge Frau ein äthiopisches Gericht zubereitet.

Unser Hinweis, daß wir nur wenig Zeit hätten, wird von Bekele nicht akzeptiert. Aber auch der Gedanke, der sicherlich nicht begüterten Familie das Essen zu schmälern, spielt bei unseren Ausflüchten eine Rolle. Doch da weitere Ablehnungen unhöflich gewesen wären, bleiben wir schließlich zum äthiopischen Mittagsmahl.

Nach der rituellen Handwaschung trägt Bekeles Frau Injera auf. Wot und Erbsen werden dazu gereicht. Die Injerafladen sind nicht jedermanns Sache. Sie haben einen Durchmesser von etwa 50 Zentimetern und sehen aus wie großporiger Schaumgummi. Sie schmecken leicht säuerlich. Man fertigt sie noch heute wie vor Jahrhunderten aus dem nur in Äthiopien angebauten Getreide Teff, dessen Körner etwa die Größe von Senfkörnern erreichen. Der scharfe Doro-Wot, eine Art Hühnergulasch, gehört dazu. Gewürzt ist dieser Doro-Wot mit allen erdenklichen Gewürzen des Orients, mit rotem und schwarzem Pfeffer, Knoblauch, Paprika, Zwiebeln und vielen anderen uns unbekannten Zutaten. Der Doro-Wot treibt mir die Tränen in die Augen. Das Besondere an dieser äthiopischen Nationalspeise ist, daß alles mit den Händen gegessen wird. Man reißt ein Stück Injerafladen ab, hält dieses zwischen den fünf Fingern und erfaßt dazu ein Stück des Wot-Fleisches. Nach traditioneller Sitte wird der Gast von dem Gastgeber selbst mit den besten Stücken gefüttert, und so ließ es sich Bekele nicht nehmen, uns nach dieser uralten Sitte der Gastfreundschaft mit einigen besonders guten Brocken zu bewirten.

Obwohl Bekele einen optimistischen Eindruck macht, ist sein Schicksal sehr traurig und bedauernswert. Mit 24 Jahren immer von anderen abhängig zu sein, das ist sicherlich für einen jungen Menschen nur schwer zu ertragen. Vorsichtig bringe ich das Gespräch darauf. Aber Vorsicht ist nicht nötig. Bekele will selbst über dieses Thema sprechen.

«Ja, was sollte ich machen. Wer will schon einen Krüppel, wo auch viele andere Arbeit suchen», sagt er leise, eher für sich. «Aber ich habe mich geirrt. Hier in meiner Kebele werde ich eine Aufgabe bekommen. Da ich eine Schule besucht, lesen, schreiben und rechnen gelernt habe, kann man mich brauchen», meint er zuversichtlich.

Die Kebele, eine Art Wohngebietsorganisation, hat umfangreiche Aufgaben. «Mehr als 4000 Menschen leben in unserer Kebele, und wir», sagt er, und man merkt, wie sehr er sich damit identifiziert, «haben die Aufgabe, die Selbstverwaltung zu organisieren, Versorgungsaufgaben zu lösen, Sicherheit in unserem Wohngebiet zu gewährleisten. Als die Kebelen 1975 entstanden, war die Nationalisierung des städtischen Haus- und Grundbesitzes verkündet worden, die Mieten wurden reduziert, und die Einnahmen aus diesen Mieten erhielt die Kebele. Ich werde verantwortlich sein für die Abrechnung der Gelder, die die Kebele erhält und die sie wieder für Neubauten, Modernisierung, die Schaffung von Wasseranschlüssen und für anderes ausgibt.

Einige meiner ehemaligen Kameraden, deren Verletzungen nicht so schwer waren, besuchten das zentrale Ausbildungszentrum in Siga Meda. Dort hatten sie die Möglichkeit, ein Handwerk zu erlernen. Weber, Maler, Schlosser und viele andere handwerkliche Tätigkeiten werden dort vermittelt. Praktische Berufe können erlernt werden, die für unser Land von großer Bedeutung sind. Mehr als 10000 Menschen werden gleichzeitig in den Ausbildungszentren geschult.»

Wie zur Bestätigung seiner Worte gesellen sich nach dem Essen zwei ebenfalls noch junge Männer zu unserer Runde. Es sind Freunde von Bekele, Tesfaye und Habte, ebenfalls ehemalige Soldaten.

Tesfaye war auch bei den Kämpfen in Ogaden dabei. Er verlor ein Auge und mehrere Finger der rechten Hand.

«Das passierte beim Entschärfen einer Mine an der Ethiopian-Djibouti-Railway», erzählt er. «Die Schmalspureisenbahn, die Addis Abeba mit der Hafenstadt Djibouti verbindet, war die wichtigste Versorgungsader der äthiopischen Hauptstadt zu diesem Zeitpunkt. Lebensmittel, Maschinen, Ersatzteile und andere wichtige Versorgungsgüter für die Industrie, die Bevölkerung und die Armee kamen über diese Verbindung von der Außenwelt. Immer wieder wurden Schienen und Brücken durch die bewaffneten Banden gesprengt, um Chaos zu stiften und um die Bevölkerung zu verunsichern.»

Tesfaye hat jetzt eine Tätigkeit in der Teppichweberei des Ethio-Craft-Centre – dem äthiopischen Handwerkszentrum. Dort sind 90 Prozent aller Arbeiter Körperbehinderte.

«Ich bin dort für die Organisation der Arbeit verantwortlich. Die Beschaffung des

Materials, Beschaffung und Modernisierung unserer Webstühle gehören zu meinen Aufgaben. Wir weben in unseren Werkstätten Teppiche mit einer Größe bis zu sechs mal vier Metern. Unsere Arbeiter sind zum Teil richtige Künstler. Und man könnte glauben, daß sie ihr ganzes Leben nichts anderes gemacht haben. Traditionelle Muster aus der äthiopischen Geschichte, so das Lalibela-Kreuz, gehören zu den Hauptgestaltungselementen. Die Teppiche», vernehmen wir von Tesfaye, «sind bis zu vier Zentimeter dick, und es dauert oft mehrere Monate, bis ein Teppich fertiggestellt ist. Mit seinen rund 500 Beschäftigten ist das Ethio-Craft-Centre bereits ein wichtiger Exportbetrieb. Bis nach Europa liefern wir unsere Teppiche, vielleicht auch bald in die DDR.»

Bekele, Tesfaye und Habte haben ihren neuen Weg gefunden, der nicht leicht war und zusätzliche Opfer, Einsatzbereitschaft und Willensstärke von ihnen verlangte. Bekele und die anderen Soldaten der Revolution, die nicht mehr mit dem Gewehr kämpfen können, kämpfen jetzt mit Kopf und Händen, um ihre Revolution zu erhalten und zu vollenden.

Als wir Bekele, seine Familie und seine Freunde verlassen, ist es ein Abschied von einem zuversichtlicher Menschen, der wieder ins Leben zurückgefunden hat, der mit seinem Dank und seinen Grüßen die Freunde in der DDR, deren Beitrag für seinen Lebensmut niemals vergessen wird.

Ich kann

Heinz Kahlau

Ich kann die Erde aus den Angeln heben,
ich kann auf alle Fragen Antwort geben,
ich kann die Wüsten Afrikas bewässern,
ich kann die Arbeit meines Chefs verbessern,
ich kann das Salz des Ozeans entfernen,
ich kann auf einmal drei Berufe lernen,
ich kann den Nordpol ganz von Eis befrein –
ich kann das alles – ich bin nicht allein.

Zinnfiguren mit Trommeln, Pauken und Trompeten

Oberst Friedrich Pietsch

Zinnfiguren entwickelten sich von einem uralten Spielzeug zum kunsthandwerklichen Erzeugnis und Anschauungsmittel der Geschichte. Oft wird die Zinnfigur mit dem Zinnsoldaten gleichgesetzt, zu Unrecht. Denn alle Bereiche der Tätigkeit des Menschen in Natur und Gesellschaft wurden und werden mit Hilfe der Zinnfigur gestaltet. Dennoch nimmt hierin das Militärwesen einen bedeutenden Platz ein.

Als Soldat der NVA gilt der Entwicklung der Militärmusik mein besonderes Interesse. Der Reiz, der mich zum Sammeln entsprechender Zinnfiguren veranlaßt, geht von der Figur selbst aus, aber auch davon, daß sich Militärmusik, wie Musik für Blasorchester überhaupt, großer Beliebtheit erfreut und dieses Gebiet sehr vielseitig ist. Der Sammler muß sich für Musikgeschichte und Instrumentenkunde interessieren; eine intensive Beschäftigung mit uniformkundlichen Schriften ist unumgänglich. Vor allem aber sollte er ein im Sinne unserer materialistischen Weltanschauung geprägtes Geschichtsbild haben. Denn die herrschende Klasse war immer bestrebt, die Musik, insbesondere die Militärmusik, ihrem System und ihren militärischen Zielen dienstbar zu machen. Die Militärmusik hat sich in allen historischen Epochen stets im Spannungsfeld der Kämpfe zwischen Reaktion und Fortschritt entwikkelt.

Vieles läßt sich aus dem Bereich Militärmusik durch die Zinnfigur nachvollziehen: die Entwicklung der Uniformen und der Musikinstrumente, die Instrumentalformation, der Platz der Spielleute oder des Musikkorps in der Antrete-, Marsch- und Gefechtsordnung. Besonders attraktiv ist die Darstellung militärischer Zeremonielle wie des Wachaufzugs oder Zapfenstreichs unter Einbeziehung der Architektur und des Publikums in Dioramen und Schaubildern. Das erfordert viel Übung, Ausdauer und Geschick.

Militärmusik wird als die Art der Musik bezeichnet, die zur Hebung der Kampfmoral, zur Befehls- bzw. Signalgebung und zur Gestaltung militärischer Zeremonielle dient, deren Kernstück seit dem 19. Jahrhundert der Militärmarsch ist.

Aus praktischen Gründen verwendet die Militärmusik Blas- und Schlaginstrumente, die in ihrem Material und ihrer Konstruktion relativ robust die Tonschwingungen unmittelbar an die Umwelt abgeben.

Es ist ein langer Weg von den Hörnern, Trommeln, Pauken und Trompeten der Heere antiker Staaten bis hin zu der seit 100 Jahren erprobten und bewährten hochorganisierten Instrumentalformation der Militärmusik.

Im ausgehenden Mittelalter wurde die Trompete zum Privileg der Reiterei. Bei den Fußtruppen fand die Trommel und als Melodieinstrument die Querpfeife obligatorisch Eingang. Jahrhundertelang hatte jedes Fähnlein bzw. jede Kompanie 1 bis 3 Trommler (Tambours) und Pfeifer. An Stelle der Pfeifer traten zeitweise auch Hornisten.

Mit der Herausbildung stehender Söldnerheere um die Mitte des 17. Jahrhunderts be-

Kriegsmusik im Altertum (von links nach rechts: Ägypter, Kelten, Assyrer)

Heraldische Trompeter Ausgang des Mittelalters

Mit dem Feldspiel der Landsknechte (Holztrommel und Querpfeife) entsteht eine etatmäßige Signalmusik

Tambours und Hornist im 18. Jahrhundert

gann ein neuer Abschnitt in der Entwicklung der Militärmusik.

Neben den Tambours und Pfeifern der Infanterie, die zum gemeinsamen Spiel zusammengefaßt wurden, entstanden in den Regimentern kleine Militärkapellen. Sie hatten z. B. in Brandenburg-Preußen um 1750 3 oder 4 Schalmeien und 1 Fagott, also Holzblasinstrumente. Nachdem die schrillen Schalmeien durch die weicher klingenden Oboen ersetzt worden waren, erhielten die Infanteriemusiker den Namen Hoboisten (nach der französischen Bezeichnung Hautbois), den sie bis ins 20. Jahrhundert hinein trugen.

Ende des 17. Jahrhunderts kam das große Jagdhorn aus Frankreich und wurde zum Harmonieinstrument der Regimentskapellen. Zugleich beeinflußte die türkische Musik deutlich die Militärmusik in den mit dem Osmanenreich benachbarten Staaten. So führte der Feldherr Johann Sobieski (1624–1696) zur Rettung des von den Türken belagerten Wien 1683 in seinem Heer eine starke Janitscharenkapelle mit. Allmählich hielt die Janitscharenmusik mit Halbmond (Schellenbaum), Becken, Triangel und großer Trommel Einzug in die Militärmusik aller Länder. Sie unterstützte damit wirksam den aufkommenden Gleichschritt. Der Marsch wurde zum charakteristischen Element der Militärmusik. Mit der Entwicklung der Technik der Blasinstrumente entstanden zugleich große Blasorchester. Klarinetten verschiedener Tonlagen verdrängten Anfang des 19. Jahrhunderts die Oboe aus ihrer bis dahin vorherrschenden Position. Um 1820 erhielten Trompeten und Hörner Ventile. So wurde es möglich, jede Tonleiter im ganzen Tonumfang zu spielen. In Preußen erwarb sich der Militärmusikdirigent Wilhelm Wieprecht (1802–1872) große Verdienste. Er vereinheitlichte die Besetzung, vervollkommnete das Instrumentarium (er führte als fundamentalen Baß die Tuba ein) und förderte die Aufnahme konzertanter Blasmusik in das Repertoire. In dieser Zeit erfolgte auch die Drei- bis Vierfachbesetzung der Blasinstrumente. Gut ausgebildeten Musikern übertrug man die Stimmführung, und es entstanden Voraussetzungen, daß große Musikkorps Kompositionen aller Musikgattungen vom Marsch über die Oper bis zur Sinfonie spielen konnten. Bei einem Wettstreit zur Brüsseler Weltausstellung 1880 intonierten Militärorchester europäischer Armeen u. a. Werke von Mozart, Liszt und Verdi.

Und es ist nicht ohne Ironie, wenn man bedenkt, daß 1913, zur Jahrhundertfeier der Völkerschlacht bei Leipzig, Deutschland, Österreich, Frankreich und Rußland Militärkapellen entsandten, die wenig später in den imperialistischen Raubkrieg zogen. Allein in Deutschland erhöhte sich vor dem ersten Weltkrieg die Anzahl der Militärkapellen auf 500.

Während im Deutsch-Französischen Krieg 1870/71 die Signalmusik noch eine große Bedeutung hatte und Musikkorps mit klingendem Spiel in der Gefechtsordnung auftraten, verschwand die Signalmusik als Gebrauchsmusik im ersten Weltkrieg fast völlig. Die Musikkorps konnten sinnvoll nur noch im rückwärtigen Raum eingesetzt oder die Militärmusiker zu anderen Diensten, im kaiserlich-deutschen Heer z. B. zum Sanitätsdienst, herangezogen werden. Massenhafter Einsatz von Militärtechnik und der damit verbundene zunehmende Gefechtslärm, Massenverluste und die Einführung moderner Nachrichtenmittel wie Signalmunition und Telefon hatten das bewirkt.

Nicht nur die Infanterie, auch die Kavallerie wurde von Musikern begleitet.

Jahrhundertelang übten in Deutschland Feldtrompeter und Heerpauker (sogenannte Karoliner) die Kavalleriemusik aus. Unter Karl V. (1500–1558) erhielten sie gewisse Privilegien, und es war eine Art Zunft der Karoliner entstanden, die erst mit dem Untergang des römisch-deutschen Reiches (1806) im Ergebnis der napoleonischen Kriege aufgelöst wurde.

Im 16. und 17. Jahrhundert besaß jede Eskadron 1 bis 2 Kavallerietrompeter. Obwohl diese für den Signaldienst bestimmt waren, wurden sie schon im Regiment zusammengefaßt und mit dem Pauker zum Spielen anderer Musikstücke eingesetzt. Während des 30jährigen Krieges entstanden der noch heute gern gehörte Marsch der finnländischen Reiterei und der Marsch der Pappenheimer Kürassiere.

Um 1800 hatten die Kapellen der Kavallerie in den Armeen der deutschen Staaten meist 1 Stabstrompeter, bis zu 12 Trompeter und 1 Pauker. Sie trugen die Bezeichnung Trompeterkorps und blieben bis ins 20. Jahrhundert hinein im wesentlichen mit Blechblasinstrumenten besetzt. Da Dragoner (in einigen Ländern) ursprünglich bis ins 18. Jahrhundert als berittene Infanterie eingesetzt wurden, finden wir bei der Truppengattung der Kavallerie (z. B. in Frankreich) ein Instrumentarium, das dem der Infanterie gleich oder ähnlich ist. Die Jäger, eine Truppengattung der Infanterie, hatten traditionell viele Waldhörner und Flügelhörner. Dadurch klang die Jägermusik weicher. Das Schlagwerk fehlte hier gänzlich. Als Baßinstrument wurde bei ihnen vorwiegend das Helikon, eine Rundform der Tuba, verwendet. Jäger zu Pferde übernahmen ebenfalls die für Jäger übliche Besetzung.

Seit etwa 300 Jahren wird in verschiedenen Armeen, bei manchen auch nur zeitweise, der Schellenbaum geführt. Er marschiert an der Spitze des Musikkorps. Der mit Glöckchen versehene Halbmond der Janitscharen wurde mit den Spitzen nach oben gedreht, mit heraldischem Schmuck und langen Roßschweifen versehen, zu einem repräsentativen Schaustück und Wahrzeichen der Militärmusik, das auch künftig bei keiner festlichen Gelegenheit fehlen sollte.

Heute findet neben dem Schellenbaum wohl nur noch die Lyra, das «Klavier» für den Marsch, eine ähnliche Ausschmückung. Die Kesselpauke marschierte beim Trompeterkorps ebenfalls an der Spitze des Zuges. Sie wurde mit prachtvoll bestickten Behängen ausgestattet, für Verdienste verliehen oder im Gefecht erobert. In einigen Staaten durfte sie nur von Garde-Reiter-Regimentern geführt werden. Die tiefe Kesselpauke und die hohe Trompete erzeugten wechselseitig eine reizvolle Stimmung, die schon Bach und Händel bewußt einsetzten. Die Pauken vieler europäischer Kavallerieregimenter kamen aus Grünhammer im Erzgebirge und verdeutlichten Geschick und Präzision sächsischer Kupferschmiede.

Nicht weniger Geschick mußten die Pauker als Reiter und Musiker besitzen. Sie erhielten oft die schönsten Pferde. Überdimensionale Pauken und große Trommeln wurden nicht selten auf besonderen Wagen von Pferden, Eseln oder auch Hunden gezogen. 1730 versuchte August der Starke während eines Militärmanövers bei Zeithain, seinen Gast, den Preußenkönig Friedrich Wilhelm I., mit einem Paukenwagen der Kursächsischen Artillerie zu beeindrucken. Zu dieser Artilleriemusik gehörten auch 8 Bockpfeifer.

Die phantasievoll mit allerlei Borten ausgeschmückten Uniformen der Militärmusiker traten besonders hervor. Gegenüber der allgemeinen Uniformierung des Truppenteils hatten die Uniformen der Spielleute, Hoboisten und Trompeter außerdem vielfache Besonderheiten in Farbe und Schnitt.

So waren um die Wende vom 18. zum 19. Jahrhundert «gewechselte Farben» in Mode, d. h., die Farbe des Uniformtuchs wurde mit der des Besatzes bewußt getauscht. In den meisten europäischen Armeen trugen die Militärmusiker andersfarbige, meist rote Helmbüsche. Von allen Schmuckelementen haben sich die sogenannten Schwalbennester am oberen Ärmelansatz und als Symbol der Militärmusik die Lyra bis in die Gegenwart behauptet. In vielen Armeen war es damals Brauch, die Schlaginstrumente vorzugsweise mit Afrikanern, den «Mohren» oder «Mamelucken», zu besetzen.

Revolutionäre Ereignisse und progressive nationale Kriege hatten stets Einfluß auf das Schaffen von Komponisten, was sich auch in der Militärmusik widerspiegelt. Als die französische Revolutionsregierung 1792 zur Verteidigung der Revolution aufrief, schuf der Offizier Claude-Joseph Rouget de Lisle (1760–1836) die mitreißende Hymne, die später als Marseillaise weltbekannt wurde. Die europäischen Befreiungskriege (1812/15) begeisterten und inspirierten Ludwig van Beethoven. Ihm verdankt die Militärmusik z. B. die Schlachtsinfonie «Wellingtons Sieg oder die Schlacht bei Vittoria».

Die Oktoberrevolution und der bewaffnete Kampf gegen Konterrevolution und Intervention, aber auch der Freiheitskampf des spanischen Volkes 1936 bis 1939 brachten neue Lieder und Märsche, die in der Arbeiterbewegung weite Verbreitung fanden.

Zinnfiguren zur Musik preußischer Regimenter zwischen 1871 und 1914: Infanterie (links unten) und Dragoner – nicht etatmäßige Aufstellung

Genannt seien «Rote Matrosen» und die von Paul Dessau komponierte «Thälmann-Kolonne». Unkompliziert gingen die bewaffneten Formationen der revolutionären deutschen Arbeiterklasse mit dem musikalischen Erbe um und verbanden alte Soldatenmelodien mit neuen Texten.

Mit der Bildung der Nationalen Volksarmee entwickelte sich die sozialistische Militärmusik der DDR, die in künstlerischer Vielfalt sowohl zeitgenössische Originalkompositionen aus der DDR und den anderen sozialistischen Ländern und ihren Streitkräften als auch Märsche und konzertante Orchesterwerke, die mit progressiven Entwicklungen in der deutschen Militärgeschichte verbunden sind, interpretiert. Davon zeugt zum Beispiel der «Große Zapfenstreich», eines der schönsten militärischen Zeremonielle.

Die NVA, deren Auftrag der zuverlässige Schutz des Friedens und des Sozialismus ist, verlieh dem Zapfenstreich und anderen Zeremoniellen in Beibehaltung der überlieferten Formen einen neuen Inhalt, sie verband humanistische Traditionen der Militärgeschichte mit denen der deutschen und internationalen Arbeiterbewegung.

So charakterisieren musikalische Themen des jahrhundertewährenden revolutionären Kampfes der Volksmassen auf ihre Weise den Sinn des Soldatseins in unseren sozialistischen Streitkräften.

Fahne und Tambours der preußischen Infanterie zur Zeit Friedrichs II. (links oben)

Infanteriekapelle der napoleonischen Armee (Mitte links)

Französische Jäger zu Pferde Anfang des 19. Jahrhunderts (Mitte)

Grenadiere und Tambours zur Zeit der Großen Französischen Revolution (rechts oben)

Infanterietambours der verbündeten Armeen zur Zeit der Befreiungskriege 1812–1815 (Mitte rechts)

Spielmannszug und Musikkorps der NVA Anfang der 60er Jahre

Granatwerfer – eine Steilfeuerwaffe

Werner Kießhauer

Die glattrohrigen Geschütze, die seit ihrer Erfindung im 14. Jh. bis in die Mitte des vorigen Jahrhunderts hinein die Bewaffnung der Artillerie bestimmten, wiesen neben verhältnismäßig geringen Schußweiten nur eine geringe Treffgenauigkeit ihrer Geschosse auf. Da sie außerdem Vorderlader und nur reichlich umständlich zu laden waren, blieb auch ihre Feuergeschwindigkeit niedrig.

Der Übergang zu Geschützen mit gezogenen Rohren, die außerdem von hinten geladen werden konnten, die Einführung der leistungsstärkeren rauchschwachen Pulver, neue Sprengstoffe sowie eine Vielzahl anderer technischer Neuerungen führten zu einer erheblichen Leistungssteigerung der Artillerie hinsichtlich Treffgenauigkeit, Feuertempo und Reichweite.

Als im ersten Weltkrieg 1915 die Fronten in einem Stellungskrieg erstarrten, waren auch Waffen sehr gefragt, mit denen man aus einer eingegrabenen Stellung heraus treffsicheres Feuer auf einen Gegner führen konnte, der ebenfalls tiefe Deckungen bezogen hatte. Die modernen Schnellfeuergeschütze dieser Zeit waren dazu nicht geeignet. Deshalb wurden in den einzelnen Ländern unter verschiedenen Bezeichnungen wie Minenwerfer, Bombenwerfer oder Infanteriemörser unterschiedliche Waffen entwickelt, die folgendes gemeinsam hatten: kurze, meist (innen) glatte Rohre, die von der Mündung her geladen wurden. Aus ihnen entwickelte sich mit den Granatwerfern eine neue, inzwischen unentbehrlich gewordene Kategorie von Artilleriewaffen.

Die Granatwerfereinheiten der Nationalen Volksarmee wurden bei deren Gründung im Jahre 1956 mit den bewährten sowjetischen 82-mm- und 120-mm-Granatwerfern ausgerüstet. Die 120-mm-Granatwerfer stehen noch heute zuverlässig im Dienst. Wir wollen uns nun näher mit diesem Waffentyp und seinen Besonderheiten sowie mit seiner Bedienung und deren Tätigkeiten bekannt machen und dabei auch allgemeines über Granatwerfer und deren Einsatz erfahren.

Der 120-mm-Granatwerfer

Der 120-mm-Granatwerfer dient der Feuerunterstützung der mot. Schützeneinheiten. Er wird zum Niederhalten und Vernichten von gegnerischen Truppen und Waffen innerhalb und außerhalb von Deckungen eingesetzt. Er gehört zur Ausrüstung der mot. Schützenbataillone, bei denen er zusammen mit rückstoßfreien Geschützen und Panzerabwehrlenkraketen die Bataillonsartillerie bildet.

Der Werfer ist als starres Waffensystem, d. h. ohne Rohrrücklaufeinrichtung, konstruiert. Er hat ein glattes Rohr und wird von der Mündung her geladen. Mit dem Werfer werden flügelstabilisierte Wurfgranaten verschossen. Damit ist der 120-mm-Granatwerfer ein typischer Vertreter dieser Waffenart, und das für ihn hier Gesagte gilt (mit Ausnahme der technischen Daten selbstverständlich) für die meisten leichten und mittleren Granatwerfer dieser Bauart.

Der 240-mm-Minenwerfer Modell 1916 der österreichisch-ungarischen Armee schleuderte 16 kg schwere Geschosse bis 1080 m weit. Masse in Gefechtslage 240 kg; Feuergeschwindigkeit 2 Schuß/min

Sowjetische 82-mm-Granatwerfer gehörten viele Jahre zur Bewaffnung der NVA. Max. Schußweite 3040 m; Feuergeschwindigkeit bis zu 15 Schuß/min

Der französische 75-mm-Infanteriemörser Modell 1916 war der Urvater der späteren leichten Granatwerfer. In 3 Traglasten (zu 25, 12 und 11 kg) zerlegt, konnte er von seiner Bedienung auf dem Rücken transportiert werden. Max. Schußentfernung 1100 m; Feuergeschwindigkeit 10 Schuß/min

Taktisch-technische Angaben zum 120-mm-Granatwerfer

Max. Schußentfernung in m	5700
Masse der Splittersprengwurfgranate in kg	15,9
Max. Anfangsgeschwindigkeit in m/s	272
Rohrlänge in mm	1650
Höhenrichtbereich in Grad	+45...+80
Seitenrichtbereich in Grad	±5
Masse in Gefechtslage in kg	282
Feuergeschwindigkeit in Schuß/min	10

Schauen wir uns diese Waffe nun etwas näher an. Der Werfer besteht aus folgenden Hauptteilen: Rohr mit Bodenstück und Lade-

120-mm-Granatwerfer der Nationalen Volksarmee

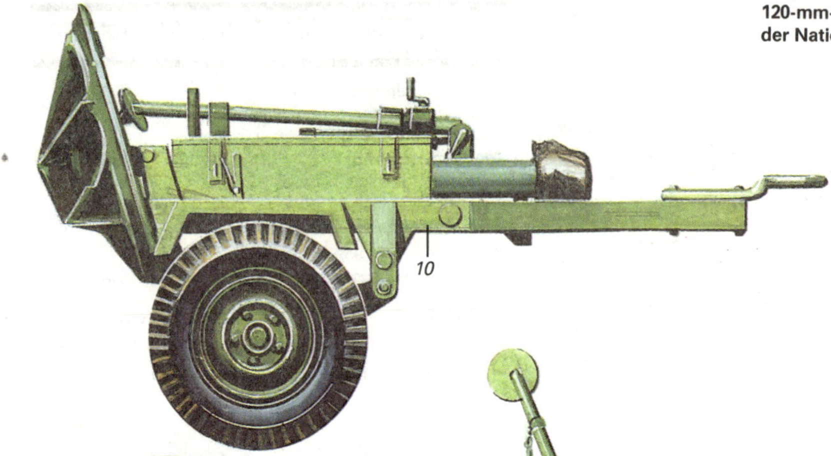

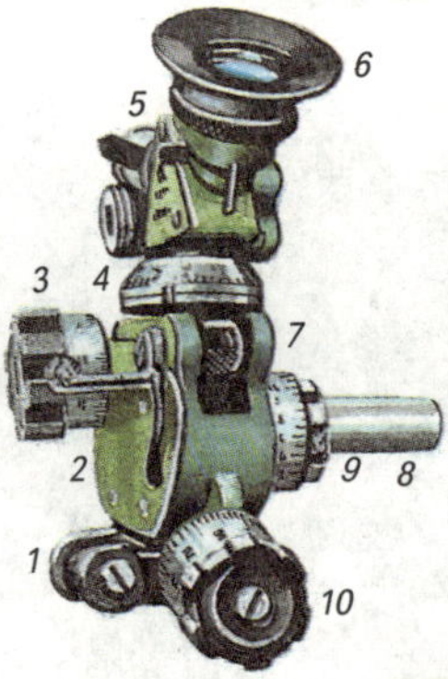

Richtaufsatz MPM-44

1 – *Erhöhungslibelle*
2 – *Gehäuse*
3 – *Teilringtrieb mit Feinskale*
4 – *Richtaufsatzoberteil mit Grobskale des Teilringes*
5 – *Tubus*
6 – *Augenschutz*
7 – *Verkantungslibelle*
8 – *Zapfen*
9 – *Grobskale des Erhöhungswinkels*
10 – *Erhöhungswinkeltrieb mit Feinskale*

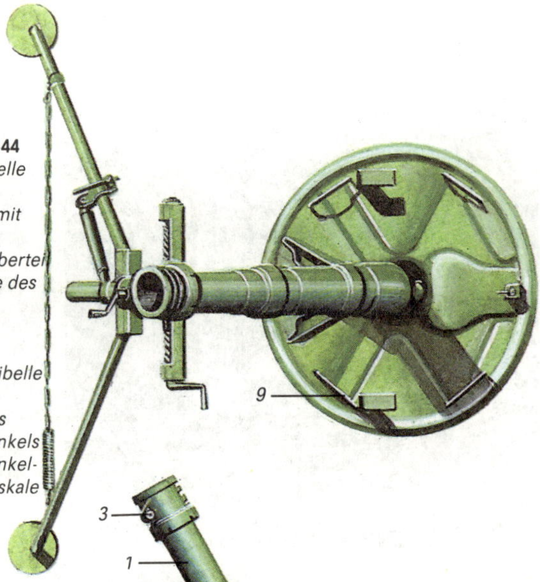

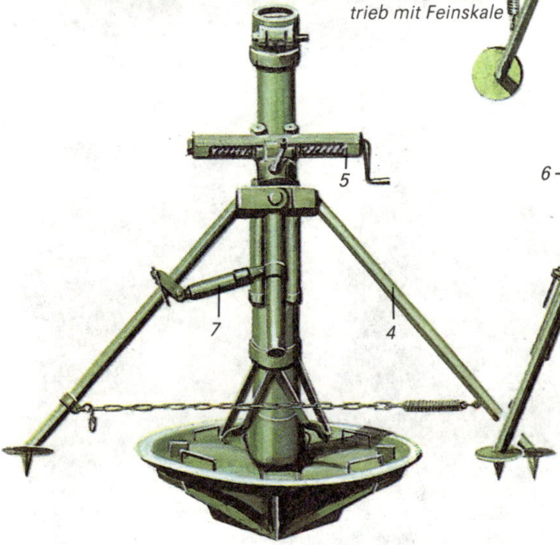

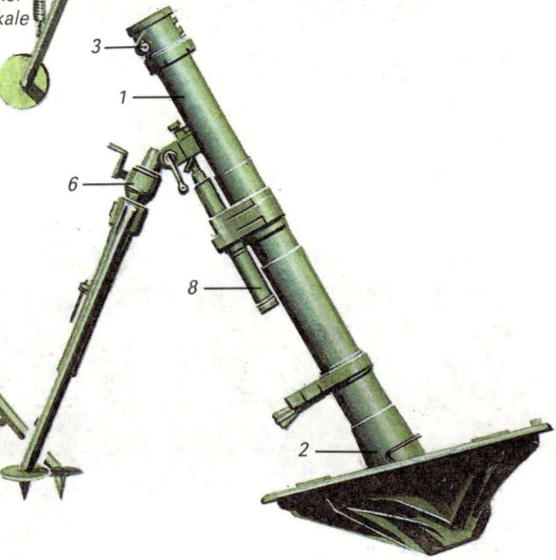

Hauptteile des Werfers

1 – *Rohr*
2 – *Bodenstück*
3 – *Ladesicherung*
4 – *Zweibein*
5 – *Seitenrichttrieb*
6 – *Höhenrichttrieb*
7 – *Verkantungstrieb*
8 – *Federpufferung*
9 – *Bodenplatte*
10 – *Fahrgestell*

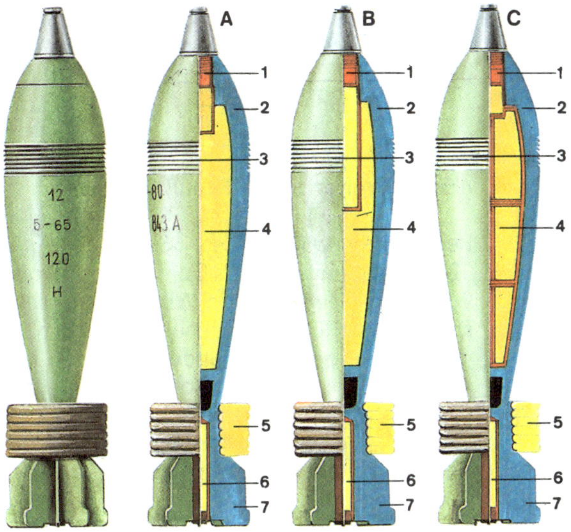

Aufbau der Munition
A – Splittersprengwurfgranate
B – Nebelwurfgranate
C – Brandwurfgranate
1 – Zünder
2 – Granathülle
3 – Zentrierwulst
4 – Gefechtsladung (Sprengstoff, Nebelmasse oder Brandsätze)
5 – Zusatzladungen
6 – Grundladung
7 – Stabilisator

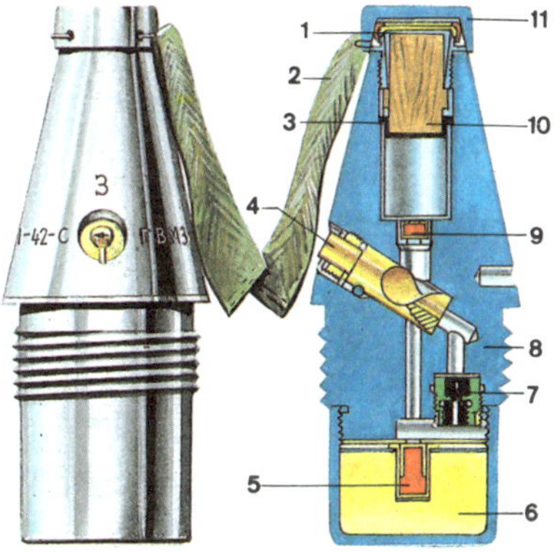

Wurfgranatzünder GWMZ-1
1 – Membrane
2 – Zuglasche
3 – Hülse
4 – Stellbolzen
5 – Detonationskapsel
6 – Detonator
7 – Verzögerungssatz
8 – Zünderkörper
9 – Zündkapsel
10 – Holzstößel
11 – Schutzkappe

sicherung, Zweibein mit Richttrieben und Federpufferung, Bodenplatte, Zieleinrichtung und Fahrgestell.

Das innen glatte *Rohr* trägt an seiner Mündung die Ladesicherung. Hinten ist es in das Bodenstück eingeschraubt.

Im *Bodenstück* ist die Abfeuerungseinrichtung untergebracht. Mit seinem Kugelzapfen sitzt es in der Bodenplatte und überträgt auf diese die Abschußwucht.

Das *Zweibein* dient dem Rohr als Stütze. Seine Richttriebe ermöglichen das Einstellen des für die Schußweite notwendigen Rohrerhöhungswinkels bzw. der genauen Schußrichtung. Die *Federpufferung* verbindet Rohr und Zweibein elastisch und gewährleistet einen sicheren Stand des Werfers beim Abschuß.

Die *Bodenplatte* überträgt die Wucht des Abschusses gleichmäßig auf den Untergrund. Beim Beziehen der Feuerstellung ist eine entsprechende Grube für sie auszuheben.

Als *Zieleinrichtung* wird der Richtaufsatz MPM-44 verwendet, der auch das Richten und damit das Schießen bei Nacht erlaubt.

Das *Fahrgestell* für den Transport des Werfers ist ein Einachshänger mit luftbereiften Rädern, der auf festen Straßen Geschwindigkeiten bis zu 60 km/h erlaubt.

Die Bedienung des Werfers

Die Bedienung des 120-mm-Granatwerfers besteht aus dem Werferführer und vier Kanonieren.

Der *Werferführer (WF)* ist für die ständige Einsatzbereitschaft des Granatwerfers und seines Zugmittels sowie für die Ausbildung und Gefechtsbereitschaft der Granatwerferbedienung verantwortlich. Er ist Kommandeur, Ausbilder und Erzieher zugleich. Seine Ausbildung erhält er auf einer Unteroffiziersschule.

Der *Richtkanonier (K1)* ist Stellvertreter des *WF*. Er bedient die Zieleinrichtung des Werfers.

Der *Gehilfe des Richtkanoniers (K2)* unterstützt das Richten des Werfers. Er ist zugleich Ladekanonier und überwacht die einwandfreie Funktion der Ladesicherung.

Die *Munitionskanoniere K3* und *K4* bereiten die Wurfgranaten zum Schießen vor. Der *K3* übergibt die Munition schußfertig an den *K2*.

Der *Militärkraftfahrer (MKF)* des Zugmittels gehört nicht direkt zur Werferbedienung. Er ist für die ständige Einsatzbereitschaft seines Fahrzeuges verantwortlich, führt dieses nach den Anweisungen des *WF* und erfüllt dessen Befehle zur Unterstützung der Bedienung.

Die Munition des 120-mm-Granatwerfers

Mit dem 120-mm-Granatwerfer können Splitterspreng-, Nebel- und Brandwurfgranaten verschossen werden. Jeder Schuß Granatwerfermunition setzt sich aus den Hauptteilen Wurfgranate, Zünder und Treibladung zusammen.

Eine *Wurfgranate* besteht aus der Granathülle, der Gefechtsladung und dem Flügelschaft.

Die *Gefechtsladung* (Sprengstoff, Nebelstoff, Brandsätze) bestimmt gleichzeitig die Art der Wurfgranate. Sie wird mit dem jeweils notwendigen *Zünder* kombiniert, der vorn in die Granathülle eingeschraubt wird.

Die *Granathülle* trägt auf ihrer Außenseite eine Zentrierwulst, deren Durchmesser dem Innendurchmesser (Kaliber) des Rohres des Werfers entspricht und die zusammen mit den Nasen der Flügelbleche zur genauen Führung der Wurfgranate im Rohr dient.

Der *Flügelschaft* mit den Flügelblechen dient der Gewährleistung des Fluges der Wurfgranate mit der Spitze und damit auch mit dem Zünder nach vorn. In seinem hinteren Teil sitzt die *Grundladung* mit dem *Zündhütchen*. Um den mit Löchern versehenen Schaft werden die als *Zusatzladungen* bezeichneten Pulversäckchen der *Treibladung* gebunden.

«Erster Werfer ... ein Schuß ... laden!»

Beobachten wir nun das Schießen eines 120-mm-Granatwerfers. Der *K2* übernimmt vom *K3* die schußfertige Wurfgranate, setzt sie mit dem Flügelschaft zuerst in die Ladesicherung an der Rohrmündung ein und läßt sie rückwärts in das Rohr hinabgleiten. Gleichzeitig hockt er sich schnell nieder.

«Feuer!» ertönt das Kommando. Einer der Kanoniere zieht an der Abzugsleine, und der Schuß bricht mit einem etwas dumpfen Knall. Ein aufmerksamer Beobachter, der in einiger Entfernung hinter dem Werfer steht, kann die Wurfgranate schräg nach oben wegfliegen sehen. Erst auf dem abfallenden Ast der Flugbahn, für die das Geschoß etliche Sekunden benötigt, verliert er sie aus seiner Sicht. Dann aber blitzt im Zielgelände der Einschlag auf.

Diese Beobachtung führt uns deutlich die steile Form der Flugbahn vor Augen und läßt ahnen, daß die Wurfgranate förmlich auf das Ziel hinabstürzt. Sie zeigt aber auch, daß Granatwerfergeschosse nicht sehr schnell fliegen. Dafür benötigt man für einen Schuß aus dem Granatwerfer weitaus weniger Pulver für eine Treibladung als beim Schießen aus einer Haubitze oder Kanone gleichen Kalibers. Und deshalb sind für die Werfer kurze, dünne und damit auch leichte Rohre ausreichend. Vorteil: Ein Granatwerfer hat nur etwa ein Zehntel des Gewichtes einer Haubitze vergleichbaren Kalibers!

Was im Rohr beim Abschuß geschieht, kann man natürlich nicht beobachten. Wir wollen es deshalb kurz erläutern.

Die Wurfgranate gleitet beim Laden auf den Rohrboden hinab. Die Luft, die sich im Rohr befindet, bildet ein Polster, das das Hinabgleiten stark bremst. Sie entweicht durch den winzigen Spalt, der sich zwischen der Rohrwandung und der Zentrierwulst befindet, jedoch so schnell, daß die Wurfgranate nicht vollständig gebremst wird, sondern noch hart aufsetzt. Das ist notwendig, damit beim Schießen *mit starrem Schlagbolzen* das Zündhütchen kräftig genug auf die aus dem Bodenstück herausragende Schlagbolzenspitze trifft und so die zuverlässige Zündung der Treibladung gewährleistet ist. In diesem Falle bricht der Schuß sofort.

Der 120-mm-Granatwerfer erlaubt weiterhin das Schießen *mit beweglichem Schlagbolzen*. Bei entsprechender Einstellung der Abfeuerungseinrichtung ist die Spitze des Schlagbolzens in das Bodenstück eingezogen, und die Wurfgranate bleibt nach dem Hinabgleiten so lange auf dem Rohrboden stehen, bis (auf Kommando) die Abzugleine gezogen wird. Daraufhin schnellt die Schlagbolzenspitze vor und löst den Schuß aus.

Beim Schuß zündet das Zündhütchen die Grundladung. Hat der Druck ihrer Verbrennungsgase eine bestimmte Größe erreicht, dann durchbrechen die heißen Gase die Wandung der Grundladung und entflammen durch die Löcher des Flügelschaftes hindurch die darüber befestigten Zusatzladungen. Der Druck der Pulvergase treibt dann die Wurfgranate aus dem Rohr. Dieses Zündverfahren wird nach seinem Erfinder als Zündschema System Stockes bezeichnet (siehe Schema).

Am Flügelschaft einer 120-mm-Wurfgranate können ein bis sechs Zusatzladungen angebracht werden. Man spricht deshalb von der 1. bis 6. Ladung. Mit wachsender Ladung vergrößert sich die Anfangsgeschwindigkeit (v_0) der Wurfgranate und damit die mögliche Schußentfernung. Unsere Grafik zeigt die Schußweitenbereiche der verschiedenen Ladungen. Darüber sind die Flugbahnen für die Rohrerhöhungswinkel 45° (jeweils größte Schußentfernung) und 80° (kürzeste Schußentfernung) dargestellt. Es sind zur Information auch einige Flugbahnhöhen und die Flugzeiten für die 6. Ladung angegeben.

Wichtige Eigenschaften der Granatwerfer

Aus der Grafik können wir weitere Eigenschaften des Granatwerfers ablesen:

1. hat er eine Mindestschußweite (460 m), die nicht unterschritten werden kann. Ziele auf kürzere Entfernungen müssen mit anderen Waffen bekämpft werden.

2. sagen uns die Angaben zu den Flugzeiten, daß der Einsatz des Werfers mit seinen «langsamen» Wurfgranaten gegen bewegliche Einzelziele (z. B. Panzer) wenig sinnvoll ist. Für ihn ist das Feuer auf unbewegliche und Flächenziele typisch.

3. können bei laufendem Feuer (mit Einstellung auf starren Schlagbolzen) eine ganze Reihe von einem Werfer aus abgefeuerter Wurfgranaten in der Luft sein, ehe die erste von ihnen im Zielgebiet detoniert. Beim Schießen mit der 6. Ladung und Erhöhungswinkel 80° beträgt die Flugzeit der Geschosse immerhin 50 Sekunden. Eine gut ausgebildete Bedienung schießt bis zu 10 Schuß in der Minute ab.

Hier müssen wir die Rolle der *Ladesicherung* erwähnen. Sie verhindert, daß eine Wurfgranate nachgeladen werden kann, wenn die vorhergehende das Rohr wegen Versagens nicht verlassen hat, was die Bedienung im Getöse des Schießens einer ganzen Batterie nicht unbedingt sofort bemerken muß.

Das hohe Feuertempo erfordert eine schnelle und exakte Arbeit aller Kanoniere, sowohl des *K1* beim Einstellen und Halten der befohlenen Richtwerte als auch des *K2* beim Laden und der *K3* und *K4* beim Vorbereiten der Munition.

Bevor der 120-mm-Granatwerfer in Stellung gebracht wird, muß für seine Bodenplatte eine Grube ausgehoben werden

Schußweitenbereiche des 120-mm-Granatwerfers

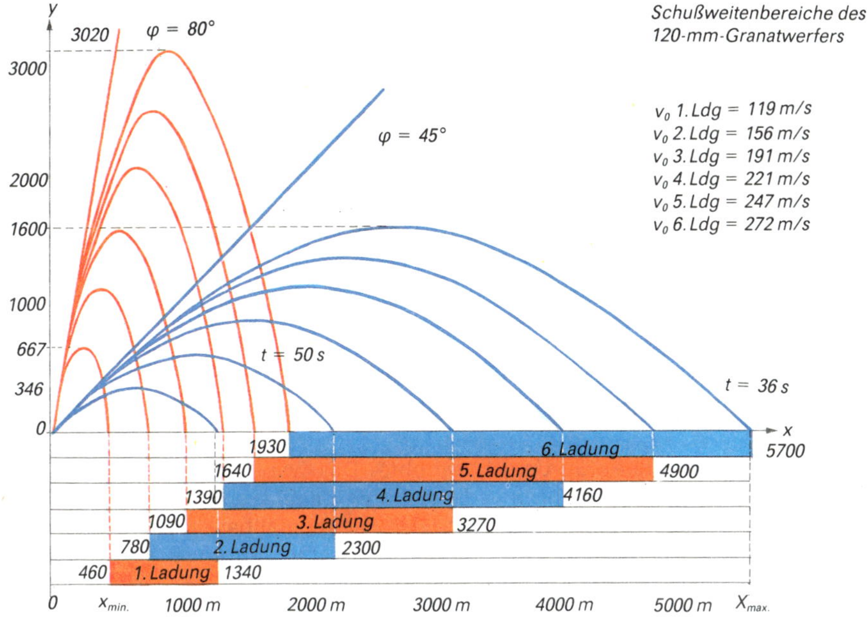

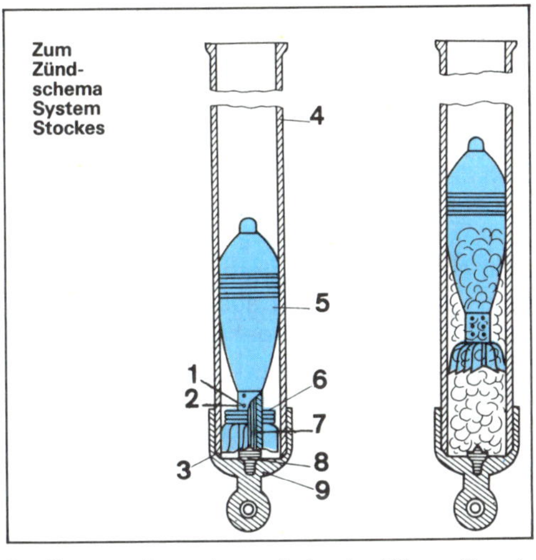

Zum Zündschema System Stockes
1 – Zündöffnungen 2 – Flügelschaft 3 – Dichtungsring 4 – Rohr 5 – Wurfgranate 6 – Zusatzladungen 7 – Grundladung 8 – Schlagbolzer 9 – Bodenstück

Der Granatwerfer wird vom Fahrgestell abgesetzt und aufgestellt

Laden des 120-mm-Granatwerfers

Dieser Werfer ist geladen. Der Werferführer meldet durch Heben der Flagge die Feuerbereitschaft. Der Munitionskanonier spannt bereits die Abzugsleine

Der K1 wird beim Richten des Granatwerfers vom K2 unterstützt, der mit Hilfe eines Riemens den Verkantungstrieb betätigt und dadurch das Rohr genau in die senkrechte Schußebene bringt

Der Munitionskanonier befestigt die Zusatzladungen an der Wurfgranate

Granatwerfer – längst kein Artillerieersatz

Nach dem ersten Weltkrieg wurden die Granatwerfer von vielen Militärs als Surrogatartillerie bezeichnet (Surrogat: Notbehelf, Ersatz). Die Nachteile der glattläufigen Vorderlader waren ja aus der Geschichte hinreichend bekannt ...

Diese Meinung ist längst durch die Praxis widerlegt. Die genaue Führung der Wurfgranaten im Rohr verleiht ihnen eine beachtliche Treffgenauigkeit. Die Befestigung der Treibladungen direkt an den Geschossen und die einfache Art des Ladens sichern ein sehr hohes Feuertempo. Die Wirkungskraft der Splittersprengwurfgranaten steht denen entsprechender Haubitzmunition nicht nach. Die mit den Granatwerfern erreichbaren Schußentfernungen erfüllen die Anforderungen an eine leichte und bewegliche Waffe zur unmittelbaren Feuerunterstützung der mot. Schützen. Damit haben die Granatwerfer als besondere Geschützart einen festen Platz im System der Bewaffnung der Landstreitkräfte eingenommen.

Der erste Sprung

Gudrun Pistiak

Endlich! Ich bin zu meinem ersten Sprunglehrgang an den GST-Flugplatz gefahren. Hat ganz schön lange gedauert, ehe es soweit war. Ein halbes Jahr mindestens. Na, schließlich wollte die recht umfangreiche Theorie erst mal gepaukt sein. Wenn ich nur an die Fallschirmkunde denke oder an die Wetterkunde. Manchmal war es ziemlich kompliziert, aber Spaß hat es trotzdem immer gemacht. Wo erfährt man denn sonst etwas über das Fallschirmspringen, über seine Geschichte, über den Aufbau und die Klassifizierung von Fallschirmen, darüber, wie sie gepackt werden, oder über unser Luftfahrtgesetz und über die Organisation des Fallschirmsprungbetriebes in der DDR? Als ich mich vor einem Jahr bei der Gesellschaft für Sport und Technik meldete, hatte ich von all dem jedenfalls keine blasse Ahnung. Inzwischen kann mich kaum noch eine Frage meiner Ausbilder – alles kernige Fallschirmsprunglehrer, manchmal auch -lehrerinnen – aus dem Tritt bringen. Geschichte zum Beispiel?

Selbstverständlich weiß ich, daß chinesische Artisten bereits 1306 anläßlich der Einsetzungsfeierlichkeiten ihres Kaisers Fo-Kien mit einer Art Fallschirm von hohen Türmen heruntersprangen. Von dem Allround-Könner Leonardo da Vinci stammt der älteste bekannte Entwurf eines Fallschirms. Es soll ein starres, eckiges Gebilde gewesen sein. Und der Erfinder des Heißluftballons, Joseph M. Montgolfier, entwickelte gemeinsam mit seinem Bruder einen Fallschirm, den er schließlich selbst von einem Häuserdach aus erprobte. Das war 1777 in Frankreich. Die Luftschiffer Blanchard und Garnerin nutzten schon zusammenfaltbare Fallschirme als Rettungsmittel. Erste Sprünge aus Ballongondeln folgten, und mit der Erfindung des Motorflugzeuges beschleunigte sich auch die Fallschirmentwicklung. So entwarf der Russe Gleb Kotelnikow 1911 den ersten brauchbaren Fliegerrettungsschirm, den RK-1, der sich automatisch und manuell öffnen ließ und 1915 von einem Flugzeug aus erfolgreich erprobt wurde.

In der DDR ging es 1956 so richtig los. Zuvor schon waren Enthusiasten der FDJ und GST von Fallschirmsprungtürmen gesprungen, aber das war logischerweise nichts gegen richtige Sprünge aus einem Flugzeug. Sowjetische Armeeangehörige und langjährige Fallschirmsportler brachten diese wie auch die nötigen Fallschirme mit und bildeten am GST-Flugplatz in Neuhausen die ersten Fallschirmsprunglehrer unserer Republik aus. Inzwischen gibt es bei uns eine eigene Fallschirmproduktion, ehrenamtliche Ausbilder in allen Bezirken, genügend Absetzflugzeuge, ja sogar eine regelrechte Fallschirmsprungschule und außerdem auch mehrere Weltmeister in dieser Sportart.

Die Theorie?

Für mich ebenfalls keine Hürde mehr! Schließlich warte ich nur noch darauf, endlich selbst zu springen. Da möchte man schon wissen, was so alles auf einen einstürmen kann und wie man sich zu verhalten hat, egal, ob im Flugzeug, am – hoffentlich! – offenen Schirm, bei der Landung oder auch auf dem Flugplatz. Mancher mag jetzt vielleicht denken, na, was gibt es da schon groß zu wissen. Raus aus dem Flugzeug, Fallschirm geöffnet und basta. Wenn es so einfach wäre! Aber man muß schon einiges drauf haben, wenn man Fallschirmspringer oder – wie ich – eines Tages Fallschirmjäger werden möchte. Sportlich sowieso, aber ebenso auch theoretisch und praktisch. Jede Phase, vom Absprung bis zur Landung, muß man intus haben. Ob es die Kappenkontrolle ist, das Steuern – es gibt sogar Ausweichregeln für den Fallschirmspringer, das Verhalten in besonderen Fällen oder auch die Landung auf Hindernissen, zum Beispiel auf einem Häuserdach oder auf Bäumen. Am kompliziertesten stelle ich mir aber die Phase vom Absprung bis zur Entfaltung der Fallschirmkappe vor. Obwohl ich auch das theoretisch x-mal durch habe.

Die Karl-Marx-Städterin Ina Wolf gehört zu den erfahrensten Fallschirmsprunglehrerinnen der Gesellschaft für Sport und Technik

Rechts im Bild unmittelbar vor ihrer Landung auf der elektronischen Nullscheibe

Deshalb bin ich froh, daß während der Grundausbildung, damit sind die ersten zwölf Sprünge gemeint, die Fallschirmöffnung automatisch erfolgt. Die entsprechende Aufzugsleine wird von dem Absetzer, unserem Fallschirmsprunglehrer, in 250 m Höhe in dafür vorhandene Stahlseile an der «Decke» unseres Absetzflugzeuges An-2 eingeklinkt. Diese Leine zieht nach dem Absprung die Stifte aus den Verschlußkegeln unseres Fallschirm-Verpackungssakkes. Ausschließlich darauf verlassen soll man sich allerdings nicht. Schon vom zweiten Sprung an haben wir die Aufgabe, den Griff unseres Notaufzugskabels zu ziehen, jenen Griff, mittels dessen nach Abschluß der Grundausbildung die manuelle Fallschirmöffnung von jedem Springer selbständig eingeleitet wird.

Bis ich so weit bin, wird aber noch einige Zeit vergehen. Zwölf Sprünge sind eine ganze Menge. Immerhin dürfen wir am ersten Tag nur zwei davon machen und danach jeweils drei. Hinzu kommt, daß uns

Das Fallschirmpacken gehört mit dazu und dauert bei Sprungschülern meist noch wesentlich länger als der Sprung selbst

Absprungübungen. In leicht gebückter Haltung drückt sich der Sprungschüler vom Flugzeug ab, wobei die rechte Hand zur linken Brustseite greift, wo sich bei angelegtem Fallschirm der Öffnungsgriff befindet

auch das Wetter einen Streich spielen kann, denn bei Regen, stärkerem Wind oder bei schlechter Sicht ist an Springen nicht zu denken. Und außerdem heißt es, zwischen den Sprüngen immer wieder die Fallschirme zu packen, und das kann dauern ... Das erste Mal, noch während der Packausbildung, brachte ich ganze zwei Stunden damit zu. Mittlerweile habe ich mich auf eine Stunde «hochgearbeitet». Experten, so erzählen meine Ausbilder, schaffen es in zehn Minuten. Na ja, Übung macht nun mal den Meister. Das ist beim Fallschirmpacken nicht anders. Und eins ist völlig klar, geschlampt werden darf dabei auf keinen Fall.

Im Moment aber beschäftigt mich viel mehr als das Packen, wie ich meinen ersten Sprung überstehe. Wird es mir etwa ebenso ergehen wie jenem Sprungschüler, von dem ich in einer älteren FLIEGERREVUE las: «Als die Maschine gestartet war, wurde mir bereits flau im Magen. Ich hatte nur den Wunsch, so schnell wie möglich auszusteigen. Aber der verging mir gleich, als die Tür geöffnet wurde. Und als mich der Absetzer nach vorn winkte, waren meine Beine so weich geworden, daß ich mich kaum noch erheben konnte. Dann kam das Zeichen zum Sprung. Ich zögerte, schloß die Augen und sprang hinaus. Was danach geschah, weiß ich nicht mehr. Ich konnte erst wieder denken, als ich an der geöffneten Fallschirmkappe hing. Das Sinken war dann aber einfach herrlich. Nach der Landung hatte ich nicht gleich die Kraft, den Fallschirm aufzunehmen. Ich ging erst einmal an den Platzrand und entledigte mich des Mittagessens. Jetzt war mir wohler. Und ich freue mich auf jeden weiteren Sprung.»

Wenn ich das lese und mir die ganze Situation so vorstelle, ist mir doch leicht kribbelig zumute. Trotzdem – ich bin zuversichtlich.

Der Sprung!

Es ist soweit. Heute also soll ich all das praktisch bestehen, womit ich mich ein halbes Jahr lang beschäftigt habe. Ist das eine Aufregung! Beim Appell, fachmännisch heißt es «Geben der letzten Weisung», verlas der Flugleiter, wieviel Sprünge für den heutigen

Absetzflugzeug An-2 der GST-Fallschirmspringer

Auch das kann vorkommen: Warten auf die An-2, die sich mit anderen Springern noch in der Luft befindet

Es ist soweit. Die An-2 steht bereit. Die Springer dürfen einsteigen. Der Fallschirmsprunglehrer beaufsichtigt selbst diese Aktion der ihm anvertrauten Schüler

Blick in das Innere der An-2: Die offene Tür führt in das Cockpit, rechts und links im Kabinenraum finden jeweils sechs Springer Platz, unmittelbar neben der Tür (nicht mehr im Bild) sitzt der Fallschirmsprunglehrer

Der Berliner Eike Bachmann (Vordergrund) unmittelbar vor seinem ersten Sprung. Übermäßig begeistert sieht er nicht aus. Nur wenige Minuten später aber strahlt er nach geglückter Landung: «Es war einfach wunderschön!»

Tag geplant wurden, wie die Wetterbedingungen sind und wie sie sich tagsüber entwickeln, wer in welchen Funktionen eingesetzt ist, und er fragte uns, ob sich irgend jemand vielleicht nicht in der Lage fühle, am Sprungbetrieb teilzunehmen. ‹Na, denkste›, und wenn ich noch so viel Angst hätte, so schlecht kann es mir gar nicht gehen, daß ich freiwillig auf den Sprung verzichten würde.

Die gepackten Fallschirme warten doch nur darauf, daß ihre Besitzer sie endlich anlegen. Längst hat unsere Gruppe ihren Startaufbau beendet, sitzt oder steht leicht nervös in der Aufenthaltszone herum. Einige Springer anderer Gruppen hängen bereits in der Luft, und ich blicke sehnsüchtig zu ihnen hinauf, beobachte, was sie da so alles machen, wo sie hinfliegen und wie sie landen. Na ja, sieht eigentlich sehr vertrauenerweckend aus.

Plötzlich schallt der Ruf über den Platz: «Sprunggruppe 4 anlegen und vortreten!» O je, mir sitzt ein Kloß im Hals. Noch einmal wird unsere Ausrüstung auf Herz und Nieren kontrolliert. Stimmt alles? Habe ich die Sprungschuhe richtig verschnürt, sitzt mein Helm? Ist am Sprung- und am Rettungsfallschirm alles in Ordnung? Offensichtlich ja. Der Verantwortliche an der Endkontrolle wünscht uns Erstspringern noch «Hals- und Beinbruch», und schon marschieren wir Richtung Flugzeug. Ich steige als Vorletzter ein, und das bedeutet, ich muß schon als zweiter springen. Wenn bloß alles seinen Gang geht! Unser Absetzer ist eine Frau. Auch das noch. Blamieren möchte man sich da auch nicht gerade. Ängstlich blicke ich sie an. Ina Wolf, so heißt sie, zwinkert mir aufmunternd zu. Irgendwie beruhigend. Scheint wohl doch in Ordnung zu sein!

Es ist nicht nur mein erster Sprung, es ist auch das erste Mal, daß ich fliege. Gebannt verfolge ich, wie Ina die kleine Treppe mit dem Fuß in das Flugzeug hangelt und dort an irgendeinen Haken hängt. Dann verriegelt sie die Tür. Jetzt wird es ernst. Die Maschine fängt an zu rütteln und zu schütteln, holt Fahrt und hebt von der Wiese ab. Schnell gewinnen wir an Höhe. 250 Meter

Während die Sprungschüler an runden Fallschirmkappen der Erde entgegenschweben, steuern ihre Ausbilder das Ziel mit hochleistungsfähigen rechteckigen Stauflügelgleitfallschirmen an, wie ihn hier im Bild Ina Wolf benutzt. Der Flügel RL-12/2 kommt aus dem VEB Bekleidungswerke Seifhennersdorf, hat eine Kappenfläche von 23 m^2 und entwickelt einen Vortrieb von etwa 9 m/s

zeigt der Höhenmesser. Ina steht auf und beginnt, die Karabinerhaken unserer Aufzugsleinen in die Stahlseile einzuklinken. Meine Güte, daß man mit den zwei Fallschirmen am Körper in dieser rüttelnden Maschine überhaupt laufen kann. Und dazu noch diese sagenhafte innere Spannung. Aber Ina Wolf scheint von all dem nichts zu spüren. Jetzt öffnet sie sogar noch die Tür. Mir wird absolut flau im Magen. Ich kann gar nicht hinsehen. Allmählich gewöhne ich mich jedoch an den Anblick. Super, wie unten die Landschaft vorbeizieht. Plötzlich steht Ina in der offenen Tür und wirft etwas raus. Richtig, die Flirre. Hab' ich ja gelernt. Dieser Streifen Kreppapier zeigt an, in welcher Richtung und in welcher Stärke der Wind hier oben bläst. Na, gute Nacht, Marie, nicht für tausend Mark würde ich mich so aus dem Flugzeug lehnen! Jetzt scheint die Flirre aber unten zu sein, denn Ina setzt sich wieder gemächlich auf ihren Platz neben der Tür. Warum guckt sie uns denn so komisch an? Ob sie merkt, wie mir zumute ist? Hoffentlich nicht! Sie sagt irgend etwas. Aber der Fluglärm ist lauter, ich kann nichts verstehen. Egal. Ina lacht, also scheint alles in Ordnung zu sein. Hoffentlich!

Sie winkt Kathrin, meine Nachbarin, zur Tür. Was reden die da bloß? Ach so, Kathrin steht noch nicht richtig. Ihre Absprunghaltung haut nicht hin. Jetzt klopft ihr Ina auf die Schulter. «Sprung!» Kathrin ist raus. Ich bin der nächste!

«Fertigmachen!» schreit mir da Ina auch schon zu, dabei liegt die Maschine noch in der Kurve. Ich komme kaum hoch von meinem Sitz. Die schwere Ausrüstung und der Druck vom Fliegen pressen mich regelrecht daran fest. Aber das ist nicht das Schlimmste. Das Schlimmste sind meine Beine. Weich wie Gummi. Endlich habe ich mich bis zur Tür geschleppt. Glücklicherweise steht noch Ina vor mir und guckt runter. Aber nicht für lange. Sie rückt zur Seite, mustert mich von oben bis unten und korrigiert noch irgend etwas an meiner Armhaltung.

«Sprung!» höre ich und fühle zugleich einen kräftigen Klaps auf der Schulter ...

Hurra, die Welt hat mich wieder! Unbeschreiblich das alles. Die Kappenentfaltung, ein Knall war das! Der Flug daran nach unten! Die wunderbare Sicht rundum. Dieses einmalige Gefühl: Ich bin Fallschirmspringer! Das muß man einfach erleben.

Sprungauswertung. Schneller doch! Fallschirmpacken. Meine Güte, wie lange das dauert! Ich muß mich ranhalten. Unbedingt möchte ich noch heute meinen zweiten Sprung schaffen.

Programm der Grundausbildung im Fallschirmsport:

1. Theoretische Ausbildung
   - Fallschirmkunde
   - Wartung des Fallschirms
   - Theorie des Fallschirmspringens
   - Sicherheitsbestimmungen
   - Allgemeine Wetterkunde
2. Bodenausbildung
   - Fallschirmpacken
   - Absprung- und Landeübungen
   - Steuern des Fallschirms
   - Öffnen des Rettungsfallschirms
   - Einweisung in das Absetzflugzeug und in das Flugplatzgelände
3. Sporttraining
4. Sprungausbildung (insgesamt 12 Sprünge)
   1. Sprung: Einweisungssprung
   2. Sprung: Markieren der manuellen Fallschirmöffnung
   3. Sprung: Öffnen des Rettungsfallschirms während des Sinkens am geöffneten Sprungfallschirm
   4. bis 12. Sprung: Einzel- und Gruppenzielsprünge, angefangen von 2 bis 3 Mann Stärke bis hin zu 10 bis 12 Mann Stärke.

Nach der theoretischen und Bodenausbildung erfolgt jeweils eine Prüfung.

Wer kann Fallschirmspringer werden?

Wer Bürger der DDR,
zu Beginn der Sprungausbildung mindestens 16 Jahre alt,
gesundheitlich dazu in der Lage ist,
gute schulische Leistungen erzielt
und die Prüfungen der theoretischen und Bodenausbildung erfolgreich abschließt.

RS 4/3C
Der Ausbildungsfallschirm in der DDR

Hersteller: VEB Bekleidungswerke Seifhennersdorf
Material: PAS

Fläche der FS-Kappe	$74\ m^2$
Länge der Fangleinen	7 m
Max. Nutzlast	130 kp
360°-Drehung	8 s
Vorwärtsgeschwindigkeit	3 m/s
Sinkgeschwindigkeit	4–4,5 m/s
Masse	13 kg

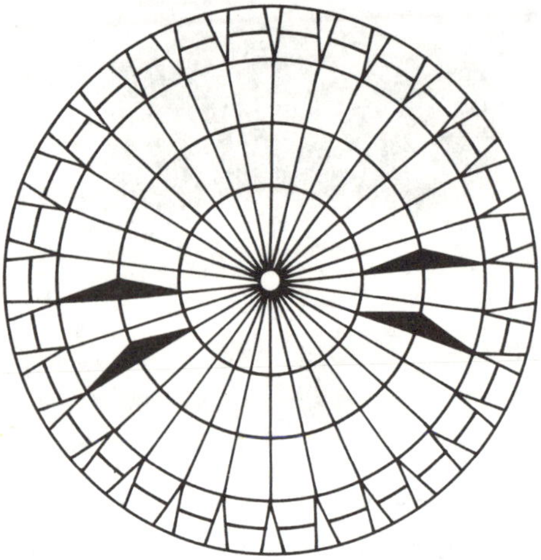

Reife

Margot Baum

Du lerntest laufen
bei mir.
Ich möchte,
daß du spürst,
wie ich dich mag,
mein Kind.

Du konntest kommen
zu mir,
wann immer du wolltest.
Ich half dir,
so gut ich konnte.

Doch heute
sollst du wissen,
wie viele Kinder es gibt,
die nicht so
leben können
wie du.

Der «tolle Krieg»

Leutnant d. R. Rainer Ruthe

«Krieg ist lustig, ein toller Freizeitspaß für nette, gutgelaunte, durchtrainierte junge Sportsmänner, die gern Motorrad fahren. Und auch ganz ungefährlich. Nicht ein Toter», sagt der Regisseur, komme vor in seinem Film: Der Feind verbrennt ungesehen in den Panzern, die Megaforcetruppe aber hat, als sie zum Schluß nach Hause fliegt, an Verlusten nicht mehr als drei Fahrzeuge zu beklagen.

Was hier als schlechte Ankündigung eines harmlosen Kinderfilms erscheinen könnte, war der ernstgemeinte Versuch eines US-amerikanischen Regisseurs, seinen neuesten «Actionfilm» in der BRD vor der Presse «zu erläutern».

Die Filmstory ist so primitiv wie antikommunistisch: Sie handelt in der Wüste, in der Nähe eines Landes namens Sardoun. Ein «böser, zum Glück aber ebenso blöder Söldnerhaufen – von den Russen selbstredend gesteuert – sprengt eine sardounische Öl- und Stromanlage, und der Sardouner General geht Megaforce um Hilfe an. Megaforce, das sind die Vereinigten Freien Streitkräfte, eine Elitemannschaft aus den ‹besten Soldaten, die die freie Welt zur Verfügung stellen kann›; sie operieren von einem Supercomputerelektronikzentrum aus.» Wie es sich für den antikommunistischen Grundtenor des Films gehört, wird «der Gegner besiegt und aufgerieben: denn es ist so, wie der Kommandant Ace Hunter sagt, ‹daß die guten Leute immer die Gewinner sind, auch in den achtziger Jahren›». Die Absicht solcher gewaltverherrlichenden Filme «Made in

Das Titelblatt der USA-Ausgabe der satirischen Zeitschrift MAD weist auf den Zusammenhang hin zwischen der zur Schau gestellten antikommunistisch ausgerichteten Gewalt und der Politik der Konfrontation der aggressivsten Kräfte des USA-Monopolkapitals

USA» ist klar: Die Guten, das sind die «Freien» im Westen, und die Bösen, das sind die «Roten» im Osten.

«Megaforce» lief vor einigen Jahren trotz Proteste in zahlreichen BRD-Kinos. Er war sozusagen der Vorbote einer neuen, viel gefährlicheren Welle, die sich heute quer durch alle Bereiche der imperialistischen Vergnügungs- und Verdummungsindustrie zieht: der Verklärung eines Krieges per Knopfdruck, mit Laserwaffen, Atombomben

Massenhafte Kriegserziehung in den USA, in der BRD und anderen westeuropäischen Ländern: Filmplakat des antikommunistischen Hetzfilmes «Rambo»

Die großbürgerliche USA-Zeitung «New York Post» stellt in dieser Karikatur den Killer Rambo mit den Wunschträumen des USA-Präsidenten Reagan gleich. Die Übersetzung des Textes (links): «Der Kongreß setzte ihn ein, damit er sich als Niete erweisen würde. Aber man machte einen Fehler. Man vergaß, daß man es mit Ronbo zu tun hatte.» Oben: «Ronbo ... Symbol amerikanischer Gesinnung». Rechts: «Vietnam Teil II??? ‹Was für ein Film! Die Action hört niemals auf! Ronbo ist phantastisch! Der erste große Hit des Sommers› (Caspar Weinberger, Verteidigungsminister) ‹Oh, du liebe Zeit!› (Tip O'Neill, Sprecher des Weißen Hauses) Kein Mann, kein Gesetz, kein Krieg kann ihn aufhalten.»

und Antiraketen-Raketen, um diesen ideologisch salonfähig zu machen.

Durch ein raffiniertes System «unpolitischer» Unterhaltung und zweifelhafter Vergnügungen sollen vor allem Jugendliche davon abgehalten werden, die wahren Ursachen vieler Gebrechen des imperialistischen Ausbeutersystems zu erkennen und demzufolge gegen dieses System zu kämpfen.

Aus Tausenden und aber Tausenden von Kanälen ergießen sich die Produkte der imperialistischen Bewußtseinsbeeinflussungsindustrie wie eine schier unübersehbare Welle auf die Menschen: Mal Playboys, mal Sex, mal crime, mal Hasch, mal eine neue Religion, mal «Supermänner», die alles können und die nichts zu fürchten brauchen.

Dieser künstlich erzeugten, als erstrebenswert vorgeführten Traumwelt sollen nicht zuletzt jene nachjagen, denen dieses «freiheitliche System» nicht die grundlegendste Freiheit bietet: nämlich die Freiheit, sich als nützliches Mitglied der Gesellschaft zu fühlen – also arbeiten zu können.

In einem von der «Frankfurter Rundschau» von Sozialexperten zum Internationalen Jahr der Jugend 1985 veröffentlichten Memorandum wurde festgestellt, daß sich die Lebenslage von Kindern und Jugendlichen in den vergangenen Jahren wesentlich verschlechtert habe. Die Mehrheit der 21 Millionen Kinder und Jugendlichen unter 25 Jahren, nahezu ein Drittel der Gesamtbevölkerung der BRD, erlebe «einen bedrükkenden Alltag. Ungewißheit und Einschränkungen beherrschten die Familien.» Und: «Viele Familien sind nicht mehr in der Lage, ihren Kindern und Jugendlichen Geborgenheit und den Aufbau beglückter Beziehungen zu vermitteln sowie Wege für eine selbständige Lebensführung zu ebnen.»

Und so versuchen viele Jugendliche, aus der realen Welt, die ihnen keine menschenwürdige Perspektive bieten kann, auszubrechen und zu flüchten in eine Scheinwelt, die ihnen nicht nur heile Verhältnisse vorgaukelt, sondern vor allem auch Stärke. So identifizieren sie sich mit dem «Superhelden» auf der Leinwand, der gegen das «Böse» – und das sind in den meisten Fällen die «Roten» – kämpft. So freuen sie sich neuerdings, wenn sie bei Kriegsspielen aller Art «der Sieger» sind, ohne zu überlegen, wie inhuman solche Spiele sind.

Die neue Welle – Schürung einer Katastrophenpsychose und Vermitteln eines Überlegensein-Gefühls – kommt nicht von ungefähr, sie beruht auch nicht nur auf dem Gespür gewissenloser imperialistischer Geschäftemacher, mit der Verherrlichung von Gewalt besonders hohe Profite zu machen. Für kalte Krieger und für skrupellose Geschäftemacher gleichermaßen ist der hirnlose brutale «Supertyp», der nicht lange fakkelt, sondern gleich «losgeht» gegen die «die Freiheit bedrohenden Bösen», genau das anzustrebende Ideal, das als nachahmenswert für die Jugend angepriesen wird.

War vor Jahren «Megaforce» ein erster Vorstoß in dieser Richtung, so sind mittlerweile Filme entstanden, gegen die «Megaforce» ein harmloser Kinderfilm ist. Einer, der im Jahre 1985 für volle Kassen und für Schlagzeilen sorgte, war «Rambo». Auch hier wieder im Grunde genommen die gleiche primitive antikommunistische Story. Ein «Guter», ein Supermann, befreit nachträglich von «vietnamesischen Kommunisten» unter qualvollen Bedingungen gefangengehaltene USA-Soldaten. Daß bereits im Jahre 1976 eine Sonderkommission des USA-Repräsentantenhauses nach einer 15monatigen Untersuchung festgestellt hat, daß es «in Indochina und anderswo keine kriegsgefangenen Amerikaner mehr gibt», interessierte die antikommunistischen Macher des Films nicht. Nachträglich wollte man die Schmach der historischen Niederlage der USA in Vietnam wettmachen.

Gleichzeitig soll ein US-amerikanischer Supermann in den Köpfen junger Menschen verankert werden, der ihnen das heimliche Gefühl gibt, mit solch «guten Kämpfern» braucht der «freie Westen» den «bösen Osten» nicht zu fürchten, da gewinnt er. Denn: «John Rambo tötet schnell und routiniert», so eine BRD-Illustrierte angesichts dieses Filmmachwerks. «Und stoisch wie auf dem Schlachthof. Wer sich dieser perfekten menschlichen Kampfmaschine entgegenstellt, bekommt die Gurgel eingedrückt oder ein Messer in den Bauch. Er nagelt Gegner mit Pfeilen an einen Baum oder sprengt sie einfach in die Luft ... Rambo ist Killer aus Passion.»

Aber: Dieser Killer aus Passion auf der Filmleinwand, die bewußt als reale Welt erscheint und auf der alle zwei Minuten «ein Roter» auf brutale Weise umgebracht wird, ist ein ehemaliger Angehöriger der berüchtigten «Green Berets», einer Spezialtruppe der USA-Streitkräfte.

«Gewinnen und überleben» – das ist Rambos Philosophie. Und diese entspricht genau dem alten Denkmuster der aggressivsten Kräfte in den USA und anderen NATO-Staaten. Das ist kein Zufall, das ist Absicht. Ebenso dürften gewisse Reaktionen des vorrangig jugendlichen Publikums beabsichtigt gewesen sein. So kannten zwar nur wenige Kinobesucher bei einer Umfrage der BRD-Illustrierten «Stern» Einzelheiten über den wahren Hergang des Aggressionskrieges der USA in Vietnam, aber sie waren begeistert ob der realen Darstellung im Film. «Wer da abgeknallt oder abgestochen wird, ist mir egal», so ein Befragter, «wenn nur die Action hinhaut.»

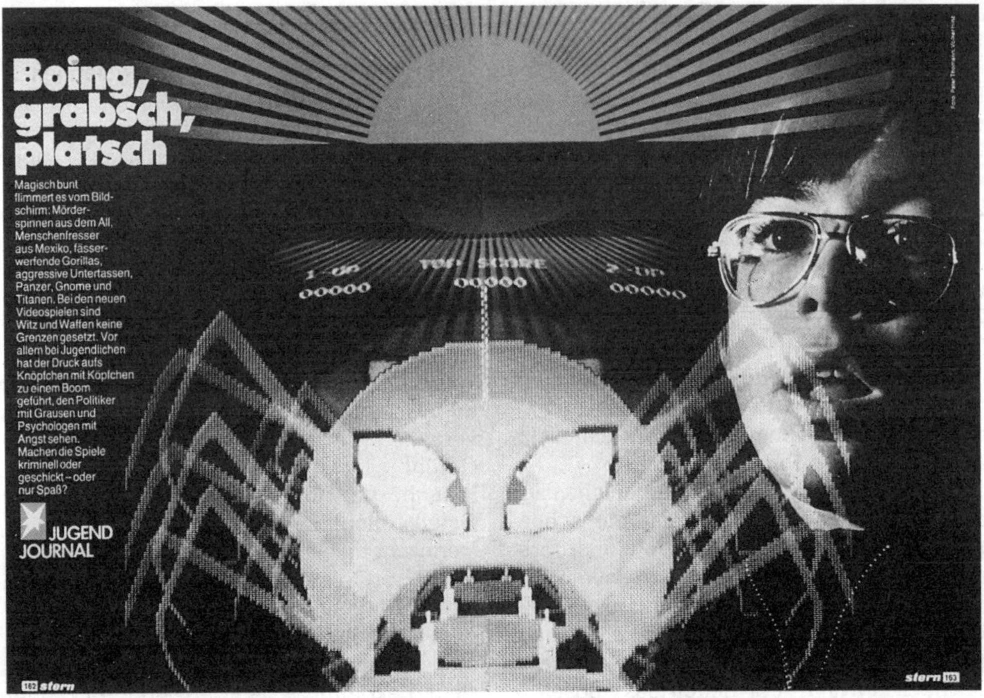

Immer mehr in den Vordergrund drängen sich die Videospiele, in denen per Knopfdruck ganze Welten ausgelöscht werden können und die nicht mehr mit den früheren Killerautomaten zu vergleichen sind

Und sie haute hin, denn jedes Mal, als die Superkampfmaschine auf die «Roten» traf, brüllten laut «Stern» die Fans wie beim Catchen: «Mach sie alle! – Bring sie um!»

Machwerke wie «Rambo», für deren Produktion Millionen ausgegeben worden sind, haben die Kinos überschwemmt – und aber Millionen eingespielt. In manchen wird der Krieg – wohlgemerkt der Atomkrieg! – als eine Art Kinderspiel dargestellt. In dem USA-Film «Die rote Flut» überfallen (?!) sowjetische, kubanische und nikaraguanische Truppen die USA. Washington, Kansas City und Oklahoma werden durch Atombomben – natürlich verüben die «Roten» den nuklearen Erstschlag, den die reaktionärsten Kräfte in den USA noch immer ins Kalkül ziehen – in Schutt und Asche gelegt. Nun wird es laut USA-Regisseur aber Zeit für acht Oberschüler, ihre Schulbücher aus der Hand und die MPi in die Hand zu nehmen – die «Roten» zu vernichten und damit «die Freiheit» zu retten.

Diesen Film, der auch in vielen Städten der BRD gezeigt wurde, fand USA-Präsident Reagan «aufwühlend». Kein Wunder, hatte doch ein Mann wesentlichen Anteil an diesem Hetzfilm, der unter Reagan Außenminister gewesen, zuvor Oberster Befehlshaber Europa der NATO war und nun Vorstandsmitglied des USA-Filmkonzerns Metro Goldwyn Mayer: General a. D. Alexander Haig.

Was könnte wohl deutlicher zeigen, wie sehr solche Art «unpolitischer Unterhaltung» in die Konfrontationspolitik der aggressivsten Kräfte eingebunden ist. Mit dieser friedensfeindlichen «Unterhaltungskunst» wollten diese Kreise nicht nur bestimmte psychologische Langzeitwirkungen erreichen, sondern damit auch noch großen Gewinn machen.

Und dabei ist die BRD Mitglied der Internationalen Konvention über zivile und politische Rechte vom 16. Dezember 1966, deren Artikel 20 die Signatarstaaten zwingend ver-

Offene Aufforderung zum Töten – ungeheuerlich und doch eine straflos geübte Praxis: In einem an der Ecke 5th Avenue/ 18th Street in New York gelegenen Geschäft, das Uniformen und militärische Ehrenzeichen für Armee und Marine verkauft, werden ganz offen und selbstverständlich Artikel mit aufgedruckten Hetz- und Mordlosungen angeboten. Das T-Shirt trägt zum Beispiel als Aufschrift: «Reise in exotische ferne Länder, triff dort aufregende, ungewöhnliche Menschen und töte sie.» «Töte sie alle», steht über der Totenkopfdarstellung (unten)

pflichtet, durch Gesetz «jede Kriegspropaganda» zu verbieten.

Doch in der BRD existiert eine wirksame Regelung nicht. Also «grünes Licht» für skrupellose Geschäftemacher, nicht nur verstärkt Hetzfilme á la «Rambo» und «Die rote Flut» in die Kinos zu bringen, sondern auch in anderen Bereichen der Vergnügungs- und Verdummungsindustrie auf dieser Kriege und Gewalt verherrlichenden, antikommunistischen Welle «etwas für die Freizeitbetätigung der Jugend zu tun».

«Zwei Personen, zwei Würfel, ein Spielfeld – die Bundesrepublik mit ein bißchen Frankreich und DDR dran – und das große Schlachten kann beginnen. Verlierer ist, wer zuerst kapituliert, wer ein Friedensangebot macht. Verlierer ist freilich auch der, dessen Gebiet ‹am stärksten verseucht› ist: Giftkrieg am Wohnzimmertisch», schildert die BRD-Illustrierte «Stern» die Situation auf diesem Spielemarkt. Eines heißt zum Beispiel «Objective Moscow», frei übersetzt etwa «Richtung Moskau». In der Anleitung dieses «Spiels» findet sich sogar der genaue Termin, wann der dritte Weltkrieg beginnt: Am 27. Juni 1998 beginnt der «Generalangriff auf Moskau».

Das ist etwa der Termin, an dem laut vielfachen sowjetischen Friedensvorschlägen die Welt kernwaffenfrei sein soll! Bekanntlich haben aber gewisse Kreise in den USA und auch in anderen NATO-Staaten bereits zu verstehen gegeben, daß ihnen dieser Drei-Stufen-Abrüstungsplan der UdSSR nicht ins Konfrontationskonzept paßt. Den Herstellern solcher Spiele kann dieser von wenig politischer Verantwortung, und Realismus und Vernunft getragene Kurs reaktionärster imperialistischer Kreise nur recht sein. Zudem biete ihrer Ansicht nach die Militärstrategie der USA und in gewisser Beziehung auch die der NATO viele Ansatzpunkte für neue «Spiele», die, wie extra betont wird, «immer realitätsnaher werden».

Es fragt sich allerdings, welche Realitätsnähe wohl gemeint ist. Realitätsnah in unserer komplizierten Zeit ist doch wohl, wie es mehrfach von führenden Repräsentanten sozialistischer Staaten nachdrücklich unterstrichen worden ist: politischer vernünftiger Wille, auf dieser Welt mit allen gut auszukommen und auf Gewalt – vor allem auf den Einsatz von Kernwaffen – zu verzichten. Eine andere Möglichkeit gibt es nicht, soll es für die Menschheit eine menschliche Zukunft geben.

Das, was in solchen «Spielen» den Mitspielern «Freude und Entspannung» bringen soll, ist das ganze Gegenteil menschlicher Vernunft. Ja, es ist spielerisch umgesetzter Wahnsinn! Ein solcher wird für Kinder ab 12 Jahre empfohlen. Bereits seit einigen Jahren gibt es das Brettspiel «Fulda Gap». Darin seien, so der Hersteller; «die letzten Fortschritte militärischer Technik eingebaut: chemischer Krieg und Atomwaffen».

Da gibt es eine Nürnberger Spielzeugfirma, die in der «Deutschen Nationalzeitung und Soldatenzeitung» für ein Puzzlespiel unter der Bezeichnung «Kennst Du Deutschland?» eine Werbeanzeige veröffentlichte. Darin heißt es: «Mit dem Puzzle ‹Kennst Du Deutschland?› können jung und alt auf spielerische Weise ihre geographischen Kenntnisse über die deutsche Heimat prüfen und ausbauen. Der Hersteller des Puzzles hat sich in Übereinstimmung mit der vom Bundesverfassungsgericht wiederholt unterstrichenen Völkerrechtslage (?!) an die Grenzen vom 31. Dezember 1937 gehalten: die von Rotpolen und der Sowjetunion besetzten deutschen Gebiete jenseits von Oder und Neiße eingeschlossen.»

Revanchismus – besonders leicht an den Mann gebracht, sprich: an Jungen und Mädchen, die schon in der Schule nicht über den wahren historischen Sachverhalt unterrichtet worden sind und die sozusagen «Befreiung des Ostens von den Roten» spielen.

Auf dem Vormarsch befinden sich zweifellos Spiele, die modernste Technologien ausnutzen: «Das große Geschäft mit der Gewalt floriert auch mit den immer zahlreicher werdenden Videospielen für die Wohnstuben und mit den in den Spielhallen, Kaufhäusern und Imbißstuben aufgestellten Automaten. Zunehmend verliert bei diesen Videospielen, die nach Untersuchungen zu 85 bis 90 Prozent mit der Faszination der Stärke locken, der ‹Gegner› oder das ‹Böse› die Anonymität», stellte unlängst die in Düsseldorf erscheinende Zeitung «Unsere Zeit» fest. In der Tat, zwei Tendenzen lassen sich erkennen. Zum einen werden sogenannte neue Technologien, die Eingang in die Vergnügungsindustrie finden, sehr schnell im Sinne einer gezielten friedensfeindlichen Vermarktung modifiziert, und zum anderen prägt sich der antikommunistische Charakter, verbunden mit einer bewußt richtungsbestimmten Haßpropaganda, immer offener aus. In dieser Beziehung gehen diese «Spiele» sogar noch weit über die bluttriefenden «Rambo»-Streifen sowie deren nachfolgende Machwerke hinaus, da das Knopfdrücken immer mit dem Einsatz von Atomwaffen verbunden ist und in solchen «Spielen» stets nach Millionen Opfern gezählt wird, bevor ein «Sieger» feststeht.

Mitunter versuchen findige Hersteller von Videos sich dahingehend herauszureden, daß sie behaupten, die neue Technik sei an dieser Entwicklung schuld. Doch: Ein Video an sich ist erst einmal genau so neutral wie eine gewisse chemische Substanz oder eine Weltraumtechnik. Ob eine wissenschaftliche Leistung zum Fluch oder zum Segen wird, darüber entscheidet der Mensch, und zwar innerhalb der Gesellschaft, in der er lebt und die durch diese Entscheidung letztlich charakterisiert wird, ob sie human oder inhuman ist.

Wie soll man zum Beispiel das «B-1-Bomber-Spiel» auffassen? In der Anleitung zu diesem Computerspiel heißt es: «Es ist der 7. Juli 1991. Du bist der Kommandeur eines strategischen Atombombers B-1. Auf einem Patrouillenflug erhältst Du den Auftrag, mit Deinem Bomber Kurs auf Moskau zu nehmen. Bereite Dich gut darauf vor, Deine Mission über russischem Gebiet zu erfüllen. Um Deine Bomben ins Ziel zu bringen, mußt Du mit Deinen Raketen so viel wie möglich russische MiG-Flugzeuge abschießen, die Dir den Weg versperren ...»

Das ist Kriegserziehung! Und zwar in solch einer unverhüllten Weise, daß selbst die Bundesprüfstelle für jugendgefährdende Schriften – vor allem wegen zunehmender Proteste aus Teilen der vernünftig denkenden Öffentlichkeit – gewisse Computerkriegsspiele als «jugendgefährdend» einstufen mußte. Begründung: Mit diesen Spielen seien mit «hochauflösender Grafik und realistischer akustischer Untermalung Kriegshandlungen wie ein Atomkrieg zwischen den USA und der Sowjetunion simulierbar».

Doch auch hier wieder das gleiche wie bereits in ähnlichen Fällen zuvor. Die Hersteller und Vertriebsorganisationen solcher spielerisch verpackter Kriegsideologie haben eine so starke Position, daß ihrem gefährlichen Treiben kein Riegel vorgeschoben wird. Denn: Mit der Einstufung «jugendgefährdend» wird der Vertrieb nicht untersagt; lediglich die Werbung ist eingeschränkt und der direkte Verkauf an Jugendliche verboten.

Wo der Drang nach Profit und reaktionäre

Geisteshaltung eine Allianz eingehen, hat die Erziehung zum Frieden so gut wie keine Chance. Zu dieser Schlußfolgerung kam 1984 auch das Kinderhilfswerk «Terre des Hommes», das anläßlich des Antikriegstages an den USA-Botschafter in der BRD schrieb und diesen mit Nachdruck aufforderte, sich gegen die vor allem von USA-Herstellern in der BRD verbreiteten Kriegsspiele auszusprechen. Dafür sollte er sich für eine Friedenserziehung einsetzen, wie sie auch von den Vereinten Nationen in ihrer vor 25 Jahren beschlossenen «Erklärung der Rechte des Kindes» verlangt werde. Darin heißt es, die Kinder müßten «im Geist des Verständnisses, der Toleranz, der Völkerfreundschaft, des Friedens und weltweiter Brüderlichkeit» erzogen werden.

Die Antwort der USA-Botschaft in der BRD war bezeichnend. Deren erster Sekretär räumte zwar ein, daß Atomkriegsspiele «geschmacklos» seien, erklärte aber zugleich, daß sie doch nur eine moderne Version des Schachs seien, das ja auch ein «aggressives Spiel» sei und nur deshalb «weniger abstoßend», weil «etwas abstrakt».

«Herstellung und Vertrieb von Kriegsspielzeug jeglicher Art im Gebiet der Bundesrepublik zu verhindern» – diese Forderung hat der Bonner Bundestag bereits 1950 an die damalige Regierung unter Kanzler Adenauer gerichtet, teilte der Evangelische Pressedienst der BRD (epd) mit. Die Forderung wurde abgewiesen. In jüngster Zeit sei diese von der SPD und den Grünen wieder aufgegriffen worden und habe den Peditionsausschuß des Bonner Bundestages beschäftigt – ohne Erfolg. Die Abgeordneten der die Regierung bildenden Koalition hätten sie mit der zynischen Auffassung abgewiesen, daß «Aufklärung und Bewußtseinsbildung in der Bevölkerung Vorrang vor gesetzlichen Regelungen» besäßen.

Völlig zu Recht erklärte das Kinderhilfswerk «Terre des Hommes» in seinem Schreiben: «Krieg beginnt in den Köpfen».

In den kapitalistischen Staaten wird so viel von Freiheit geredet, doch die wirklich großen Ideen unseres Zeitalters, die auf eine friedliche und humanistische Zukunft orientieren, sind weitestgehend aus Schulen und Universitäten verbannt. Oder sie werden verfälscht wiedergegeben. Jede antikommunistische Hetze wird in millionenfacher Art und Weise unter die Massen gebracht, doch über Abrüstungs- und Friedensvorschläge zur Beseitigung der drohenden Gefahr eines Atomkrieges erfährt der Jugendliche im Westen viel weniger in den Massenmedien.

Eine Gesellschaft, die ihre Jugend statt auf eine menschliche Welt von morgen auf eine kriegerische Welt von gestern vorbereitet und das größte Verbrechen der Menschheit, einen Nuklearkrieg, als einen «tollen Freizeitspaß» zu vermarkten versucht – die charakterisiert sich selbst.

«Man muß ein solches Klima erzeugen, das der Psychologie eines Krieges gleichkommt. Man muß das Bild der äußeren Bedrohung entwerfen ... Dazu muß man die Ideologie von einer Heldennation und einer Verbrechernation zum äußersten treiben und in der Bevölkerung die Bereitschaft zum Opfern wekken. Sobald diese Bedingungen vorhanden sind, haben wir bereits einen großen Teil des Weges zurückgelegt, der zum Krieg führt.»

John Foster Dulles, früherer USA-Außenminister

Zur Geschichte der Infanterie: Kolonne zum Angriff!

Oberst Prof. Dr. sc. Helmut Schnitter

Der Sturm auf die Bastille, die finstere Zitadelle der Bourbonenherrschaft in Paris, am 14. Juli 1789 leitete weltgeschichtlich eine neue Epoche ein. In den Kriegen des revolutionären Frankreichs gegen die einfallenden Truppen der feudalen Mächte seit 1792 wurde das gesamte Gebäude der bis dahin so ewig erscheinenden Adelsherrschaft in weiten Teilen Europas erschüttert und schließlich durch den Siegeszug der Armeen Napoleon I. Bonapartes zertrümmert. Diese Zeit grundlegender gesellschaftlicher Veränderungen war zugleich ein Umbruch in der Militärgeschichte, es entstand das historisch neue kapitalistische Militärwesen. Seine eigentlichen Schöpfer waren die revolutionären Volksmassen Frankreichs, sie stellten für das Ringen gegen die Konterrevolution die Masse der Soldaten und Offiziere, und aus ihren Reihen gingen viele talentierte Heerführer hervor, die unter dem Kaiser Napoleon I. Bonaparte zu höchsten politischen und militärischen Würden aufstiegen. Später schrieb W. I. Lenin im Zusammenhang mit den Bemühungen der Partei der Bolschewiki um die Stärkung der Sowjetmacht gegen die Interventen und Weißgardisten mit Blick auf die Geschehnisse in Frankreich nach 1789: «So wie damals innerhalb des Landes das französische revolutionäre Volk erstmalig ein in Jahrhunderten ungekanntes Maß an revolutionärer Energie an den Tag legte, so offenbarte es auch im Krieg am Ende des 18. Jahrhunderts eine gigantische revolutionäre Schöpferkraft, als es das ganze System der Strategie umgestaltete, mit allen alten Kriegsgesetzen und -bräuchen brach und an die Stelle der alten Truppen ein neues, revolutionäres Volksheer und eine neue Kriegführung schuf.»

Die bürgerliche Revolution und die Revolutionskriege waren ein wichtiger Einschnitt in der Geschichte der Infanterie. Die Befreiung der Bauern von feudaler Unterdrükkung, die Aufteilung der Ländereien der Großgrundbesitzer an arme Bauern und Dorfbewohner, der Wegfall der vielfachen Belastungen der Stadtbewohner und die anderen vom Geist der Revolution getragenen Maßnahmen zur Zerschlagung der alten Ordnung erschlossen dem neuen Frankreich ungeahnte militärische Potenzen. So wurde es möglich, in kurzer Zeit und mit großen Anstrengungen zahlenmäßig starke Heere aufzustellen, die vor allem aus Fußtruppen bestanden. Das waren – äußerlich betrachtet – nicht die sorgfältig gedrillten Söldner der Fürstenarmeen, sondern Freiwillige und Dienstpflichtige aus Stadt und Land, ohne eine gründliche militärische Ausbildung, zumeist mangelhaft ausgerüstet und versorgt, aber erfüllt von Patriotismus und Haß auf den feudalen Klassenfeind. Diese Soldaten sammelten in Gefechten und Schlachten Kriegserfahrungen und lernten es, zu siegen.

Die neue Taktik ruhte auf zwei Säulen: einmal auf den Tirailleuren, den in aufgelöster Ordnung fechtenden Schützen, und den tiefgegliederten Kolonnen der Infanteriebataillone, die in massiertem Angriff die Entscheidung suchten. Ein solches Bataillon

Gefechtsordnung einer französischen Division im Angriff (19. Jahrhundert)

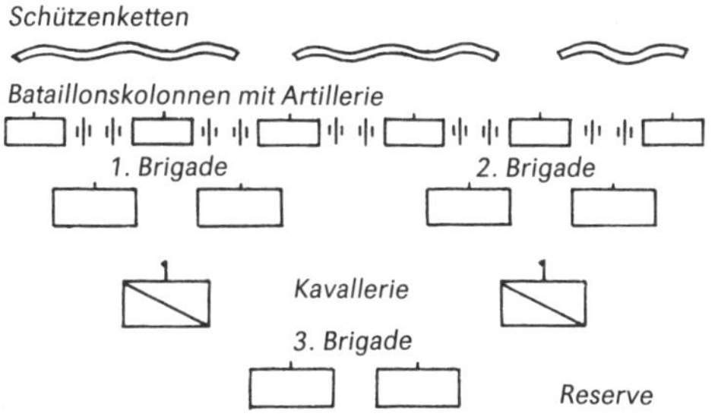

zählte etwa 800 Mann. Um die Kampfkraft der Truppen zu stärken, griff das Oberkommando der Revolutionsarmee zu einer Hilfsmaßnahme: es vereinigte je zwei aus Freiwilligen bestehende Bataillone und ein aus der alten königlichen Armee stammendes sogenanntes Linienbataillon – letzteres war zumeist gründlich militärisch ausgebildet – zu einer Halbbrigade. Die Tirailleure griffen vor der Front der Halbbrigaden und Bataillone die feindliche Aufstellung an und beunruhigten durch wohlgezieltes Einzelfeuer den Gegner, dessen gepreßte Söldner zu einer solchen Kampfführung nicht fähig waren und auch nicht eingesetzt werden konnten, weil sie jede Möglichkeit zur Desertion aus dem verhaßten Zwangsdienst nutzten. Hinter den Tirailleuren rückten dann die dichten Kolonnen der Bataillone vor, mit ihnen Artillerie, und an den Flanken oder hinter ihnen machten sich Kavallerieformationen zum Angriff fertig.

Unter Napoleon I. Bonaparte wurde dieses Angriffsverfahren der Infanterie und ihr Zusammenwirken mit Artillerie und Kavallerie weiter vervollkommnet, die mächtigen Infanteriekolonnen entschieden nicht wenige große Schlachten zugunsten des französischen Imperators. Bei Jena und Auerstedt am 14. Oktober 1806 marschierten die Preußen in der überlebten Lineareordnung auf und erlitten gegen die französische Armee und ihre neue Taktik eine verheerende Niederlage, die zum Symbol des politischen und militärischen Debakels des feudalen Absolutismus und Militarismus wurde.

Vom Vorbild der französischen Armee, das weit in das 19. Jahrhundert hinein in Europa und Übersee wirkte, übernahmen Preußen und andere Staaten wesentliche Prinzipien der Organisation, Führung und Taktik der Infanterie. Durch Militärreformen, die ein Teil der bürgerlichen Reformen am gesamten Staats- und Wirtschaftsleben waren, wurde der Übergang vom spätfeudalen zum kapitalistischen Militärwesen eingeleitet – ein Prozeß, der sich in europäischem Maßstab bis in die Mitte des 19. Jahrhunderts hinzog. Neben das stehende Heer trat in Preußen und anderen Ländern die Landwehr, in der die Infanterie die Hauptwaffengattung war. Maßgeblichen Anteil an der Umbildung und Modernisierung der Infanterie in Preußen hatten die Militärreformer um Gerhard von Scharnhorst, Neidhardt von Gneisenau, Hermann von Boyen und Karl von Grolmann, in Österreich war es Erzherzog Karl, der Sieger in der Schlacht bei Aspern 1809.

Allgemein setzte sich eine einheitliche Organisation, Ausbildung und Taktik der Infanterie durch. Das preußische Infanteriebataillon gliederte sich (nach zeitweiligen Veränderungen im Verlaufe der Feldzüge 1813 bis 1815) im Prinzip in vier Kompanien zu je zwei Zügen, die Kriegsstärke betrug rund 1000 Mann, der Friedensstand lag bei 500 Mann. Ein Regiment bestand aus drei Bataillonen: zwei Musketier- und einem Füsilierbataillon. Im Unterschied zum vorangegangenen Jahrhundert gab es keine echten Unterschiede mehr zwischen diesen Arten des Fußvolkes, die Füsiliere des preußischen Heeres trugen lediglich andersfarbiges Lederzeug und waren im Gefecht mehr für das Schützenfeuer vor den Kolonnen vorgesehen, deshalb war ihre Schieß- und Gefechtsausbildung nicht ganz mit der Ausbildung der Musketiere identisch.

Allgemein galt in allen Armeen Europas das Bataillon als taktische Einheit, die zum Angriff in Kolonne vorgehen oder in Verteidigung ein Karree bilden konnte; nach der Zahl der Bataillone (und Eskadronen der Kavallerie) wurde die Kriegsstärke eines Heeres beurteilt. Eine gewisse Ausnahme in der Kampfführung machte die englische Armee, die sich aus Söldnern rekrutierte und bis nach dem Krimkrieg (1853–1856) noch in der alten Linearordnung focht; in dichten Kolonnen griff auch die russische Armee an, in der die Masse der Soldaten aus leibeigenen Bauern bestand. In vielen Heeren gab es weiterhin Gardeformationen, die vor allem politisch zuverlässige Truppen der Krone waren. In Frankreich standen die «Alte Garde» und die «Junge Garde» Napoleon I. Bonapartes im Rufe hoher militärischer Kampfkraft, der Kaiser setzte sie in den kritischen Entscheidungen ein. Bei Waterloo 1815 zog die kaiserliche Garde den Tod der angebotenen Kapitulation vor! Der Film «Waterloo» hat diese Episode vom Untergang der Garde künstlerisch nachgestaltet.

Die Infanterie war im 19. Jahrhundert die zahlenmäßig stärkste und zugleich relativ selbständigste Waffengattung des Heeres, sie trug die Hauptlast im Krieg. Wichtige Anstöße für die Weiterentwicklung der Infanterie gingen nach 1830 von den technischen Fortschritten aus, die mit der einsetzenden industriellen Revolution auf dem Kontinent verbunden waren, sie betrafen in erster Linie die Bewaffnung. Bis dahin führte die Infanterie das im 17. Jahrhundert aufgekommene und seitdem technisch verbesserte Steinschloßgewehr mit Bajonett. Dieser Vorderlader mit glattem Lauf ließ sich nur im Stehen laden und abfeuern, seine Wirkung lag im geübten, aber ungezielten Massenfeuer auf kurze Distanz. Mit diesem Gewehr hatten Prinz Eugen von Savoyen, Friedrich II. und Napoleon I. Bonaparte ihre Schlachten geschlagen. Eine Reihe technischer Erfindungen kamen im 19. Jahrhundert der Infanteriebewaffnung zugute, dazu gehörte die Perkussionszündung (der Ersatz des Feuersteins durch ein funktionssicheres Zündhütchen) und vor allem die Einführung der gezogenen Läufe, wodurch die Treffgenauigkeit der Gewehre wesentlich gesteigert werden konnte. Der deutsche Waffenkonstrukteur Nikolaus Dreyse (1787–1867) entwickelte das bekannte Zündnadelgewehr, einen gezogenen Hinterlader, der sich durch eine höhere Feuergeschwindigkeit und leichtere Handhabbarkeit auszeichnete und ab 1848 schrittweise im preußischen Heer eingeführt wurde; französische, englische und österreichische Techniker verbesserten die Vorderlader und konstruierten gleichfalls Hinterladergewehre, die wirksame Schußweiten von rund 300 Metern erreichten (die höchsten Schußweiten lagen bei mehr als 600 Metern). Dem deutschen Zündnadelgewehr, das auch von der russischen und italienischen Armee eingeführt wurde, folgte Mitte der 60er Jahre in Frankreich das von Antoine Chassepot (1833–1905) konstruierte Chassepotgewehr, das weiter und genauer als das Zündnadelgewehr schoß und sich im Krieg 1870/71 bewährte. Kurze Zeit darauf entwickelten Wilhelm Mauser (1834–1882) und sein Bruder Peter Paul (1838–1914) aus Oberndorf/Nekkar, wo sie einen kleinen Waffenbetrieb unterhielten, ein neues Gewehrmodell mit Metallpatronen, womit die Feuergeschwindigkeit und Sicherheit weiter gesteigert wurde. Entscheidend war, daß der Infanterist mit den Hinterladergewehren nun auch im Liegen laden und schießen und so das Gelände für den Feuerkampf nutzen konnte.

Zahlenmäßiges Verhältnis der Infanterie zu Kavallerie und Artillerie im preußisch-deutschen Heer

Jahr	Auf 1000 Infanteristen entfielen Kavalleristen	Auf 1000 Infanteristen entfielen Geschütze
1806	286	2,5
1813 (Herbst)	143	2,6
1815	130	2,6
1870	123,5	3,4
1914	85,5	4,8

Die Einführung der gezogenen Waffen – auch die Artillerie erhielt in der Folgezeit gezogene Rohre – beeinflußte sowohl die Ausbildung der Truppen wie die gesamte Kriegskunst. Die Infanterie mußte den veränderten Bedingungen Rechnung tragen, jedoch war die praktische Nutzung der Waffentechnik kein automatischer Prozeß. Nicht wenige der adligen Generäle und Offiziere, die von ihrem Standesdünkel und ihrer Überheblichkeit aus die wachsende Rolle der Technik in den Streitkräften nicht erkannten bzw. gar nicht sehen wollten, widersetzten sich den neuen Waffen. Sie fürchteten, daß der Soldat – anstatt mit dem Bajonett gegen den Feind vorzustürmen – nun aus sicherer Deckung schießen würde, bis sein Munitionsvorrat verbraucht war. Mißtrauisch beobachteten solche Militärs das neue Gesicht der Schlacht bzw. des Gefechtes, das die geliebte massierte Ordnung der Infanterie auf die Dauer nicht mehr er-

Kolonnentaktik der französischen Infanterie. Gegen die Intervention der feudalen Monarchen verteidigte sich die französische Republik durch das militärische Massenaufgebot der befreiten Bauern und Bürger. Im Kampf gegen die feudalen Armeen entwickelte das bürgerliche Frankreich eine neue Kriegskunst, die Tirailleur- und Kolonnentaktik

Gewehre des preußisch-deutschen Heeres im 19. Jahrhundert

	Kaliber (mm)	Feuergeschwindigkeit (Schuß/Minute)	Wirksame Schußweite (m)
Vorderlader			
1809 Infanteriegewehr Modell 1809 (Steinschloß)	18,60	1–1,5	über 100 (Salvenfeuer)
1839 Infanteriegewehr Modell 1839 (Perkussionszündung)	18,40	1–1,5	120–135 (Salvenfeuer)
Hinterlader			
1841 Zündnadelgewehr Modell 1841 (Einzellader)	15,43	etwa 5	200–300 (Schützenfeuer)
1871 Infanteriegewehr Modell 1871 (Einzellader)	11,00	etwa 8–10	etwa 300 (Schützenfeuer)
Mehrlader			
1888 Gewehr 88 (Magazin für 5 Patronen)	7,90	etwa 15	bis 600 (Abteilungsfeuer)
1898 Gewehr 98 (Magazin für 5 Patronen)	7,90	etwa 15	bis 800 (Abteilungsfeuer)

Ausbildung preußischer Infanterie nach 1807

möglichte. In der Tat ließ sich auch die Wirkung der neuen Gewehre mit dem Feuer der alten Vorderlader nicht vergleichen. Von 10 Schüssen des Steinschloßgewehres auf eine 100 Meter entfernte Scheibe traf kaum einer, das Zündnadelgewehr hingegen setzte mindestens drei Treffer ins Schwarze. Allerdings stellten die neuen Gewehre an die Schieß- und Gefechtsausbildung der Soldaten und an die Ausbildungsqualitäten der Unteroffiziere und Offiziere neue Anforderungen: Der Schütze mußte die taktisch-technischen Eigenschaften seines Gewehres kennen und das Schießen trainieren. Der seit 1815 im preußischen wie auch in anderen Heeren emporwuchernde pedantische Drill machte zwangsläufig mehr und mehr einer kriegsnahen Einzel- und Einheitsausbildung Platz.

Auch die Bekleidung der Infanterie änderte sich. In Preußen wurde nach 1840 anstelle der nach russischem Vorbild geschaffenen Uniformen der Waffenrock eingeführt; der Tschako bzw. die Mütze und der hochragende Helm wichen der Pickelhaube. Letztere wurde zum verhaßten Symbol des preußischen Militarismus, da die königlichen Truppen, die 1848/49 gegen die Revolution vorgingen, bereits die Pickelhaube trugen. Auch andere Armeen übernahmen eine Bekleidung mit Waffenrock, Stiefelhosen und Stiefeln. Die Uniformen waren farbenprächtig, dies hatte damals einen gewissen militärischen Grund, denn das rauchstarke Pulver und der Staub auf dem Schlachtfeld erschwerten das Erkennen der Truppenbewegungen, die bunte Uniform erleichterte die Beobachtung. Das änderte sich erst gegen Ende des 19. Jahrhunderts im Zusammenhang mit der Erfindung des rauchschwachen Pulvers und der enormen Steigerung der Waffenwirkung gegen erkannte Truppen. Dann wurde eine feldgraue Uniform für den Kriegsfall eingeführt.

Im Krimkrieg, im Krieg zwischen Österreich und Frankreich/Piemont 1859 und im Amerikanischen Sezessionskrieg 1861–1865 zeigten sich bereits in Ansätzen die markierten Veränderungen im Verhältnis von Waffentechnik und Taktik. Überall erlitten die Bataillonskolonnen und dichtgeschlossenen Linien durch das Infanterie- und Artilleriefeuer schwere Verluste, die noch durch die Unzulänglichkeiten des Sanitätswesens potenziert wurden. Die französischen Truppen auf der Krim und in Oberitalien 1859 zehrten von den militärischen Erfahrungen ihrer nordafrikanischen Kolonialfeldzüge: sie setzten leichte Infanterie ein, die in kleinen Kolonnen, in Schützenketten und in aufgelöster Ordnung unter Ausnutzung des Geländes die gegnerischen Formationen angriffen. Diese gut ausgebildete Infanterie gliederte

Infanterist beim Laden eines Vorderladergewehrs

sich 1840 in neun Jägerbataillone, 1850 wares es bereits 20 Bataillone, die als kampfstarker Kern der Fußtruppen des Kaiserreiches Napoleons III. galten. Die Jäger trugen einen leichten bunten Waffenrock und Käppis, ihre Uniform wurde auch von anderen europäischen Armeen für die Infanterie übernommen.

Ein wichtiger Einschnitt in der Geschichte der Infanterie waren die preußisch-deutschen Einigungskriege 1864–1870/71. Die preußische Krone hatte im Zuge der Heeresreorganisation 1859/60 und in Auswertung des Krieges von 1859 Organisation, Ausrüstung, Bewaffnung und Ausbildung der Infanterie weiter vereinheitlicht und modernisiert. Zur Infanterie (Kriegsstärke) gehörten nach 1861 insgesamt 81 Regimenter mit 254 Bataillonen, darunter einige Jägerbataillone und Bataillone, die von Schulen gebildet wurden; in Berlin und Potsdam lagen die Garderegimenter, der Stolz der Krone und des Adels, Verkörperung des preußischen Militarismus. Für die Taktik galt das Reglement von 1847, das für den Angriff auch die Bataillons- oder Kompaniekolonne vorschrieb und mit dieser Gefechtsordnung der gesteigerten Waffenwirkung nicht Rechnung trug. Allerdings waren Ausbildung und Taktik der preußischen Infanterie immer noch besser als die der Gegner Dänemark und Österreich. Jede preußische Infanteriedivision bestand aus zwei Infanteriebrigaden und einer Kavalleriebrigade zu je zwei Regimentern sowie Artillerie-, Pionier-, Train- und anderen Einheiten. Unter Leitung des Chefs des Generalstabes, Helmuth von Moltke (1800–1891), wurden Organisation, Ausbildung und Taktik des Heeres insgesamt modernisiert; Eisenbahn und Telegraph ermöglichten eine rasche Verlegung und einheitliche Führung der Truppen vom Hauptquartier aus. Die Schlagkraft dieses reorganisierten Heeres zeigte sich im Krieg gegen Dänemark 1864, gegen Österreich 1866 und gegen Frankreich 1870/71.

Die mit dem Lorenzgewehr, einem gezogenen Vorderlader, bewaffneten Österreicher griffen in dichten Bataillonskolonnen

Gefechtsordnung eines preußischen Regiments im Angriff 1870/71

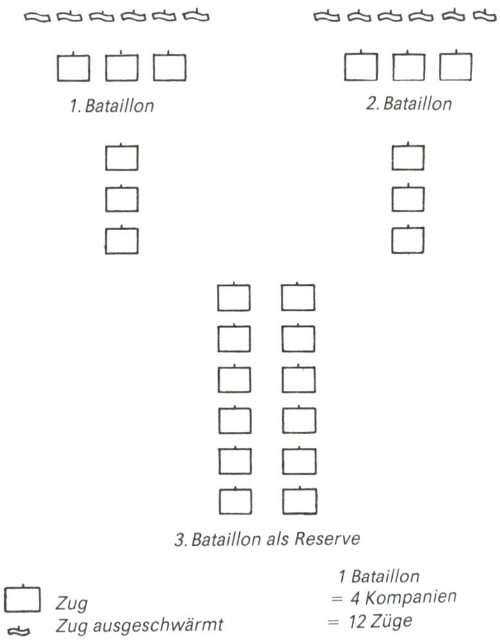

Preußischer Infanterist um 1870

Grenadier der Kaisergarde Napoleons III (um 1870)

Angriff der preußischen Infanterie in Kompaniekolonne 1870

an und strebten den Nahkampf mit dem Bajonett an, im Feuer der preußischen Infanterie und Artillerie erlitten sie schwere Einbußen. Die Preußen gingen in den kleineren Kompaniekolonnen und in Linien vor und suchten ihren Gegner an den Flanken zu fassen. Sie erzielten damit Erfolge, allerdings wurde bereits in den Schlachten und Gefechten des Krieges von 1866 sichtbar, daß jede Kolonnenformation im dichten Kugelhagel große Verluste hinnehmen mußte. Nur ungenügend wertete die preußische Führung nach 1866 diese Erkenntnis aus. Das zeigte sich drastisch 1870 in den ersten Monaten des Deutsch-Französischen Krieges. Die preußische Infanterie, die in den Schlachten um Metz im August in Kompaniekolonnen und dichten Schützenlinien vorging, bezahlte diese Taktik mit sehr hohen Opfern. Die französische Armee besaß im Chassepotgewehr eine dem Zündnadelgewehr überlegene Waffe und nutzte sie voll aus.

Friedrich Engels, der von England aus aufmerksam und mit seinem talentierten Spürsinn die militärischen Ereignisse 1870/71 in Frankreich verfolgt hatte, schrieb später über die Konsequenzen der verbesserten Waffentechnik für die Taktik: «Von da an war die Kompaniekolonne als Kampfform gerichtet, nicht minder als die Bataillonsmasse oder die Linie; jeder Versuch wurde aufgegeben, fernerhin irgendwelche geschlossene Trupps dem feindlichen Gewehrfeuer auszusetzen; der Kampf wurde deutscherseits nur noch in jenen dichten Tirailleurschwärmen geführt, in die sich die Kolonne bisher schon regelmäßig von selbst unter dem einschlagenden Kugelhagel aufgelöst, die man aber von oben herab als ordnungswidrig bekämpft hatte. Der Soldat war einmal gescheiter gewesen als der Offizier; die einzige Gefechtsform, die bisher im Feuer des Hinterladers sich bewährt, hatte **er** instinktmäßig gefunden und setzte sie trotz des Sträubens der Führung erfolgreich durch.»

Nach 1871 prägten in wachsendem Maße das beginnende Wettrüsten zwischen den europäischen Mächten, der rasche Ausbau der Streitkräfte und die wirtschaftlich-techni-

Deutsches Infanteriebataillon in Kriegsstärke um 1900

Schlacht bei Wörth 1870

schen Fortschritte der kapitalistischen Ära die weitere Entwicklung der Waffengattungen des Heeres. Mit der Vergrößerung der Zahl der Infanterie- und Jägerbataillone im preußisch-deutschen Heer von 469 (1875) auf 624 (1898), der Einführung von Mehrladegewehren und dem Erlaß von Exerzierreglements, die schrittweise von der Kompaniekolonne und dem Schützenschwarm zur Schützenlinie bei Betonung des Feuerkampfes übergingen, wurde der Infanterie als der vorherrschenden Waffengattung der Weg markiert. Ähnliche Prozesse vollzogen sich auch in den anderen kapitalistischen Heeren. Damit und mit der Nutzung der Erfahrungen der ersten Kriege in der imperialistischen Epoche begann ein neuer Abschnitt in der Geschichte der Infanterie.

Die Kapuzenmänner – Verschwörerorganisation
(«Cagoulards»)

Herbert Schauer

Vor vierzig Jahren erregte die französische Öffentlichkeit ein politischer Prozeß, der ein bedrückendes Kapitel Geschichte zwischen den beiden Weltkriegen sichtbar werden ließ. Es handelte sich um einen Prozeß, der makabre Einzelheiten offenlegte. Ein Monsterprozeß rollte in jenen Novembertagen des Jahres 1948 ab, der das Komplott französischer Rechtsextremisten, der reaktionärsten Kreise des Industrie- und Bankkapitals vor dem zweiten Weltkrieg, mit den deutschen Hitlerfaschisten aufdeckte. Von den 64 Angeklagten waren 49 anwesend. Aber die Anklage bezog sich nicht nur auf Personen. Angeklagt waren politische Verschwörerorganisationen, wie die «Action Française», die «Croix de feu» («Feuerkreuzler») und das «Comité secret d'action révolutionnaire» (CSAR) – «Geheimer revolutionärer Aktionsausschuß», der unter dem Tarnnamen «Cagoulards» («Träger der Mönchskutte») versucht hatte, mit Hilfe von Attentaten, Morden und unter Vorbereitung eines großangelegten Putsches ein nach dem Vorbild des Hitlerfaschismus totalitäres Regime in Frankreich zu errichten. Der unter schwierigsten Verhältnissen durchgeführten, unermüdlichen und systematischen Aufklärungsarbeit der Kommunistischen Partei Frankreichs war es zu danken, daß die Pläne der zweihundert Familien, die praktisch das Land regierten und an den Schalthebeln der Macht saßen, nicht Wirklichkeit wurden. Im Mai 1936 triumphierte die Volksfront, die Aktionseinheit der französischen Antifaschisten.

Das Aktenmaterial dieses Prozesses wog dreißig Dezitonnen. Die Anklageschrift, die im Pariser Justizpalast vorgetragen wurde, umfaßte 600 Schreibmaschinenseiten. Unter den vierhundert Zeugen, die zu diesem Prozeß geladen waren, befanden sich der ehemalige Ministerpräsident Edouard Daladier und der ehemalige Chef des französischen Generalstabes, General Gamelin. Die berühmtesten Pariser Anwälte hatten die Verteidigung der Angeklagten übernommen, denen Mord, Hochverrat, Waffenschmuggel und andere Delikte zur Last gelegt wurden.

Skandal um Stavisky

Es hatte Anfang des Jahres 1934 begonnen. Der internationale Hochstapler Stavisky, unrühmlich bekannt geworden durch betrügerische Manipulationen riesigen Ausmaßes, in die – wie später bekannt wurde – amtierende Minister, Abgeordnete, Polizeichefs, Besitzer und Direktoren von Zeitungen verwickelt waren, hatte u. a. durch die Stadtbank von Bayonne für über 600 Millionen Francs ungedeckte Anteilscheine ausgeben lassen. Kleine Sparer wurden um ihr Vermögen gebracht. Der Skandal weitete sich aus, als sich herausstellte, daß Stavisky außerdem Spitzel und Agent des französischen Geheimdienstes war. Der Pariser Polizeipräsident Chiappe, ein Parteigänger der Rechtsextremisten, ermöglichte Stavisky die Flucht, und unter nie geklärten Umständen soll Stavisky am 8. Januar 1934 in den französischen Alpen Selbstmord begangen haben.

Die Antwort: Generalstreik

Der Skandal um Stavisky war für die französischen Faschisten willkommener Anlaß, zum Sturz des republikanischen Regimes aufzurufen. Die «Action Française», so der Name eines Pariser Wochenblattes, das einer faschistischen Gruppierung seinen Namen gab, rief demagogisch zu Protesten gegen das parlamentarische System auf. Unter den Augen der Polizei schlugen faschistische Schlägertrupps auf Arbeiter ein, versuchten in die Regierungsgebäude einzudringen und am 6. Februar die Macht zu ergreifen. Die Aktionen der Arbeiterschaft stoppten den Plan der Faschisten. Am Abend des 9. Februar kam es zu einer antifaschistischen Massendemonstration. Zehntausende folgten dem Ruf der FKP. Viereinhalb Millionen Werktätige beteiligten sich am Generalstreik am 12. Februar. Es war eine gewaltige Demonstration der Kraft der Arbeiterklasse, und die Führer der Sozialisten stimmten fünf Monate später einer Vereinbarung mit den Kommunisten zu: Am 27. Juli 1934 unterzeichneten Kommunisten und Sozialisten ein Abkommen über Aktionseinheit im Kampf gegen Krieg und Faschismus.

Die Ermordung Barthous

Unter dem Druck der werktätigen Massen angesichts der faschistischen Gefahr befürworteten Teile der französischen Bourgeoisie das von Außenminister Barthou vertretene Prinzip der Sicherheitspolitik. Daß er für eine Annäherung Frankreichs und der Sowjetunion eintrat und einen entsprechenden Vertrag vorbereitete sowie für die Schaffung eines Bündnisses europäischer Staaten gegen potentielle Aggressoren war, mißfiel Hitlerdeutschland und dem faschistischen Italien, jedoch auch den USA und Großbritannien, die die Aggressionsabsichten des faschistischen Deutschlands gegen die UdSSR lenken wollten. Faschistische Attentäter ermordeten den französischen Außenminister am 9. Oktober 1934 in Marseille. Die näheren Hintergründe des Anschlags, dem auch der jugoslawische König Alexander zum Opfer fiel, sind erst Jahrzehnte später aufgedeckt worden. Italienische und deutsche Geheimdienste hatten den Mord veranlaßt.

Es gab zu dieser Zeit etwa fünfzehn Geheimgesellschaften in Frankreich, deren Wortführer ein Mann namens Deloncle war. Nur skrupellose Naturen wurden aufgenommen, Gehorsam und Verschwiegenheit gefordert. Der Waffenhändler Paul Jean-Batiste, der der «Cagoule» angehörte und über seine Auftraggeber geplaudert hatte, wurde von einem Femegericht unter Vorsitz von Deloncle zum Tode verurteilt, in einem Wald bei Paris erschossen und vergraben.

Laut Meldung der dänischen Zeitung «Politiken» hat der französische Innenminister die Beweise in die Hand bekommen, daß zwei Mitglieder der Zentrale der französischen Schwerindustrie an der Cagoulardverschwörung führend beteiligt waren (Fotomontage von John Heartfield)

Oben: Die französische Polizei verhaftete Mitglieder der faschistischen Geheimorganisation, die die Bombenattentate im September 1937 mit verübt hatten. Unten, links: Zwei Aufnahmen von den Auswirkungen der Bombenattentate vom 11. September 1937.

Unten, rechts: Eines der geheimen Waffenlager der «Cagoulards». Die Gewehre, leichten Maschinengewehre und Maschinenpistolen trugen deutsche und italienische Fabrikmarken

Sieg der Volksfront

Am 14. Juli 1935, dem Gedenktag der Großen Französischen Revolution, wurde auf einer Großkundgebung mit mehr als einer halben Million Werktätiger die Bildung der Volksfront besiegelt. Die FKP war der Schaffung der Allianz aller antifaschistischen Kräfte und der Forderung von Thorez, eine «Volksfront für Brot, Freiheit und Frieden» zu schaffen, ein bedeutendes Stück nähergekommen. Die Parlamentswahlen April/Mai 1936 brachten einen überwältigenden Sieg der in der Volksfront zusammengeschlossenen Sozialisten, Kommunisten und Radikalsozialisten. Das nun von dem Rechtssozialisten Blum gebildete Volksfrontkabinett verfügte eine Reihe für die Arbeiterklasse fortschrittlicher Gesetze, so u. a. die 40-Stunden-Woche und den bezahlten Urlaub. Die Positionen des Großkapitals wurden eingeschränkt und alle faschistischen Organisationen verboten.

Zwei Koffer in Lille

Nur einem Zufall hatte es die französische Polizei zu verdanken, daß sie überhaupt auf die Spur der Verschwörerorganisationen kam, deren Mitglieder, mit Masken und Mönchskutten bekleidet, in den Kellern einsam stehender Villen bei Paris und in alten Schloßkapellen des Landes über das Ende der Französischen Republik berieten. Seit Oktober 1936 lagerten auf dem Bahnhof in Lille zwei Koffer, die nicht abgeholt worden waren. Im Februar 1937 wurden die Koffer der Polizei übergeben. Einer der Adressaten hieß Paul Jean-Batiste. Dieser Mann aber war seit dem Oktober des Vorjahres spurlos aus Paris verschwunden. Bei der Prüfung des Kofferinhalts stellte man fest, daß es sich bei dem verschwundenen Jean-Batiste um keinen gewöhnlichen Waffenhändler handelte. Aus den in den Koffern gefundenen Akten ging hervor, daß er einer Bande angehörte, die Waffenschmuggel großen Ausmaßes betrieb und Geheimorganisationen belieferte. Die Koffer waren in Mailand aufgegeben worden. Die französische Polizei verfolgte diese Spur und stieß dabei auf den Absender namens Juif. Der konnte jedoch nichts mehr aussagen: Er wurde mit zwei Schüssen im Kopf und mit durchschnittener Kehle auf einer Landstraße bei Cesia in der italienischen Provinz Imperia aufgefunden. Nach gründlichen Recherchen konnte eine Verbindung zwischen Jean-Batiste und Deloncle nachgewiesen werden. Dann aber brach die Spur ab.

Der Tod der Brüder Rosselli

Ein knappes halbes Jahr später, nachdem die Koffer in Lille sichergestellt worden waren,

Verhaftung des Ingenieurs Vogel, der im Auftrag der «Cagoulards» die Bombenattentate gegen die Gebäude der französischen Unternehmerverbände organisiert hatte

Drei Organisatoren der Bombenattentate: Rechts im Bild, von oben nach unten: Herzog Pozzo di Borgo, Großindustrieller Moreau de la Meuse, Fabrikant Deloncle

stießen Forstarbeiter auf der Landstraße bei Bagnoles-de-l'Orne auf zwei Leichen, die neben einem verlassenen Auto lagen. Der eine der Ermordeten war der ehemalige Professor der Universität Genua, Carlo Rosselli, der andere, ebenfalls mit Dolchstichen umgebracht, sein Bruder, der in Florenz wohnende Schriftsteller Sabatino Rosselli. Carlo Rosselli war ein erbitterter Gegner des Faschismus und deshalb von den italienischen Machthabern auf die Liparischen Inseln verbannt worden. Nach einer abenteuerlichen Flucht hatte er Frankreich erreicht, wo er eine antifaschistische Zeitschrift unter dem Titel «Justice et Liberté» («Gerechtigkeit und Freiheit») herausgab. Der Bruder, politisch uninteressiert, weilte zu einem Ferienaufenthalt bei ihm. Im November 1937 rühmte sich ein Soldat namens Jean Bouvier während einer Zecherei in Constantine in Nordafrika, bei der Ermordung der Brüder Rosselli dabeigewesen zu sein. Bei der Vernehmung gab Bouvier zu, Mitglied der «Cagoule» zu sein. Er nannte weitere Teilnehmer an diesem Mord: Jacques Fauran, Robert Puireux, André Tenaille, Fernand Jakubiez und Jean Filiol.

Die Spur der Patronen

Auf der Nationalstraße Nr. 5 von Genf nach Paris platzte bei einem Lkw-Transport eine Kiste. Herausfallende Patronen wiesen der Polizei den Weg. Der Fahrer hieß Fernand Jakubiez! Bei der Vernehmung gab er zu, solche Transporte seit langem durchzuführen. Ziel der Fahrten war u. a. die Villa «Hochwald» in Rueil bei Paris, die von ihrem Besitzer Maldant an einen gewissen Lenoir vermietet worden war. Die Polizei entdeckte im Keller, verborgen hinter mehreren getarnten Türen und Gängen, ein Betonverließ mit in die Wände eingelassenen Ketten und

Ringen. Es war ein geheimes Gefängnis. Im Erdgeschoß gab es eine Sanitätsstube mit neuen chirurgischen Instrumenten und einem Grundsortiment an Medikamenten.

Rue Ribera Nr. 37 in Paris

Der Erbauer des unterirdischen Gefängnisses war ein gewisser Vaselin aus Dieppe. Der beschuldigte seinen Chef Anceaux, ihn zu diesen Arbeiten kommandiert zu haben. Anceaux war Unternehmer in Dieppe und eine Zeitlang Ortsvorsitzender der «Feuerkreuzler». «Ich habe in Paris gearbeitet», sagte Anceaux aus, «in der Ampère-Straße 64.» Dort hatte Robert de la Motte Saint-Pierre auf seinem Grundstück ein «Zentrum für die Wahrnehmung erdmagnetischer Kräfte» eingerichtet. In den Kellern fand man 12 Kisten mit Waffen. In derselben Straße führte die Spur zu einem betonierten Blockhaus, in dem ebenfalls Waffen gelagert waren. Dort gefundene Papiere wiesen zur Rue Ribera Nr. 37 in Paris. In dem bunkermäßig betonierten Keller fielen der Polizei wieder Waffen, Munition und sogar Bomben in die Hand. Die nächste Adresse war ein Antiquitätenhändler in der Nähe des Odéon in Paris. Und wieder stößt die Polizei auf Waffen und Munition im Keller. Ein besonders großes Waffenlager befand sich in den Kellern eines Pariser Altenheimes ... Zu Beginn des Jahres 1938 wurde der Wert der beschlagnahmten Waffen, einschließlich Munition, mit mehr als 100 Millionen Francs angegeben. Und es ist davon auszugehen, daß nicht alle Waffenlager gefunden worden waren. Für das Ausmaß sprach die Regierungsmitteilung, daß allein die Pariser Polizei 50 schwere und 65 leichte Maschinengewehre, 30 Panzer- und Fliegerabwehrkanonen mit großen Beständen dazugehöriger Munition sicherstellte. Viele Mitglieder der Geheimorganisationen wurden verhaftet, andere, rechtzeitig gewarnt, flohen ins Ausland. Die Kriminalpolizei entdeckte auch chemisch-bakteriologische Laboratorien, in denen Typhusbazillen gezüchtet und in Tuben abgefüllt wurden. Chemikalien und Geräte waren deutscher Herkunft.

Nach dem Muster des Reichstagsbrandes

Am 11. September 1937 erschütterten zwei Bombenexplosionen die Öffentlichkeit. Es war ein Anschlag auf die Gebäude von zwei Unternehmerverbänden in der Nähe des Place de l'Etoile in Paris, der Schaden beträchtlich. Zwei Polizisten fanden den Tod. Die noch vorhandene Volksfrontmehrheit in der Regierung (die Volksfrontregierung unter L. Blum war am 1. Juli zurückgetreten, neuer Ministerpräsident war der Radikalsozialist Chautemps, dessen Regierung allmählich den Weg des Verrats an der Sache der Volksfront einschlug) kennzeichnete die Attentate als großangelegte Provokation der reaktionären Kräfte nach dem Muster des Berliner Reichstagsbrandes vom Jahre 1933. Die reaktionäre Presse aber gab, wie nicht anders zu erwarten, den Gewerkschaften die Schuld, bezeichnete die Geschehnisse als «Frucht der Volksfrontpolitik». Eine Berliner Bildagentur versah die Fotos von den Zerstörungen mit folgendem Text: «Schauplatz bolschewistischer Bombenanschläge in Paris». In richtiger Einschätzung der Situation enthüllte die Linkspresse, daß durch die Bombenattentate der Anschein eines bevorstehenden kommunistischen Putsches erweckt werden sollte, zu dessen «Abwehr» die Geheimorganisationen losschlagen wollten. Da überraschte der sozialistische Innenminister Max Dormoy Anfang Januar 1938 die Öffentlichkeit mit der Mitteilung, daß die «Cagoulards» hinter den Bombenanschlägen ständen. Ein Teil der Attentäter, wieder rechtzeitig gewarnt, verließ Frankreich in Richtung Francospanien. Als Drahtzieher verdächtigt, so Dormoy, wurden der zu diesem Zeitpunkt bereits festgenommene Deloncle und der General Duseigneur sowie der Großgrundbesitzer Pozzo di Borgo, die sich schon am 21. Januar 1937 in San Sebastián und am 17./18. Juli in Nancy mit Dritten über den Attentatsplan besprochen hätten. Das alles sei durch die Ermittlungen lückenlos bewiesen. Der Ingenieur Locuty gab zu, die Bomben hergestellt zu haben. Dormoy bezeichnete die Behauptungen der Geheimorganisationen, man müsse sich gegen einen kommunistischen Putsch schützen, als «kindliche Erfindung». Eine Basler Zeitschrift berichtete weitere Einzelheiten: «Die Untersuchung warf ein Licht auf die Beziehungen der Cagoulards zu den reaktionären Kapitalisten Frankreichs und zu den ausländischen Faschisten. Am Tage, als die beiden Attentate in Paris stattfanden, waren die Pförtner der beiden Häuser merkwürdigerweise abwesend, und eine vom Leiter des Französischen Unternehmerverbandes, Gignoux, einberufene Versammlung war verschoben worden.»

Pläne nicht nur des Kanalsystems

In den Archiven der «Cagoulards» fand die Polizei die Pläne der Pariser Elektrizitäts- und Gaswerke, der Kanalisations- und Wasseranlagen, der Ministerien und sonstiger wichtiger Gebäude. In den Karten eingetragen waren die Kasernen, die Waffen- und Munitionsdepots der Armee. Es bestanden Pläne, nach denen sich die Verschwörer Zugang zum Kriegsministerium durch das Kanalsystem verschaffen wollten. Es gab nachgemachte Stempel mit der Unterschrift des Präsidenten der Republik. Es war beabsichtigt, nach dem Umsturz ein faschistisches Direktorium mit Marschall Pétain an der Spitze zu bilden. Dem Gremium sollten auch der ehemalige Pariser Polizeipräfekt Chiappe und General Weygand angehören.

Die Warnungen der FKP

Auf dem IX. Parteitag der Französischen Kommunistischen Partei im Dezember 1937 wies Maurice Thorez mit allem Nachdruck auf die faschistische Gefahr hin. Die Reaktion werde, sagte Thorez, wenn sie bei den Wahlen geschlagen sei, sich immer mehr versucht fühlen, auf faschistische Gewaltmethoden zurückzugreifen und Söldnerbanden aufzustellen und zu bewaffnen, um sie gegen die friedliebenden und waffenlosen Werktätigen einzusetzen. «Die Verschwörung der Cagoulards zeigt, wie recht wir hatten, als wir die öffentliche Meinung und auch die Regierung der Volksfront alarmierten ..., indem wir unablässig vor dem Treiben der neu gebildeten Rebellenbünde und ihrer Bewaffnung warnten ... Ist es nicht eine Schande, daß unsere ‹Humanité› verurteilt werden kann, weil sie auf das einwandfrei festgestellte Vorhandensein von Waffenlagern hingewiesen hat?»

Das Streben der Kommunisten nach Wiederherstellung der Volksfront blieb bei der Führung der Partei der Radikalen und bei den Sozialisten ohne Echo. Dadurch konnte der Radikalsozialist Daladier im April 1938 die Regierung bilden. Sie beschloß als erstes eine Reihe von Maßnahmen, die den Lebensstandard der Werktätigen herabsetzten. Die Regierung Daladier ließ die französisch-spanische Grenze abriegeln und trug damit zur Niederschlagung der Spanischen Republik bei. Die verhängnisvolle Politik wurde mit der Unterzeichnung des Münchner Abkommens am 29. September 1938 fortgesetzt.

Voruntersuchung 1939 abgeschlossen

Die Initiative des Innenministers Dormoy, unterstützt von der fortschrittlichen Presse, hatte dazu geführt, daß die «Cagoulards» nicht totgeschwiegen werden konnten. In Paris wurde der Prozeß gegen die Verschwörer vorbereitet. Mitte des Jahres 1939, nach Abschluß der Voruntersuchungen, übernahm das Schwurgericht die Akten. 71 «Cagoulards» erwarteten ihr Urteil. Der Ausbruch des Krieges unterbrach das Verfahren. Angeklagte, die den Gestellungsbefehl erhalten hatten, wurden auf freien Fuß gesetzt. Die übrigen entließ die profaschistische Regierung unter Pétain in die Freiheit. Eine große Anzahl der «Cagoulards» waren willfährige Helfer der faschistischen Okkupationsmacht; sie denunzierten französische Patrioten und lieferten deutsche Emigranten aus, die in Frankreich Schutz gesucht hatten ...

Racheakte unter dem Schutz der Besatzer

Eine Reihe von ehemaligen Mitgliedern der Geheimbünde, darunter solche, die 1939 bereits angeklagt waren, erhielten unter der faschistischen Besatzungsmacht einflußreiche Posten, und sie hatten ein Interesse daran, die Prozeßunterlagen von 1939 verschwinden zu lassen. Doch die wichtigsten Teile des Beweismaterials waren rechtzeitig von einem Juristen versteckt worden. Dennoch setzten die «Cagoulards» alles daran, Spuren zu verwischen. Der ehemalige Polizeichef von Paris, Chiappe, der mit dem nazideutschen Geheimdienst gemeinsame Sache machte, soll 1942 bei einem Luftangriff umgekommen sein. Die Umstände seines Todes sind nicht geklärt. Deloncle, der den Putsch vom Februar 1934 mit vorbereitet hatte, ist während der Besatzungszeit ermordet worden. Am 22. Juli 1942 wurde der ehemalige Innenminister Dormoy, der das Signal zur Verfolgung der «Cagoulards» gegeben hatte, durch eine unter seinem Bett deponierte Zeitzünderbombe in die Luft gesprengt. Der Anschlag war möglich, obwohl Dormoy in einem bewachten Hotel in Montélimar wohnte. Der kommunistische französische Journalist Fernand Fontenay, der die Recherchen der Polizei zu einem äußerst aufschlußreichen Buch über die Umtriebe der «Cagoulards» zusammengefaßt hatte, wurde während der faschistischen Okkupation ermordet.

Keiner wollte sich erinnern

Die Angeklagten, die im Spätherbst 1948 im Pariser Justizpalast vor den Schranken des Gerichts standen, wollten sich an nichts mehr erinnern. Sie versuchten, sich damit herauszureden, daß sie damals nur die «Abwehr eines kommunistischen Putsches» vorbereitet hätten. Sie behaupteten, im Einverständnis mit hohen Militärdienststellen gehandelt zu haben. General Gamelin sagte aus, er habe seinerzeit drei Mitglieder des Obersten Verteidigungsrates über das Vorhandensein der Geheimbünde unterrichtet. Während der Verhandlung erinnerte sich keiner der drei, unter ihnen der ehemalige Ministerpräsident Daladier, daran. Die Verhandlung deckte auch die Verbindungen Pétains zu Hitler in den dreißiger Jahren auf. Die Fäden liefen über den Mitarbeiter der deutschen Botschaft in Madrid, von Stohrer. Nachgewiesen wurde auch, daß die Waffenarsenale der «Cagoulards» von Italien und Deutschland gefüllt wurden. Der Befehl zur Ermordung der Brüder Rosselli war aus Rom gekommen. 1944 hatte der faschistische Geheimdienstoberst Santo ausgesagt, daß Graf Chiano, Außenminister unter Mussolini, den Befehl zum Mord gegeben hatte.

So groß der Prozeß auch angelegt war, er blieb hinter den Erwartungen zurück. Nicht wenige der Belasteten hatten sich rechtzeitig ins Ausland abgesetzt. Einige Angeklagte wurden zu lebenslanger Haft verurteilt, einige erhielten Gefängnisstrafen, die den von ihnen begangenen Verbrechen keineswegs angemessen waren. Ein weiterer Teil bekam Bewährungsfrist. Viele wurden freigesprochen. Mit den Drahtziehern dieses makabren Stücks Zeitgeschichte, zu suchen und zu finden in den reaktionärsten Kreisen des französischen Industrie- und Bankkapitals, befaßte sich niemand. Sie blieben unangetastet.

Die Festungsbauten in Prag

Dr. sc. Andrej Romaňák

Prag lockt mit seinen zahlreichen Denkmälern der weltlichen und kirchlichen Architektur, die sich wunderbar in die natürliche Kulisse einfügen, viele Besucher an. Die Hauptstadt der ČSSR präsentiert ein nicht alltägliches Bild der Entwicklung der Baukunst von der romanischen Epoche bis in unsere Tage. Dieser Beitrag soll die Aufmerksamkeit auf die Fortifikationsbauten lenken, die einen untrennbaren Bestandteil der architektonischen Entwicklung der Stadt bilden. Der Festungsgürtel, der die Stadt von allen Seiten umgab, hat bereits der modernen Bebauung Platz gemacht. Ein aufmerksamer Besucher kann Reste der Festungsanlagen noch an mehreren Stellen Prags finden, beispielsweise in den Straßen Na valech und Obránců míru, am Strahov, auf der Folimanka und besonders auf dem Vyšehrad, wo die Festungsanlage fast vollständig erhalten geblieben ist.

Der Ausbau Prags zur Festung setzte Mitte des 17. Jahrhunderts ein. Nicht uninteressant ist, einen kurzen Blick auf das Stadtbild unmittelbar nach dem Dreißigjährigen Krieg zu werfen und den Gründen nachzugehen, die zum Bau einer mächtigen Bastionsfortifikation führten. Prag war im Dreißigjährigen Krieg mehrmals belagert und besetzt worden und hatte zwischen den Kriegsparteien einige Male den Besitzer gewechselt. Die Söldner hatten die eroberte Stadt als Kriegsbeute behandelt. Das gebrandschatzte, ausgeplünderte, verwüstete und entvölkerte Prag bot ein treuliches Spiegelbild des ganzen Landes. Von den etwa 50000 Menschen, die im Jahre 1618 in Prag gelebt hatten, waren Ende des Dreißigjährigen Krieges noch etwa 26400 übriggeblieben. Ursachen für den Bevölkerungsschwund waren neben den Kriegseinwirkungen die Auswanderung der nichtkatholischen Bevölkerungsteile sowie mehrere Pestepidemien. Gegenreformatorische Dekrete (ab 1624 durfte niemand Stadtbürger werden, der sich nicht zum katholischen Glauben bekannte) versperrten Nichtkatholiken die Stadt. In dem durch den langen Krieg verwüsteten Land bot auch Prag das Bild einer verarmten Stadt. Nach der Niederlage des böhmischen Ständeheeres in der Schlacht auf dem Weißen Berg 1620 gegen Truppen der kaiserlichen Liga und nach der Verkündung der «Erneuerten Landesordnung für Böhmen» 1627, die die Macht beim kaiserlichen Hof in Wien zentralisierte, büßte Prag seine einstmalige politische Bedeutung ein. Die frühere Hauptstadt sank auf das Niveau einer Provinzstadt herab. Der gesellschaftliche und politische Bedeutungsschwund führte auch zu einem wirtschaftlichen Niedergang.

Während das Bürgertum verarmt war und sich kaum mehr erholen konnte, ließen es sich der hohe Klerus, der Hochadel sowie Abenteurer, die der Krieg hochgespült hatte, wohl sein. Sie hatten für ihre Dienste auf den Schlachtfeldern die Gunst des kaiserlichen Hofes erworben und als Belohnung die konfiszierten Güter des aufständischen Adels und der Nichtkatholiken erhalten. Der machtausübende Hochadel suchte nun Schutz hinter den Stadtmauern und baute sich in Prag prächtige Wohnsitze. Die katholische Kirche, namentlich der Jesuitenorden, hatte sich ebenfalls an der Güterkonfiskation nach der Schlacht auf dem Weißen Berg bereichert und dadurch Mittel für den Bau großartiger Kirchen und üppiger Residenzen erworben. Der Vermögens- und politische Machtzuwachs löste eine verstärkte Bautätigkeit auf Kosten der verarmten Bürgerschichten aus, die nicht die Kraft hatten, sich dem gierigen Expansionsdrang der Feudalherren zu widersetzen. Das Barock, das in Prag vereinzelt schon vor dem Dreißigjährigen Krieg anzutreffen gewesen war, wurde als Bau- und Kunststil Ausdruck für die Macht der katholischen Kirche und des reichen Adels. Und so wurde das wirtschaftlich erschöpfte und politisch bedeutungslose Prag zu einer Stadt, in der sich ein nicht alltägliches Baugeschehen entfaltete. Die Baukonjunktur lockte auch aus der Fremde, namentlich aus Italien und Deutschland, Architekten, Baumeister, Bildhauer und Maler an, die Prag in wenigen Jahrzehnten aus einer mittelalterlichen in eine Barockstadt, in eine Stadt herrlicher Dome und prächtiger Paläste verwandelten.

In diese Periode reger Bautätigkeit fällt auch die Errichtung der mächtigen Festungsbauwerke, durch die sich Prag zu einer Festungsstadt entwickelte. Die Befestigung von Prag hatte bis zum Dreißigjährigen Krieg aus gotischen Mauern bestanden, die von den Söldnerheeren ziemlich leicht im Sturm überwunden werden konnten. Deshalb wurden bereits seit 1639 vor der Burgmauer Erdschanzen in Form von Bastionen aufgeschüttet, insbesondere vor den Toren, um die Verteidigung der Stadt zu verstärken. Im Jahre 1644 beschloß der Landtag, die Stadt mit einer Fortifikation zu versehen, die den Schutz der Stadt vor Angriffen gewährleistete. Der Landtag bewilligte für die Bauarbeiten eine Summe von jährlich 10000 Gulden aus der Getränkesteuer. Die Befestigung wies jedoch trotz der Verstärkung durch Bastionselemente Schwachstellen auf, durch die in der Nacht zum 25. Juli 1648 Grüppchen schwedischer Soldaten in das Stadtinnere vordringen und der Hauptmacht ihres Heeres das Tor auf dem Strahov öffnen konnten. So bemächtigten sich die Schweden sehr schnell des Hradschin und der Kleinseite. Daß sich die Alt- und die Neustadt gegen die Angriffe der Schweden behaupten konnten, lag nicht so sehr an der an zahlreichen Stellen von der schwedischen Artillerie zerschossenen Befestigung, sondern war vielmehr das Verdienst des Bürgeraufgebots und der Studentenlegion, die entschlossen ihre Häuser, ihre Familien und die Stadt gegen die feindlichen Angriffe verteidigten. Am 1. November 1648 brachen die Schweden die Belagerung ab und zogen sich von Prag zurück. Damit endete der Krieg, der 30 Jahre zuvor in Prag begonnen hatte.

Im Jahre 1650 unterbreitete der kaiserliche General Raimund Graf Montecuccoli einen Vorschlag für den Bau einer Bastionsfortifikation rund um Prag und einer Zitadelle auf dem Vyšehrad. Der Entwurf für die Befestigung der Stadt durch eine bastionierte Front stammt, wie man bis heute annimmt, von Generalfeldwachtmeister Innocentio Graf di Conti, der italienischer Herkunft war und sich bei der Verteidigung Prags im Jahre 1648 ausgezeichnet hatte.

Die veraltete Bauweise der überdies noch im Jahre 1648 beschädigten Stadtbefestigung war nicht der einzige Grund für den Bau einer neuen Bastionsfortifikation. Prag lag mitten in Böhmen, hier liefen die Verbindungswege aus allen Richtungen zusammen, hier gab es auch die einzige Moldaubrücke weit und breit. Damit nahm Prag eine wichtige strategische Lage ein, worauf schon das Kriegsgeschehen im Dreißigjährigen Krieg aufmerksam gemacht hatte. Damit dieser wichtige Punkt nicht zu einer leichten Beute des Gegners würde, mußte er befestigt und mit einer Besatzung aus dem stehenden Heer der Habsburger gesichert werden. Das stehende Heer sollte neben dem Adel und der katholischen Kirche zu einer weiteren tragenden Säule der Habsburger Monarchie werden, die das heterogene Konglomerat von Ländern und Nationen in der Botmäßigkeit der Habsburger halten sollte. Die Besatzung der Prager Festung sollte die Stütze der Habsburger Herrschaft in Böhmen sein und garantieren, daß sich ein Aufstand der Tschechen, wie der von 1618 bis 1620, nie wiederhole. Diese Gründe bewo-

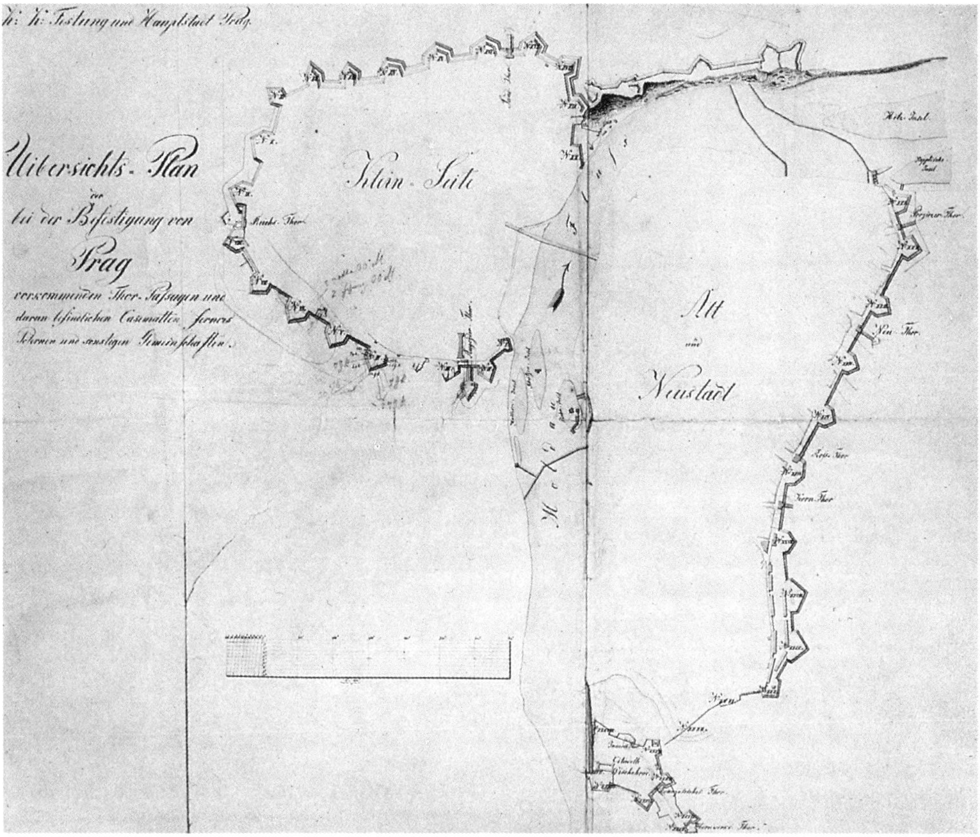

Gesamtübersicht über die Festungsanlagen von Prag

gen Kaiser Ferdinand III., Prag und Eger (Cheb) 1653 zu Festungen zu erklären.

Der Festungsgürtel, der Prag umschloß, folgte der ursprünglichen Stadtgrenze. Dort, wo es sich anbot, wollte man auch die mittelalterlichen Mauern in das Verteidigungssystem einbinden. Deshalb wurde die Bastionsfortifikation vor die gotischen Burgmauern gesetzt. Da der Projektant und die Baumeister die Festungsanlage dem unregelmäßigen Umriß der Stadt und dem Verlauf der Höhenzüge anpaßten, bekamen die einzelnen Befestigungselemente an einigen Abschnitten unregelmäßige Längen und unterschiedliche Höhen.

Fundament der neuen Festungsanlage war ein Erdwall, der beim Ausheben breiter und tiefer Gräben entstand. Dieser Erdwall wurde in der Form von pentagonalen Bastionen aufgeschüttet, die durch Kurtinen zu einer durchgängigen Mauer verbunden waren. An der äußeren Seite war der Erdwall mit einer steinernen Eskarpenmauer versehen, die bis zu 8,85 m hoch und mit einem Mantel aus Ziegeln verkleidet war. Die verwundbarsten Stellen der Fortifikation, die Ecken der Bastionen, waren mit Sandsteinquadern ausgeführt. Sandsteinplatten dienten als Verschlußsteine der Eskarpenmauer und gleichzeitig als Mauerkordon. Über dem Kordon war eine Brustwehr gemauert, und an einigen Abschnitten der Festungsanlage wurde etwa 3 m Erde hoch aufgeschüttet als Brustwehr für das Bankett (den Platz für die Schützen auf den Mauern) und als Wehrgang. Die Krone des Festungswalls lag im Durchschnitt 11 bis 12 m über der Grabensohle. Die Bastionen waren numeriert und nach Heiligen benannt. Die Kleinseite

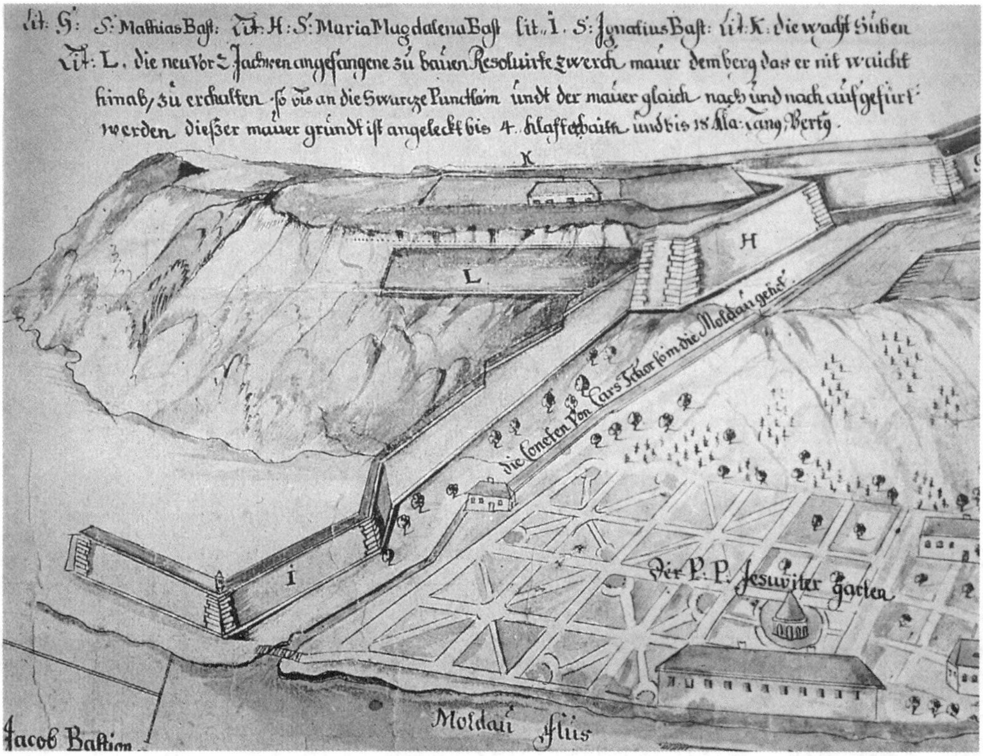

Bastionen XVIII bis XX der Kleinseitner Befestigung auf einer Darstellung vom Ende des 17. Jahrhunderts.

Die mit dem Buchstaben H bezeichnete Maria-Magdalena-Bastion (Nr. XIX) ist bis heute erhalten geblieben

und der Hradschin waren von 20 Bastionen (I bis XX) umgeben, die Alt- und Neustadt von 11 Bastionen (XXI bis XXXI). Die Befestigungen der Neustadt waren durch die mittelalterliche Burgmauer, den Abschnitt XXXII, verbunden.

Um den Festungswall lief ein trockener Graben. Die äußere Seite des Grabens war als Kontereskarpe ausgemauert. Der Graben war etwa 5 m tief. An der äußeren Seite verlief ein von der Erdaufschüttung entstandener gedeckter Weg.

Einen wichtigen Bestandteil der Festungsanlage bildete die Sicherung der Verkehrswege vom Stadtinneren zur Umgebung. Die Stadttore waren in die Mauern eingebaut, in der Regel in Kurtinen, deren Raum von den beiden benachbarten Bastionen durch Feuer gut gedeckt wurde. Zur Kleinseite und zum Hradschin führten 3 Tore. Auf dem Újezd stand das «Aujezder Thor» (Újezdská brána), das zwischen 1693 und 1703 angelegt worden war. Zum Hradschin gelangte man durch das «Strahoffer Thor» (Strahovská brána), das man auch das Reichstor nannte. An der Nordseite der Prager Burg steht bis heute das «Sand Thor» (Písecká brána) oder auch «Karls Thor» (Karlova brána), nach Kaiser Karl IV. benannt, zu dessen Zeit es gebaut worden war. In die Neustadt gelangte man durch 4 Tore. Auf dem Poříčí stand das «Porziczer Thor» (Poříčská brána) auch «Spital Thor» (Špitálská brána) genannt. Es folgten das «Neue Thor» (Nová brána) und das «Ross Thor» (Koňská brána), das zum Pferdemarkt, dem heutigen Wenzelsplatz (Václavské náměstí) führte. In die Žitná ulice, die Korngasse, gelangte man durch das «Korn Thor» (Žitná brána). Die Stadttore waren stark frequentierte Orte. Sie waren im Barock ausgeführt und mit einfachen zeitgenössischen Architekturelementen verziert.

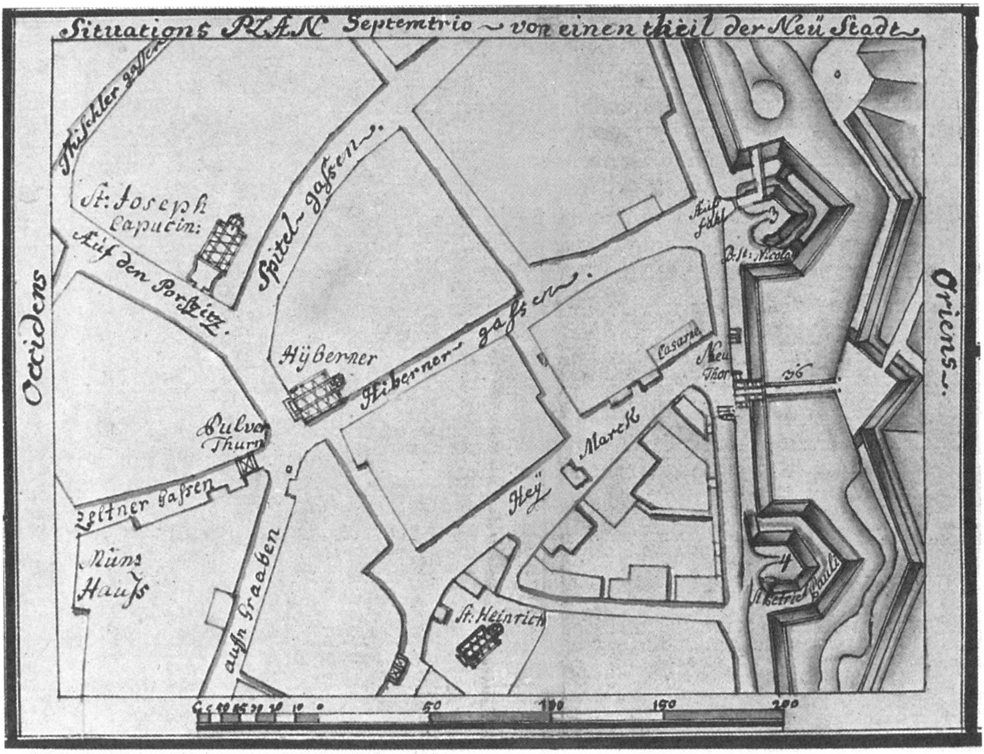

Lageplan eines Teils der Neustadt um den Pulverturm (Prašná brána) mit der Nikolaus- (Nr. XXIII) und der Peter-Pauls-Bastion (Nr. XXIV), die etwa auf dem Gelände des heutigen Bahnhofs Mitte (Praha-střed) und des Hauptbahnhofs gelegen haben

Mittelalterliche Mauer, die den Vyšehrad mit den Bastionen der Neustadt verband

Den besten Eindruck vom Prager Befestigungssystem kann man sich auf dem Vyšehrad verschaffen, wo die Anlagen sehr kompakt und noch gut erhalten sind. Die Fortifikation wurde auf den Vyšehrader Felsen gegründet, der an sich schon gute Voraussetzungen für eine Wehranlage bot. Die Bewohner des Vyšehrad wurden mit Baubeginn in Wohnungen unterhalb der Burg umgesiedelt. Alle Wohnhäuser wurden abgerissen. Erhalten blieben nur die Kapitularkirche, das Dekanat und die St.-Martins-Rotunde. Der Festungskomplex hatte die Gestalt eines ungleichschenkligen Fünfecks,

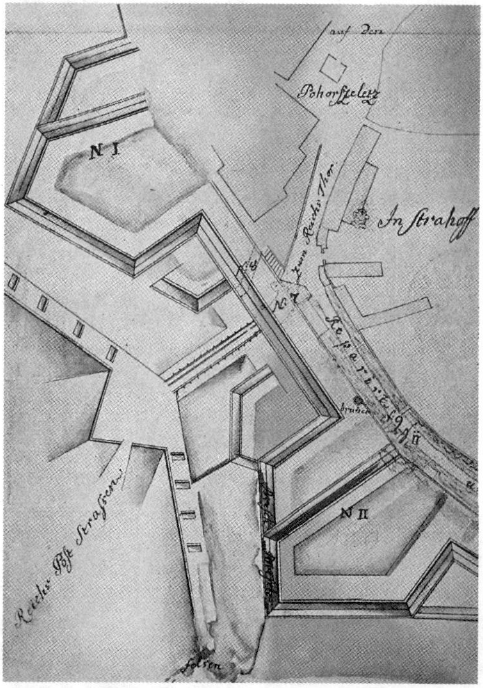

Die Spital- (Nr. VIII) und die Strahover Bastion (Nr. IX) sicherten das Strahover Tor. *Die Spitalbastion ist bis heute erhalten geblieben.*

das so angeordnet war, daß die natürlichen Verteidigungseigenschaften des Geländes noch verstärkt wurden. Das Grundelement des Festungssystems der Vyšehrader Zitadelle sind ebenfalls fünfeckige Bastionen, die durch Kurtinen zu einem Ganzen verbunden sind. Die Bastionen trugen Namen und knüpften in der Numerierung an die Befestigungen der Neustadt an, trugen also die Nummern XXXIII bis XXXVIII. Da der Zugang zur Zitadelle vom Südosten sehr leicht war, wurde die Festungsanlage durch ein sogenanntes Hornwerk verstärkt. Der Festungswall hatte auch tragende Konstruktionen aus Pfeilern. Von der Stirnseite war er mit einer Eskarpe bewehrt, die am Fuß bis 5 m dick war. Die Eskarpe wurde baulich von einem Kordon abgeschlossen, an den eine 0,88 m hohe gemauerte Brustwehr anschloß. Die Mauern erreichten stellenweise bis zu 18,31 m Höhe. Den Festungswall entlang verlief eine Verbindungsgalerie, die nach außen führte. Sie sollte bei einer Belagerung Prags für Ausfälle der Verteidiger in das Vorfeld dienen.

Die Zitadelle war von Südosten durch das 1655 erbaute Tábortor (Táborská brána) zu betreten, das in die Kurtine des Hornwerks eingemauert war. In den Kern der Festung gelangte man durch das nach Kaiser Leopold I. benannte Leopoldstor (Leopoldova brána). Vom Vyšehrad in die Neustadt führte der Weg durch das jüngste Tor, das 1841/42 gebaute Neue Tor (Nová brána).

In der Zitadelle befanden sich ein einstökkiges Arsenal von rechteckigem Grundriß, Proviant- und Munitionskasematten, über der Erde gelegene Magazine und eine «Schrothütte» zum Mahlen von Schwefel. Zur Lagerung von Schießpulver diente eine Zeitlang auch die romanische St.-Martins-Rotunde.

Zehntausende Kubikklafter angefahrenen Erdreichs, Steine und Ziegel, die in den mächtigen Bastionen verbaut wurden, verschafften dem Vyšehrad ein völlig neues Aussehen. Diese aufwendige bauliche Umgestaltung des Vyšehrad zur Festung stand unter der Leitung des Baumeisters Johann de Capauli, der gleichzeitig auch den Festungsbau in Eger (Cheb) leitete. Im Jahre 1655 wurden die Bauarbeiten am Zeughaus begonnen, die ebenfalls Johann de Capauli sowie Carlo Luragho und Santino de Bossi leiteten. In Böhmen hatte sich der Festungsbau ebenso wie in den anderen Ländern der Habsburger Monarchie noch nicht zu einem eigenständigen Zweig des Baugewerbes entwickelt. Es gab wenige Baumeister, die sich auf Festungsbauten spezialisiert hatten, und daher übertrug man die Leitung solcher Bauarbeiten Architekten und Baumeistern, die sich bei anderen kirchlichen oder weltlichen Bauten hervorgetan hatten. So geschah es, daß den Festungsbau in der Neustadt Carlo Luragho leitete, auf der Kleinseite war es Santino de Bossi, auf dem Vyšehrad folgte Domenico Orsi auf Johann de Capauli. Zu den Erbauern der Prager Festungsanlage zählen auch andere namhafte Baumeister wie Antonio Luragho, O. Quadri und Jan Panetius. Die Oberaufsicht über den Bau der Festungsanlage hatten General Johann Freiherr de Corona, G. Pieroni, M. J. Eck, Abraham Leutner und Filippo Talduzzi.

Bastion des Hornwerks auf dem Vyšehrad

Tabortor auf dem Vyšehrad (um 1655 erbaut)

Leopoldstor auf dem Vyšehrad (vor 1678 erbaut)

Die Finanzmittel für die Befestigung von Prag einschließlich des Vyšehrad sowie von Eger stellte der böhmische Landtag bereit. Jährlich bewilligte er 30 000 Gulden für den Festungsbau. Die Mittel flossen aus einer Steuer, die von den Bürgern der Städte und dem leibeigenen Volk in Böhmen erhoben wurde.

Aus einem Bericht des Obristen Josef Priami aus dem Jahre 1656 geht hervor, daß man sich bei der Errichtung der Prager Befestigungsanlagen von den folgenden Grundsätzen leiten ließ: Bei der Verteidigung sollte grundsätzlich der kollektive Einsatz der Verteidiger zur Geltung kommen. Jede angegriffene Bastion sollte von den benachbarten Bastionen verteidigt werden können. Folglich durfte die Entfernung der Bastionen voneinander die Reichweite einer Handfeuerwaffe nicht überschreiten. Josef Priami gibt als geringste Entfernung 600 Fuß und als maximale Entfernung 1000 Fuß an. Die Ecken der Bastionen durften weder zu spitz noch zu stumpf sein. Der Winkel sollte zwischen 60 und 100 Grad liegen. Die Seiten der Bastionen sollten im rechten Winkel zu den Kurtinen stehen. Alle Linien und Kanten der Festungsglieder mußten adäquate Proportionen haben. Einige dieser Grundsätze waren im zeitgenössischen Festungsbau theoretisch und praktisch bereits überholt, wenn man nur auf die Leistungen des Festungsbaumeisters Daniel Speckle und anderer Theoretiker des Festungsbaus verweist. Der mächtige Festungsgürtel von Prag wies bereits von Anfang an Schwächen auf, die sich auch durch spätere Modernisierungsversuche nicht beheben ließen. Außerdem gab es in der Prager Festungsanlage nur wenige Fortifikationselemente. Einen Ravelin zum Beispiel finden wir nur vor dem «Aujezder Thor» (Újezdská brána). Der größte Mangel bestand jedoch darin, daß die Prag umgebenden Hügel nicht in das Festungssystem einbezogen wurden. Ohne die entsprechende Befestigung des Žižkov, der Königlichen Weinberge (Královské vinohrady), des Weißen Berges (Bílá hora) und der Letná konnte von einem wohldurchdachten Verteidigungssystem keine Rede sein. Da sich die größte Aufmerksamkeit auf die Verteidigung der südlichen Landesteile der Habsburger Monarchie gegen den Expansionsdrang des Osmanischen Reiches richtete, wurde das Verteidigungssystem in den nördlichen Landesteilen vernachlässigt. Das hatte zur Folge, daß Prag selbst zwar befestigt wurde, bedeutende Verkehrswege aber, die aus den Nachbarländern in das Innere Böhmens führten, mit Ausnahme der Straße über Eger

(Cheb), ohne Sicherung durch befestigte Punkte blieben.

Die Prager Festungsanlage wurde im Österreichischen Erbfolgekrieg 1740 bis 1748 und im Siebenjährigen Krieg 1756 bis 1763 hart geprüft. In der Nacht vom 25. zum 26. November 1741 wurde Prag leichte Beute französischer, bayrischer und sächsischer Truppen. Nach der Eroberung hielt sich in Prag bis zum 16. Dezember 1742 eine französische Besatzung auf.

Im Jahre 1744 erlitt die Stadt dasselbe Schicksal. Am 1. und 2. September 1744 schloß ein preußisches Heer Prag ein. Nach 15 Tagen Belagerung kapitulierte der Kommandant von Prag, Harsch. Die Preußen hielten die Stadt bis zum 26. November 1744 besetzt. Nach der Schlacht bei Prag am 6. Mai 1757 wurde die Stadt aufs neue von einem preußischen Heer belagert. Erst am 18. Juni wurde die Stadt erlöst, als die Preußen nach der verlorenen Schlacht von Kolín eilig aus Böhmen abzuziehen begannen.

Nach Ende des Siebenjährigen Krieges blieben die Beziehungen zwischen Wien und Berlin weiterhin gespannt. Dies veranlaßte die Kaiserin Maria Theresia und ihren Nachfolger Joseph II., ein neues Defensionssystem der Monarchie zu errichten. Das betraf vor allem die nördlichen, an Preußen grenzenden Landesteile. Die Basis dieses Verteidigungssystems bildeten die Festungen Königgrätz (Hradec Králové), Olmütz (Olomouc), Josefstadt (Josefov, heute Teil von Jaroměř) und Theresienstadt (Terezín) an den Hauptwegen, über die preußische Truppen im Böhmen eingedrungen waren.

Damit verlagerte sich der Schwerpunkt der Verteidigung in die neuen, an die Grenzen vorgeschobenen Festungen, und die Prager Festungsanlage verlor an Bedeutung. Die Mauern wurden allerdings weiterhin instand gehalten, und Prag wurde als Festung geführt. Erst als sich im Krieg zwischen Preußen und Österreich 1866 erwies, daß Festungen unter den neuen materiellen Bedingungen der Kriegführung einen zu geringen Wirkungsradius hatten und im Kriegsgeschehen keine Rolle mehr zu spielen vermochten, wurde der Festungsstatus von Prag aufgehoben. Die Festungsanlagen dienten weiterhin zur Aufnahme großer Garnisonen sowie als Proviant- und Munitionslager. Seit 1875 kaufte die Stadt Prag der Militärverwaltung einzelne Abschnitte der Festungsanlage ab. Die Mauern wurden schnell abgerissen und die geräumten Stellen im Zuge der stürmischen städtebaulichen Entwicklung bebaut. Lediglich dort, wo sie der modernen Bebauung nicht im Wege standen, blieben sie uns erhalten.

Übersetzt von Dr. Eduard Ullmann

Worterklärungen

Bastion: aus einem Festungswall vorspringendes vieleckiges Bollwerk

Eskarpe: dem Angreifer zugewandte, meist ausgemauerte Böschung eines Festungsgrabens

Fortifikation: Befestigungskunst; Festungsbauwerk

Kasematte: Hohlraum in Festungsbauten zur Aufnahme von Menschen und Vorräten

Kontereskarpe: Außenböschung eines Festungsgrabens

Kordon: Linie der überragenden Abdeckungssteine einer Festungsmauer

Kurtine: zwischen zwei Bastionen liegender Teil des Hauptwalls

Ravelin: dreieckiges Festungswerk vor einer Kurtine

Rotunde: kleine Kirche mit rundem Grundriß

Die Roten Matrosen von Wittow

Zum 70. Jahrestag der Novemberrevolution in Deutschland

Fregattenkapitän d. R. Heinz Mattkay

Wenn von der Novemberrevolution und den Roten Matrosen in Deutschland die Rede ist, sind meist die revolutionären Matrosen aus Kiel und die Kämpfer der Volksmarinedivision in Berlin gemeint. Über andere ist wenig oder nichts bekannt. Wer weiß schon, daß es die Roten Matrosen der Seeflugstationen Bug und Wiek auf der Halbinsel Wittow waren, die auf Rügen als erste die rote Fahne während der Novemberrevolution hißten?

Die Bewohner der Insel und die Matrosen der Kriegsmarine von Wittow und Saßnitz ahnten auch nicht, daß W. I. Lenin mit seinen Genossen am 12. April 1917 nach abenteuerlicher Reise durch Deutschland Rügen und auf der schwedischen Eisenbahnfähre «Drottning Victoria» Kap Arkona passierte. Sechs Monate später erschütterte die Große Sozialistische Oktoberrevolution die kapitalistische Welt. Inwieweit Ideen des Roten Oktobers nach Wittow und in die Garnisonen der Stationen Bug und Wiek drangen, ließ sich bisher dokumentarisch nicht belegen. Tatsache ist jedoch, daß nach dem Friedensvertrag von Brest-Litowsk im Frühjahr 1918 in Saßnitz deutsche Kriegsgefangene aus Sowjetrußland gegen russische Kriegsgefangene ausgetauscht wurden und in der Seeflugstation Wiek in Quarantäne gingen. Sie gaben ihre Erfahrungen und Erlebnisse in Rußland an die Kameraden der Station weiter.

Im Sommer 1918 scheiterte der letzte verzweifelte Versuch der Machthaber des imperialistischen Deutschlands, den Krieg durch mehrere Offensiven an der Westfront zu ihren Gunsten zu entscheiden. Am 8. August wurde die deutsche Westfront durchbrochen. Die militärische Niederlage war unaufhaltsam. Am 28. September mußte die oberste Heeresleitung den Zusammenbruch

1916 wurde zum Schutz der Eisenerzroute Schweden – Stettin vor britischen U-Booten eine Halbflotte Torpedoboote nach Saßnitz verlegt

Luftbildaufnahme von 1928 der Seeflugstation Wiek, die 1925 zum Sächsischen Kinderheim Wiek umgebaut worden war

der Westfront eingestehen. Breite Schichten des Volkes waren nicht mehr bereit, Not und Elend, verstärkt durch den Krieg, zu ertragen.

Hunger und Armut herrschten besonders in den Katen der Tagelöhner auf Rügen. Hinzu kamen die vielen Gefallenenmeldungen von den Fronten. Melker, Kutscher und Landarbeiter brachten die größten Blutopfer. Parolen vom «Durchhalten» und «Siegfrieden» wurden immer unglaubwürdiger. Die Antikriegsstimmung wuchs.

Am 3. November 1918 erhoben sich die Kieler Matrosen. Der revolutionäre Funke sprang schnell auf die anderen Hafenstädte und Marinestützpunkte über. Schon am 5. November erklärten sich die Matrosen der Warnemünder Marinestation mit ihren Kieler Kameraden solidarisch.

Aus Kiel kommend, liefen am 6. November Torpedoboote unter roter Flagge in die Häfen von Wismar, Rostock sowie später in Stralsund und Wolgast ein. In wenigen Tagen breitete sich die Revolution in ganz Deutschland aus. Nach russischem Vorbild entstanden Arbeiter- und Soldatenräte, die die Tätigkeit der Behörden, die Aufrechterhaltung der öffentlichen Ordnung und Sicherheit sowie die Versorgung der Bevölkerung mit den notwendigsten Lebensmitteln kontrollierten, Postämter, Bahnhöfe, Eisenbahnknotenpunkte, Betriebe und Güter der Großgrundbesitzer besetzten. Diese Räte hatten großen Anteil daran, daß die Revolution beachtliche Anfangserfolge erzielen konnte.

Die Schulchronik von Dranske berichtet über diese Ereignisse auf Wittow: «Früher als in den anderen Gegenden und Städten, früher als in der Hauptstadt Berlin, erlebten wir im November die Revolution. Daran waren unsere Seeflugstationen schuld. Nachdem die Meuterei der Matrosen von Kiel auf die Seeflugstation Holtenau übergegriffen hatte, wurde von dort auf funkentelegraphi-

schem Wege an alle Marinestationen die Aufforderung gerichtet, sich sofort der aufständischen Bewegung anzuschließen ... Am Abend wurde eine Versammlung sämtlicher Marineangehörigen einberufen. Die Offiziere wurden ihrer Stellung enthoben. Der Stationsleiter erklärte sich bereit, den Anordnungen eines von sämtlichen Beteiligten gewählten Soldatenrates zu folgen und Ausschreitungen zu verhindern.»

Weiterhin heißt es, daß eine Reihe «junger Hitzköpfe», die Ämter und Güter der Großgrundbesitzer besetzen wollten, Lebensmittellager und Depots überwachten und sich mit den Kriegsgefangenen aus Großbritannien, Belgien und Frankreich verbrüderten, die in Lagern auf dem Bug konzentriert oder auf den Gütern untergebracht waren.

Dem Stationsleiter vom Bug und den «gemäßigten Kräften» gelang es schon nach wenigen Tagen, die revolutionären Matrosen zurückzudrängen. Die vom Chronisten genannten «jungen Hitzköpfe» hatten den richtigen Weg eingeschlagen, denn Zerschlagung des imperialistischen Staatsapparates und der ökonomischen Basis des Junkertums hießen auf Wittow Besetzung der Ämter und

Fahne der KPD-Ortsgruppe Wiek, die von den Faschisten geraubt und vernichtet wurde

Ortsgruppe der KPD-Altenkirchen am Strand von Drewoldke (Juliusruh) 1929. An den Wochenenden trafen sich die Kommunisten mit ihren Familienangehörigen

Güter. Industrie gab es zur damaligen Zeit überhaupt nicht.

Mit der «Wahl» des Stationsleiters als Vorsitzenden des Soldatenrates war auf dem Bug die Revolution niedergeworfen.

Der Lehrer namens Staude, ein Erzreaktionär, Kriegsinvalide und Leutnant der Reserve, konnte beruhigt in seine Chronik schreiben: «... dort ging dank der Tätigkeit einsichtsvoller Männer bald alles seinen gewohnten Gang – nur gab es keinen Dienst, keine Ehrenbezeugungen, und an den Flaggenmasten flatterten blutrote Fahnen der Revolution, unter denen aber noch bis zur Absetzung des Kaisers die Reichskriegsflagge wehte».

In Wiek verlief die Novemberrevolution nicht so ruhig: Matrosen besetzten das Amt Altenkirchen (Wittower Bezirksbürgermeisterei und Sitz der Gendarmerie), die Postämter in Wiek und Altenkirchen, die Telegraphenämter Bug-Posthaus und Arkona sowie eine Reihe Güter, beschlagnahmten Lebensmittel zur Versorgung der Station. Nach Wittow wurden sofort alle Zugänge gesperrt, da die Führung der Infanteriekasernen in Stralsund verlauten ließ, den Aufstand der Matrosen mit Waffengewalt niederzuschlagen. Revolutionäre besetzten die Fährschiffe der Wittower Fähre. Bei Juliusruh verschanzte sich ein weiteres Kommando. An landungsgefährdeten Abschnitten wurden Stellungen ausgehoben, Maschinengewehre stationiert und alle Anleger und Häfen, wie Bug-Posthafen, Wiek, Vitt und Breege, überwacht.

Wittow war in der Hand der Roten Matrosen. Als sich in Wiek noch ein revolutionärer Bauernrat konstituierte und sich die Revolution über die ganze Insel auszubreiten drohte, richteten die um ihre Macht zitternden Junker Rügens im gleichen Wortlaut wie schon 1806 bei der Aufhebung der Leibeigenschaft durch den Schwedenkönig an ihre «Rügenschen Landsleute» folgenden Appell: «Notwendig ist vor allem Ruhe und Besonnenheit! Kopf hoch, Ruhe halten und arbeiten! Der Landrat: Freiherr von Maltzahn».

Dieser Freiherr bildete aus seinen treuen Anhängern den «Arbeiter- und Soldatenrat Rügens» und unterstellte sich alle örtlichen Räte, die bei den Verhandlungen in Bergen zustimmten, daß «die Verwaltung völlig unangetastet» blieb.

Die weitere Entwicklung verlief wie überall in Deutschland. Die erst zum Jahreswechsel 1918/1919 gegründete Kommunistische Partei stand ohne ausreichende Kampferfahrung und geschlossene Organisation, ohne eine feste Führung der gut organisierten und bewaffneten Konterrevolution gegenüber und war zu schwach, um die Aufständischen zum Sieg zu führen.

Bei den Wahlen zur Nationalversammlung errangen auch auf Rügen die bürgerlichen

1968, anläßlich des 50. Jahrestages der Novemberrevolution in Deutschland, wurde in Bug/Dranske ein Denkmal für Albin Köbis und Max Reichpietsch eingeweiht

Die Leningedenkstätte und das Denkmal in Saßnitz sind oft Stätten der freundschaftlichen Begegnungen zwischen Angehörigen der Volksmarine und der Baltischen Rotbannerflotte der UdSSR, die zweimal mit dem Rotbannerorden ausgezeichnet wurde

Parteien die Mehrheit. Die Kommandoführung der Marinestation Rendsburg liquidierte 1919 die Soldatenräte auf dem Bug und in Wiek. Die revolutionären Matrosen wurden schon Ende 1918 verhaftet, und die Verurteilung sollte in Stralsund erfolgen – revolutionäre Soldaten der Infanteriekasernen konnten sie befreien und ihnen zur Flucht verhelfen.

Die Seeflugstationen löste man zwar später in Verwirklichung des Versailler Vertrages auf. Sie wurden aber, getarnt als Beamtenerholungsheim Bug und Sächsisches Kinderheim Wiek, für einen neuen «Waffengang zur Neuaufteilung der Welt» erhalten.

Die Novemberrevolution weckte trotzdem Wittow, ja ganz Rügen aus seinem Dornröschenschlaf. Die alte Gesindeordnung fiel, sozialistisches Gedankengut drang auch in die Köpfe der werktätigen Inselbewohner. In Wiek, Altenkirchen und in den umliegenden Gutsbezirken bildeten sich Ortsgruppen der KPD; der Landarbeiterverband trotzte den Junkern eine Reihe ökonomischer Verbesserungen für die Landarbeiter ab. Die Allmacht der Junker war gebrochen, die Bauern versagten fortan den bedingungslosen Gehorsam. Unter der Führung der KPD und des Landarbeiterverbandes sammelten sich die Arbeiter und Bauern für die Klassenschlachten der nächsten Jahrzehnte.

Im Frühjahr 1919 begann sich auch auf Rügen die KPD zu formieren. Der «Bote vom Inselland», die erste kommunistische Zeitung auf Rügen, kursierte auf Wittow, besonders in Altenkirchen, wo sich Anfang der 20er Jahre eine Ortsgruppe der KPD formierte. Fast in allen der 48 Siedlungen der Halbinsel Wittow hatte die Ortsgruppe ihre Mitglieder und Sympathisanten. Die Kommunisten leisteten einen bedeutenden Beitrag im Kampf um die Rechte und sozialen Verbesserungen der Werktätigen – aber auch gegen die Machenschaften des Stahlhelms und der Hitlerfaschisten. Beliebt bei den Rügener Werktätigen war die 14 Mitglieder zählende Schalmeienkapelle des Roten Frontkämpferbundes auf Wittow. Zum Jahreswechsel 1932/33, genau um 24 Uhr, intonierte sie vor der Bürgermeisterei in Altenkirchen die «Internationale», zur Freude der Dorfarmut und der Kommunisten. Ende 1932/Anfang 1933 gingen die Wittower Parteigruppen der KPD in die Illegalität. Sie versteckten Schalmeien, Dokumente und Fahnen, stellten Verbindungen nach Stralsund und Stettin (heute Szczecin) her. Dadurch wurde die Widerstandsgruppe Wittow zur bedeutendsten auf Rügen während des Faschismus. Sie verbreitete regelmäßig Nachrichten von Radio Moskau; Geldsendungen für die «Rote Hilfe» gingen von Juliusruh aus nach Stralsund. Besonders suchten die Faschisten nach den Fahnen der KPD-Gruppen, die Altenkirchener Fahne überstand zusammen mit Parteidokumenten und Fotos die Nacht des Faschismus. Heute nimmt die Fahne von Altenkirchen einen würdigen Platz in der SED-Kreisleitung Bergen ein. Nach der Befreiung der Insel am 4. und 5. Mai 1945 durch die Rote Armee gehörten Kommunisten und Sozialdemokraten von Wittow zu den Aktivisten der ersten Stunde, nicht nur in ihren Heimatorten.

1960 erhielten die Seestreitkräfte der NVA den Ehrennamen «Volksmarine». Damit ehrte man auch die revolutionären Matrosen der deutschen Hochseeflotte von 1917 und 1918. In Rostock, am Kabutzenhof, befindet sich eine Gedenkstätte für die Roten Matrosen der Novemberrevolution und auf dem Territorium der ehemaligen Seeflugstation Bug/Dranske ein Denkmal für Max Reichpietsch und Albin Köbis, die im Sommer 1917 maßgeblich für den Matrosenaufstand gegen die Weiterführung des Krieges wirkten, den Streik der etwa 800 Matrosen und Heizer des «Prinzregent Luitpold» am 2. August 1917 leiteten. Sie wurden nach der Niederwerfung der Erhebung verhaftet, zum Tode verurteilt und am 5. September 1917 hingerichtet.

Truppenteile und Kampfschiffe der Volksmarine erhielten die Namen Roter Matrosen, Raketenschnellboote wurden z. B. «Rudolf Egelhofer», «Karl Meseberg», «Otto Tost», «Heinrich Dorrenbach», «August Lütgens» benannt, ein KTS-Bootstruppenteil trägt den Namen «Karl Baier». Es gehört zu den höchsten Auszeichnungen für die Angehörigen der Volksmarine, wenn Teilnehmer der Novemberrevolution wie Genosse Hans Vogelsang bei Besuchen an Bord unserer Kampfschiffe feststellen: «Wir sind stolz, das Erbe unserer von der Reaktion ermordeten Genossen in guten Händen zu wissen.»

Zur Geschichte der Marinefliegerstationen Bug und Wiek

Die Kaiserliche Deutsche Marine nutzte im ersten Weltkrieg die günstige Lage Rügens, um im Norden der Insel Seeflieger zu stationieren. Sie sollten die Arkonasee gegen britische Unterwasserkräfte und russische Überwasserkräfte sichern, besonders aber verhindern, daß die Eisenerzroute Schweden–Stettin gefährdet wurde. Im Sommer 1916 begannen die Vorarbeiten in Wiek, im Herbst 1917 wurde die Seeflugstation eingeweiht. Bis zum Ende des Krieges baute man auf dem Bug und in Wiek Kasernen und Anlagen für insgesamt 2000 Mann. In der Schulchronik von Dranske ist zu lesen: «Den ganzen Tag brummen die Flugzeuge, die in allen möglichen Arten und Größen hier vorhanden sind. Bomben werden auf extra dazu aufgestellte Ziele geworfen, manchmal rattert Maschinengewehrfeuer und läßt kleine und große Kampftage aus dem Völkerringen in der Erinnerung wieder auftauchen. Ein herrliches Schauspiel bieten die Geschwaderflüge, und einen Kampf um Leben und Tod gibt es bei den Kampffliegern, die hier üben.» Bis 1920 wurden die Anlagen auf dem Bug und in Wiek unter der Kontrolle eines britischen Marinekommandos demontiert. 1930 lief der Vertrag über die Nutzung des Bugs als Beamtenerholungsheim ab, und erneut kreisten über Wittow Flugzeuge – eine «zivile Luftfahrtgesellschaft» bildete «Piloten für einsitzige Maschinen» aus. 1934/35 baute man neue Hangars, Kasernen und Anlagen, und 1935

Kinderheim «Frohe Zukunft» Wiek heute

weihte die wiedererstandene Luftwaffe ihre «Fliegerschule See» in Dranske ein. Die Kriegsvorbereitung lief auf Hochtouren, und am 1. September 1939 nahmen Kampfgeschwader vom Bug am Überfall auf Polen teil. Anschließend operierten sie im Mittelmeerraum, und bei Kriegsende kapitulierten sie in Griechenland. Der Bug wurde Bombenschützenschule der Luftwaffe. In den ersten Maitagen 1945 setzte sich das Personal «planmäßig» nach Schleswig-Holstein und nach Dänemark ab. Auf dem Bug fanden Flüchtlinge und Umsiedler ein erstes Zuhause.

Das Kinderheim in Wiek wurde Wehrertüchtigungslager, Kaserne für Marineinfanterie, Hilfslazarett – bis am 4. Mai 1945 die faschistische Barbarei auch auf der Insel für immer ein Ende gefunden hatte. Die Aktivisten der antifaschistisch-demokratischen Ordnung richteten in dem Objekt in Wiek ein Kriegswaisenheim ein, und im Winter 1945/46 begann hier ein wichtiges Kapitel deutsch-sowjetischer Freundschaft, das bis in unsere Tage lebt. Journalisten der «Täglichen Rundschau» unter Leitung von Jakow Neudorf sammelten Lebensmittel, Kleidung, Schuhe und Spielzeug, erfreuten zum Jahreswechsel die am schwersten Betroffenen des zweiten Weltkrieges.

Als Kinderheim «Frohe Zukunft» Wiek ist es heute weit über unser Land hinaus bekannt. Die Kraft der Solidarität bestimmt das Handeln der Erzieher und Angestellten der Einrichtung über mehr als vier Jahrzehnte. Hier wurden Ende der vierziger Jahre griechische Waisenkinder, 1953 Kinder des koreanischen Volkes, 1956 Opfer der Konterrevolution in Ungarn, später Kinder Palästinas, Vietnams und anderer kapitalistischer Länder, deren Eltern durch die Reaktion ums Leben gekommen waren, liebevoll betreut.

Der Schutz des Sozialismus machte es erforderlich, Anfang der sechziger Jahre den Bug als Stützpunkt der Volksmarine auszubauen, 1965 zogen die Erben der Roten Matrosen von Wilhelmshaven, Kiel, Berlin, aber auch von Wiek und vom Bug in ihre neue Dienststelle ein.

München – im Frühjahr 1919

Dr. Klaus Geßner

Der Name München löst heute zweifellos noch andere Gedankenverbindungen aus als nur die Vorstellung von einer Millionenstadt, der Hauptstadt des BRD-Landes Bayern. Unwillkürlich denkt man zugleich an die «braune» Vergangenheit dieser Stadt, an das verhängnisvolle Münchener Abkommen. Doch zeigte München in der deutschen Geschichte auch ein völlig anderes Gesicht: Hier existierte vom 13. April bis zum 3. Mai 1919 eine proletarische Staatsmacht auf deutschem Boden – die Bayrische Räterepublik.

In Bayern und speziell in München entwickelten sich die damit verbundenen dramatischen Ereignisse zu einer Zeit, als die Reaktion in Deutschland bereits wieder Oberwasser gewonnen hatte. Die Bildung der Bayrischen Räterepublik war der letzte Höhepunkt der deutschen Novemberrevolution 1918/19. Diese machtvolle Volksrevolution hatte im ersten Ansturm Großes vollbracht: den Frieden erzwungen, die Monarchie hinweggefegt, dem deutschen Imperialismus und Militarismus schwere Schläge versetzt, wichtige demokratische Rechte für die Massen erkämpft. Aber die Grundfrage der Revolution, die Frage der Macht, konnte die deutsche Arbeiterklasse damals noch nicht zu ihren Gunsten entscheiden.

Doch im Frühjahr 1919 verschärften sich noch einmal die Auseinandersetzungen zwischen der Konterrevolution und den klassenbewußten Arbeitern, die für die Verteidigung und Erweiterung der Novembererrungenschaften in großen Streikaktionen und mit der Waffe eintraten. In einigen Fällen versuchte die deutsche Arbeiterklasse, diese Auseinandersetzungen zu Kämpfen um die Macht zu steigern. So auch in Bayern.

Nach der Ermordung des bayrischen Ministerpräsidenten Kurt Eisner durch einen reaktionären Offizier (21. Februar 1919) trat hier ein spürbarer Linksruck ein. Zunehmend mehr bayrische Arbeiter erkannten, daß die in Weimar konstituierte bürgerliche Republik nur ein neues Firmenschild für die alte Ausbeuterordnung war. Immer lauter scholl der Ruf nach der Rätemacht. Um diesen revolutionären Aufschwung abzufangen, proklamierten rechte bayrische Arbeiterführer und Anarchisten am 7. April in München eine Scheinräterepublik.

Die junge Kommunistische Partei warnte eindringlich davor, zu diesem Zeitpunkt in Bayern die Rätemacht zu errichten. Wartete doch die Konterrevolution nur auf einen Anlaß, um nach der Niederschlagung der Revolution in den anderen Teilen Deutschlands auch gegen Bayern ihren Terrorfeldzug durchführen zu können.

Obwohl die Scheinräterepublik in ihren praktischen Maßnahmen kaum über einige Halbheiten hinauskam, stieß sie auf den wütenden Haß der Reaktion. Auf Weisung der gestürzten, nach Bamberg geflohenen Hoffmannregierung putschte in der Nacht vom 12. zum 13. April ein Teil der Münchner Garnison. Das führte zum raschen Ende der Scheinräterepublik.

In dieser kritischen Situation übernahm die Münchner Parteiorganisation der KPD

An das klassenbewußte Proletariat!

Arbeiter, Bauern, Soldaten, Erwerbslose!

Die Bourgeoisie führt ihre Söldknechte gegen München heran, um die junge Freiheit des Proletariats im Blut zu ersticken. Rüstet und sammelt Euch zum Kampf um die sozialistische Räte-Republik.

Tretet ein in die

Rote Armee!

Zeigt den Henkern der Revolution die Zähne und schickt die weißen Garden mit blutigen Köpfen heim.

Wer kann in die Rote Armee eintreten?

Alle Arbeiter, die einer sozialistischen oder freigewerkschaftlichen Organisation angehören. Bei der Meldung sind folgende Papiere vorzulegen:

1. Mitgliedsbücher einer sozialistischen oder freigewerkschaftlichen Organisation,
oder 2. Ausweis eines Betriebs- oder Erwerbslosen-Rates,
oder 3. Mitgliedsbuch des Soldatenbundes „Freier Kamerad.“

Ueberdies ist der Militärpaß mitzubringen.

Soldaten können erst aufgenommen werden, wenn sie aus ihrem Truppenteil ausgeschieden sind.

Wozu verpflichtet sich der Soldat der Roten Armee?

Zu freiwilliger Unterordnung und unbedingtem Gehorsam gegen die Führer, zu eiserner Disziplin in und außer Dienst im Interesse der Räte-Republik. Die Rotten-, Gruppen-, Zug- und Abteilungs-Führer werden von der Mannschaft gewählt. Die Regimentsführer und die Führer selbständiger Formationen ernennt der Volksbeauftragte im Einvernehmen mit den Regimentern. Abkommandierte gibt es nicht. Im Verwaltungsdienst Tätige werden besonders angestellt und gehören nicht zur Armee. Beim Eintritt in die Armee verpflichtet sich der Soldat zu dreimonatiger Dienstzeit. Nach Ablauf derselben kann er vierzehntägig kündigen.

Was erhält der Soldat der Roten Armee?

Freie Verpflegung, Kleidung und Unterkunft. Die Löhnung beträgt für jeden Soldaten 6 Mk. und 2 Mk. Bereitschaftsgeld. Die Familie des Roten Soldaten erhält freie Wohnung. Außerdem erhält die Frau täglich 4 Mk. und 1 Mk. für jedes Kind. Verpflegungsgelder werden nicht bezahlt. Die Löhnung wird zehntägig im Voraus ausbezahlt. Wer zum Dienst nicht anwesend ist, erhält die Bereitschaftszulage nicht.

Wo kann man in die Rote Armee eintreten?

Bei folgenden Aufnahmestellen: Guldein-Schule, Max-Gymnasium, Luitpold-Gymnasium, Kirchen-Schule, Bergbräu, Impler-Schule, Hirschberg-Schule, Schule in Milbertshofen.

Die Räteregierung betrachtet es als ihre erste selbstverständliche Pflicht, für jeden Soldaten der Roten Armee und seine Angehörigen in ausreichender Weise zu sorgen.

München, den 15. April 1919.

Die Militärkommission. Der Vollzugsrat der Betriebs- und Soldatenräte Münchens.

Arbeiter! Soldaten der Roten Armee!

Der Feind steht vor den Toren Münchens. In Schleißheim sind schon die Offiziere, Studenten, Bourgeoissöhne, und weißgardistischen Söldner des Kapitalismus.

Keine Stunde ist zu verlieren. Heraus aus den Betrieben. Sofortiger

Generalstreik!

Schützt die Revolution. Schützt Euch selbst. Alle Mann

zu den Waffen!

Auf zum Kampfe. Setzt Eure ganze Kraft ein. Alles steht auf dem Spiele.

Der Feind kennt keine Gnade!

In Starnberg haben die weißgardistischen Hunde die Sanitätsmannschaften niedergemetzelt. Ihr kämpft für Eure Frauen, Eure Kinder, für Euch selber.

Zeigt den Kapitalisten und deren bezahlten Söldner, wie das Proletariat für seine Sache zu kämpfen weiß.

Zeigt der weißen Garde wie die Rote Armee zu siegen versteht.

Auf zum Kampfe für die Sache des Proletariats!

München, 29. April 1919. Das Oberkommando der Roten Armee: gez. R. Egelhofer.

Aufruf zum Eintritt in die bayrische Rote Armee

die Führung der revolutionären Arbeiter und Soldaten. Es kam zu heftigen Gefechten an den strategisch wichtigen Punkten der Stadt. Bei der militärischen Leitung bewährte sich hier vor allem ein dreiundzwanzigjähriger Matrose – der Kommunist Rudolf Egelhofer. Bereits am Abend des 13. April hatten die Münchner Werktätigen über den konterrevolutionären Anschlag gesiegt.

Noch während die letzten Kämpfe tobten, tagten die Betriebs- und Kasernenräte. Sie übertrugen die gesetzgebende und vollziehende Gewalt einem Aktionsausschuß aus Mitgliedern der KPD, USPD und SPD, der einen Vollzugsausschuß mit dem Kommunisten Eugen Leviné an der Spitze wählte.

Nun, nach dem Sieg über die Konterrevolution, wurde am 13. April eine wahre Rätemacht proklamiert. Das war der bislang weitestgehende und reifste Versuch in Deutschland, wenigstens in lokalem Rahmen die Diktatur des Proletariats zu errichten.

Die Arbeiter bewiesen in der kurzen Zeit des Bestehens der Bayrischen Räterepublik auf vielfältigste Weise ihre Fähigkeit zur Erneuerung der Gesellschaft. Dabei waren die Kommunisten die treibende und führende Kraft. Ihre Situation im München des Jahres 1919 erinnert unwillkürlich an die der Pariser Kommunarden des Jahres 1871. Damals hatte Karl Marx die Pariser Revolutionäre davor gewarnt, den Aufstand zu beginnen. Aber als er dennoch begann, konnte die Entscheidung jedes Revolutionärs, wie Marx betonte, nur noch lauten: Kampf um Leben oder Tod. Die deutschen Kommunisten folgten 1919 diesen Marxschen Worten und erwiesen sich bei der Verteidigung der Bayrischen Räterepublik als wahrhafte Führer des Volkes.

Die Rätemacht war seit dem ersten Tag ihrer Existenz von den aus Norden und Westen anrückenden konterrevolutionären Truppen bedroht. Ihr Weiterbestehen hing deshalb vor allem davon ab, wie es ihr gelang, den bewaffneten Schutz der Revolution zu organisieren. Für alle damit zusam-

Demonstration bewaffneter revolutionärer Arbeiter und Soldaten in München am 22. April 1919

menhängenden Fragen setzte der Aktionsausschuß eine Militärkommission ein. Ihr Vorsitzender wurde Rudolf Egelhofer.

Klar hatten die Münchner Kommunisten erkannt, daß der Lösung der Militärfrage für die von einer weißen Übermacht bedrohte Räterepublik erstrangige Bedeutung zukam. Das hieß, wie auch W. I. Lenin in seinem Grußschreiben an die Bayrische Räterepublik unmißverständlich formulierte: Bewaffnung der Arbeiter und Entwaffnung der Bourgeoisie.

Der erste Schritt hierzu war der am 13. April vom Aktionsausschuß beschlossene Aufruf zu einem zehntägigen Generalstreik. Während seines Verlaufs sollte die Bewaffnung und militärische Organisation der Arbeiter auf Betriebsebene erfolgen, die Entwaffnung der Bourgeoisie durchgesetzt werden. Schon nach wenigen Tagen waren etwa 20000 Gewehre an die Arbeiter verteilt. Zur Verteidigung der jungen Rätemacht standen die bewaffneten Arbeiter ständig kampfbereit in den Betrieben.

Doch bereits der 15. April 1919 wurde zu einer schweren militärischen Belastungsprobe für die Räterepublik. Vom Norden her rückten konterrevolutionäre Truppen der Hoffmannregierung auf München vor. Zu ihrer Abwehr bezogen alle nur verfügbaren bewaffneten Arbeiter und revolutionären Soldaten am Nordwestausgang Münchens eine improvisierte Verteidigungsstellung. Nach heftigem Feuergefecht südlich der Straße Allach – Ludwigsfeld gingen die Revolutionäre zum Angriff über und warfen die Weißen noch am selben Tag bis nach Karlsfeld und von dort nach Dachau zurück.

Die aus diesem Kampf erfolgreich hervorgegangenen Arbeiter- und Soldatentrupps sowie von München herangeführte Verstärkungen wurden zum Grundstock der bayrischen Roten Armee – dieser ersten Arbeiterarmee in der deutschen Geschichte. Zu ihrem Oberbefehlshaber wurde der Vorsitzende der Militärkommission und Münchner Stadtkommandant, der Kommunist Rudolf Egelhofer, ernannt. Als wichtigste Aufgabe sah es das Oberkommando der bayrischen Roten Armee an, die in aller Eile zusammengestellten, uneinheitlich bewaffneten und

Demonstration in München. Vorn mit Umhang: Rudolf Egelhofer.

formierten Trupps der revolutionären Arbeiter und Soldaten in eine feste militärische Organisation zu fügen. Ein Ansatz hierzu war die Bildung von 5 Sturmbataillonen.

Im Morgengrauen des 16. April setzten die ersten am Vortag gebildeten Einheiten der bayrischen Roten Armee zum Sturm auf Dachau an. Gemeinsam mit der dortigen Bevölkerung schlugen sie die weißen Garden in die Flucht. Auch in südlicher Richtung errangen Teile der entstehenden Roten Armee einen Erfolg, als sie am 15./16. April nach schweren Kämpfen die Stadt Rosenheim befreiten.

Mit der Bewaffnung der Arbeiter und der Entwaffnung der Bourgeoisie hatte die Bayrische Räterepublik wichtige Schritte zur konsequenten Lösung der Militärfrage unternommen. Innerhalb kürzester Zeit gelang es ihr unter Führung der Kommunisten, eine Armee zu formieren, die den Interessen der Werktätigen diente und sich als militärisches Machtorgan der Diktatur des Proletariats grundlegend von den bürgerlichen Armeen unterschied. Als Vorbild wirkte hierbei die Rote Armee Sowjetrußlands, von der die bayrische Rote Armee auch ihren Namen ableitete.

Die bayrische Rote Armee verkörperte die Aktionseinheit der Arbeiterklasse bei der bewaffneten Verteidigung der Revolution. Auf der Grundlage des Freiwilligenprinzips gehörten ihr Mitglieder der KPD, der USPD sowie parteilose Gewerkschafter, darunter zahlreiche christliche Arbeiter, an. Der überwiegende Teil von ihnen unterstützte aktiv

Sieg der Roten Armee

Dachau genommen!

Die weiße Garde hat gestern Dachau bedingungslos übergeben. Dabei fielen unseren Truppen in die Hände: mehrere Millionen Schuß Infanterie-Munition, 4 Geschütze, 5 Maschinen-Gewehre, Sanitäts-Fahrzeuge und anderes Material.

Wir machten mehrere Hundert Gefangene, darunter 4 Offiziere.

Wir beklagen 8 Tote und eine Zahl Verwundete.

Unsere Arbeiter und Truppen schlugen sich hervorragend.

Unsere Truppen sind über Dachau hinaus vorgestoßen.

München, den 17. April 1919.

Der Vollzugsrat der Betriebs- und Soldatenräte Münchens

die Münchner Kommunisten und die linken USPD-Führer. Fast alle Rotarmisten hatten eine militärische Ausbildung in den imperialistischen Streitkräften erhalten.

Die Führung der bayrischen Roten Armee bestand vorwiegend aus ehemaligen Soldaten und Matrosen, die aus der Arbeiterklasse kamen. Nur in wenigen Fällen wurde auf Offiziere bürgerlicher Herkunft zurückgegriffen. Beispiele dafür waren der Generalstabsoffizier im Oberkommando der Roten Armee, Oberleutnant Eugen Maria Karpf, und der Kommandeur der Infanterie der Dachauer Armeegruppe, Leutnant Ernst Wollenberg. Die unteren Führungskader bis zum Bataillonskommandeur wurden von der Mannschaft gewählt, die höheren Kommandeure und Führer selbständiger Formationen vom Vollzugsrat ernannt.

Ein hervorragendes Beispiel internationalistischer Solidarität stellte der Kampf ehemaliger russischer und italienischer Kriegsgefangener in den Reihen der bayrischen Roten Armee dar. An der Seite ihrer deutschen Klassengenossen verteidigten diese selbstlos die Bayrische Räterepublik gegen die vordringende Konterrevolution. Sie gehörten zur Dachauer Armeegruppe. Die russischen Rotarmisten in einer Gesamtstärke von etwa 80 Mann kämpften im Bestand des I., II. und V. Sturmbataillons, die italienischen Internationalisten (etwa 20 Mann) im II. Sturmbataillon. Nach der Niederschlagung der Räterepublik traf vor allem die ehemaligen russischen Kriegsgefangenen die Rache der Konterrevolution. Bestialisch ermordete sie 53 von ihnen im Gräfelfinger Wald bei München.

Da es keine dokumentarischen Unterlagen von revolutionärer Seite hierzu gibt und der Formierungsprozeß der bayrischen Roten Armee während der wenigen Tage der Räterepublik nicht abgeschlossen, sondern voll im Gang war, gehen die Angaben über die personelle Stärke der bayrischen Roten Armee stark auseinander. Bis Ende April 1919 wurden etwa 40000–50000 Arbeiter bewaffnet und zu Betriebsformationen zusammengefaßt. Diese bildeten einen wichtigen militärischen Rückhalt der Rätemacht, und hauptsächlich aus ihren Reihen kamen die Freiwilligen der Roten Armee. Doch zum direkten Personalbestand der Roten Armee der Bayrischen Räterepublik können wohl nur die 5000–6000 Kämpfer gezählt werden, die zu Einheiten der Roten Armee formiert und an den Kampfabschnitten eingesetzt worden waren.

Trotz des Sieges bei Dachau entwickelte sich die Lage für die Bayrische Räterepublik äußerst bedrohlich. Die Konterrevolution bereitete einen massierten Direktangriff gegen München vor. Die Regierung Hoffmann hatte inzwischen eingesehen, daß sie nicht fähig war, allein mit den militärischen Kräften der bayrischen Konterrevolution und mit württembergischer Unterstützung die Rätemacht niederzuschlagen. Deshalb bat sie die Reichsregierung offiziell um «Hilfe».

Reichswehrminister Gustav Noske war sofort dazu bereit. Er setzte konterrevolutionäre Truppen aus ganz Deutschland, die bereits Erfahrungen bei der blutigen Niedermetzlung der Revolution gesammelt hatten, gegen München in Marsch. Ihnen gehörten zahlreiche spätere Nazi- und Kriegsverbrecher an, so Hermann Göring, Rudolf Heß, Heinrich Himmler, Ernst Röhm und andere. Den noch in der Formierung begriffenen schwachen Kräften der bayrischen Roten Armee stand eine erdrückende, schwerbewaffnete Übermacht der Konterrevolution gegenüber.

Den Oberbefehl über die vorrückenden konterrevolutionären Streitkräfte übertrug Noske dem Generalleutnant Ernst von Oven. Dieser wies seine Truppen zum schärfsten Vorgehen und zum Einsatz der brutalsten Mittel der Kriegführung an. In seinem Korpsbefehl vom 25. April hieß es unter anderem: «Es kommt darauf an, daß keine Spartakisten, besonders keine Führer, aus München entkommen ... Jeder bewaffnete Bürger gilt also als Feind und ist als solcher zu behandeln. Die Gruppen haben ihre Aufträge mit Gewalt durchzuführen, jedes Verhandeln mit dem Feinde oder mit der Bevölkerung ist verboten. Milde wird als Schlappheit, Gutmütigkeit als Unzuverlässigkeit der Truppe gedeutet.» Es wurde der Einsatz von Flugzeugen, Panzerwagen und Flammenwerfern gegen die Münchner Arbeiter befohlen.

Die Vorbereitung des Überfalls auf die Bayrische Räterepublik ging – ähnlich wie

Nach der Niederwerfung der Bayrischen Räterepublik – konterrevolutionäre Truppen in München

es die Konterrevolution bereits im Januar und März 1919 in Berlin praktiziert hatte – mit einer wüsten antikommunistischen Verleumdungskampagne einher. Besonders die Bauern Südbayerns wurden auf jede nur erdenkliche Weise gegen die Räterepublik aufgehetzt.

Die bayrische Konterrevolution entwikkelte auch neue Methoden im Kampf gegen die revolutionäre Bewegung. Um die Räterepublik von innen zu unterhöhlen, verhängte sie eine Blockade über München. Kohlen- und Lebensmitteltransporte trafen nicht mehr ein. Die Zufuhr von Milch verringerte sich rapide, so daß ihre Verteilung auf Kinder und Frauen beschränkt werden mußte. In München selbst verstärkte die innere Konterrevolution ihre Wühltätigkeit. Verrat und Diversion nahmen zu. Hierbei spielte die Thulegesellschaft, eine Keimzelle des deutschen Faschismus, eine besondere Rolle.

Die Angehörigen dieser Organisation betrieben eine umfassende Diversionstätigkeit. So hatten sie den Automobilpark der Räterepublik lahmgelegt und die Tanks der Flugzeuge in Schleißheim unbrauchbar gemacht. Auch gab die Thulegesellschaft während der gesamten Zeit der Räterepublik antikommunistische Hetzschriften heraus und unterstützte die Aufstellung konterrevolutionärer Freikorps.

Als die Rote Garde – die zur Bekämpfung konterrevolutionärer Umtriebe eingesetzt war – die Leitung der Thulegesellschaft am 26. April aushob, fielen ihr größere Waffenvorräte, konterrevolutionäre Flugblätter sowie gefälschte Ausweise, Stempel und Faksimiles der Räteregierung in die Hände. Hierunter befanden sich auch ein Faksimilestempel mit der Unterschrift Rudolf Egelhofers und das Siegel der Münchner Stadtkommandantur. Mit diesen Materialien hatten die Mitglieder der Thulegesellschaft willkürliche Beschlagnahmungen vorgenommen, sich bereichert und gezielt Unruhe in der Bevölkerung gestiftet.

Am 30. April wurden sieben Angehörige der Thulegesellschaft und drei weitere der Verschwörung überführte Konterrevolutionäre als Antwort auf den weißen Terror – am 29. April waren in Starnberg 12 Rotarmisten mißhandelt und danach ermordet und in Possenhofen drei Sanitäter von den Weißgardisten gemeuchelt worden – durch Angehörige der Roten Garde im Luitpold-Gymnasium erschossen. Das war für die Bourgeoisie der Anlaß, um in München das Gerücht zu verbreiten, es seien Geiseln ermordet und fürchterlich verstümmelt worden. Ähnlich wie die während der Berliner Märzkämpfe 1919 lancierte Falschmeldung vom Lichtenberger Beamtenmord sollten mit der Lüge vom Geiselmord eine Pogromstimmung gegen die Revolutionäre entfacht und von vornherein die weißen Greueltaten gerechtfertigt werden. Bis in die Gegenwart spielt die sogenannte Geiselerschießung in der bürgerlichen Geschichtsschreibung eine bedeutende Rolle. Mit dieser Legende wird versucht, das wahre Wesen der Bayrischen Räterepublik auch heute noch zu verfälschen und den Antikommunismus durch angebliche Fakten aus der Geschichte anzufüttern.

Am 30. April 1919 war der konterrevolutionäre Ring um München geschlossen. Am 1. Mai, dem Kampf- und Feiertag der internationalen Arbeiterklasse, drangen die ersten weißgardistischen Einheiten in München ein. Es entbrannten schwere Kämpfe. Angehörige der bayrischen Roten Armee leisteten gemeinsam mit bewaffneten Arbeitern erbitterten Widerstand.

Die Stellungen nördlich von München, von den Arbeitern verschiedener Großbetriebe zäh gegen eine große Übermacht verteidigt, wurden am 1. Mai, gegen 11 Uhr durchbrochen. Danach zogen sich die Arbeiter heldenhaft kämpfend zum Stadtzentrum zurück. In den engen Straßen der Innenstadt entwickelte sich ein verbissenes Ringen. Am Hauptbahnhof fügten Angehörige der Roten Armee unter Führung von Rudolf Egelhofer dem Gegner bedeutende Verluste zu. Im Nordwesten Münchens, in der Dachauer Straße, leisteten etwa 60 Rotarmisten den Weißen hartnäckigen Widerstand. Zwischen dem Stiglmeyerplatz und dem Maßmannplatz wurde versucht, den Vormarsch der konterrevolutionären Truppen gegen die nordwestlichen Arbeiterviertel und das Stadtinnere aufzuhalten. Aber fast unaufhaltsam drang von verschiedenen Seiten unter Einsatz von Tanks, Panzerautos und Geschützen die weiße Übermacht in München ein und eroberte das Stadtzentrum. Gegen den Arbeiterbezirk Giesing setzte die Konterrevolution Artillerie ein. Plötzliche Angriffe kleiner Gruppen von Verteidigern, die von den Dächern schossen, hielten hier die Truppen auf. Da auch die Panzer nicht in die Tiefe vordringen konnten, vermochten die konterrevolutionären Truppen erst nach dem Eintreffen von Verstärkungen und nach der «Säuberung» von Haus um Haus die Lage unter ihre Kontrolle zu bringen. Noch bis zum 3. Mai 1919 leisteten die Arbeiter Münchens heldenhaften Widerstand.

Rudolf Egelhofer – Oberbefehlshaber der bayrischen Roten Armee

Rotarmisten und bewaffnete Arbeiter, die den konterrevolutionären Truppen in die Hände fielen, wurden meist sofort erschossen. Überall, wo die weißen Garden einzogen, herrschte der Terror. Hunderte Arbeiter und Rotarmisten – unter ihnen auch Rudolf Egelhofer – fielen der Mordwut der konterrevolutionären Soldateska zum Opfer.

Eugen Leviné, der hervorragende Führer der Bayrischen Räterepublik, wurde von der imperialistischen Klassenjustiz zum Tode verurteilt. Kühn verteidigte er vor Gericht die Sache der Rätemacht. Am 5. Juni 1919 wurde das Urteil vollstreckt. Mit dem Ruf «Es lebe die Weltrevolution!» brach er unter den Kugeln des Exekutionskommandos zusammen.

Die bayrischen Arbeiter haben 1919 ihren Kampf um eine bessere Welt verloren. Sie gaben jedoch ein Beispiel an Kühnheit, Treue und Standhaftigkeit für die Sache der Arbeiterklasse. Ihre Ideale wurden mit der Gründung der Deutschen Demokratischen Republik historische Wirklichkeit. Die aufopferungsvollen Kämpfe der bayrischen Roten Armee sind heute fester Bestandteil der Pflege der militärischen Traditionen der DDR.

Während einer Übung

Walter Flegel

Für mich lag dieses Dorf im Irgendwo.
Bis heute, da ich hier vorüberfuhr.
Nun bin ich über seine Nähe froh.
Mir ist, als hätt' ich eine Spur

von dir entdeckt. Das Dorf ist mir vertraut
vom ersten Augenblick, als wären wir
in seiner stillen Freundlichkeit zu Haus,
als säß ich an den Abenden mit dir

im Licht des Birkenwalds am Koppelhang.
Und was ich tu, wo ich auch immer bin –
es ist für dich und dieses Dorf getan.
Und so hat unsre Trennung einen Sinn.

Zwei Freunde

Oberstleutnant Volker Schubert

Soldaten werden verabschiedet. Das ist nichts Außergewöhnliches, für die Beteiligten jedoch etwas Besonderes. Sie haben ihren Dienst gut versehen, freuen sich, daß sie bald wieder im Kreis der Familie, der Freunde sein werden. So fühlen die Soldaten der Nationalen Volksarmee der DDR, wenn sie nach achtzehn Monaten als Gefreite oder nach drei Jahren als Unteroffiziere den Wehrdienst beenden. Solche Gedanken bewegen auch Andronik, den Sergeanten, und Nikolai, den Gefreiten. Nach ihrem Grundwehrdienst von zwei Jahren in der Gruppe der Sowjetischen Streitkräfte in Deutschland kehren sie nun in die Heimat zurück. Nikolai und Andronik sind Freunde. Und das in mindestens zweifacher Bedeutung. Zum einen sind sie die letzten vierundzwanzig Monate gemeinsam, wie man so sagt, durch dick und dünn gegangen, der Gruppenführer und der Fahrer eines Schützenpanzers BMP. Sie haben sich gegenseitig geholfen: Andronik – ein Komi, Nikolai – ein Udmurte. Angehörige von zwei sowjetischen Völkern des Nordens. Völker, die erst unter der Sowjetmacht von Unterdrückung und Ausbeutung frei wurden, die seither Rückständigkeit überwinden konnten, deren Kultur seit 1917 aufblühte. Und erst in der Union gleichberechtigter Völker lernten sich unterschiedliche Nationalitäten schätzen, schlossen sich immer enger im festen Bund zusammen. Zum gemeinsamen Nutzen. Ist es da ein Wunder, daß der Sergeant und der Gefreite gute Freunde wurden?

Freunde. Das Wort hat sich bei den Menschen in der DDR längst als Synonym für die Angehörigen der GSSD eingebürgert. Ausdruck der freundschaftlichen Verbundenheit unserer Völker und ihrer Streitkräfte. Und auch als solche Freunde haben sich die beiden Armeeangehörigen erwiesen, die heute im «besonderen Bataillon» angetreten sind. «Auf den ersten Ruf zum Schutz des Friedens werde ich wieder bereitstehen – hier oder wo auch immer.» Der das sagt, gehört ebenfalls zum «besonderen Bataillon». Bislang war Starschi Sergeant Sergej Andrussenko Zugführer von Andronik und Nikolai. Nun wird auch der Vorgesetzte verabschiedet. Vor wenigen Minuten hat ihn der Regimentskommandeur zum Starschina befördert. Die neuen Dienstgradabzeichen wird er nur einige Stunden tragen an diesem nebelfeuchten und kalten Tag.

Die Blätter der Birken färben sich gelb. Abschiedsstimmung. «Ras, dwa, tri!» Laut tönt es über die Straßen. Der rechte Flügelmann gibt Anfangstext und Melodie vor. Schon stimmt die marschierende Formation in das Lied vom Soldatenweg ein. «Soldatski putj, putj, putj ...» An Kasernengebäuden und Wohnhäusern bricht sich der Marschgesang, kommt als Echo zurück. Die ganze Wohnsiedlung scheint sich am Rand des Exerzierpatzes ein Stelldichein zu geben. In der vordersten Reihe, wie noch immer bei festlichen Anlässen, die Kinder in ihrer Schulkleidung und mit den roten Halstüchern. Die Pioniere sind fröhlich und ein wenig aufgeregt. Jeder hält einen bunten Herbststrauß in den Händen. Hinter den Kin-

Ausbildung an der RPG – der Panzerabwehrwaffe der mot. Schützen

dern haben die Mütter Aufstellung genommen. Zumeist auch mit einem Blumengruß.

Die Väter der Schüler dagegen – Offiziere, Fähnriche und Berufsunteroffiziere – marschieren vorüber. Vorweg das Orchester. Gleichmäßig, im Takt der Blasmusik, folgen die Marschkolonnen der einzelnen Bataillone. Nun stehen sie in Reih und Glied gegenüber dem Denkmalsockel mit dem legendären Panzer T-34. «Uralez» steht in weißer Leuchtschrift auf dem einstigen Gefechtsfahrzeug. An der rechten Seite der Antreteordnung flattert im Wind die Truppenfahne. Mit ihr sind vor fast einem halben Jahrhundert die Großväter der heutigen Soldaten in den Kampf gezogen. Mehr als 3800 Kilometer haben diese zurückgelegt. Rund 2000 davon kämpfend. Schlacht im Kursker Bogen, der erste Kampfeinsatz. Orjol, Lwow, Berlin und Prag hießen die weiteren Stationen. Begonnen aber hatte der Weg in Swerdlowsk, im fernen Ural.

Im Jahre 1943 sammelten die Bewohner des Uralgebietes Mittel für ein zusätzliches Panzerkorps. Nur Freiwillige dienten in dessen Einheiten. Aus Swerdlowsk, Perm und Tscheljabinsk kamen sie zu Tausenden. Für jeden Platz in den Kampfformationen gab es zwölf Bewerber. Alle Betriebe arbeiteten über den schon hochgeschraubten Kriegs-

Gefreiter Nikolai Tscheremnych, ein Udmurte

Sergeant Andronik Akopern, ein Komi

plan hinaus. Buchstäblich alles – vom Panzer bis zum Uniformknopf – wurde hier im Ural produziert und aus Spenden finanziert. Von der ersten Schlacht bis zum letzten Tag des Krieges hielten die Freiwilligen aus dem Ural, was sie ihren Landsleuten versprochen hatten. Für die Kämpfe um Orjol erhielten sie den Gardetitel, für die Befreiung der Stadt Lwow den Ehrennamen «Uralez-Lwow». Und auch heute hat die Ural-Lwower Gardepanzerdivision «Marschall der Sowjetunion R. J. Malinowski» einen guten Namen innerhalb der Gruppe der Sowjetischen Streitkräfte in Deutschland. Junge Männer wie Andronik und Nikolai halten die Ehre des Verbandes hoch. Grund genug, am letzten Tag des Soldatseins Stolz zu zeigen über die Bilanz. Manch Tag wird unauslöschlich im Gedächtnis bleiben. Ob sich die Genossen Tscheremnych und Akopern auch an jenen Tag erinnern, an dem wir uns erstmals begegneten?

«Was ist denn schon Besonderes an mir?» Diese Frage stellt der Gefreite dem Major der NVA, der ihn sprechen will. Einen weiten Weg hat Nikolai Tscheremnych zurückgelegt von Staraja Igra, einem Dorf in der Udmurtischen Autonomen Sozialistischen Sowjetrepublik, hierher in die DDR. Doch in seiner Einheit gibt es Angehörige von sechzehn verschiedenen Nationalitäten der Sowjetunion. Darunter manchen, dessen Zuhause bedeutend weiter entfernt ist. Gern erzählt Nikolai von seiner Heimat im europäischen Nordosten des Sowjetlandes. Nur, als Nikolai behauptet, die Preiselbeeren wären dort so groß wie hier die Früchte an den Bäumen, da erntet er den Protest der anderen Nationalvertreter. Und auch der Gast aus der NVA bleibt bei aller Freundschaft skeptisch. Ansonsten überlegt der Fahrer eines Schützenpanzers in dieser Einheit der berühmten Gardepanzerdivision vorher genau, was er sagt. Als der Gefreite vor einem halben Jahr in der Komsomolversammlung seiner Kompanie meinte, daß es heute nicht mehr genüge, den Dienst gut zu versehen, seine Waffe im Schlaf zu beherrschen, daß jeder einzelne mehr für die Gefechtsbereitschaft – und damit für den Frieden – tun müsse, da hatte er auch sofort einen Vorschlag, ja eine persönliche Verpflichtung parat. «Wie wäre es», schlug Nikolai den anderen vor, «wenn wir zum Beispiel als Komsomolzen eine zweite Spezialausbildung absolvierten? Das würde uns und unseren Freunden nützen.»

Leutnant Michail Golubowitsch, nur wenige Jahre älter als die Soldaten und Sergeanten seines Zuges, erzählt von Beispielen, wo andere Angehörige der Gardepanzerdivision eine zweite Spezialausbildung erhalten haben. Das aber waren befohlene Ausbildungen. Nikolai Tscheremnych dagegen hatte selbst um zusätzliche Aufgaben gebeten. Den gewiß nicht leichten «normalen» Dienst nahm der junge Mann weiterhin sehr ernst. Besten- und Qualifizierungsabzeichen an seiner Dienstjacke belegen das beredt. Und daß Nikolai auch sonst nicht müßig war, beweist das Militärsportabzeichen 1. Klasse. Leutnant Golubowitsch findet Worte des Lobes für seinen Gefreiten. «Nikolai hat alle Soldaten der Kompanie förmlich angesteckt mit seinem Lerneifer, wir Vorgesetzte sind regelrecht ins Schwitzen gekommen. Schließlich muß jede Ausbildungsstunde, auch jede zusätzliche, gut organisiert werden. Aber wenn man dann sieht, mit welchem Feuereifer die Jungen dabei sind, dann macht alle zusätzliche Arbeit Spaß.»

Sergeant Andronik Akopern, der Gruppenführer, hilft Nikolai während der besonderen Ausbildung. Der Gefreite ist Panzerbüchsenschütze I, sein Vorgesetzter Panzerbüchsenschütze II, dessen Gehilfe also. Umgekehrte Unterstellungsverhältnisse. «Es kommt auf das Ergebnis an», meint der Sergeant. Abend für Abend übten die beiden. Mancher Brief nach Hause fiel kürzer aus, obwohl gerade Nikolai Tscheremnych weiß, daß Ludmila auf jede Zeile wartet. Fast jeden Tag erhält der Gefreite Post von seiner Frau. Nachricht vor allem über Jelena, die acht Monate alte Tochter. Nikolai kennt sie bisher nur vom Foto. «Gerade deshalb aber strenge ich mich an als Soldat», bemerkt der stolze Vater. «Mein Dienst hier in der DDR ist gleichzeitig auch Schutz meiner Familie

Je nach Windstärke muß Nikolai am optischen Visier 1 bis 2 Teilstriche in Windrichtung dazurechnen

Qualifizierung für Nikolai, sein Gruppenführer hilft ihm als Panzerbüchsenschütze II – für Freunde kein Problem

in Staraja Igra. Aber etwas Besonderes ist das wirklich nicht. Würde denn in der NVA jemand anders denken?» Nun die Probe aufs Exempel. Die dritte Übung, die Abschlußüberprüfung hat begonnen.

«Zur Erfüllung des Gefechtsauftrages! Vorwärts!» Hatten die beiden Panzerbüchsenschützen bisher ihre Aufgaben aus vorbereiteten Stellungen erfüllt, so müssen sie heute einen unwegsamen Geländeabschnitt überwinden und selbständig entscheiden, wie sie plötzlich auftauchende Ziele bekämpfen. Aufmerksam betrachtet auch der inzwischen hinzugekommene Regimentskommandeur das gefechtsmäßige Verhalten der beiden Prüflinge.

Da! Eine Panzerattrappe wird sichtbar. Hinter einem Mauerrest nehmen Nikolai und Andronik Stellung. Der Sergeant übergibt dem Gefreiten die vorbereitete Granate. Die Schießregeln beherrschen sie im Schlaf. Richtung und Stärke des Windes sind längst bestimmt. Blitzschnell wird das Vorhaltemaß errechnet. Da die Stabilisierungsflügel leichter sind als der Granatkopf, treibt das Geschoß, für den Uneingeweihten überraschend, zum Winde hin. Längst verwirren Kurven, Striche und Zahlen auf dem optischen Visier den Schützen nicht mehr. Aber so schnell wie das Ziel aufgetaucht ist, verschwindet es wieder. Weiter geht es im Laufschritt durch den lockeren Sand. Das Sonnenlicht flimmert. Wind treibt feinen Sandstaub übers Ausbildungsgelände. Doch das Gefechtsfeld muß ständig beobachtet werden. Zusammenkneifen der Augenlider hilft. Sorgfältig nutzen der Sergeant und der Gefreite jede sich bietende Deckung. Jetzt geht es in kurzen Sprüngen eine Böschung hinan. Die aufgesteckte Granate zieht den Lauf der Panzerbüchse nach unten. Nur keine Nachlässigkeit, Nikolai. Weiter! Keuchend erreichen die beiden ein Kiefernwäldchen. Stopp! Eine Panzersilhouette zeigt sich, bewegt sich frontal zum Wald. Auf diese Entfernung habe ich noch nie ein Ziel bekämpft. Ob das gut geht? Ach was! Keine Zeit für solche Gedanken! Schon hat Nikolai den Vorhaltewert ermittelt. Neben ihm, die Maschinenpistole im Anschlag, liegt Andronik. Beim Abschuß der Granate hebt es den Panzerbüchsenschützen II ein klein wenig vom Erdboden ab. Die Zielscheibe bleibt stehen, ist getroffen worden. Wieder hastet das Paar vorwärts. Noch zwei weitere Ziele bekämpfen sie erfolgreich.

«Prachtvolle Burschen! Drei Volltreffer!» lobt der wortkarge Regimentskommandeur. Sofort schränkt der Oberstleutnant ein: «Bilden Sie sich nur nicht ein, Ihre Leistung wäre etwas Besonderes. Drei Spezialisierungen, das wäre mal etwas Neues. Wie wär's denn mit Aufklärer? Finden Sie heraus, wie es Ihrer Frau und Ihrer Tochter geht! Dazu erhalten Sie acht Tage Zeit. Zur Erfüllung des Auftrages wegtreten!»

Der Gefreite will etwas sagen. Aber irgendein Kloß, verdammt noch mal, würgt im Hals. Nikolai schluckt und schluckt. Er lacht über das ganze Gesicht. Nur seine Augen sind naß.

Sergeant Akopern umarmt den Gast von der NVA, als hätte dieser etwas mit dem Sonderurlaub des Gefreiten zu tun. «Spassibo, towarischtsch!»

Nikolai Tscheremnych hat seinen Sonderurlaub angetreten. Acht Tage. Dabei wird die Reisezeit nicht angerechnet. Sonst wäre es wohl auch nur ein Guten-Tag-Sagen geworden. Leutnant Golubowitsch ist jetzt Oberleutnant und Stellvertreter des Kompaniechefs in einer anderen Einheit. Sergeant Akopern ist mit einer Gruppe zu einer Exkursion nach Berlin gefahren. Dort treffen wir uns. Noch nie war der Einundzwanzigjährige vor dem Militärdienst über die Grenzen der ASSR der Komi gekommen. Zu Hause ist er in Workuta, einer Stadt, die ein ganzes Stück noch hinter dem Polarkreis liegt. Am polaren Ural. Der Komsomolsekretär der Kompanie ist also ein echter Uraler. Die ASSR der Komi nimmt fast den ganzen Nordosten des europäischen Teils der Sowjetunion ein. Fünfzehn Unionsrepubliken gibt es in der UdSSR und 20 «kleinere» autonome Republiken. Eine der kleinen Autonomen, die der Komi, könnte auf ihrem Territorium bequem die Niederlande, Belgien, Dänemark, Luxemburg und die Schweiz zusammen aufnehmen.

Andronik Akopern hat in Workuta Bergbau-Elektriker gelernt. Er kommt ins Schwärmen, wenn er von seiner Heimat spricht. «Am schönsten ist es bei uns Anfang Februar, wenn die Polarnacht dem Polartag weicht. Dann findet das große Fest des Rentierrennens statt. Überall hört man die Glöckchen der Gespanne, die schneller und wendiger als Motorschlitten sind. Von einem Tag zum anderen belebt sich die Tundra. Die Bäume und Sträucher blühen.» Nirgends kann sich Andronik eine schönere Landschaft vorstellen. Was tut es da zur Sache, daß die Bewohner der südlichen Gebiete der ASSR der Komi witzeln, bei Workuta würden die Birken unter den Pilzen wachsen.

Der junge Mann möchte nach der Armeezeit am Bergbauinstitut studieren. «Aber vorher möchte ich Moskau und den Roten Platz kennenlernen und für solch eine Reise sparen.» Berlin und den Alex hat er besucht. Die Entfernung von Workuta nach Moskau ist ebensogroß wie von Berlin nach Moskau. Da wird verständlich, daß Andronik vom Sparen spricht.

Bald wird Andronik wieder zu Hause sein. Vielleicht kann er noch einmal als Tourist seine Soldatenheimat besuchen. Wenig wahrscheinlich, daß ich nach dem Verabschiedungsappell Andronik oder Nikolai noch einmal wiedersehen werde. Andere junge Männer werden ihre Plätze einnehmen, werden im Lande ihrer Freunde beim Schutz des Friedens tatkräftig mithelfen. So wie der Komi Akopern, der ein Sprichwort seiner Heimat parat hat. «Ein Mensch, der eine gute Sache nur halb macht, ist kein guter Mensch.» Komi aber heißt in Androniks Muttersprache «guter Mensch». In den Sprachen der anderen Nationalitäten unserer Freunde wird die Übereinstimmung vielleicht nicht so augenfällig sein. Im Denken und Handeln aber werden sich die Nachfolger von Nikolai und Andronik kaum unterscheiden von den beiden Freunden.

Ihr Vermächtnis wird heute im Regiment erfüllt. Der Panzer «Gwardija» drang im Großen Vaterländischen Krieg bei der Befreiung von Lwow als erster in die Stadt ein. In diesem Kampf fiel der Soldat Alexander Martschenko (rechts). Der Panzer steht heute als Denkmal in Lwow

Feierliche Verabschiedung in der Ural-Lwow-Gardepanzerdivision «Marschall der Sowjetunion R. J. Malinowski»

Ein schwarzes Kreuz von Gußeisen

Dietrich Herfurth

Wer das Eiserne Kreuz von 1813 in natura sehen will, besuche das Berliner Museum für Deutsche Geschichte, das ehemalige Zeughaus der preußischen Könige in der Straße Unter den Linden, steige rechter Hand die Treppe hinauf, gehe noch 20 Schritte – und er befindet sich in dem Raum, der den europäischen Befreiungskriegen 1808 bis 1815 gewidmet ist. Hier begegnet er dem Eisernen Kreuz in vielfältiger Form – er gewahrt mehrere Kreuze der 1. und 2. Klasse in verschiedenen Vitrinen, er entdeckt ihre Darstellung auf Bildnissen Hermann von Boyens und Neidhardt von Gneisenaus, er findet die Urkunde über die Stiftung des Eisernen Kreuzes in der Nr. 34 der «Schlesischen privilegirten Zeitung» des Jahres 1813.

Wer das kleine, so einprägsam geformte Kreuz betrachtet, bei dem stellen sich Gedanken und Gefühle unterschiedlicher Art ein, selbst wenn er sich mit Auszeichnungen – und speziell mit diesem Kreuz – noch nicht näher befaßt hat. Der eine denkt an Nazigrößen, die mit ähnlichen Kreuzen dekoriert waren, dem anderen kommt eine Karikatur in den Sinn, auf der das schwarze Kreuz den Militaristen kennzeichnet. Zumeist unangenehme Gefühle steigen auf angesichts dieses Zeichens.

Ein Symbol des Freiheitskampfes

Und doch war es einmal ein Sinnbild des gerechten Kampfes, ein freudig begrüßtes, ein volkstümliches Zeichen, ein Symbol der Befreiung des Volkes von Fremdherrschaft; und die Träger des Kreuzes aus Eisen durften stolz sein, es errungen zu haben.

Es war die Zeit nach der Französischen bürgerlichen Revolution von 1789, der großen Zäsur an der Wende vom 18. zum 19. Jahrhundert, die Zeit des Napoleon Bonaparte, der sich – schon in der Zeit des Niedergangs der Revolution – zum Kaiser der Franzosen gekürt und dann versucht hatte, große Teile Europas mit Schwert und Knute unter seine Stiefel zu zwingen.

Der kräftige Geist der Französischen Revolution wirkte jedoch weiter, er wirkte in alle Gesellschaftsbereiche auch der deutschen Staaten hinein, gleich, ob sie zu den Vasallen oder den Unterworfenen des Franzosenkaisers gehörten. Es formierten sich in den von Napoleon beherrschten oder bedrohten Teilen Europas – vor allem in Spanien, Österreich, Rußland und Preußen – starke Kräfte, die gegen seine Streitmacht ins Feld zogen oder sich für den Kampf gegen sie präparierten, die für Reformen eintraten und sie zum Teil auch durchsetzten: Denken wir nur an die antifeudalen preußischen Reformen unter dem Reichsfreiherrn vom und zum Stein und dem Fürsten von Hardenberg in ihrem Amt als preußische Staatsminister und Staatskanzler; denken wir an das Oktoberedikt, das 1807 die feudale Erbuntertänigkeit der Bauern aufhob und ihnen die persönliche Freiheit gab, an die Städtereform, an die Aufhebung der Zünfte und die Einführung der Gewerbefreiheit;

Schlesische privilegirte Zeitung

No. 34. Sonnabends den 20. März 1813.

Urkunde über die Stiftung des eisernen Kreuzes.

Wir Friedrich Wilhelm, von Gottes Gnaden König von Preußen ꝛc. ꝛc.

In der jetzigen großen Katastrophe, von welcher für das Vaterland Alles abhängt, verdient der kräftige Sinn, der die Nation so hoch erhebt, durch ganz eigenthümliche Monumente geehrt und verewigt zu werden. Daß die Standhaftigkeit, mit welcher das Volk die unwiderstehlichen Uebel einer eisernern Zeit ertrug, nicht zur Kleinmüthigkeit herabsank, bewährt der hohe Muth, welcher jetzt jede Brust belebt und welcher, nur auf Religion und auf treue Anhänglichkeit an König und Vaterland sich stützend, ausharren konnte.

Wir haben daher beschlossen, das Verdienst welches in dem jetzt ausbrechenden Kriege, entweder im wirklichen Kampf mit dem Feinde oder außerdem im Felde oder daheim jedoch in Beziehung auf diesen großen Kampf um Freiheit und Selbstständigkeit, erworben wird, besonders auszuzeichnen und diese eigenthümliche Auszeichnung nach diesem Kriege nicht weiter zu verleihen.

Dem gemäß verordnen Wir wie folget:

1. Die nur für diesen Krieg bestehende Auszeichnung des Verdienstes Unserer Unterthanen um das Vaterland ist

das eiserne Kreuz

von zwei Klassen und einem Groß-Kreuz.

2. Beide Klassen haben ein ganz gleiches in Silber gefaßtes schwarzes Kreuz von Gußeisen, die Vorderseite ohne Inschrift, die Kehrseite zu oberst Unsern Namenszug F. W. mit der Krone, in der Mitte drei Eichenblätter und unten die Jahreszahl 1813. und beide Klassen werden an einem schwarzen Bande mit weisser Einfassung wenn das Verdienst im Kampf mit dem Feinde erworben ist, und an einem weissen Bande mit schwarzer Einfassung wenn dies nicht der Fall ist, im Knopfloch getragen; die erste Klasse hat neben dieser Dekoration noch ein Kreuz von schwarzem Bande mit weisser Einfassung auf der linken Brust; und das Großkreuz, noch einmal so groß als das der beiden Klassen, wird an dem schwarzen Bande mit weisser Einfassung um den Hals getragen.

Faksimile der «Schlesischen privilegirten Zeitung» mit der Stiftungsurkunde des Eisernen Kreuzes, Ausschnitt

G. L. v. Blücher, u. a. mit dem Großkreuz des Eisernen Kreuzes und dem Eisernen Kreuz 1. Klasse

denken wir schließlich an die Heeresform unter den Generalen Gerhard von Scharnhorst, Neidhardt von Gneisenau und anderen, an die beabsichtigte Schaffung eines zahlenmäßig starken, gut ausgebildeten und ausgerüsteten Volksheeres, das bereit und in der Lage war, die Eindringlinge zu vertreiben.

«In der Zerfallskrise des überlebten Feudalstaates erkannten sie (die Reformer, D. H.) die Volksmassen als eine Triebkraft der sozialen und politischen Umwälzung, doch wünschten sie diese unter das Kommando der preußischen Monarchie gestellt ... Die Reformen ... brachten die Lösung des gesellschaftlichen Hauptwiderspruchs voran. Sie schufen zugleich Voraussetzungen für den nationalen Unabhängigkeitskampf», heißt es dazu im «Grundriß der deutschen Geschichte».

Für «Verdienst im wirklichen Kampf mit dem Feind»

Das revolutionäre Pathos dieser Zeit drückte dem preußischen Eisernen Kreuz von 1813 seinen Stempel auf. Es wurde gestiftet in bewegten Tagen, im März 1813, als sich das Volk in seiner ganzen Größe erhob, um seine Befreiung von der Fremdherrschaft zu erkämpfen. Das engere Umfeld dieses Ereignisses bot sich so dar:

28. 2.: Rußland und Preußen schließen den Bündnisvertrag von Kalisch.
2. 3.: Russische Truppen überschreiten die Oder.
10. 3.: Das Eiserne Kreuz wird gestiftet.
11. 3.: Russische Truppen befreien Berlin.
16. 3.: Preußen erklärt Frankreich den Krieg.
17. 3.: Die Bildung der Landwehr in Preußen wird angeordnet. Die Aufrufe «An

H. D. L. v. Yorck, u. a. mit dem Großkreuz des Eisernen Kreuzes

W. v. Humboldt, u. a. mit dem Eisernen Kreuz 1. Klasse

Mein Volk» und «An Mein Kriegesheer» werden ausgefertigt.
Das Landwehrkreuz wird gestiftet, seine Form ist der des Eisernen Kreuzes angelehnt.
Preußische Truppen unter Yorck erreichen Berlin.

20. 3.: Die Stiftungsurkunde des Eisernen Kreuzes erscheint in der «Schlesischen privilegirten Zeitung».

Diese Urkunde besagte, daß das Eiserne Kreuz ein Denkmal des Kampfesmutes und der Standhaftigkeit des Volkes sein solle, daß es speziell für diesen Krieg geschaffen sei und daß es nur «im wirklichen Kampf mit dem Feinde oder außerdem im Felde oder daheim jedoch in Beziehung auf diesen großen Kampf um Freiheit und Selbständigkeit» erworben werden könne.

Es wurde ins Leben gerufen, um den Geist der patriotischen Erhebung zu fördern und Kampfentschlossenheit, Opfermut und soldatisches Können der Kämpfer – gleich welchen Dienstgrades – zu stimulieren.

Der bekannte tschechoslowakische Ordenskundler Václav Měřička wertet dieses Eiserne Kreuz als eine der interessantesten Auszeichnungen, als ein Ehrenzeichen, das in den Befreiungskriegen wie auch in späteren Zeiten eine wesentliche Rolle gespielt habe. «Das Ordenszeichen», so schreibt er, «ist äußerst einfach und schlicht, jedoch eine markante und typische Militärauszeichnung.»

Der Stifter des Kreuzes war Friedrich Wilhelm III., der damalige Preußenkönig. Er konnte die Bewegung, die Erhebung gegen den Tyrannen, das erstarkte Nationalbewußtsein seines Volkes, nicht aufhalten und wurde zu Aktivitäten von seinen Ministern und Heerführern gedrängt. Als Stiftungsdatum legte der König den 10. März fest, den Geburtstag seiner drei Jahre zuvor verstorbenen Gemahlin, der Königin Luise.

K. A. v. Hardenberg, u. a. mit dem Eisernen Kreuz 1. Klasse und 2. Klasse am sogenannten Nichtkämpferband

Bemerkenswerte Bestimmungen

Der Preußenkönig hat auch die Form der neuen Auszeichnung bestimmt – eine Variante des Kreuzes des Deutschen Ritterordens, eines schwarzen Kreuzes auf weißem Grund – und angeordnet, es sollte ein Kreuz aus Eisen sein, dem Charakter der Zeit und den äußerst beschränkten Mitteln des Landes gemäß. Die silberne Fassung des Ehrenzeichens stellte besagten weißen Grund dar. Seine endgültige Gestalt hat es durch den königlichen Bauassessor Karl Friedrich Schinkel erhalten. Die Ideenskizze Friedrich Wilhelms und mehrere Entwurfszeichnungen Schinkels sind uns überliefert.

Die Kreuze der 1. und 2. Klasse sind auf der Vorderseite glatt schwarz, die Rückseite des Kreuzes 2. Klasse und das Großkreuz zeigen die von einer Königskrone überhöhten Initialen FW, drei Eichenblätter und die Jahreszahl 1813.

Mit der Stiftung des Eisernen Kreuzes wurde zugleich verfügt, daß während des bevorstehenden Krieges in Preußen bis auf wenige Ausnahmen keine anderen Auszeichnungen verliehen werden sollten – also weder der Rote Adlerorden 2. und 3. Klasse und der Orden Pour le Mérite, noch das Militärehrenzeichen 1. und 2. Klasse, das bis dahin Unteroffizieren und Mannschaften erteilt werden konnte.

Im Gegensatz zu den bis dahin bestehenden preußischen Ehrenzeichen wies das Statut für das Eiserne Kreuz eine Reihe bemerkenswerter Bestimmungen auf:

Mit dem Kreuz 1. und 2. Klasse konnten Soldaten, Unteroffiziere, Offiziere und Generale gleichermaßen ausgezeichnet werden. Zuerst mußte das Kreuz 2. Klasse erworben werden, bevor man – für erneute Auszeichnung – das der 1. Klasse errang. Es wurde für unsere Begriffe zwar sparsam verliehen, nach dem Maßstab jener Zeit jedoch in verhältnismäßig großer Anzahl. So erfolgte von 1813 bis 1815 die Vergabe des Eisernen Kreuzes 1. Klasse an 668, des Kreuzes 2. Klasse an 9146 Kämpfer und an 869 Ausgezeichnete, die nicht unmittelbar im Felde gestanden hatten.

Für direkt im Kampf vor dem Feinde erworbenes Verdienst wurde das Kreuz der 2. Klasse in den preußischen Farben Schwarz-Weiß am schwarzen Band mit weißen Seitenstreifen, für andere Verdienste im Kriege am weißen Band mit schwarzen Seitenstreifen im Knopfloch getragen. Das Kreuz der 1. Klasse war zunächst ein textiles Bandkreuz, später ein Steckkreuz aus Eisen und Silber, das an der Kleidung auf der linken Brust befestigt wurde.

Das Kreuz der 2. Klasse bekamen tatsächlich – wie im Statut vorgesehen – in großer Anzahl auch Unteroffiziere und Soldaten. Viele zeitgenössische Darstellungen zeigen die Kämpfer der Befreiungskriege mit diesem Kreuz. Um seine Bedeutung zu heben, legte der preußische König stets nur das Kreuz der 2. Klasse an; Zar Alexander und Großfürst Konstantin von Rußland sowie die preußischen Prinzen erhielten – wohl aus demselben Grunde – nur das Kreuz 2. Klasse.

Als einzige Frau wurde Auguste Friederike

Eisernes Kreuz 2. Klasse

Eisernes Kreuz 1. Klasse

Großkreuz des Eisernen Kreuzes

Krüger, die «als Mann» in der Armee kämpfte, mit dem Eisernen Kreuz (2. Klasse) ausgezeichnet. Erst nach ihrer schweren Verwundung bei Dennewitz erkannte man sie als Frau; sie nahm weiterhin bis zum Ende der Befreiungskriege an den Kampfhandlungen teil und wurde für ihre Tapferkeit außerdem zum Unteroffizier befördert.

Das Kreuz der 1. Klasse erhielten 605 Offiziere und nur 63 Unteroffiziere und Soldaten, obwohl die Verleihungen «ohne Ansehen von Rang und Stand» erfolgen sollten. Die Auszeichnung der 1. Klasse wurde auch fast ausschließlich an Militärs vergeben, und nur zwei Persönlichkeiten, die nicht mit der Waffe für die Befreiung gekämpft hatten, bildeten eine Ausnahme: Staatskanzler Hardenberg und Staatsminister Wilhelm von Humboldt.

Großkreuze – selten verliehen

Das Großkreuz des Eisernen Kreuzes war laut Statut «noch einmal so groß als das der beiden Klassen» (in der Ausführung dann war es etwa anderthalbmal so groß) und wurde «an dem schwarzen Bande mit weißer Einfassung um den Hals getragen».

Im Vergleich zu den beiden anderen Klassen waren für die Verleihung des Großkreuzes höchst elitäre Bestimmungen erlassen: Es konnte nur der Kommandierende erhalten für eine gewonnene Entscheidungsschlacht bzw. für die Einnahme einer bedeutenden feindlichen oder die Verteidigung einer eigenen, strategisch wichtigen Festung. So wurde es von 1813 bis 1814 nur fünfmal verliehen: an Feldmarschall Gebhard Leberecht von Blücher, Fürst von Wahlstatt, Oberbefehlshaber verschiedener Armeen – für den Sieg an der Katzbach am 26. 8. 1813; an General Friedrich Wilhelm von Bülow, Graf von Dennewitz, Befehlshaber eines Armeekorps – für den Sieg bei Dennewitz am 6. 9. 1813; an General Friedrich Bogislaw Emanuel Graf Tauentzien von Wittenberg, Befehlshaber eines Korps – für den Sturm auf Wittenberg am 13. 1. 1814; an Feldmarschall Hans David Ludwig Yorck, Graf von Wartenburg, Befehlshaber verschiedener Korps – für die Gefechte von Laon bis Paris 1814 sowie – abweichend von der Regel, daß das Kreuz nur für Bürger des preußischen Staates bestimmt war – an Marschall Jean Baptiste Jules Bernadotte, den schwedischen Thronfolger und Befehlshaber der verbündeten Nordarmee – für die Führung der Armee im Jahre 1813.

Für Blüchers außerordentliche Verdienste wurde eine Sonderstufe des Eisernen Kreuzes geschaffen – der «Blücherstern», ein goldener Bruststern mit aufgelegtem Eisernen Kreuz ohne Inschrift und Insignien. Kö-

Kulmer Kreuz

Schlacht bei Kulm in Nordböhmen stiftete der Preußenkönig im Dezember 1814 das Denkzeichen des Kulmer Kreuzes. Es ähnelte in seiner Form dem Eisernen Kreuz und wurde wie dessen 1. Klasse an der linken Brust getragen. Allerdings war es weit weniger aufwendig hergestellt – ein aus Eisenblech gefertigtes, geschwärztes, an den Rändern versilbertes Kreuz, das 16 Löcher zum Befestigen an der Kleidung aufwies.

In der Schlacht bei Kulm besiegten russische Truppen an der Seite des preußischen Korps unter Kleist und österreichischer Kontingente das französische I. Korps unter Vandamme. Der Sieg machte zum Teil die Verluste der Verbündeten bei Dresden wieder wett und schuf gute Voraussetzungen für den weiteren Kampf.

Ordensspange Friedrich Wilhelms III. mit dem russischen St. Georgs-Orden, dem preußischen Eisernen Kreuz, dem österreichischen Militär-Maria-Theresien-Orden und der preußischen Kriegsdenkmünze 1813/1814 (v. l. n. r.) – d. h. mit den für die damalige Zeit bedeutendsten Auszeichnungen der Verbündeten

nig Friedrich Wilhelm III. übergab dem Feldmarschall den Stern am 26. Juli 1815, einen Monat später, nach der Schlacht bei Waterloo.

Ein Zeichen deutsch-russischer Waffenbrüderschaft

Zum Gedenken an die am 29. und 30. August 1813 von den Verbündeten gewonnene

Friedrich Wilhelm III. von Preußen beschloß, alle russischen Teilnehmer der Schlacht wegen ihrer außergewöhnlichen Tapferkeit und Einsatzbereitschaft mit dem Kulmer Kreuz zu ehren. Das geschah durch die russischen Militärbehörden ab 1815, nachdem die Kämpfer, soweit nicht gefallen, in die Heimat zurückgekehrt waren. 7131 Kulmer Kreuze wurden schließlich verliehen, etwa 10 davon aus Silber an hohe Generale.

Die Bedeutung des Eisernen Kreuzes widerspiegelt sich auch in der Tatsache, daß seine Form in zahlreichen Auszeichnungen der Befreiungskriege wiederkehrte – z. B. in dem 1814 gestifteten preußischen Luisenorden – und daß es bei der Gestaltung von Kriegsgedenkmünzen deutscher Staaten in dieser Zeit wie auch später eine große Rolle spielte – z. B. in Preußen, Hannover, Anhalt und Mecklenburg. Dem Kriegsteilnehmer sollte bescheinigt werden, tapfer und treu seinen Mann gestanden zu haben.

Mißbrauch in späterer Zeit

Das Eiserne Kreuz wurde im weiteren Verlauf der Geschichte noch dreimal erneuert: 1870, 1914 und 1939, im letzten Fall sogar als Orden, am schwarzweißroten Band, mit Hakenkreuz und unter Hinzufügung einiger weiterer Klassen. Im zunehmenden Maße verlor es seinen Charakter als Zeichen der Ehre, als Symbol des Freiheitskampfes. Bereits im Verlauf des Deutsch-Französischen Krieges von 1870/1871, nach der Schlacht bei Sedan am 2. 9. 1870, wurde es zum Zeichen der Unterdrückung des Volkes und damit zum Zeichen der Unehre. Erst recht aber pervertierte es im ersten und zweiten Weltkrieg – als Institution des militaristischen und später faschistischen Regimes schlechthin – zum Sinnbild des brutal entfachten und geführten imperialistischen Eroberungskrieges.

Bis heute ist es in der BRD erlaubt, das E. K. von 1939 und andere Auszeichnungen, erworben in Hitlers Aggressionskriegen, zu tragen, wenn auch ohne das Hakenkreuz. Und man trägt es in aller Öffentlichkeit, nicht nur auf Revanchistenzusammenrottungen, sondern auch in der Bundeswehr, im Polizeidienst, beim Bundesgrenzschutz sowie in anderen militärischen und zivilen Körperschaften.

Welch Gegensatz zum Ursprung, zu den Zeiten der Volkserhebung gegen die Fremdherrschaft! Auf die Kreuze von 1813 darf der Museumsbesucher von heute mit gutem Gefühl, mit Hochachtung blicken, wenn er durch die Ausstellung geht.

Soldat

Reiner Bonack

Wenn ich
meine Schützenmulde grab',
ausfüll' diese Wunde
mit mir selbst,
bin ich der Erde Sand,
bin ich der Erde Gras,
ihr Pulsschlag,
ihr Soldat.

Der Ersatztankfahrer

Hans Joachim Nauschütz

Im Gras liegen. Die Hände unterm Kopf. In den Himmel gucken. Du hörst richtig, wie es in der Luft flirrt vor Hitze. Du träumst von einem oder auch von zwei Gläsern Bier. Nicht Flaschen. Gläser. Weil du dir vorstellst, wie es ins Glas gluckst und die Schaumkrone steigt. Aber dann bezwingst du dich. Du wärst auch mit Quellwasser zufrieden.

Schließlich kommst du doch wieder auf die Schäfchenwolken. Es ist ganz so, als würdest du keine Uniform tragen, nicht die staubigen Knobelbecher für den Augenblick ausgezogen haben. Du brauchst nur den Kopf zu heben, dann siehst du sie.

Ich tue es. Zwischen den Autos rührt sich nichts. Unser Lager ist still. Und wären die Richtfunkantennen nicht, man könnte meinen, es schläft alles.

Ich lasse mich zurückfallen, habe wieder die Nase steil in der Luft.

Plötzlich höre ich das Brummen meiner Bertha.

Ich hab' das in letzter Zeit öfter gehabt. Meine Entlassung kündigt sich an. Bertha ist meine Diesellok. Sie rasselt mit Schrottwaggons und Kokillen durch die Gegend. Ich bin ihr Kutscher in einem Stahlwerk. Im Augenblick aber bin ich noch der Gefreite Kaufmann, Kraftfahrer in einer Nachrichteneinheit der Luftstreitkräfte, genauer: Fahrer des P-3-Kübel, der neben dem Stabswagen steht. Mein Chef ist Major Richter. Wir sind mit einer Übung verschiedener Waffengattungen beschäftigt. Unsere Aufgabe, so habe ich herausgehört, ist fast beendet. Wir warten nur noch auf unsere Verlegung in Richtung Dienststelle.

Da glaube ich wieder Bertha zu hören. Doch fehlt diesmal der singende Ton beim Brummen. Es brummt nur. Jäh bricht das Motorengeräusch ab.

Ich hebe den Kopf. Neben dem Wachzelt sehe ich die Aufbauten eines G 5. Es ist keins unserer Fahrzeuge. Also stehe ich auf, um nach dem Rechten zu schauen. Ich schlüpfe in meine Stiefel, wische mit ihnen durchs Gras und stapfe los.

Der G 5 ist ein Tankwagen. Er hält vor unserem provisorischen Schlagbaum. Der Posten steht vor dem Auto, als bewache er es.

«Komischer Vogel», ruft er mir zu. «Was der wohl will, steigt nicht mal aus.»

Ich öffne den Wagenschlag. Da kippt mir der Fahrer entgegen. Ich merke, wie mir sein Stahlhelm gegen die Stirn schlägt, denn ich hab' ihn wie ein Mädchen aufgefangen, bin aber nicht auf den Beinen geblieben. Ich rapple mich auf und ziehe den Soldaten unter einen Baum.

Das Horn auf meiner Stirn ist gewachsen.

Der Posten sagt nichts, und ich sage auch nichts. Ehe er sich besonnen hat, laufe ich die zweihundert Meter zum Stabswagen und reiße die Tür auf.

Major Richter hat ein Schläfchen gemacht, und seine Feldmütze sitzt ihm auf dem Hinterkopf.

«Genosse Major, ein Tankwagen am Schlagbaum.»

«Was für ein Tankwagen?» Er nimmt die Mütze ab und fährt sich mit einem Taschenkamm durchs Haar. Die Hinterhauptlocke richtet sich immer wieder auf. Ohne Mütze sieht er wie ein Junge aus.

Er blickt mich an. «Kaufmann», sagt er, «wir haben doch nur per Funk gekämpft. Wer hat Ihnen die Beule verpaßt?»

Ich berichte leise, denn in der Ecke schnauft der Stabschef und schlägt verschlafen nach einer Fliege.

«Los!» befiehlt der Kommandeur. Er springt die eiserne Leiter hinunter und läuft los. Er legt ein scharfes Tempo vor. Ich halte mich einen halben Schritt hinter ihm. Von weitem sehen wir unseren dicken Feldscher. Er rennt auch, erstaunlich behende. Zu dritt beugen wir uns über den Soldaten. Major Richter winkt ab, als der Posten melden will.

«Hitzschlag», sagt der Feldscher. Und nach einer Weile: «Der Puls ist nicht gut.»

Ich schaue in das schmale, spitze Gesicht des unbekannten Soldaten. Flüchtig schießt es mir durch den Kopf, daß es ein gewaltiges Ei wäre, würde ich noch kurz vorm Abschied von der Fahne krank. Hier wird man nämlich nur gesund entlassen. Aber dann denke ich: Der arme Kerl hat in seiner Hütte gesessen und nichts Schlimmes geahnt.

Der Feldscher hat den Jungen wach gekriegt. Er blickt uns an, macht seine Augen auf und zu, auf und zu. Dann bewegt er die Beine und will hoch. Der Major drückt ihn sanft nach unten. Ich sage: «Du bist bei den Fliegern, Freund, wir schaukeln das schon.»

Der Soldat schüttelt den Kopf. «Nichts», flüstert er. Und dann kräftiger: «Der Diesel muß zu den Panzern. Ich habe mich verfahren.» Dann liegt er wieder und sagt nichts. Er bewegt nur die Lippen.

Der Feldscher lädt ihn sich auf die Arme und geht los. Ich will mit Stahlhelm und Waffe, die ich aus dem Fahrerhaus geholt habe, hinterher.

Da sagt der Major: «Flieger Kaufmann!» Er sagt es, wie ein Zivilist «Guten Morgen!» sagt. Das ist kein gutes Zeichen. Ich baue mich vor ihm auf und schaue ihn an.

«Sachen wegschaffen, in fünfzehn Minuten bei mir!»

«Zu Befehl!»

Ich habe es geahnt. Jetzt sitze ich in dem Autoelefanten. Kein Mensch konnte sich daran erinnern, daß ich mal als Kraftfahrer für Treib- und Schmierstoffe ausgebildet worden war. Nicht mal ich selbst. Aber so ein Kommandeur hat tausend Kleinigkeiten im Kopf. Mein Kaderspiegel gehört dazu. Ich habe eine Ansprache hinter mir und eine Belehrung. Das ist jetzt zwei Stunden her.

Der Kommandeur hat gesagt: «Genosse Kaufmann!», und ich mußte mich setzen. Dann erklärte er mir die Manöverlage, sprach vom Stolz auf die Waffengattung, fuhr mit mir auf einem Meßtischblatt herum und ließ mich eine Faustskizze zeichnen. Und dann sagte er, was ich längst wußte: «Sie fahren den Tankwagen zu den Panzerleuten. Die warten darauf. Fünf, sechs Panzer können mit dem Zeug ins Gefecht. Ohne das sind sie nur Geschützstellungen.»

Natürlich hatte ich zur Fahrt auch eine guckte immer mal wieder rein. So was war ihm noch nicht untergekommen.

Fahrauftrag und Skizze klemmte ich hinter einen Hebel am Armaturenbrett und fuhr los.

Keine Angst, Leute, ich bin schon wieder bei mir. Ich meine, man macht kein Gewese um eine Sonderschicht, obwohl mir der Sand auf dem Waldweg nicht gefällt, der vom Strand bei Heringsdorf stammen

Meinung. Erstens: Ich war nach der Ausbildung nie wieder Tankzug gefahren. Zweitens: Es war ein Risiko für mich. Vor der Entlassung sagt man dazu «Schlamassel» oder «Verpfeif dich!». Drittens: Ich hörte meine Bertha singen. Bertha war was Solides. Aber der Tankzug war eine Gleichung mit fünf Unbekannten.

Ich sagte: «Zu Befehl!»

In der Feldküche schwatzte ich dem Versorger eine Konserve ab. In meiner Feldflasche brachte ich Tee mit Zitrone unter, fünfunddreißig Grad warm.

Die Belehrung nahm der Stabschef vor. Er hielt die Dienstvorschrift auf den Knien und könnte. Ich fahre, na, sagen wir, mit heißem Hintern. Die Last schiebt, und der Boden gibt nach. Ich brauche Kraft, und der Wagen hat sie. Wenn ich mir vorstelle, hinten klebte noch ein Hänger …

Ich hänge fest. Tatsache, ich hänge fest!

Ich brauche zwanzig Sekunden, bis ich aus dem Auto bin. Natürlich weiß ich, woran es liegt. Die rechten Zwillingsreifen sitzen hinten in einem Loch, groß wie ein Baggermaul. Die Hinterachse liegt auf.

Ich stelle den Motor ab und schultere die Axt, laufe immer schneller durch den gepflegten Kiefernwald, Unterholz finde ich erst nach zehn Minuten.

Dreimal laufe ich hin und her, bis die Unterlage zusammengetragen ist. Und als sie fertig ist, zeigt sich, daß die Stämmchen zerdrückt werden wie Streichhölzer. Auch der Sand gibt nach. Fünf Minuten Würgerei haben das Loch um das Doppelte vergrößert.

Mir rinnt der Schweiß über Brust und Rükken und sicher auch in die Stiefel. Ich reiße die Kampfanzugjacke herunter, das Hemd und stehe. Die Knie wackeln ein bißchen, als ich in die Sonne starre.

Die Feldflasche trinke ich halbleer.

Ich fasse an die heißen Reifen.

Dann sitze ich auf der Wegböschung, die meinem Handdruck nachgibt, und ich frage mich, ob ich überhaupt ankommen werde.

Die stärkste Kiefer steht fünfzehn Meter entfernt. Fünf Axthiebe würden sie umhauen. Ich löse das Spillseil. Ich streichle den Kiefernstamm, als ich das Seil umlege.

Ich öffne die Luke im Kabinendach, aber nichts hindert die Hitze.

Ich fahre an, wie ich mir das Kinderwagenschieben vorstelle. Zehn, zwanzig Zentimeter geht alles gut. Ich blicke auf die Kiefer. Ich verstehe nicht, warum sie jetzt einen Riß hat. Ich nehme den Fuß vom Gas.

Ich sitze wieder auf der Böschung.

Ich rauche die erste Zigarette, sie schmeckt nicht. Ich drehe sie zwischen den Fingern, wie mein Kommandeur es macht. Sie schmeckt trotzdem nicht.

Ich muß an den Major denken und daran, wie er meinen stillen Protest übergangen hat. So ein Kerl, der Kaufmann, fährt den P 3 wie ein Alter, kommt mit allen Wagentypen klar.
Mit Kußhand nimmt den jeder andere. Ich habe den stillen Verdacht, daß er mich zu einem Teil seines Ausweises gemacht hat.

Ein Buntspecht klopft an einer mageren Kiefer. Nur das Klopfen und sonst Stille.

Ich höre ein leises Tuckern. Ich springe auf und laufe zum Auto. Auf der Skizze ist eine ordentliche Straße nicht ausgewiesen. Nur eine Waldpiste.

Als ich mit meiner Waffe aussteige, steht das Tuckern klar in der Luft. Ich laufe bedächtig. Wer weiß, wie weit ich laufen muß. Nach einer halben Stunde wird das Tuckern stärker. Den Wald lasse ich hinter mir. Ich steige einen Lehmhügel hoch. Ich sehe: Wie ein Spielzeug, so klein zieht ein überschwerer Traktor einen Pflug übers Feld.

Ich sause los, hetze wie ein Hase über die Furchen. Ich schwenke die MPi in der Hand.

«Hier hab' ich keinen Angriff erwartet!» ruft der Traktorist. Wie ein Blitz ist er ausgestiegen und hat die Arme oben.

Ich schultere meine Flinte und steige aus der Furche, in der ich stehe, und sage: «Flieger Kaufmann. Kumpel, du mußt mir helfen, ich bin mit meinem Dieseltanker steckengeblieben, kupple ab und komm!»

Er antwortet irgendwas, wahrscheinlich ist es Plattdeutsch. Und dann sagt er richtig verstehbar: «Ein Flieger bist du und fährst Diesel, und sie fliegen jetzt mit Diesel, und den setzen sie in Tankzügen ab. Das ist ja mächtig interessant.» Aber er kuppelt folgsam ab. Wir schwatzen noch über dies und das. In einer halben Stunde bin ich wieder flott. Er sagt: «Schade um die Kiefer.»

Ich verspreche ihm ein Dankschreiben, das er unbedingt haben will. Ehe ich weiterfahre, setze ich den Stahlhelm auf und erreiche, ohne noch mal auf die Skizze sehen zu müssen, das Gefechtsfeld. Ein SPW fährt auf mich zu und hält. Der Hauptmann läßt mich nicht zu Wort kommen. Er beordert mich mit einer Handbewegung wieder in die Kabine, bedeutet mir zu fahren und knurrt: «Vier Stunden überfällig. Wir sprechen uns noch. Sie betanken die Panzer. Vorwärts!»

Ich kaue auf meiner Unterlippe herum und sage schließlich: «Das kann ich nicht!» Aber sage mal einer, der kein Kindergartenkind mehr ist und den Autoelefanten bis hierher gebracht hat: Das kann ich nicht!

Doch nun war Schluß. Der Hauptmann machte alles. Es ging in Windeseile. Dann verschwand er.

Ich habe dann den Wagen in ihre Transporteinheit gebracht und ein bißchen erzählt. Sie wußten schon alles, auch von ihrem verirrten Soldaten.

Jetzt lauf' ich mit ihrem Lob herum und mit dem von meinem Major. Er hat ein Schreiben ans Stahlwerk geschickt. Ich höre schon den Schichtmeister argwöhnisch sagen: Länger durftest du dort nicht bleiben. Sie hätten es fertiggekriegt und einen Kraftfahrer aus dir gemacht.

Na, und?

«Aber am Volk zweifel ich nicht!»

Zum 500. Geburtstag von Thomas Müntzer 1989

Oberst Prof. Dr. sc. Helmut Schnitter

Thomas Müntzer gehört zu den hervorragenden Persönlichkeiten der deutschen Geschichte, deren kühne Ideen und mutige Taten über Jahrhunderte hinweg lebendig blieben und in einer späteren Zeit auf neuen gesellschaftlichen Grundlagen und in neuer Qualität ihre Erfüllung fanden.

Wer war dieser Mann, dessen Namen heute Betriebe, Schulen, Straßen tragen, dessen wichtige Lebensstationen als Gedenkstätten zu besuchen sind? Was verbindet uns Bürger der DDR mit diesem Prediger von vor fast 5 Jahrhunderten?

Erst 36 Jahre alt war Thomas Müntzer, als sein Haupt auf dem Görmar bei Mühlhausen (heute ein Vorort von Mühlhausen auf der Straße F 249 nach Ebeleben – Sondershausen) unter dem Schwerthieb des fürstlichen Scharfrichters fiel. Über sein kurzes Leben sind wir unvollständig informiert, am gründlichsten über die letzten zwei Lebensjahre vom Aufenthalt im thüringischen Allstedt 1523 bis zu seinem Todestag, dem 27. Mai 1525.

Müntzer stammt aus Stolberg, einem kleinen Harzort, der um die Wende vom 15. zum 16. Jahrhundert vom Aufschwung des Bergbaus und der damit verbundenen Gewerbe lebte. Er kam auch nicht aus den ärmsten Verhältnissen, vermutlich war sein Vater ein «Münzmeister» mit bescheidener Wohlhabenheit, die dem Sohn den Bildungsweg zu geistlichen Würden öffnen konnte. Die Kirche und die christliche Religion beherrschten damals das Leben der Menschen von der Wiege bis zur Bahre, unter religiösen Losungen vollzogen sich die politischen, sozialen und militärischen Auseinandersetzungen, wer zu den gebildeten Kreisen gehören und das Gedankengut der Renaissance und des frühen Humanismus aufnehmen wollte, der konnte und mußte dies vornehmlich über die allmächtige Kirche tun.

Diesen Weg gingen bekanntlich auch Martin Luther und mit ihm viele der anderen Reformatoren, geistige Väter der deutschen frühbürgerlichen Revolution.

Vater Müntzer verzog vermutlich 1502 nach Quedlinburg, dort besuchte der junge Thomas die Lateinschule. 1506 erscheint sein Name in den Matrikeln der Theologischen Fakultät der Universität Leipzig, 1512 in denen der Universität Frankfurt an der Oder. Er eignete sich während des Studiums eine solide Bildung an, wurde Magister und erlernte die drei biblischen Sprachen Hebräisch, Griechisch und Latein – unentbehrliches Rüstzeug für den theologischen und damit den politischen Kampf. In den folgenden Jahren war Müntzer in verschiedenen kirchlichen Ämtern in Halle, Aschersleben und anderen Orten tätig, traf in Wittenberg mit Martin Luther und Philipp Melanchthon zusammen, wurde 1519 Prediger in Jüterbog, wo er im Streit um den berüchtigten Ablaßhandel kräftig gegen die wucherischen Praktiken des Papstes auftrat, und predigte 1520/21 in Zwickau, der reichen Bergbau- und Tuchmacherstadt in Sachsen. Hier lernte er die Lebensbedingungen und den Kampf der Gesellen und Plebejer näher ken-

Thomas Müntzer. Kupferstich von Sichem

Titelblatt einer Schrift über den Bundschuh

nen. In Müntzers Kopf formte sich allmählich eine revolutionäre Ideologie, die auf eine radikale Veränderung der Gesellschaft zu zielen begann. 1521 mußte er die Stadt auf Druck des patrizischen Rates verlassen, er predigte in Prag, wo er den Geist der Hussiten suchte. Bald kehrte Müntzer wieder nach Sachsen-Thüringen zurück, von revolutionärer Unrast erfüllt, auf der Suche nach einer Wirkungsstätte – nicht um beschaulich zu predigen, sondern um seinen Mann im politischen Ringen zu stehen, um die Reformation zu einer wahren Volksreformation weiterzuführen, zu einer Umwälzung auch der weltlichen Ordnung. Der Atem der frühbürgerlichen Revolution, ausgelöst durch Luthers Thesenanschlag, erfüllte das Wirken Müntzers.

1523 erhielt er eine Pfarrstelle im kursächsischen Allstedt (heute Kreis Sangerhausen im Bezirk Halle). Er heiratete die Adlige Ottilie von Gersen, das Schicksal dieser mutigen Frau und ihres Kindes verliert sich im Sommer 1525 im Ungewissen, irgendwo auf der Flucht vor den fürstlichen Siegern und Mördern.

In Allstedt gründete Müntzer das «Allstedter Verbündnis» und organisierte den Kampf gegen die Feudalherren. Seine erbitterten Feinde waren Herzog Georg von Sachsen und vor allem die Grafen von Mansfeld, die im Wasserschloß Heldrungen (heute eine Gedenkstätte des Bauernkrieges) ihren Stützpunkt hatten, von hier aus terrorisierten sie die Bauern und Plebejer der Umgebung. In seinen Predigten, in eigenen Schriften und im «Verbündnis» entwickelte Müntzer eine revolutionäre Programmatik, die im Satz «Omnia sunt communia» ihren Höhepunkt erreichte. Der Versuch, mit der «Fürstenpredigt» in der Schloßkapelle von Allstedt (heute gleichfalls Gedenkstätte) einige der sächsischen Fürsten auf seine Seite zu ziehen, scheiterte. Anfang August 1524 muß Müntzer Allstedt verlassen, er geht in die Freie Reichsstadt Mühlhausen, aber auch

Lebensstationen Thomas Müntzers

M = Mühlhausen
St = Stolberg
F = Frankenhausen
A = Allstedt
Q = Quedlinburg
As = Aschersleben

Schlacht bei Frankenhausen

Gebiet des deutschen Bauernkrieges 1524/25

---

dort ist seines Bleibens nicht lange. Auf Drängen der Reichen muß er die Stadt verlassen. Im Winter 1524/25 durchwandert er den vom Bauernkrieg aufgewühlten Südwesten des Reiches, dort sah er die große militärische Kraft der Bauern und erkannte nachdrücklich die Rolle der Volksmassen, wenn sie einer revolutionären Ideologie folgen

Frankenhausen. Stich von Merian

Mühlhausen. Stich von Merian

und gemeinsam zu handeln verstehen.

Im Frühjahr 1525 steuerte die frühbürgerliche Revolution ihrem militärischen Höhepunkt entgegen. Ende Februar 1525 betrat Müntzer wieder Mühlhausen; die kleinbürgerlichen Kräfte hatten mehr Einfluß gewonnen. Im März 1525 entstand hier der «Ewige Rat», die Stadt wurde zur Hoffnung der Unterdrückten und zum Schrecken des Adels. Aktiv griff Müntzer als Pfarrer der Marienkirche mit Wort und Tat in das revolutionäre Geschehen der Tage ein. Inwischen erfaßte die Welle des Bauernkrieges Thüringen. Vor den Toren Mühlhausens sammelte sich ein großer Bauernhaufen, zu dem auch das Aufgebot der Stadt stieß, zusammen über 10000 Mann.

Thomas Müntzer und Heinrich Pfeiffer, der Führer der Plebejer und Kleinbürger der Stadt, besaßen als «Oberste» im Kriegsrat des Haufens großen politischen und moralischen Einfluß.

Müntzer war kein Feldherr und besaß wohl nur geringe militärische Kenntnisse, aber er war der weitsehende politische Kopf, dem es um die ganze Erhebung ging und nicht allein um diesen oder jenen taktischen lokalen Erfolg. Darin bestand seine Größe, daß er immer an die weitreichenden Ziele dachte. Er und seine Anhänger suchten die Kräfte der Aufständischen zusammenzufassen und Thüringen zum revolutionären Zentrum des ganzen deutschen Feudalreiches zu machen, von Mühlhausen aus planten sie Feldzüge bis Halle und zurück nach Eisenach, um den Adel zu unterwerfen und die Macht des «gemeinen Mannes» zu errichten. Bereits Ende April schrieb Müntzer einen Brief an seine Allstedter Bundesgenossen und forderte sie auf, mutig mit dem Aufstand zu beginnen, die tyrannischen Herrscher – die Adligen – anzugreifen und sich in keine heuchlerischen Verträge mit den «Herren» einzulassen, weil diese Adligen immer das Volk übertölpeln wollten. Dieser als «Manifest an die Bergknappen» bekannte Brief war eines der sprachgewaltigsten revolutionären Dokumente jener Zeit.

Am 11. Mai, nachdem ein Teil der Aufständischen das Eichsfeld durchzogen hatte, rückte Müntzer mit einer Schar von 300 Mann und 8 kleinen Kanonen nach Frankenhausen zu dem dort lagernden Bauernhaufen. Die Bauern auf dem Hausberg unweit des Städtchens Frankenhausen, wo Salz gewonnen wurde, zählten etwa 8000 Mann, geführt von Bonaventura Kürschner, einem Anhänger Müntzers. Letzterer drängte nach Ankunft auf energische Aktionen gegen die Grafen von Mansfeld, aber im Haufen selbst gab es nicht wenige versöhnlerisch eingestellte Männer, die lieber mit dem Adel verhandeln als gegen ihn kämpfen wollten, Müntzer und seine Kampfgefährten hatten es nicht leicht. Inzwischen kamen die Feinde

Kampf zwischen Bauern und Landsknechten. Zeichnung von Albrecht Dürer

herangezogen: von Westen Landgraf Philipp von Hessen, ein talentierter Heerführer und Artillerist, von Osten Herzog Georg von Sachsen; das Adelsheer zählte mehr als 2300 Berittene und über 4000 Fußkrieger und mehr als ein Dutzend Geschütze, eine kampfkräftige Streitmacht.

Ein erster Angriff am 14. Mai gegen das Bauernlager endete für den hessischen Landgrafen mit einem Mißerfolg, erst die Schlacht am folgenden Tag brachte die Entscheidung. Die Kampfkraft der Aufständischen war durch innere Zwistigkeiten und Unentschlossenheit gelähmt. Die Fürsten forderten die Auslieferung Müntzers, die Aufständischen berieten darüber – wie Usus in den Bauernheeren generell – im Ring, wo jeder Kämpfer das Wort nehmen konnte. Müntzer hielt noch eine flammende Predigt gegen die adligen Tyrannen und ihre heuchlerischen Versprechungen, der Haufe gewann Mut, zwei Männer, die für die Auslieferung Müntzers stimmen wollten, wurden sogleich hingerichtet! Die seltene Naturerscheinung eines Halo um die Sonne nahm Müntzer zum Anlaß, um auf dieses siegesverheißende Zeichen Gottes hinzuweisen. Aber da schlugen schon die Kanonenkugeln der feindlichen Artillerie im Ring ein, das Fürstenheer ging zum Angriff auf die Bauern über.

In dem Kampf erlitt das aufständische Heer eine vernichtende Niederlage, die überraschten Bauern flohen nach Frankenhausen, in dem Chaos löste sich der Haufen auf. Müntzer, mitgerissen in die Flucht, rettete sich in das Torhaus am Angertor, dort entdeckte ihn ein Söldner und lieferte diesen wertvollen Gefangenen bei den Fürsten ab. Heute weist eine Tafel am restaurierten Mauerstück am oberen Markt in Frankenhausen auf dieses Geschehen hin.

Nun triumphierte der Klassenfeind, der gefürchtete Müntzer in seiner Hand. Graf Ernst von Mansfeld ließ ihn in sein Schloß Heldrungen bringen, dort foltern und zurück in das Lager auf dem Görmar schaffen, wohin inzwischen das Fürstenheer gezogen war. Vergeblich waren die Hoffnungen, aus dem gequälten Kämpfer Geständnisse herauszupressen. Müntzer gestand lediglich, daß jeder mehr «eigennutz» gezeigt habe, dieser habe der revolutionären Bewegung geschadet – eine echte historische Lehre, die weder die Fürsten noch ihre willfährigen Historienschreiber verstanden. Unter Todesqualen mahnte er die «Herren», das Volk nicht noch mehr zu tyrannisieren, auch darin zeigte sich seine menschliche Größe. Der demokratische Publizist Alexander Weill legt Müntzer die treffenden letzten Worte in den Mund: «An mir ist es, euch zu raten. Ich rate

Rache der Sieger. Holzschnitt von Hans Burgkmair

euch, gut, gerecht für die Armen und Schwachen zu sein ... Es wird ein Tag der Rache über euch kommen, wenn ihr nicht unterdes dem Evangelium gemäß lebt. Ich habe Großes, zu Großes verlangt. Geduld nur! Ein Mann wie ich stirbt nicht. Ihr alle und euere Kindeskinder werden verfault sein, und Thomas Müntzer wird leben!»

Müntzer war seiner Zeit weit vorausgeeilt, er strebte eine neue Erde an, die keine Ausbeutung, Unterdrückung und Armut kannte – Ziele, die in der Folgezeit auch die großen utopischen Denker und Gelehrten Thomas Morus und Tommasio Campanella verkündeten. Die kühnen, zutiefst humanistischen Ideen fanden in dialektischer Weise und auf der Grundlage wissenschaftlicher Erkenntnisse über die Gesellschaft und ihre Entwicklung Aufnahme in die Werke unserer Klassiker Karl Marx, Friedrich Engels und W. I. Lenin über die künftige kommunistische Gesellschaftsordnung. So ist der 500. Geburtstag des großen Sohnes unseres Volkes Anlaß und Verpflichtung, den Kampfesweg der Revolutionäre von damals zu den Erbauern unserer Gesellschaftsordnung von heute und morgen zu würdigen und ihre Erfahrungen und Lehren zu nutzen.

Vom Einzellader zum Mehrlader

Egon Krenz

Mehrladegewehre wurden in der zweiten Hälfte des 19. Jahrhunderts entwickelt. Der Wunsch jedoch, mit einer Feuerwaffe Schüsse schnell hintereinander abzugeben, entstand bereits in der Zeit der ältesten Systeme der Handfeuerwaffen im 15. und 16. Jahrhundert. Besonders bei den Armeewaffen zeigte sich das Streben nach schnellem Laden von Anfang an. Aber erst auf der Basis der durchkonstruierten Einzellader, der entwickelten Einheitspatronen aus Metall und der Schloßkonstruktionen, konzentrierte sich das Bestreben vieler Waffentechniker auf die Konstruktion von Mehrlade- oder Repetiergewehren. Das Prinzip von Mehrladewaffen war, daß mehrere Patronen in einem Magazin lagerten und nach dem Schuß eine neue Patrone mit Hilfe einer Repetiereinrichung in das Patronenlager gelangte. Das Auswerfen der leeren Hülse, das Einführen einer neuen Patrone in den Lauf sowie das Spannen des Verschlusses erfolgten also von Hand durch Betätigung des Repetiermechanismus. Mehrladewaffen waren technisch komplizierter als die Einzellader, auch verfügten sie über eine höhere Anzahl von Einzelteilen. Feuerbereitschaft und Feuergeschwindigkeit ließen sich jedoch durch Repetiergewehre bedeutend steigern. Die Ladegriffe wurden vereinfacht. So fielen die Ladebewegungen – Griff des Soldaten nach der Patronentasche, Einlegen der Patrone in das Patronenlager – fort.

Vielfach bestanden aber wegen des hohen Munitionsverbrauchs der neuen Repetierwaffen Vorbehalte, so daß sich die Einführung der neuen Gewehrkonstruktionen verzögerte.

Waffenkonstrukteure der ganzen Welt beschäftigten sich damit, vorhandene Einzellader mit Mehrladeeinrichtungen zu versehen. Konstruktionen der verschiedensten Arten entstanden und wurden erprobt. In Deutschland begann man auf der Basis des Einzelladers, des Infanteriegewehrs M/1871, einer Konstruktion der Brüder Paul und Wilhelm Mauser, ein Magazingewehr zu entwickeln. Dabei übernahm man in der Schloßkonstruktion das bereits von Nikolaus Dreyse beim Zündnadelgewehr angewandte Prinzip des Zylinderverschlusses. Es beruhte darauf, daß ein Zylinder in einer mit dem Lauf fest verbundenen Hülse beweglich gelagert war und nach dem Laden das Patronenlager fest verschloß. Zum Bewegen des Verschlusses diente ein sogenannter Kammerstengel. Der Drehzylinderverschluß hatte gegenüber anderen Verschlüssen den großen Vorzug, daß er das Einschieben der Patrone in den Lauf von selbst regelte.

Gegenüber dem Zündnadelgewehr war das Mausergewehr 71 ein Selbstspanner. Beim Verriegeln des Verschlusses wurde das Schlößchen gespannt. Durch diese Bewegung wurde der Schlagbolzen, der die Entzündung des Zündhütchens bewirkte, ebenfalls mit zurückgenommen und somit die um ihn gewundene Spiralfeder gespannt. Gleichzeitig öffnete sich die Patronenkammer, in die dann mit der Hand eine Metallpatrone eingelegt werden konnte. Beim Schließen der Kammer schob ihr Ver-

Sichtvermerk der Prüfstelle Birmingham, 1813

Prag, nach 1882

Ferlach, 2. Prüfzeichen, nach 1882 Beschußzeichen (Auswahl)

Belgien (Gewehre mit gezogenem Lauf)

Endbeschuß mit Schwarzpulver

Zusätzliches Zeichen für den Nitrobeschuß, Italien

Zeichen des Beschußamtes Gardone ČSSR, Büchsen, Pistolen mit gezogenen Läufen, Revolver

Prüfzeichen von Fertigungsstätten

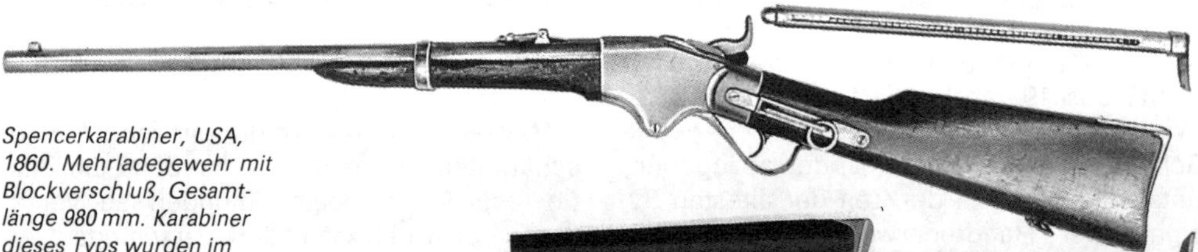

Spencerkarabiner, USA, 1860. Mehrladegewehr mit Blockverschluß, Gesamtlänge 980 mm. Karabiner dieses Typs wurden im Amerikanischen Bürgerkrieg (1861–1865) eingesetzt

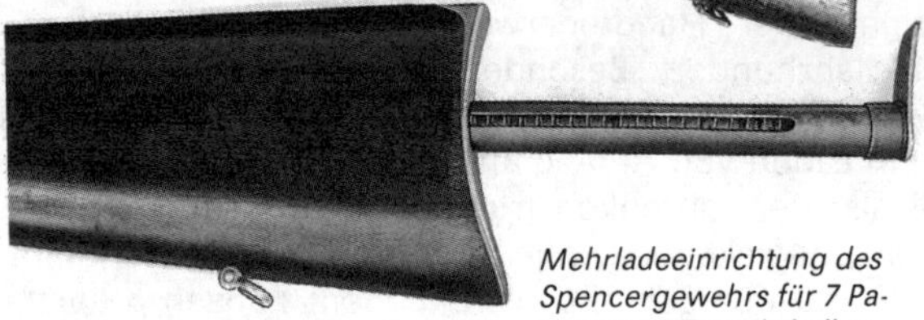

Mehrladeeinrichtung des Spencergewehrs für 7 Patronen im Gewehrkolben, Kaliber 13 mm

Henrygewehr, USA, 1860

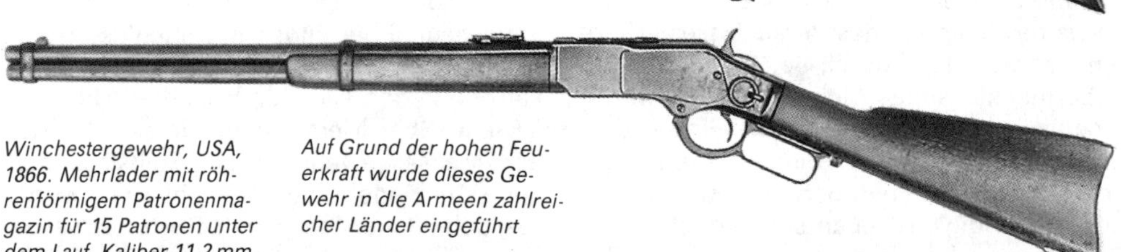

Winchestergewehr, USA, 1866. Mehrlader mit röhrenförmigem Patronenmagazin für 15 Patronen unter dem Lauf, Kaliber 11,2 mm.

Auf Grund der hohen Feuerkraft wurde dieses Gewehr in die Armeen zahlreicher Länder eingeführt

schlußkopf die Patrone sicher und genau in den Lauf. Schon beim Vorschieben der Metallpatrone griff der Auszieher am drehbaren Verschlußkopf mit seiner Kralle hinter den Patronenrand, um beim Öffnen des Verschlusses die abgeschossene Patronenhülse aus dem Lauf herauszuziehen. Durch leichtes Kippen oder ruckartiges Drehen fiel die Hülse dann aus dem Gewehr.

Die Zahl der Ladegriffe beim Einzellader

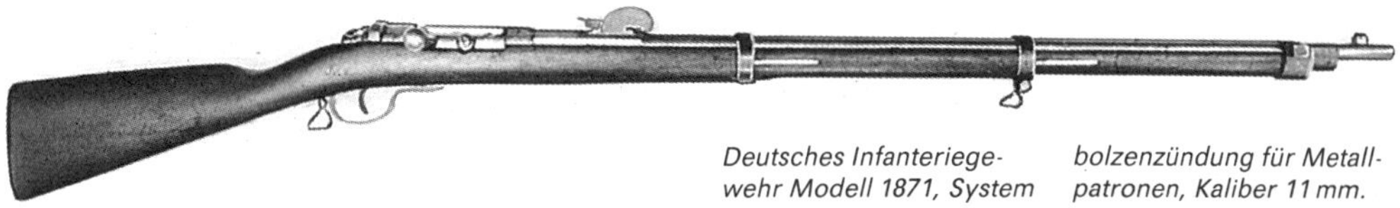

Deutsches Infanteriegewehr Modell 1871, System Mauser. Einzellader mit Zylinderverschluß, Selbstspannvorrichtung, Schlagbolzenzündung für Metallpatronen, Kaliber 11 mm. Dieses Modell gehörte zur Standardbewaffnung der Schützenkompanien

Deutsches Infanteriegewehr Modell 1871/84, System Mauser. 1884 wurde das Gewehr Modell 1871 in ein Mehrladegewehr mit Röhrenmagazin im Vorderschaft umgeändert

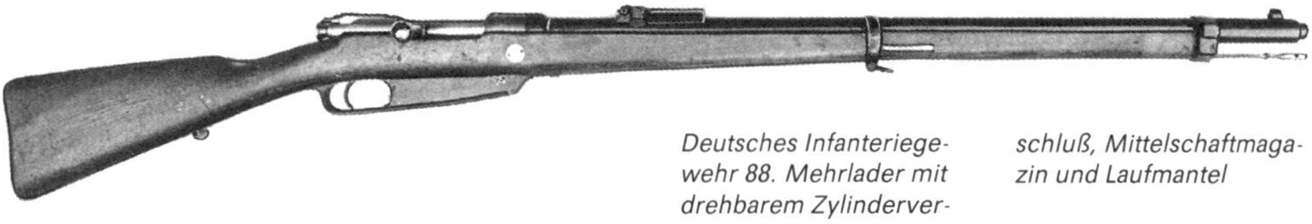

Deutsches Infanteriegewehr 88. Mehrlader mit drehbarem Zylinderverschluß, Mittelschaftmagazin und Laufmantel

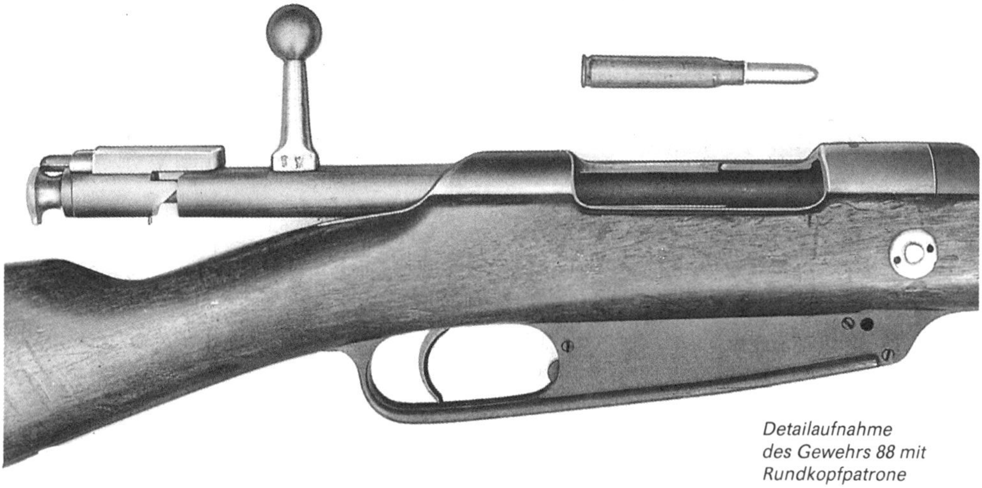

Detailaufnahme des Gewehrs 88 mit Rundkopfpatrone

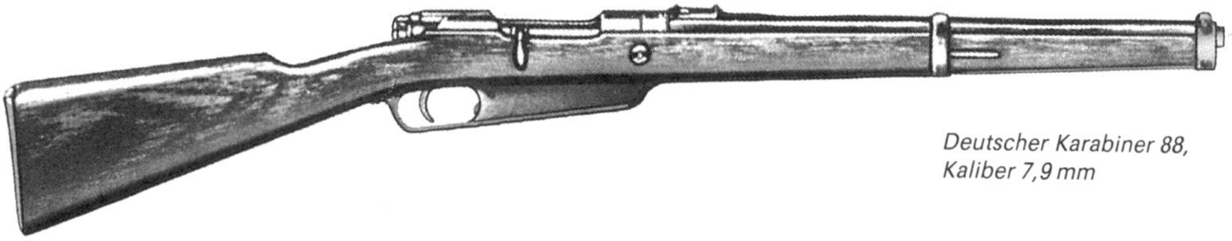

Deutscher Karabiner 88, Kaliber 7,9 mm

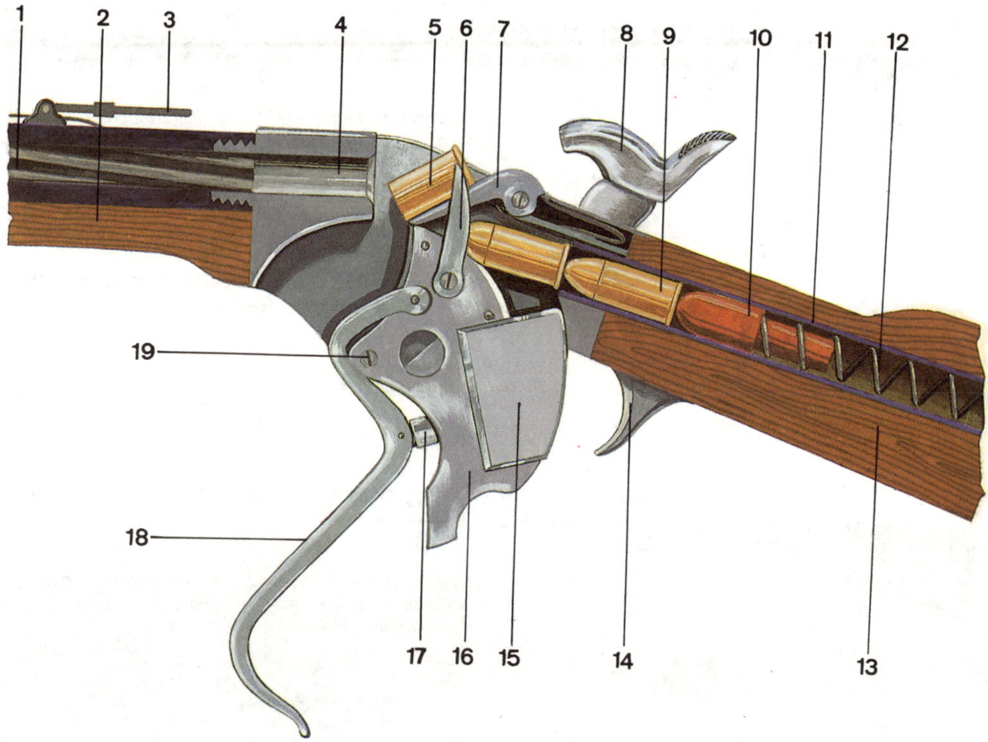

Repetiergewehr von Spencer mit Mehrladeeinrichtung im Gewehrkolben. Verschluß geöffnet

1 Lauf
2 Schaft
3 Visier
4 Patronenlager
5 leere Patronenhülse
6 Auszieher
7 Patronenführer
8 Hahn
9 Patronen im Magazin
10 Hut
11 Magazinröhre aus Stahlblech
12 Spiralfeder
13 Kolben
14 Abzug
15 Verschlußstück
16 Führungsstück
17 Bolzen
18 Bügelhebel
19 Schwenkzapfen

reduzierte sich auf drei: Öffnen, Einlegen der Patronen, Schließen. Im Vergleich zu der Anzahl der Ladegriffe bei den nur wenige Jahre zurückliegenden Perkussionswaffen war das ein enormer Fortschritt.

Mit dem Gewehr M 71 wurden Randpatronen mit Zentralzündung verschossen, deren Kaliber noch 11 mm betrug.

Die neuen, gasdichten Metallpatronen (Messing) verhinderten das Entweichen von Pulvergasen, was letztlich der Schußweite des Gewehrs zugute kam. Bei höchster Visierstellung schossen die Gewehre etwa 1600 m weit. Das Zündnadelgewehr M 41 hatte nur eine Schußweite von etwa 560 m. Von erheblicher Bedeutung war auch, daß Kammer und Patronenlager nicht mehr durch Pulverrückstände und Papierreste verschmutzten, was immer wieder zu Ladehemmungen geführt hatte.

Das dreikantige Bajonett wurde durch ein aufpflanzbares Seitengewehr mit Messinggriff ersetzt.

Zu den Lieferanten von kompletten Waffen und Waffenteilen des Infanteriegewehrs M 71 gehörten die Fabriken Ludwig Loewe & Co, Franz von Dreyse in Sömmerda, verschiedene Suhler Firmen sowie die von den Gebrüdern Mauser 1874 übernommene Oberndorfer Gewehrfabrik. Die Umbewaffnung der Truppe auf Einzellader und der Ersatz älterer Ordonnanzwaffen zog sich über Jahre hin und war nicht frei von politischen und militärischen Fehleinschätzungen der kaiserlich-deutschen Militärs. So zog der kaiserlich-deutsche Generalstab nach dem

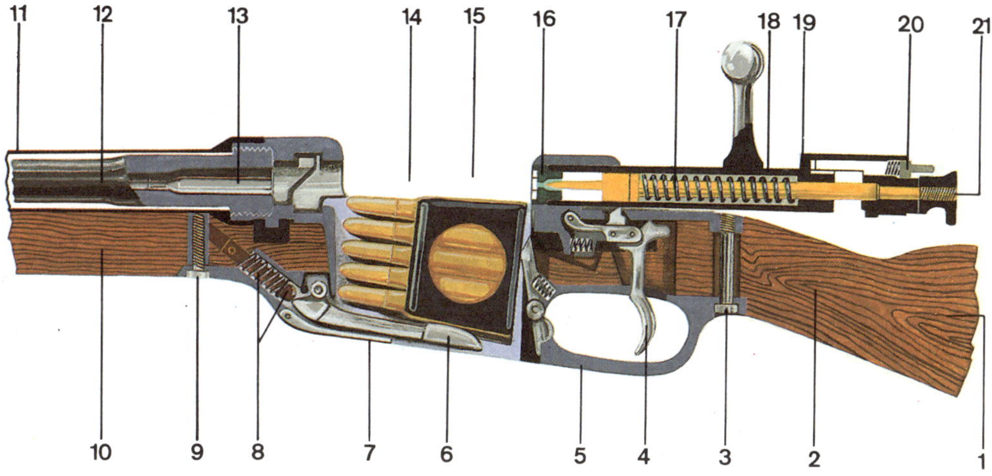

Gewehr 88, Schloß geöffnet. *Das Gewehr diente noch im ersten Weltkrieg zur Bewaffnung der Landwehr und des Landsturms*

1 Kolben
2 Kolbenhals
3 Kreuzschraube
4 Abzugsvorrichtung
5 Abzugsbügel
6 Patronenträger
7 Zubringer
8 Druckbolzen mit Feder
9 Verbindungsschraube
10 Schaft
11 Laufmantel
12 Lauf
13 Patronenlager
14 Patronenmagazin
15 Kammerbahn
16 Verschlußkopf
17 Schlagbolzenfeder
18 Kammer
19 Schlößchen
20 Sicherung mit Feder
21 Schlagbolzen

Laderahmen mit 5 Patronen (Rundkopfgeschossen) für das Gewehr 88. Gewicht des gefüllten Rahmens 154 g

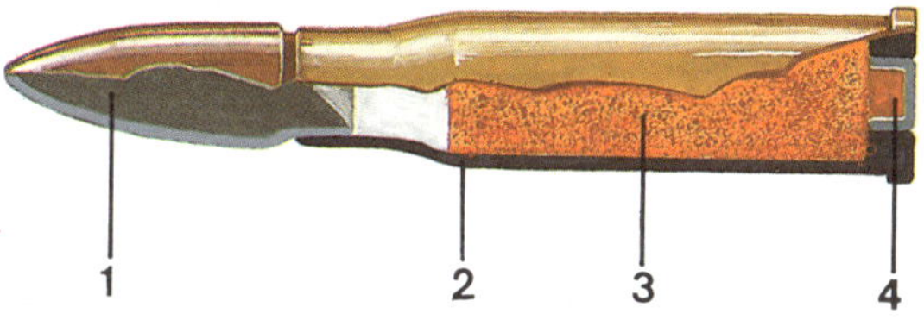

Zentralfeuerpatrone
1 Geschoß
2 Hülse
3 Pulver
4 Zündkapsel

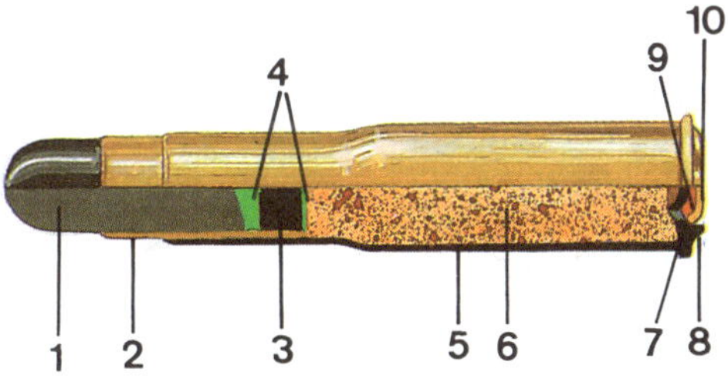

Patrone M71 im Schnitt (Gesamtlänge 78 mm)
1 Weichbleigeschoß
2 Papierwicklung
3 Fettpfropfen
4 Kartonblättchen
5 Messinghülse
6 Pulverfüllung (Schwarzpulver)
7 Zündkanal
8 Hülsenboden
9 Zündglocke
10 Initialzünder

Krieg von 1870/71 nicht sofort die Lehren aus diesen Kämpfen. Fast 20 Jahre vergingen, ohne daß die rückständige, nur wenig aufgelockerte deutsche Infanterietaktik, die am Anfang des Krieges zu schweren Verlusten geführt hatte, aufgegeben wurde. Erst nach 1888 wurde der Schützenschwarm zur Hauptkampfform der Infanterie.

Russisches Infanteriegewehr Modell 1891, System Mosin. Mehrlader mit drehbarem Zylinderverschluß und Mittelschaftmagazin, Kaliber 7,62 mm, Gesamtlänge 1230 mm

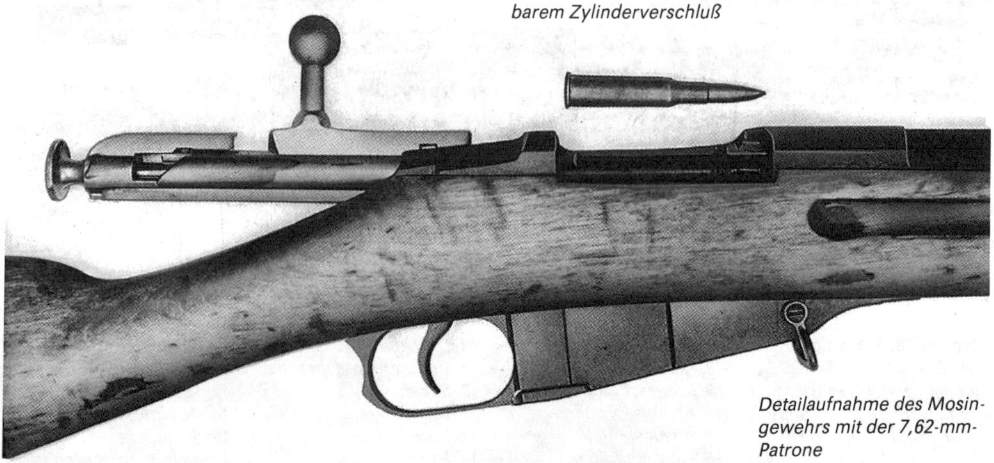

Detailaufnahme des Mosingewehrs mit der 7,62-mm-Patrone

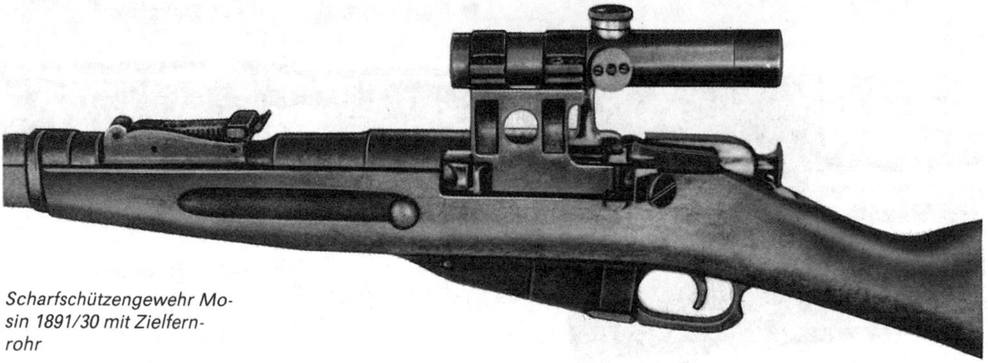

Scharfschützengewehr Mosin 1891/30 mit Zielfernrohr

Der deutsche Mausereinzellader M 71 wurde noch im ersten Weltkrieg von Truppenteilen verwendet. Mit der Jägerbüchse M 71, einer Variante dieses Waffentyps, rüstete das kaiserliche Deutschland beispielsweise seine kolonialen Hilfstruppen aus. Auch andere Länder verfügten über hervorragend konstruierte Einzellader, so z. B. Frankreich mit dem Chassepotgewehr Modell 66 (Kaliber 11 mm), dessen Wirksamkeit die preußischen Truppen im Krieg 1870/71 zu spüren bekamen.

Trotz vieler Vorzüge in der Handhabung und den Schießeigenschaften entsprach der Einzellader aber im letzten Drittel des vorigen Jahrhunderts nicht mehr den militärischen Anforderungen, da bereits die Zeit der Mehrladegewehre angebrochen war. Der Zylinderverschluß hatte sich zwar als ein zuverlässiges und bequem zu handhabendes Verschlußsystem bewährt, doch um die Feuergeschwindigkeit weiter zu steigern, mußte für Waffen mit dieser Schloßkonstruktion eine Magazineinrichtung gefunden werden, bei der mit der Bewegung des Verschlusses zugleich das automatische Laden der Patrone und das Entladen der leeren Patronenhülse erfolgte. Die Magazine

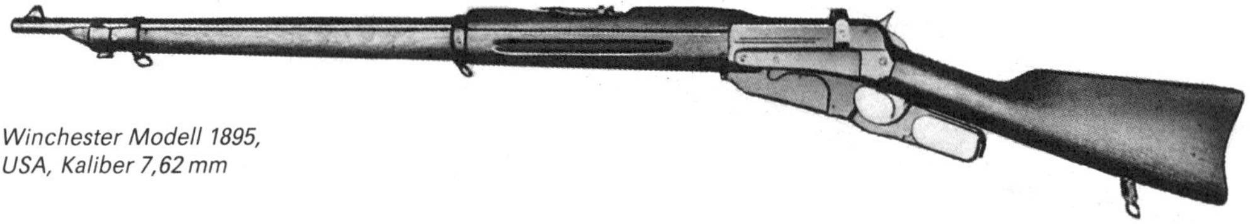

Winchester Modell 1895, USA, Kaliber 7,62 mm

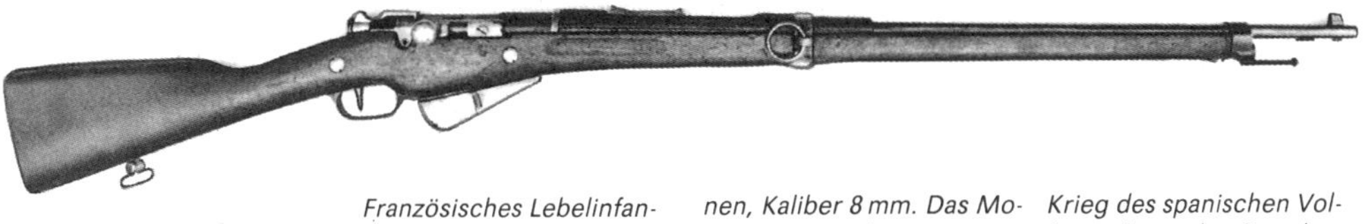

Französisches Lebelinfanteriegewehr, Modell 1916. Mehrlader mit drehbarem Zylinderverschluß, Mittelschaftmagazin für 5 Patronen, Kaliber 8 mm. Das Modell 1916 wurde im ersten Weltkrieg in die französische Armee eingeführt. Im nationalrevolutionären Krieg des spanischen Volkes gehörte das Gewehr zur Bewaffnung der republikanischen Streitkräfte

gestatteten es, die Feuergeschwindigkeit der Gewehre auf 10 bis 12 Schuß/min gegenüber 7 bis 8 Schuß bei den einzeln zu ladenden Waffentypen zu erhöhen.

Waffenkonstrukteure in den USA waren die ersten, die einsatzfähige Repetierer entwickelten. Im amerikanischen Bürgerkrieg (1861–1865) wurden zum ersten Mal in großem Umfange Mehrladegewehre mit Magazin im Gewehrkolben eingesetzt. Dem amerikanischen Waffenkonstrukteur C. M. Spencer gebührt das Verdienst, das erste kriegsbrauchbare Magazingewehr entwikkelt zu haben. Die von C. M. Spencer konstruierten Magazinrepetierer hatten einen Blockverschluß und im Kolben ein röhrenförmiges Magazin mit anfangs 9 und später 7 Einheitspatronen aus Metall.

Die Bedienung der Waffe erfolgte mit dem Abzugsbügel, der zu einem Hebel verlängert war (Unterhebelrepetierer).

Beim Schuß wurde durch Senken des Bügelhebels die leere Patronenhülse vom Auszieher aus dem Patronenlager gezogen und auf den Patronenführer geschoben, wobei der sich senkende Verschlußblock die Magazinöffnung freigab. Die Spiralfeder drückte eine Patrone auf das Verschlußstück. Beim Schließen des Verschlusses wurde die Patrone gleichzeitig gehoben und in das Patronenlager geschoben. Der Patronenführer warf gleichzeitig die leere Hülse aus und drückte von oben auf die neue Patrone. Lauf und Magazinöffnung wurden durch Blockverschluß verschlossen. Danach war der Spencerrepetierer feuerbereit. Die Mehrladegewehre von Spencer wurden zum meistgebrauchten und bekanntesten Vertreter der Repetierer mit Magazin im Gewehrkolben.

Fast 200 000 Spencergewehre kauften die Nordstaaten für die Unionsarmee an.

Auch auf dem europäischen Kriegsschauplatz, im Deutsch-Französischen Krieg 1870/71, waren einige Truppenteile der französischen Armee mit Spencerrepetierern ausgerüstet.

Europäische und amerikanische Waffentechniker konstruierten die unterschiedlichsten Mehrladeeinrichtungen im Kolben. Erwähnenswert sind die Konstruktionen des Amerikaners T. Cullen (1869), der ein Bündel von mehreren Magazinröhren im Kolben unterbrachte, und die Konstruktionen des Österreichers Josef Schulhof, der 1882/83 Mehrladegewehre mit Kastenmagazinen entwickelte. Repetierer mit Magazin im Kolben verfügten einerseits über zahlreiche Vorzüge, so waren z. B. keine zusätzlichen Teile hinzugekommen, auch waren die Patronen im Gewehrkolben geschützter gegen Stoß und Verformung, andererseits entstanden Nachteile durch die Schwächung des Kolbens am Kolbenhals.

Ein zweites Prinzip bei der Konstruktion von Mehrladegewehren bestand in der Un-

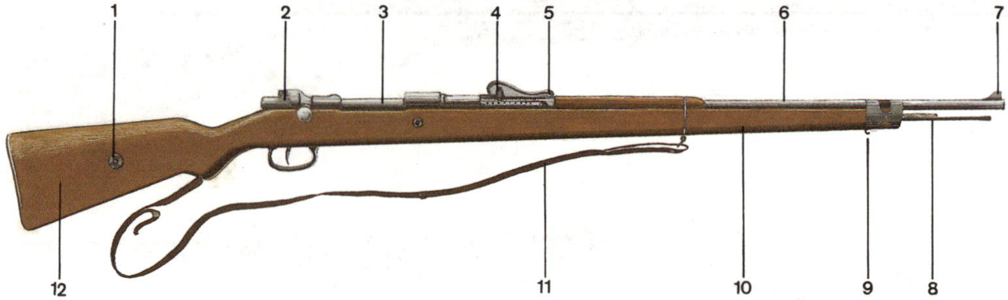

Teile des Gewehrs 98
1 Stempelplatte
2 Schloß, gespannt und gesichert
3 Verschluß
4 Visier
5 Visierstift
6 Lauf
7 Korn
8 Seitengewehrhalter
9 Haken für den Gewehr riemen
10 Schaft
11 Gewehrriemen
12 Kolben

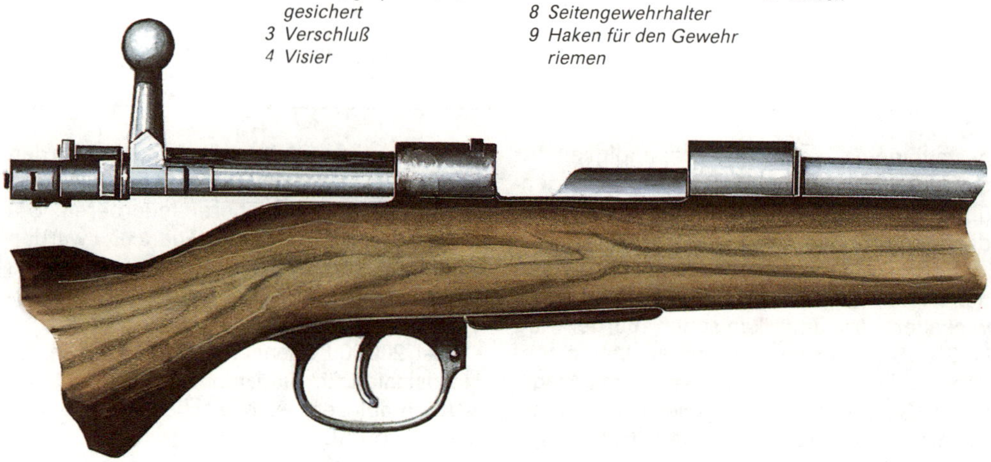

terbringung der Mehrladeeinrichtung in einem Röhrenmagazin unter dem Lauf. Am bekanntesten wurde hier das von dem Amerikaner B. T. Henry weiterentwickelte und mit der neuen selbstdichtenden Randfeuerpatrone – Kaliber 44 – ausgestattete fünfzehnschüssige Mehrladegewehr – das sogenannte Henry-Rifle.

Durch Betätigen des Bügelhebels wurde die leere Hülse ausgeworfen, eine neue Patrone in den Lauf eingeführt und der Hahn gespannt. Beim Ziehen des Abzuges schlug der Hahn auf den Schlagbolzen, der dann die Randfeuerpatrone zündete. Um Versager auszuschließen, verfügte der Schlagbolzen über 2 Nasen.

Das legendäre Henrygewehr – die Patronen wurden anfangs vorn in das Magazin eingeführt – kam während des Amerikanischen Bürgerkrieges auf beiden Seiten zum Einsatz. Die hohe Feuerkraft verhalf ihm zu dem Ruhm, ein «verfluchtes Yankeegewehr» zu sein, das am Sonntag geladen werde und die ganze Woche hindurch schieße.

Als die Firma Winchester 1866 durch ihren Konstrukteur N. King die Ladevorrichtung des Henrygewehrs durch eine seitlich am Messinggehäuse angebrachte Ladeklappe verbesserte, erhielt dieses Gewehr die Bezeichnung «Winchester 66» und wurde zum Grundmodell einer langen Reihe amerikanischer Repetierwaffen mit Vorderschaftröhrenmagazin, die bis in unsere Zeit produziert werden. Die Firma Winchester produzierte ihre Gewehre und Karabiner in hohen Stückzahlen. Zahlreiche Länder kauften Winchestergewehre und setzten sie in Kriegen ein. In den siebziger Jahren des vorigen Jahrhunderts kaufte die Türkei rund

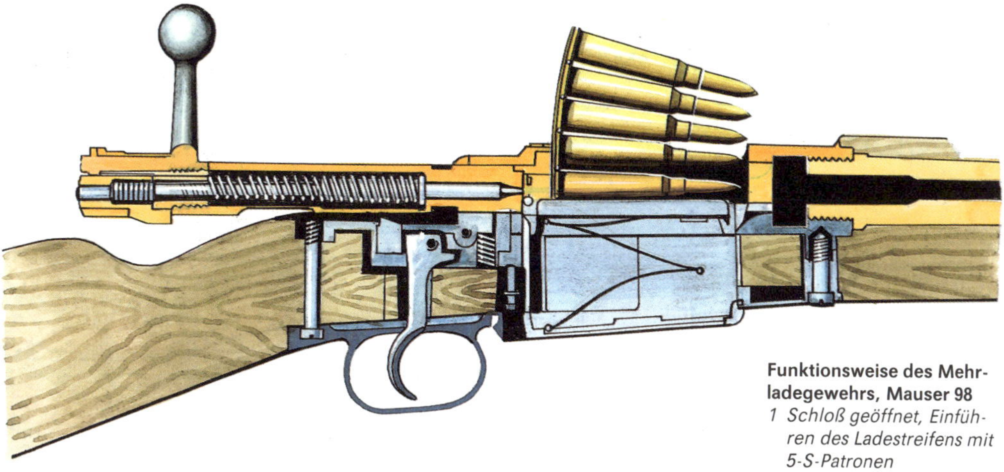

Funktionsweise des Mehrladegewehrs, Mauser 98
1 Schloß geöffnet, Einführen des Ladestreifens mit 5-S-Patronen

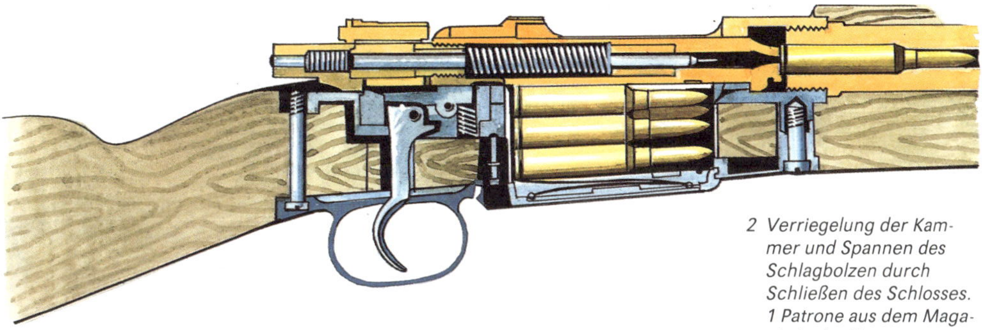

2 Verriegelung der Kammer und Spannen des Schlagbolzen durch Schließen des Schlosses. 1 Patrone aus dem Magazin in der Kammer

50 000 Gewehre und Karabiner und setzte einige Jahre später diese Waffen im Russisch-Türkischen Krieg 1877/78 bei der Verteidigung der Festung Plewen in Bulgarien ein. Die Winchestermehrladegewehre verursachten hohe Verluste unter den angreifenden russischen Truppen, konnten aber den gerechten Ausgang des bulgarischen Freiheitskampfes nicht beeinflussen.

In Auswertung der Erfahrungen des Deutsch-Französischen Krieges von 1870/71 und der Berichte vom Schauplatz des Russisch-Türkischen Krieges 1877/78 befaßte man sich im kaiserlichen Deutschland mit der Entwicklung einer neuen Handfeuerwaffe, wobei weniger die technisch ausgereifte Konstruktion als vielmehr politische Entscheidungen im Vordergrund standen. Nachdem bereits mehrere Länder Repetierwaffen vorgelegt hatten, waren die kaiserlich-deutschen Militärs in Zugzwang gekommen und bemüht, die unbedingte Überlegenheit deutscher Handfeuerwaffen über die der ins Auge gefaßten Gegner, vor allem Frankreich, zu dokumentieren.

Man entschied sich aber nicht für eine auch ökonomisch günstigere Lösung (so hätte man z. B. die eingeführte Ordonnanzwaffe M 71 mit einem Ansteckmagazin ausrüsten können mit dem Ziel, diese Waffe technisch weiterzuentwickeln), sondern für den Umbau des eingeführten Gewehrs M 71 zur Repetierwaffe.

Die zweite Variante war von vornherein mit allen waffentechnischen Nachteilen einer Kompromißwaffe belastet, weil sie in kurzer Zeit aus machtpolitischen Gründen gegenüber Frankreich gefertigt wurde. Sie blieb auch militärisch bedeutungslos. Die technischen Möglichkeiten der Entwicklung

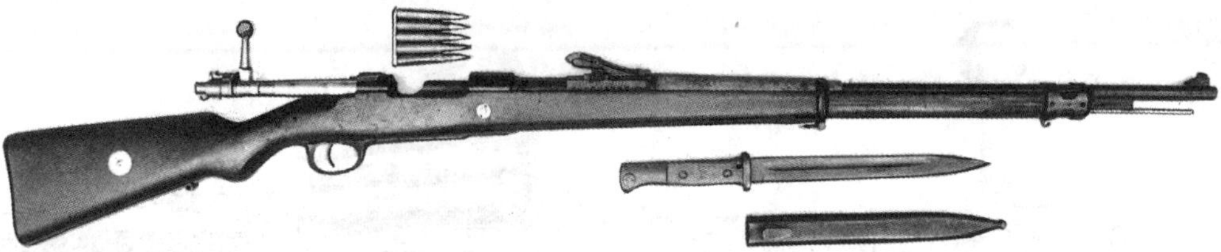

Infanteriegewehr 1898 mit Patronenrahmen und Seitengewehr

Karabiner 98 b

Detailaufnahme des Gewehrs 98 mit Patronenrahmen

neuer Repetierwaffen zeichneten sich deutlich ab, so in der Reduzierung des Kalibers, in der Verwendung neuartiger, rauchschwacher Pulver und in der Steigerung der Feuergeschwindigkeit durch Einsatz von Schnellladeeinrichtungen.

In Deutschland entschied man sich 1884 auf der Grundlage des von Paul Mauser (1838–1914) geschaffenen Modells 1871 für einen Mehrlader mit Vorderschaftmagazin. Diese Armeewaffe, die die Bezeichnung M 71/84 erhielt, glich vollkommen dem System des M 71-Gewehres, verfügte aber über ein unter dem Lauf im Schaft liegendes Röhrenmagazin. Zwar war es möglich, die Waffe mit insgesamt 10 Patronen zu laden, doch das erneute Laden des Magazins konnte nur durch einzelnes, zeitraubendes Hineinschieben der Patronen in das Magazin in Gefechtspausen erfolgen. Das Vorderschaftmagazin erschwerte das Schießen, weil bei gefülltem Magazin die Waffe zu vordergewichtig war und nach der Schußabgabe durch das allmähliche Leeren des Magazins seinen Schwerpunkt veränderte.

Mit dem Gewehr M 71/84 war z. B. noch das Marine-Landungskorps der kaiserlich-deutschen Truppen ausgerüstet, die im

Entwicklung von Handfeuerwaffen im 19. Jahrhundert

Gewehre	Kaliber in mm	Gewicht in kg	Länge in mm	Wirksame Schußweite in m	Magazin/Patronen
Steinschloßvorderlader					
Infanteriegewehr M/1809	18,60	5,5	1440	100	–
Infanteriegewehr M/1839	18,4	–	1440	120–135	–
Hinterlader					
Zündnadelgewehr M/1841	15,43	–	1430	200–300	Papierpatronen (Einheitspatronen)
Infanteriegewehr M/1871	11	4,5	1350	etwa 300	11-mm-Metallpatronen
Mehrlader					
Infanteriemehrladegewehr M/71/84	11	4,5	1350	–	Röhrenmagazin im Vorderschaft (10 Patronen)
Lebel Modell 1886	8 (Vieille-Pulver)	4,18	1307	–	Röhrenmagazin im Vorderschaft (8 Patronen)
Gewehr 88	7,90	3,80	1245	bis 600	Kasten im Mittelschaft (Patronenrahmen, 5 Patronen)
Mosin 1891	7,62	4,0	1288	–	Kasten im Mittelschaft (Ladestreifen – 5 Patronen)
Gewehr 98	7,90	4,10	1250	bis 800	Kasten im Mittelschaft (Ladestreifen – 5 Patronen)
Karabiner 98K	7,90	3,57	1100	–	Kasten im Mittelschaft (Ladestreifen, 5-S-Patronen)

Jahre 1901 die nationalrevolutionäre Volksbewegung der Yihetuan (sogen. Boxeraufstand 1899–1901 – Faust der Gerechtigkeit und des Friedens, daher die Bezeichnung) in China grausam niederschlugen.

Vorderschaftmagazinrepetierer wurden in den achtziger Jahren des vorigen Jahrhunderts in verschiedenen Armeen eingeführt. Die Türkei rüstete ihre Armee mit dem Mauser Modell 87 (Kaliber 9,5 mm) mit verbessertem Verschluß aus. Mauser und die Firma Loewe konnten hier einen Auftrag von über 500000 Gewehren und Karabinern realisieren.

Eines der interessantesten Mehrladegewehre mit Röhrenmagazin ist das von dem Franzosen Lebel entwickelte kleinkalibrige Gewehr Modell 1886 mit Zylinderverschluß, das das deutsche Gewehr M 1871/84 in den Schießeigenschaften weit überflügelte. Die Patronen (Kaliber 8 mm) enthielten bereits das von dem französischen Chemiker M. Vieille 1885 entwickelte rauchschwache Nitrozellulosepulver

Auf der Basis des rauchschwachen Pulvers führten viele Länder kleinkalibrige Militärwaffen ein: Japan 1887 das Modell Murata (Kaliber 6,5 mm), England 1889 das Modell Lee-Matford (Kaliber 7,7 mm), Dänemark 1889 das Modell Krag-Jörgensen (Kaliber 8 mm), Holland und Rumänien 1893 Modelle von Mannlicher (Kaliber 6,5 mm). Andere Länder griffen auf die bewährten Mauserwaffen zurück, z. B. Belgien (1889), Argentinien (1891), Spanien (1893) und Schweden (1896).

Die von solchen berühmten Waffenkonstrukteuren wie Sylvester Krnka, Josef Schano, Josef Werndl, Ferdinand Ritter von Mannlicher (1848–1904) und dem Amerikaner James P. Lee (1831–1904) weiterentwickelten Magazinkonstruktionen brachten den Durchbruch für die Konstruktion von Patronenmagazinen im Mittelschaft. So konstruierte Krnka 1870/71 seine «Patronenträger» und später die «Schnellader». Eine weitere Entwicklungsstufe für Patronenmagazine im Mittelschaft waren verschiedene ansetzbare

Magazine, Konstruktionen, die z. B. nicht ständig am Gewehr getragen zu werden brauchten. Die Prinzipien der Schnellader und der ansetzbaren Magazine beeinflußten die Konstruktion von Patronenmagazinen im Mittelschaft. James P. Lee löste als erster das konstruktive Problem der Unterbringung eines Magazins im Mittelschaft einer Waffe. Seine Mehrladeeinrichtung nahm 5 Patronen auf, die durch eine W-förmige Zubringerfeder nach oben gedrückt wurden.

Ferdinand von Mannlicher konstruierte ein Mittelschaftmagazin, bei dem die Patronen in einem Blechrahmen steckten. Dieser Patronenrahmen konnte bei geöffnetem Verschluß mit einem Griff in das Mittelschaftmagazin gedrückt werden. Beim österreichischen Repetiergewehr M 1886 fiel dieser stählerne Rahmen aus dem nach unten offenen Magazin heraus, sobald die letzte Patronenhülse ausgeworfen war. Dieser Patronenrahmen ist nicht nur bei den österreichischen Gewehren das typische Mannlicherzeichen geworden, sondern auch bei vielen nachfolgenden, z. B. dem neuen deutschen Gewehr 88 und mit einigen geringen konstruktiven Veränderungen auch bei dem berühmten russischen «Dreiliniengewehr Modell 1891», dem Standardgewehr für die Streitkräfte Rußlands.

S. P. Mosin (1849–1902), russischer Artilleriehauptmann und Waffenkonstrukteur, hatte dieses Gewehr in der Waffenfabrik Tula in den Jahren 1887 bis 1890 entwickelt. Mosinmehrlader verfügten über einen drehbaren Zylinderverschluß mit 2 Stützwarzen und über ein Kaliber von 3 Linien (Linie = altes russisches Längenmaß, 1 Linie = 2,54 mm; 3 Linien = 7,62 mm). Das Kastenmagazin im Mittelschaft wurde mit einem 5 Patronen fassenden Ladestreifen geladen. Mosin hatte sein Gewehr so vollendet konstruiert, daß es ohne wesentliche Veränderungen über ein halbes Jahrhundert im Einsatz war. Es bewährte sich als Hauptbewaffnung des russischen Proletariats während der Großen Sozialistischen Oktoberrevolution, im Bürger- und Interventionskrieg und in den schweren Jahren des Großen Vaterländischen Krieges.

Auf Grund der Zuverlässigkeit dieser Waffe rüstete der kaiserlich-deutsche Generalstab im ersten Weltkrieg ganze Divisionen mit erbeuteten Mosingewehren aus.

Beim deutschen Gewehr 88 finden wir Konstruktionsteile wieder, die von verschiedenen Waffenkonstrukteuren entwickelt worden waren. Der Laufmantel war von Mieg, das Schloß stammte von Schlegelmilch und Mauser, das Magazin war eine Mannlichererfindung. Dieses Gewehr hatte nur noch ein Laufkaliber von 7,9 mm. Der Lauf verfügte über 4 Züge im Rechtsdrall. Zur besseren Handhabung des Gewehrs diente ein den ganzen Lauf umgebender stählerner Laufmantel, der sich aber nicht bewährte.

Das Schloß lehnte sich in äußerer Form und Konstruktion stark an das Modell 71/84 an. Eine wesentliche Verbesserung wurde durch die Warzenverriegelung erreicht. Zwei symmetrisch angebrachte Warzen griffen in entsprechende Ausfräsungen am Hülsenkopf und fingen den Rückstoß auf. Der Auszieher war in Form einer Kralle an der rechten Seite des Verschlußkopfes angebracht, der Auswerferstift stieß beim Zurückziehen der Kammer gegen den Patronenboden und warf die Hülse aus. Wenn das Magazin mit einem vollen Patronenrahmen von 5 Patronen gefüllt war, bestanden die Ladegriffe nur aus einem drehbaren Aufreißen und Wiederzustoßen der Kammer. Die oben liegende Patrone reichte dabei so weit in die Kammerbahn hinein, daß sie beim Vorschieben der Kammer von dieser erfaßt und in das Patronenlager geschoben werden konnte. Ein federnder Druckbolzen drückte gegen den Zubringer, der die im Magazin steckenden Patronen nach oben hob.

Als besondere Neuerung verfügte das Geschoß jetzt über einen Kupfer-Nickel-Geschoßmantel, der Kern bestand aus Hartblei.

Das Gewehr 88 erreichte bei höchster Visierstellung eine Schußweite von über 2 000 m.

Das Gewehr 88 kam in verschiedenen Varianten zum Einsatz. Es verfügte aber doch noch über erhebliche Mängel, die sich erst im Gefechtseinsatz zeigten. Deshalb liefen seit 1895 in Zusammenarbeit mit der deutschen Militärverwaltung und der Firma Mau-

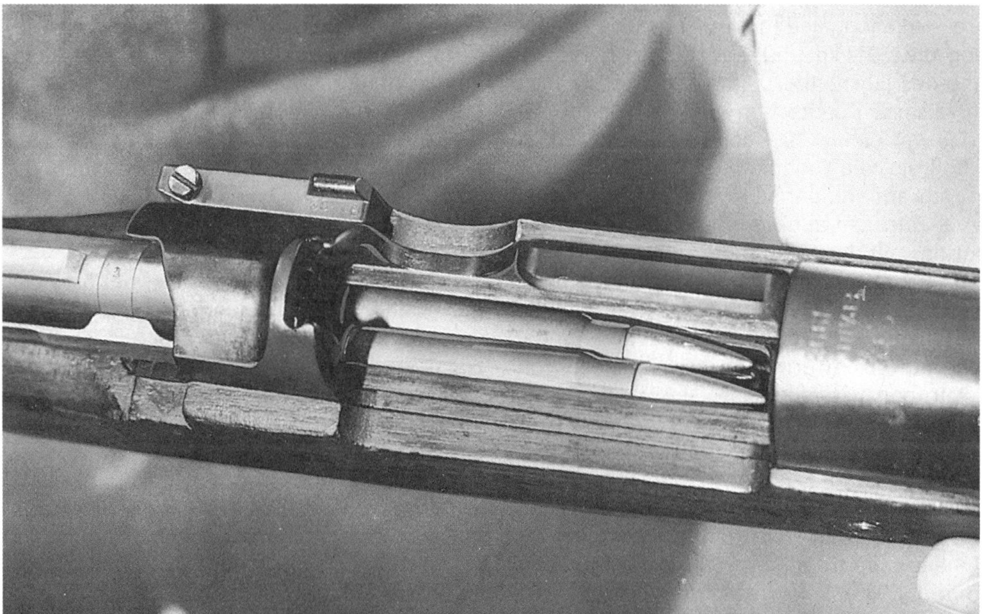

ser Truppenversuche mit einer neuen Mehrladewaffe, die die Bezeichnung «Gewehr 98» erhielt. Das Laufkaliber betrug ebenfalls wie beim Gewehr 88 7,9 mm, so daß die für das Gewehr 88 geschaffene Pa-

Einführung des Patronenrahmens mit 5 Patronen in das Mittelschaftmagazin des Gewehrs 98 tronenhülse auch bei dem Mauserarmeegewehr 98 verwendet werden konnte. Der Laufmantel des Gewehrs 88 wurde abgeschafft, dafür erhielt das Gewehr 98 zur besseren Handhabung einen hölzernen Handschutz. Für den Schützen gab es nicht mehr die Gefahr des Aufeinanderladens von 2 Patronen, was beim «Gewehr 88» immer wieder zu schweren Unglücksfällen geführt hatte, da der an die Kammer angefügte Auszieher die Patrone bereits beim Vorschieben des Schlosses erfaßte, festhielt, und im Falle einer Ladestörung unter allen Umständen die vom Auszieher erfaßte Patrone gezogen und durch den Auswerfer ausgeworfen wurde. Eine entscheidende Verbesserung gab es beim Magazin. Den Magazinkasten, der beim Gewehr 88 unten offen war, verschloß beim Gewehr 98 ein Deckel. Dadurch war ein Verschmutzen des Magazins z. B. durch Sand nicht mehr möglich. Durch die Konstruktion eines Kastenmagazins mit Streifenladung konnten die Patronen einzeln oder mit einem 5 Patronen fassenden Ladestreifen nachgeladen werden. Die Waffe wog etwa 4,1 kg und war 125 cm lang. Anfang des Jahrhunderts (um 1904) führte man im kaiserlich-deutschen Heer eine neue Patrone mit einem 10 g schweren spitzen Geschoß ein, die sogenannte S-Patrone.

Während mit dem Gewehr 98 ohne weiteres S-Patronen abgefeuert werden konnten, war das mit dem ebenfalls nach dem Karabiner 88 entwickelten und mit der gleichen Lauflänge von 43,5 cm versehenen Karabiner 98 nicht möglich. Erst eine Laufverlängerung auf 60 cm erlaubte das Abfeuern von S-Patronen und damit die Verwendung bei verschiedenen Truppengattungen. Dieses Mausergewehr 98, das hauptsächlich in den Waffenfabriken Erfurt und Suhl produziert wurde, erhielt die Bezeichnung Karabiner 98 und wurde nach dem ersten Weltkrieg als Einheitswaffe für alle Truppengattungen eingeführt (1935). Bekannt wurde die Waffe unter dem Namen Karabiner 98 k. Die Einführung schnellfeuernder Kleinkalibergewehre in den europäischen Armeen wurde nicht zuletzt durch die Erfahrungen aus den britischen Kolonialkriegen zu Ende des vorigen Jahrhunderts, aus dem Burenkrieg und dem Russisch-Japanischen Krieg von 1904/05 beschleunigt. Die Buren verstanden es beispielsweise ausgezeichnet, Geländevorteile zu nutzen, den Angriff in dünnen Schützenlinien vorzutragen und das Feuergefecht zielsicher aus gedeckten Stellungen heraus zu führen. Auch im Russisch-Japanischen Krieg verstanden es die Japaner weit besser, obwohl beide Seiten moderne Mehrladegewehre einsetzten, die Feuerkraft des einzelnen Schützen auszunutzen und sich dem natürlichen Gelände anzupassen. Die schlecht geführte russische Infanterie erlitt in ihren Bajonettangriffen hohe Verluste.

Mehrladegewehre mit Mauser- und Mannlicherrepetiereinrichtungen fanden Eingang in die strukturmäßige Bewaffnung vieler Armeen. Allein das Mausergewehr 98 führten über 50 Staaten als Armeewaffe ein. Ausschlaggebend waren einfache Mehrladeeinrichtungen, höchste Zuverlässigkeit in der Bedienung sowie äußerste Präzision. Einen führenden Platz nahmen in den ersten Jahrzehnten des 20. Jahrhunderts auch die Systeme Lebel (Frankreich), Lee-Enfield (England), Springfield (USA) und Mosin (Rußland/Sowjetunion) ein.

Letzteres, 1930 modernisiert, gehörte wegen seiner hervorragenden Eigenschaften im zweiten Weltkrieg und auch nach 1945 zur Bewaffnung der Sowjetarmee sowie der Streitkräfte der anderen sozialistischen Staaten. In der NVA der DDR zählten die Mosinkarabiner M 1938 und M 1944 sowie das Scharfschützengewehr M 1891/30 zur Erstausstattung. Gegenwärtig finden Mehrladegewehre nur noch in einigen kleinen Armeen sowie als Sport-, Jagd- und Repräsentationswaffen Verwendung.

Im Rücken des Gegners

Oberstleutnant Ernst Gebauer

Das ist Oberleutnant Hong Dao Manh. Ich traf ihn im Mündungsgebiet eines der großen vietnamesischen Flüsse. Er trägt seinen Kampfanzug. Nur das zur Ausrüstung gehörende Messer darf er mir noch zeigen. Es taugt zum Zerschneiden von Drahtsperren wie auch zum Sägen von Stahl. Angreifender Haie kann er sich damit gleichfalls erwehren. Seine übrige Kampftechnik sowie den Standort seines Bataillons, dessen stellvertretender Kommandeur er ist, hat er geheimzuhalten.

Höflich entschuldigt sich Oberleutnant Hong für die aus revolutionärer Wachsamkeit gebotene Vorsicht. Er könne nicht mehr über seine Ausrüstung sagen als eben das: «Wir haben eine andere Technik als die üblichen Sauerstoff- oder Kreiseltauchgeräte. Der von uns bezwungene Gegner zerbricht sich heute noch den Kopf darüber!» Aber von einigen seiner Einsätze könne er mir erzählen, damit ich einen Eindruck vom Gefechtsfeld und von der Taktik seiner Waffengattung bekäme.

Wir setzen uns auf die Kaimauer. Träge schwappt das Wasser des Südchinesischen Meeres zu unseren Füßen. Es steigt auch im Hafenbecken. Die Flut kommt. Die für einen Europäer besonders spürbare Feuchtschwüle des Monsuns lastet über dem Delta des Flusses. Einen Teil des Tageslichts schluckt der mit Wolkenschleiern verhangene Himmel. Die Farbigkeit der Tropen zerfließt so schon am Nachmittag zu einem Braungrün. Genosse Hong Dao Manh beginnt zu erzählen ...

Gefährliche Ohrfeigen

Im Jahr 1972 war ich Soldat der 1. Kompanie der Wassersonderkräfte. Unsere Kompanie unterstützte die Handlungen eines am 17. Breitengrad stehenden Verbandes der vietnamesischen Volksarmee. Mit meinem Zugführer, einem Unterleutnant, und noch einem Soldaten wurde ich in den Stab des Verbandes gerufen. Man führte uns in einen Raum, in dem ein Offizier der Operationsabteilung arbeitete. Er bat uns an einen mit Karten belegten Tisch, machte uns mit der Lage vertraut und erläuterte die Stellungen der Saigoner Truppen. Wir sahen auf den Karten viele Zeichen für Sperren und Hindernisse, für Panzergräben und Minenfelder, mit denen der Gegner sich vor uns abgesichert hatte. Dazu ständig der Hinweis: Hochspannung!

Mindestens 10 Kilometer tief, schätze ich. Das also wird sie sein, die Mc-Namara-Sperre. Das «Wunderding», made in USA ...

Weiter kann ich meinen Gedanken nicht nachhängen. Ich muß mich konzentrieren. Die Aufgabe bestehe darin, sagt der Offizier der Operationsabteilung, den unmittelbar im Frontgebiet liegenden Hafen am Fluß Cua Viet aufzuklären. Über diesen Hafen, so habe man erfahren, solle die Quangtri-Front der Marionetten ihren Nachschub bekommen. Es interessiere die derzeitige Ausbaustufe, die mögliche Umschlagkapazität, die genaue Lage der Kais, für welche Schiffsgrößen der Hafen befahrbar sei und vor allem, welche Sicherungsmaßnahmen der Gegner getroffen habe. Wenn unsere Gruppe diese Angaben erfaßt und gesichert habe, könne sie nach eigenem Ermessen im Hafen liegende Schiffe angreifen und vernichten, aber nur dann. Schlecht wäre es nicht, wenn sich der Gegner schon jetzt dort unsicher fühle. Der Offizier nennt noch den Zeitpunkt für das Unternehmen und die Kräfte, die das Einschleusen ins gegnerische Hinterland sichern werden.

Auf dem Weg zurück ins Quartier hängt jeder von uns eigenen Gedanken nach. Mir geht die Sperre auf der Karte nicht mehr aus dem Sinn. Ich kenne sie nicht. Gesagt hat man uns, da stehe weder Baum noch Strauch. Da sei nackter Sand. Den Dschungel, den habe der Feind bis zur letzten Wurzel herausgerissen ...

Langsamer, noch langsamer ziehe ich das rechte Bein etwas an. Ich hoffe, daß dadurch der Transportbehälter auf meinem Rücken in eine andere Lage rutscht. So wie jetzt, schnürt mir der Tragriemen fast die Kehle zu. Nicht einen Zentimeter komme ich von dem Sandhügel weg, an den ich mich gepreßt habe. Gleißendes Licht schüttet der Scheinwerfer eines Wachturmes auf die Sandfläche. Wie lange schon, wie lange noch? Plötzlich schwenkt der Lichtkegel weg. Ich atme auf. Doch gleichzeitig stockt mir wieder der Atem bei dem Gedanken, der Posten könnte meine Kameraden entdeckt haben. Ist das meine Chance? Ich darf nicht zaudern. Ich springe, werfe mich wieder hin und gleite vorwärts, so schnell es geht. Und wieder erstarre ich in der Bewegung. Habe ich ihn berührt oder nicht? Straff, aber dünn, wie der Faden einer Spinne, spannt sich der Stolperdraht quer in den Weg. Nichts geschieht. Also habe ich ihn nicht berührt. Wie eine Schlange winde ich mich unter dem Draht hindurch. Aufstehen kann ich nicht. Man würde mich sehen. Ein Stück weiter muß ich mich wieder aufs äußerste beherrschen. Ich stoße auf zwei Drähte. Rechtzeitig erkenne ich die Isolatoren. Die führen also Strom. Vorsichtig hebe ich beide mit einem Stück Holz etwas an und kann auch hier hindurchkriechen. Plötzlich spüre ich zwei leichte Schläge am linken Fuß. Es ist das vereinbarte Zeichen, mit dem sich der mir folgende Unterleutnant bemerkbar macht. Ich atme auf. Auf dem Fuße folgen mir die Genossen ...

Gegen Mitternacht haben wir die Sperre durchquert und hocken 500 Meter nördlich vom Hafen am Ufer des Flusses Cua Viet. Flüsternd sagen wir uns gegenseitig die jedem aufgetragene Aufgabe. Es ist mehr eine Kontrolle als eine Abstimmung. In der Vorbereitung auf den Einsatz hat jeder seine zu schwimmenden Kurse errechnet und auswendig gelernt. Der Unterleutnant gibt dann auch das Zeichen zum Beginn der Handlung. Ich schaue auf den Kompaß. Mein erster Kurs liegt bei 138 Grad. Ich werde das Hafenbecken in seiner Längsrichtung durchqueren und an der seewärtigen Ausfahrt nach Minensperren suchen.

Ich schwimme mit kräftigen Stößen, jeden zweiten Blick auf den Kompaß gerichtet. Die Nacht ist dunkel, es gelingt mir nicht, einen auffälligen Punkt zur Orientierung anzupeilen. Ich spüre Gegenströmung. Sicher ist das die Flut. Immer wieder hebe ich den Kopf kurz aus dem Wasser. Schiffe? Ich sehe keine. Dann ist mit einemmal der Teufel los. Zwei VCF-Wachboote rasen direkt auf mich zu. Ich tauche ab. Fast auf dem Grund sitzend, höre ich das Gebrumm ihrer starken Motoren. Haben sie mich entdeckt? Haben sie uns alle drei gar schon an der Sperre aufgespürt und lassen uns nun in die Falle laufen? Doch wird von den Wachbooten aus recht wahllos ins Wasser geschossen. Sprichwörtlich ist die Nervosität der Saigoner Marionettenarmee. Ihre Soldaten schießen oft, um sich selbst Mut zu machen. Da es über mir wieder ruhig wird, glaube ich, es ist eine Routinekontrolle der Wachmannschaft gewesen. Unangefochten erreiche ich die Hafenausfahrt. Treibende Tangbündel täuschen mir ein Minenfeld vor. Aber es gibt keins. Ich schwimme zum Sammelpunkt zurück. Die Genossen warten schon. Auch sie haben die Boote bemerkt und teilen meine Meinung. Der Unterleutnant befiehlt, die Handlung fortzusetzen. Ich schwimme nun zur östlichen Seite des Hafenbeckens, in etwa 92 Grad. Dort wird ein Treibstofflager vermutet. Ich soll erkunden, ob das stimmt. Ohne Komplikationen kann ich mich der Anlage nähern. Ich sehe die

Rohrleitungen, die, von den Vorratsbehältern kommend, bis ans Wasser reichen, erkenne sogar die großen Handräder an den Ventilen und Schiebern. Am Sammelpunkt melde ich das Ergebnis meiner Beobachtungen dem Unterleutnant. Der meint, nun alle Informationen zu haben, und da es schon fast drei Uhr morgens ist, will er zurückkehren.

Aber warum, gebe ich dem Unterleutnant zu bedenken, sind die Wachboote wie die Wilden im Hafenbecken herumgerast? So ohne Grund? Wo es Wächter gibt, da muß doch etwas zu bewachen sein? Sollten hier wirklich keine Schiffe liegen? Die tarnen sich doch. Löschen alle Lichter und verzichten auch aufs Ankerlicht. Wir haben alle Aufklärungsergebnisse und könnten nun wenigstens noch einmal nachsehen. Schließlich haben wir die Minen mühsam hergeschleppt.

Der Unterleutnant gibt meinem Drängen nach. Beide schwimmen wir nochmals in das Hafenbecken hinein. Unser dritter Mann bleibt mit den Aufklärungsergebnissen und zur Sicherung zurück.

Tatsächlich – jetzt machen wir an einem der Anleger mehrere Schatten aus. Je näher wir kommen, um so deutlicher entpuppen sie sich als zwei Landungsschiffe vom Typ LCU und als zwei beladene Schuten von etwa je 200 Tonnen.

Der Unterleutnant bestimmt, ich soll mit zwei Minen die Landungsschiffe angreifen. Er selbst wird sich mit den anderen zwei Minen den dahinter liegenden Schuten nähern. Aber erst, wenn er zurück ist, darf ich angreifen. Das Warten geht mir auf die Nerven. Ist es die Spannung, die mich so unruhig werden läßt? Die Zeit, die der Unterleutnant braucht, überlege ich, muß ich noch beim Einstellen der Zeitzünder meiner Minen abrechnen. Nur ein Schlag darf es sein, sonst bleibt denen nach der ersten Detonation eventuell noch Zeit, meine Minen zu finden und zu entschärfen ...

Da! Wieder die beiden Schläge. Der Unterleutnant ist zurück. Wie ein Leistungsschwimmer hechte ich durchs Wasser. Schon kann ich die Bordwand des einen Schiffes fassen. Plötzlich tanzen helle Kreise über mir auf der Wasseroberfläche. Mit aller Gewalt werde ich gegen den Schiffsrumpf geworfen und im selben Moment auch wieder weggerissen. Mir ist, als würde ich geohrfeigt. So können nur Handgranaten detonieren. Jetzt jagt man uns, schießt es mir durch den Kopf. Verbissen arbeite ich weiter. Ich schabe. Schabe so lange an den mit Muscheln bekrusteten Schiffsrümpfen, bis ich blanken Stahl fühle. Die Minen haften. Ich stelle ihre Zündung ein. Gehe dann tief auf den Grund hinab. Erst da befallen mich wieder Zweifel. Hat man mein Kratzen gar gehört? Wo mögen die Genossen sein?

Am Sammelpunkt treffe ich alle wieder. Kategorisch treibt der Unterleutnant zur Eile. Schon graut der Morgen. Unsere Sicherheit verlangt, daß wir uns vom Objekt lösen. In weitem Bogen umgehen wir den Hafen. Vom langen Wasseraufenthalt bin ich wie gelähmt. Nur schwer kann ich meinen Genossen folgen. Als wir dann die Detonationen hören, fällt uns ein Stein vom Herzen. Es hat sich gelohnt. Unser erster Einsatz war ein Erfolg.

Die Operationsabteilung bestätigte nach unserer Rückkehr die Vernichtung der Schiffe. Man hatte es dem abgehörten gegnerischen Funkverkehr entnommen.

Dieser Einsatz des Soldaten Hong Dao Manh fand in Vorbereitung des Feldzugs zur Befreiung der Provinz Quangtri statt. Der 17. Breitengrad bildete damals die Grenze zwischen der DRV im Norden des Landes und Südvietnam, in dem ein von den USA ausgehaltenes Marionettenregime herrschte. Sowohl internationaler Druck als auch die militärischen Erfolge der Nationalen Befreiungsfront FNL im Kampf gegen Aggressoren und Marionetten zwangen die USA am 27. Januar 1973 in Paris zum «Abkommen über die Beendigung des Krieges und die Wiederherstellung des Friedens in Vietnam». Erstmals war dabei gleichberechtigt die Provisorische Revolutionäre Regierung der Republik Südvietnam für die befreiten Gebiete, zu der auch die Provinz Quangtri gehörte, beteiligt.

Auf der eigenen Mine

Im März 1973 gehörte ich zur Einsatzgruppe, die Feldwebel Cuong Lam führte. Partisanen schleusten unsere Gruppe durch die Front, geleiteten uns 50 Kilometer tief in das von den Marionetten noch besetzte Gebiet. Unser Ziel war die Straße Nr. 1, die Verbindungsstraße zwischen den Provinzen Thuan Thien und Quangtri, in der Höhe der Ngo-Dong-Brücke. Siebenmal schon hatten Genossen der territorialen Sonderkräfte diese Brücke angegriffen; doch gelang es ihnen nicht, diesen Flußübergang zu sprengen. Die Marionettensöldner hatten ihre einzige Nord-Süd-Verbindung zu einer Festung ausgebaut. Wenn überhaupt, dann war nur vom Fluß aus an die Brücke heranzukommen.

Ohne Zwischenfälle nähern wir uns dem Ziel. Unsere Gruppe besteht aus drei Kämpfern, drei Kommunisten, die sich geschworen haben, nicht ohne Erfolg zurückzukehren. Einen Tag lang verbergen wir uns in der Nähe der Brücke. Keiner von uns wird in diesen Stunden des Wartens die Bilder los, die sich auf dem Marsch in das Versteck uns eingegraben haben: Verbrannte Hütten, zerstörte Reisfelder, niedergewalzte Gärten. Wie lange soll das noch so weitergehen? Einen ganzen Tag müssen wir tatenlos herumsitzen und warten. Das macht uns nervös. Endlich können wir aufbrechen. Nehmen nur die persönliche Waffe und Sprengstoff mit. Zu dritt und zur selben Zeit wollen wir das Objekt angreifen. So könnte die Wahrscheinlichkeit am größten sein, daß einer von uns durch- und 'rankommt. Einer muß Erfolg haben!

Ich kauere im Ufergestrüpp. Nur schwach hebt sich die Silhouette der Brücke vom Nachthimmel ab. 50 Meter lang und acht Meter breit soll sie sein. Gut auszumachen ist die Stahlkonstruktion des Oberbaus. Die beiden Betonpfeiler, auf denen sie ruhen soll, kann ich nur ahnen. Die Drahtsperren und Betonhöcker, vor denen ich liege, nehmen mir die Sicht. Da müssen wir noch hindurch. Aber wo und wie? Angestrengt suche ich Meter für Meter den Drahtverhau ab. Das Wirrwarr hat System. An einer Stelle erkenne ich endlich eine unregelmäßige Verspannung. Ich krieche näher heran. Tatsächlich, zwei Drähte haben sich gelöst, da könnte sich etwas machen lassen.

Nun sehe ich aber auch, warum mir der Blick zu den Stützpfeilern versperrt war. Quer durch den Fluß zieht sich ein Damm. Gewissermaßen ein Staudamm. Und das gut 70 Meter vor der Brücke. Vor dem Damm ist die Strömung gering, aber dahinter! Ich kann zwei Stellen erkennen, wo es nur so brodelt und quirlt. Das Wasser muß ja weiter. Durch zwei Öffnungen schnellt es zwischen dem Damm durch. Dadurch wird die Strömung an der Brücke so reißend, daß sich kein Schwimmer halten kann. Dagegen anzukommen scheint ganz und gar unmöglich. Fein haben sie sich das ausgedacht. Besser konnte man die Pfeiler von oberstrom und unterstrom nicht sichern.

Ich krieche zurück, melde meine Beobachtungen dem Feldwebel. Der überlegt. Neue Fragen ergeben sich: Wie groß könnten die Öffnungen sein? Sind sie gar verwinkelt? Wie stark ist die Strömung in diesen Durchflüssen? Kann sich darin wirklich kein Mann halten? Wird es ihn nicht einfach mit der Mine an den Brückenpfeilern vorbeispülen?

Wie sollen wir uns entschließen? Ist es ratsam, nochmals alles gründlich aufzuklären oder sollten wir doch gleich angreifen? Viel Unbekanntes. Ich spüre, wie unser Feldwebel um einen Entschluß ringt. Geschworen hatten wir uns: Ohne zerstörte Brücke gibt es kein Zurück.

Schließlich bitte ich den Gruppenführer, allein gehen zu dürfen, denn ich kenne schon ein Stück des Weges. Wenn ich nicht weiterkomme, würde ich sofort zurückkommen. Der schon um Jahre ältere Feldwebel überlegt länger, als wir es sonst von ihm gewohnt sind. Dann sagt er, es falle ihm schwer, den Jüngsten gehen zu lassen. Am liebsten würde er selbst... Schließlich fügt sich Feldwebel Coung Lam in das Los, Kommandeur der Gruppe zu sein. Er muß führen, er darf sich nicht von der Gruppe trennen. Er ermahnt mich zur Vorsicht, versichert mir, er bleibe unter allen Umständen an dieser Stelle, um meine Rückkehr zu erwarten.

Wieder krieche ich los. Anders geht es nicht. Es macht Mühe, die schwere Mine hinter mir herzuziehen. Sacht schiebe ich die lockeren Drähte zur Seite und schlüpfe hindurch. Dann gleite ich, dicht an die Erde gepreßt, zum Ufer hinunter. Schon zur Hälfte im Wasser, erkenne ich einen Bunker, der mir bisher wegen des Buschwerks verborgen geblieben ist. Licht fällt aus einer sich öffnenden Tür. Zwei Marionettensoldaten treten heraus. Sie tragen Handlampen, gehen zum Damm. Ich stoße mich vom Ufer ab ins tiefe Wasser. Tauche unter. Warte. Das Wasser ist klar. Ab und zu sehe ich die Lichtkegel der Lampen als helle Kreise über die Wasseroberfläche tanzen. Solange die Soldaten unterwegs sind, darf ich mich nicht rühren.

Nach einiger Zeit versuche ich den Kopf etwas über das Wasser zu heben. Auf dem Damm ist niemand. Also schwimme ich hin. Die leichte Strömung zieht mich mit. Bald nimmt der Sog zu. Komme ich schon in die Nähe eines der Durchflüsse? Bald taumele ich wie ein welkes Blatt, das in einen Strudel gerät, durchs Wasser. Trotzdem bemühe ich mich immerzu, in Schwimmlage zu bleiben. Aber schon schleudert es mich mit Gewalt gegen Steine. Geröll! Damit haben sie den Damm aufgeschüttet, schießt es mir durch den Kopf. Ich taste mich weiter. Dabei stoße ich mich immer wieder mit aller Kraft von den kantigen Steinen ab. Nur die Mine nicht verlieren! Rechts von mir scheint das Wasser abzufließen. Tatsächlich, ich greife in eine Öffnung und in Stacheldraht. Meine Hand schmerzt, ich muß mich gerissen haben.

Sie haben also die Durchflüsse zusätzlich gesichert. Über eine Stunde bin ich schon im Wasser. Zurück? Aufgeben? Vielleicht wäre es zu zweit leichter? War ich voreilig? Kurzentschlossen binde ich mir die Mine fester an den Körper. Mit der Scherenseite meines Messers beginne ich den Draht zu zerschneiden. Es dauert und dauert. Mir ist, als ob ich manche Stücke mehrere Male durchschneide. Sehen kann ich nichts, nur fühlen und tasten. Schließlich habe ich das Knäuel in der Hand. Die Öffnung ist frei. Ich ziehe Kopf und Beine an. Schon sause ich wie ein Geschoß durch das Loch. Dann lähmt mich fast die Angst, ich könnte Brücke und Pfeiler verfehlen, würde an ihnen vorbeigeschleudert werden, wie es der Feldwebel befürchtete. Plötzlich pralle ich gegen etwas und klammere mich sofort fest. Als ich den Schrecken gänzlich überwunden habe, merke ich, daß ich am Brückenpfeiler hocke.

Vorsichtig hebe ich den Kopf aus dem Wasser. Auf der Brücke sind Schritte zu hören. Ein Posten geht auf und ab. Als er sich wieder entfernt, untersuche ich den Pfeiler. Ich finde eine Stelle, bei der die Wirkung der Ladung ausreichen muß, und bringe die Mine dort an, drücke den Zünder ein. Nun sind die Minuten gezählt.

Ich will schnell zurück. Mit aller Kraft schwimme ich gegen die Strömung. Wie geahnt, sie drückt mich zurück. Gerade noch kann ich mich wieder an den Pfeiler klammern. Es bleibt dabei, der Rückweg durch das Wasser ist völlig unmöglich. Ich muß eine andere Lösung finden.

Über Land? Da fehlt mir die Deckung durch das Wasser. Schließlich bleibt mir nur eins, ich muß auf die Brücke klettern und nach einem gangbaren Weg Ausschau halten. Gerade, als ich das eine Bein über das Brückengeländer schwingen will, kommt der Wachsoldat. Ich greife zum Messer. Will angreifen, will dem anderen zuvorkommen.

Doch was wäre, wenn das Messer den Soldaten nur verletzt und der aufschreit? Es gäbe Alarm. Man würde mich entdecken und schließlich auch die Mine.

Ich presse mich an das Geländer. Der Soldat geht vorbei. Als er ahnungslos zurückkommt, ist für mich wiederum die Versuchung groß, nach dem Messer zu greifen.

Wieder hält mich das Risiko zurück. Als der Soldat vorüber ist, ziehe ich mich am Geländer hoch und presse mich in einen U-förmigen Brückenträger. So wird man mich nicht sehen. Der auf und ab patrouillierende Posten schaut ohnehin meist nur aufs Wasser.

Ich überlege fieberhaft. Das Tauchen und das kraftzehrende Schwimmen haben meine Nerven strapaziert. Sogar das Ticken des Zeitzünders in der Mine meine ich zu hören. Welch makabre Situation, ich sitze auf der eigenen scharfen Ladung.

Angestrengt starre ich in die Nacht. Nur ein einziger Weg führt von der Brücke hinunter. Über die Straße, und die wird bewacht. Ob der Feldwebel noch wartet? Vorgesehen war, daß sie sich bei Hellwerden vom Objekt lösen, um die Chance zu einem weiteren Angriff zu behalten. Was werden die Genossen tun? Vor allem dann, wenn die Mine detoniert und ich noch nicht zurückgekehrt bin? Immer stärker wird jedoch in mir der Gedanke, den Kampf zu suchen, anstatt, ohne etwas zu tun, durch die eigene Mine zu fallen.

Das macht mich ruhiger. Ich habe mir eine Aufgabe gestellt. Den Zeitpunkt dafür will ich so wählen, daß nach meiner Entdekkung, die ich für nicht vermeidlich halte, den Marionettensoldaten keine Zeit mehr bleibt, die Brücke zu untersuchen. Wenn ich das Messer ziehe, muß gleich danach die Detonation erfolgen.

Dann geschieht etwas, das mich fast ratlos macht. Der Posten geht weg, geht auf die andere Brückenseite. Nie habe ich mit solch einem Zufall gespielt. Ich renne, renne, so schnell mich die Füße tragen, in die nun freie Richtung. An der Brückenauffahrt werfe ich mich in die Böschung, rolle ab und falle dabei fast noch bis an den Bunker, finde meine Spur wieder, auf der ich mich annäherte. Die Erde ist da aufgerissen. Wie sorglos habe ich die Mine hinter mir hergezogen! Schon beim ersten Tagesschimmer hätte diese Spur den argwöhnischen Wachsoldaten auffallen müssen. Dann treffe ich auf meine Genossen. Ich meine zu schreien. Sie aber hören nur mein mühevolles Krächzen: «Weg hier, schnell weg hier!» Ich hetze weiter ...

Auch sie laufen. Während der Feldwebel und der andere Soldat nach allen Seiten sichernd zurückgehen, versuchen sie immer, mich im Auge zu behalten. Noch in der Sichtweite zur Brücke erreicht uns der Widerhall der Detonation. Ich spüre sie in allen Fasern meines Körpers. Ein Reflex vom langen Warten auf der scharfen Mine? Zuviel Zeit hatte ich, mir auszumalen, wie es sein würde, wenn sie mit mir hochginge. Nach Tagen kehrt unsere Gruppe wohlbehalten wieder zur Kompanie zurück.

Kaum unterschrieben, wird das Pariser Abkommen von den USA unterlaufen. Beim Abzug ihrer Truppen aus Südvietnam lassen sie den Marionetten etwa 700 Flugzeuge, über 500 Geschütze, an die 600 Panzer, viele Kriegsschiffe, Munition und andere Ausrüstung zurück. Der Krieg in Vietnam soll «vietnamisiert» werden. Das Saigoner Regime will man damit so stark machen, daß es trotz der neuen Situation die Kriegsziele der USA erreicht. So befiehlt auch der Marionettenpräsident Thieu zugleich hysterisch die «Befriedung», d. h. den Angriff seiner Truppen auf die befreiten Gebiete. In dieser Zeit beschließt das 21. Plenum des ZK der Kommunistischen Partei Vietnams, den politischen und militärischen Kampf mit dem Ringen auf diplomatischer Ebene zu verbinden. Es orientiert auf eine strategische Offensive, mit der die Revolution im Süden voranzubringen ist. Soldat Hong Dao Manhs Angriff auf die Brücke bereitete die Eroberung der Stadt Thuong Duc im Jahre 1973 vor, die für die Ho-Chi-Minh-Offensive im März/April 1975 zu einer wichtigen Ausgangsbasis wurde.

Der schönste Sieg

Frühjahr 1975. Die kühne und vom vietnamesischen Generalstab gut vorbereitete Offensive «Ho Chi Minh» brachte die endgültige Befreiung von den USA-Aggressoren und ihren Marionetten. Ich kam von einer Ausbildung aus dem Norden des Landes an die Front zurück. Oberfeldwebel war ich damals. Ich erhielt den Auftrag, mich mit einer Gruppe von Genossen aus der 1. Kompanie

der Wassersonderkräfte an einem Landeunternehmen zu beteiligen.

Am 9. April geht meine Gruppe mit Marineinfanteristen im Militärhafen Da Nang an Bord eines Transporters. Das Schiff ist getarnt. Mit noch anderen Schiffen läuft es als normaler Küstenfrachter nachts aus dem Hafen. Ständig ändern die Schiffe ihren Kurs. Sie sollen den Gegner auf den zahlreichen, dem vietnamesischen Festland vorgelagerten und zum vietnamesischen Territorium gehörenden Inseln angreifen. Die Inseln befreien. Vor allem verhindern, daß sie von anderen annektiert werden. Der Festlandsockel unseres Landes ist rohstoffträchtig. Damit liebäugeln auch andere und würden im Durcheinander des Krieges gern zugreifen.

Die Schiffe steuern die Inselgruppe Truong Sa an, unser Schiff die zu ihr gehörende Insel Song Tu Tai. Wir erreichen sie nach drei Tagen Seefahrt. Weniger als vierzig Kämpfer sind auf dem Schiff. Meine Gruppe zählt elf Genossen. Von der Insel wissen wir so gut wie nichts. Sie soll etwa von einem halben Hundert Soldaten besetzt und befestigt sein. Alle an Bord wissen, es kann ein ungleicher Kampf werden. Wir kommen von der offenen See. Der Gegner hat aus sicherer Deckung ein ideales Schußfeld. Nach den Regeln greift man in einem solchen Fall mit dreifacher Übermacht an. Bei einer Landung sollte man noch stärker sein. Unser Schiff ist nur ein einfacher Frachter, nicht einmal Artillerie hat es. Und wie weit sich durch die großartig verlaufende Offensive an Land der Gegner in Panik befindet, wissen wir auch nicht. Alle ahnen, es wird der letzte Kampf in diesem Kriege sein.

Spätabends am 14. April stoppt das Schiff etwa eineinhalb Seemeilen vor der Insel. So, als würde es auf einer Route von irgendwoher nach irgendwohin im Schutze der Insel ankern, um bei Tagesanbruch weiterzufahren. An Bord ist jede Bewegung erstorben, der Aufenthalt an Deck für die Genossen streng untersagt.

Gegen 22.00 Uhr steige ich mit meinen elf

Kämpfern ins Meer. Unbemerkt sollen wir zur Insel schwimmen, dort an Land gehen und als Spitzengruppe handeln. Auf der Insel regt sich nichts. Der Kommandant des Schiffes sagt, es sei üblich, daß sich Schiffe für gewisse Zeit in der Nähe der Insel Ankerplätze suchen. Wir haben diesen Eindruck zu wecken versucht. Aber unser Schiff ankert nicht. Mit Absicht wurde es in die durch den Gezeitenwechsel aufkommende Strömung zur Insel hin gelegt. Es driftet auf sie zu.

Indessen schwimme ich mit meinen Genossen zur Rückseite des Eilands. Später, wenn sich der Abstand zwischen Schiff und Insel verringert haben wird, werden die Marineinfanteristen in die Boote steigen und auf der Insel zu landen beginnen. Diese Gruppe führt ein Unterleutnant, der Kommandeur des gesamten Unternehmens. Zeichen zum Sturm für alle, auch für meine Gruppe, wird das Feuer aus den in den Booten der Marineinfanteristen mitgeführten rückstoßfreien Geschützen sein.

Ich erreiche mit meinen Genossen die Insel. Niemand hat es bemerkt. Wir haben noch etwas Zeit. Halb im Wasser liegend, bereiten wir uns auf den Kampf vor, entnehmen den Transportbehältern Maschinenpistolen und Panzerbüchsen von Typ B 41. Alles geschieht ohne Hast.

Als die erwarteten Abschüsse die morgendliche Stille zerreißen, Seevögel in Schwärmen aufflattern, stürme ich mit meinen Genossen den Strand hinauf. Während wir laufen, beschießen wir aus kurzem Halt mit den Panzerbüchsen zwei Bunker. Die Besatzungen ergreifen die Flucht. Vielleicht haben sie im Südteil der Insel ein Fahrzeug liegen. Nein, sie sollen uns nicht entkommen.

Hinter den Befestigungen dehnt sich eine weite Sandfläche. Es ist der kürzeste Weg zum Südufer, aber es gibt keine Deckung. Trotzdem gebe ich meinen Männern den Befehl zum Sturm. Alle erheben sich, keiner zögert, dem Feind über die offene Fläche nachzusetzen.

Doch was ist das? Vor mir stürzt einer meiner Soldaten, reglos bleibt er liegen. Beinahe wäre auch ich in die Maschinengewehrgarbe hineingelaufen. Ich bin wie gelähmt. Nicht vor Schreck, sondern vor Schmerz. Nun ist doch noch einer meiner Genossen gefallen. Nach hartem Kampf, zuletzt Mann gegen Mann, nehmen wir dreiunddreißig Söldner gefangen. Sechs sind vernichtet. Nicht einer ist uns entkommen.

Nachdenklich schaue ich zu, wie zwei meiner Soldaten einen großen Stein beschriften: «Am 14.4.1975 befreite die vietnamesische Volksarmee die Insel Song Tu Tai.» Immerzu habe ich die Sandfläche vor Augen. Sehe, wie von den Einschlägen der Salve der Sand aufwirbelt. Sehe meinen Genossen taumeln, erschrecke erneut, wie reglos er liegen bleibt. Ich suche den Unterleutnant. Ich muß ihm ja die Erfüllung meines Auftrags, die noch vorhandenen Kräfte und Mittel und den schmerzlichen Tod meines Genossen melden. Bitten werde ich ihn, seinen Namen dort auf den Stein zu setzen. So wird er nicht vergessen sein.

Während ich noch meinen Vorgesetzten suche, rennt mir der Sanitäter über den Weg und meldet: «Genosse Oberfeldwebel, der Genosse Minh lebt. Er wird auch nicht sterben, obwohl er schwer verwundet ist!»

In den schweren Jahren des Krieges habe ich gelernt, mich zu beherrschen. Nie hätte ich sonst die mir erteilten Gefechtsaufgaben erfolgreich lösen können. Aber jetzt lasse ich den Tränen freien Lauf. Minh hat unser letztes Gefecht überlebt. Welch ein Glück. Für mich war das der schönste Sieg.

Die Inseln der Gruppe Truong Sa sind die ehemaligen Spratley-Inseln. Die strategisch wichtigsten von ihnen besetzte die vietnamesische Volksarmee in den Tagen der Offensive «Ho Chi Minh». Sieben Jahre später belegt eine Meldung des «Neuen Deutschland», an welch entscheidender Stelle damals Genosse Hong Dao Manh für sein Vaterland gekämpft hatte. Die Zeitung meldet am 12. März 1982: «Zu den herausragenden Beispielen sowjetisch-vietnamesischer Zusammenarbeit gehörte das gemeinsame Erdölunternehmen Vietsovpetro, das der Erschließung der Erdölvorkommen im südlichen Festlandsockel der SRV dient.»

Inzwischen war es Abend geworden. Das

Wasser im Hafenbecken hatte fast die Flutmarken erreicht. Einige Fischerdschunken legten gegenüber an der Mole an. Ihre Umrisse bildeten in der zunehmenden Dunkelheit immer unbestimmbarere Schatten. Eine Szenerie, die Genossen Hong oft umgeben haben mußte. Dazu immer die Ungewißheit, wo der Gegner auf der Lauer liegen könnte. Ich fragte ihn, was er aus den Erfahrungen der Gefechte, die er bestanden hat, seinen jungen Soldaten heute übermittele?

«Vor allem mitzudenken, und das bei jedem Befehl», antwortete mir Oberleutnant Hong. «Dazu soll der Kämpfer entschlossen handeln, sich aber jederzeit beherrschen können. Fehler macht man im Gefecht nur einmal. Garantie dafür, daß dies nicht passiert, ist eine gewissenhafte Ausbildung vom ersten Tag des Soldatseins an. Während der Ausbildungszeit muß der Soldat bereits Erfahrungen sammeln und bestimmte Handlungen wieder und wieder in sein Training einfließen lassen. Für die Vorbereitung zum Kampf gilt, jedes Gefecht exakt zu planen, im Gefecht aber muß man flexibel handeln!»

Oberleutnant Hong Dao Manh nahm an 25 Einsätzen im Rücken des Gegners teil. Fast immer gehörte er zur 1. Kompanie der Wassersonderkräfte, der dreimal der Titel «Heldenkompanie» zugesprochen wurde. Nicht eine einzige Interimsspange trug er an seiner Uniform, obwohl mir ein Genosse vom Stab des Kommandos der vietnamesischen Volksmarine sagte, Genosse Hong besitze drei Siegesmedaillen, drei Tapferkeitsauszeichnungen, die Befreiungsmedaille und mehrere Ehrenzeichen.

Auf dem Hügel überm Meer …

Uwe Berger

Auf dem Hügel überm Meer,
im Kiefernschatten, stehn
die Bungalows der Halbzeugwerker.
Eine Stiege führt hinab
zur Linie, wo sich Land und Wasser treffen,
wo die Wellen auf die
rundgeschliffnen Steine fallen.
Hohes Leben, hier zu sein
in Wind und Sonneflirren,
zwischen steiler Küste
und dem blauen Drängen.
Augenblick, erkämpft mit Blut,
verdient durch Arbeit und bewacht
von grauen Schiffen.

Kosmischer Schild?

Leutnant d. R. Rainer Ruthe

«Wäre es nicht besser, Menschenleben zu retten, als sie zu rächen?» fragte damals USA-Präsident Ronald Reagan scheinheilig. Seine Regierung wisse nun endlich den Weg, um «Kernwaffen überflüssig zu machen»: Man müsse nur neuartige Systeme entwickeln, um der «schrecklichen sowjetischen Raketendrohung mit Maßnahmen zu begegnen, die defensiv sind». Die Raketen der Sowjets würden dann an einem festen kosmischen Schild abprallen, so daß die Kremlführung einsehen müßte, daß ihre Offensivwaffen nutzlos seien, und diese verschrotten würde. Damit wäre die «unmoralische» nukleare Vergeltungsdrohung überwunden und endlich ein goldenes Zeitalter des Friedens gekommen ...

Die Rede wurde am 23. März 1983 gehalten. Doch nur wenig später schon trat etwas ein, womit die Verfechter dieser «goldenen» Idee nicht gerechnet hatten. Anfangs nur einige realistisch denkende Kräfte auch im eigenen Lager, die warnend ihre Stimme erhoben, nahm bald die Zahl derer rapide zu, die dieser als «Strategische Verteidigungsinitiative – SDI» gepriesenen Konzeption mehr als skeptisch gegenüberstanden. Fortan sprach der übergroße Teil der Menschheit, außer den aggressivsten Vertretern des Monopolkapitals und deren engsten Parteigängern von dieser Rede nur noch als der «Sternenkriegs»-Rede. Und: Die volle Verwirklichung dieses Programms würde eine neue, noch größere Gefahr für das friedliche Leben auf der Erde heraufbeschwören.

Heute, nach rund fünf Jahren, in denen die Reaganregierung trotz konstruktiver Vorschläge der UdSSR, trotz weltweiter Proteste und sich häufender mahnender Stimmen auf dem gefährlichen «Sternenkriegs»-Weg vorangeschritten ist, muß festgestellt werden: Die ersten warnenden Stimmen von damals haben recht behalten. Die sogenannte Strategische Verteidigungsinitiative ist alles andere als ein kosmischer Schild. Sie ist aber auch alles andere als ein in sich abgeschlossenes supertechnisches System, das die Welt von morgen in die Waffensysteme von heute holt.

Was also sollte SDI nach dem Willen seiner Urheber sein, und was ist es tatsächlich?

Offiziell soll es sich als «kosmischer Schild» lediglich gegen Interkontinentalraketen richten. Diese haben drei Flugphasen: die Startphase, die Freiflugphase und die Zielanflugphase. Die Startphase ist relativ kurz; nur zwei bis sechs Minuten. Die Freiflugphase – im Weltraum bis zu 1 200 km Höhe – kann bis zu 30 Minuten dauern. Die Zielanflugphase beginnt in einer Höhe von 100 km, wo die einzelnen Sprengköpfe in die untersten Schichten der Ionosphäre eintreten. Bis zu 14 solcher, mittlerweile unabhängig ins Ziel zu steuernder Sprengköpfe tragen heute Gefechtsköpfe moderner Interkontinentalraketen. Zur Täuschung können auch Attrappen und Sprengköpfe kombiniert werden.

Ein Raketenbekämpfungssystem müßte zu Lande, in der Luft und im Weltraum gestaffelt sein, und zwar so, daß es faktisch keine Zonen gäbe, in denen Interkontinentalrake-

Bereits serienreif ist das luftgestützte Antisatellitensystem ASAT, das aus einem 5,2 m langen zweistufigen Satellitenabwehrflugkörper besteht, der von einem Kampfflugzeug F-15 «Eagle» in etwa 20 km Höhe getragen und von dort abgeschossen wird

Eine der vielen Phantomzeichnungen in den westlichen Massenmedien, die nach Verkündung des USA-Programms zur Militarisierung des Weltraumes erschienen. Hier wird das aggressive Wesen besonders deutlich: ein «Space Shuttle» beim «Einfangen» einer Salutstation

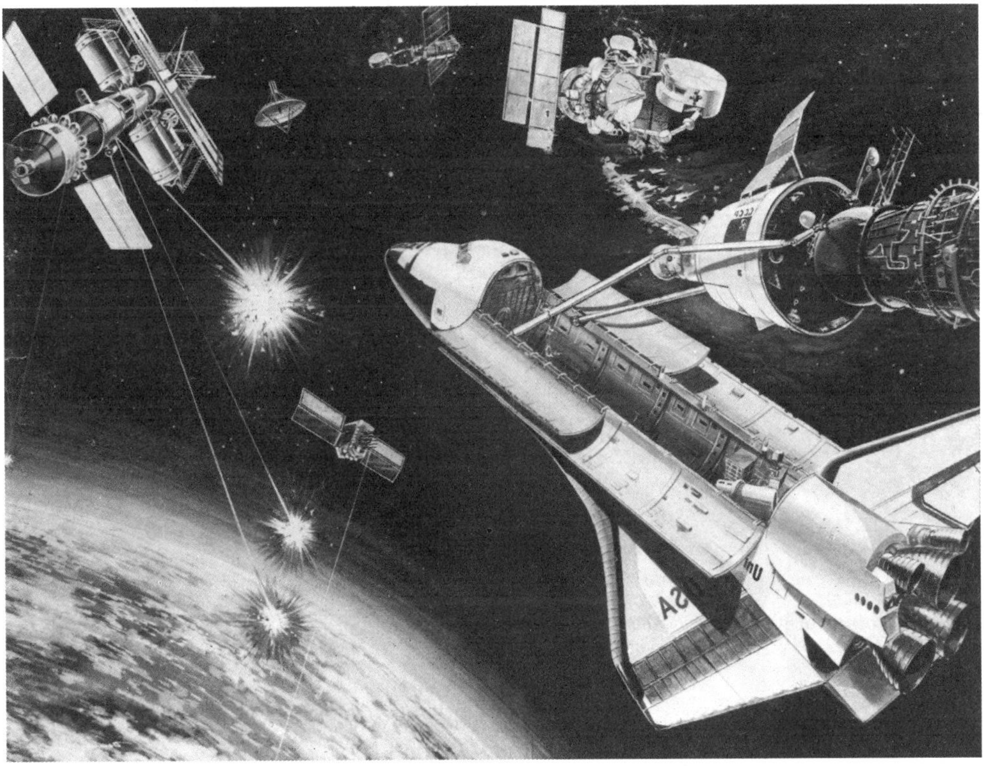

ten bzw. deren Gefechts- oder einzelne Sprengköpfe nicht «zuverlässig vernichtet» werden könnten. Ein solches System müßte – rein theoretisch betrachtet, um die Gedankengänge der SDI-Verfechter deutlich zu machen – auf Waffensystemen neuartiger physikalischer Prinzipien beruhen: Elementarteilchenbeschleunigern, elektromagnetischen Kanonen, Strahlenwaffen unterschiedlichster Konstruktion wie Laser bisher unbekannter Stärke, hocheffektiven Energieerzeugungs- und Übertragungssystemen,

Erprobungen von Systembestandteilen von SDI fanden bereits in der Vergangenheit statt: Hier zerstört ein mit chemischer Energie gespeister Laser auf einem Testgelände in der Wüste von Nevada die zweite Stufe einer Interkontinentalrakete vom Typ «Titan»

Computern einer neuen Generation mit bisher noch nicht erreichten Operationsgeschwindigkeiten und und und ...

Der verantwortliche Leiter des sogenannten Strahlenwaffenprogramms im Pentagon, Generalmajor Lamberson, mußte im Anfangsstadium eingestehen: «Wir wissen weder, wie solche Systeme aussehen werden, noch was sie wiegen, geschweige denn, wieviel sie kosten werden.» Um einmal – rein technisch gesehen – die Größenordnung aufzuzeigen: Bei einer sogenannten Laserkampfstation soll ein auf dem Boden erzeugter Laserstrahl über im All auf Plattformen verankerte Spiegelsysteme auf Raketen gerichtet werden, um diese zu vernichten. Derzeitige Laser haben einen Wirkungsgrad von sechs Prozent. Um durch einen Laser ein Loch in eine Rakete zu schmelzen, wäre eine Leistung von 200 Megajoule notwen-

Sozusagen unter dem Ausschluß der Öffentlichkeit werden im Waffenlaboratorium der USA-Luftwaffe auf dem Kirtlandstützpunkt Hochenergielaser entwikkelt und auch getestet

Die westlichen Massenmedien übertreffen sich geradezu in phantastischen Versionen von «Laserkanonen», um ihre Leser an solche «Zukunftsversionen» zu gewöhnen

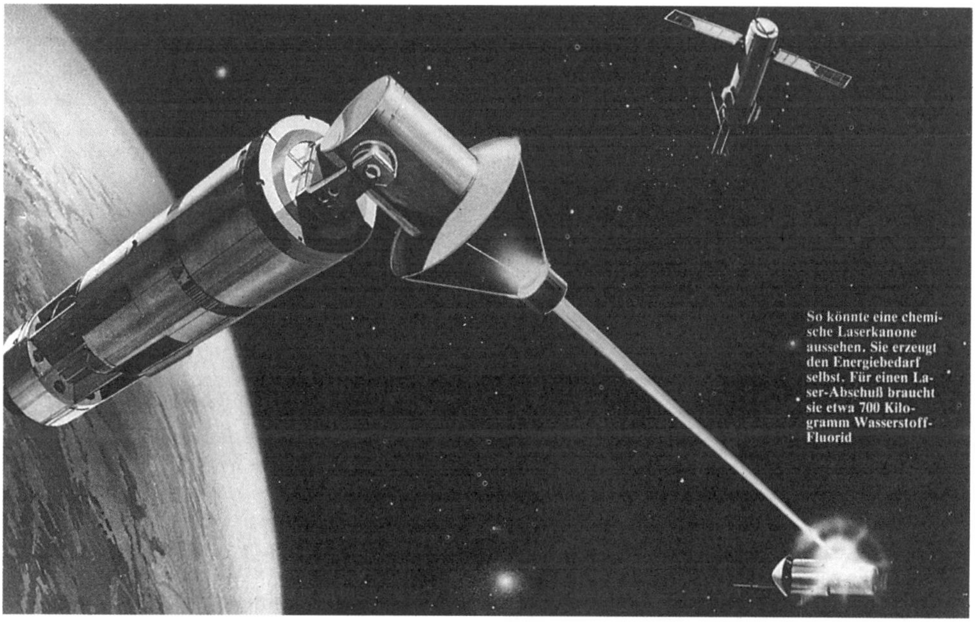

So könnte eine chemische Laserkanone aussehen. Sie erzeugt den Energiebedarf selbst. Für einen Laser-Abschuß braucht sie etwa 700 Kilogramm Wasserstoff-Fluorid

dig. (Ein Megajoule ist die Leistung, die ein Ein-Megawatt-Kraftwert in einer Sekunde produziert.) Um unter diesen Voraussetzungen nur 120 Sekunden Laserkampfstationen «feuern» zu lassen, müßten 100 bis 300 Kraftwerke mit einer Leistung von je 1000 Megawatt bereitstehen – also bis zu 60 Prozent der gesamten Elektroenergie, die gegenwärtig in den USA erzeugt wird! Die Kosten nur für diese notwendigen Kraftwerke würden sich auf bis zu 120 Milliarden Dollar belaufen ...

Angesichts solcher Dimensionen erscheint es erklärbar, daß eine Verwirklichung dieses Programms astronomische Summen erfordern würde. Offiziell rund 500 Milliarden Dollar. Da jedoch noch fast jedes Hochrüstungsprojekt in der USA-Geschichte letztlich ein Mehrfaches der Ausgangssumme gekostet hat, dürften in diesem Falle die großen Rüstungshaie steigende Profite direkt eingeplant haben. Der ehemalige USA-Verteidigungsminister Harold Brown meinte, daß dieses Weltraumrüstungsprogramm das erste USA-Rüstungsprojekt werden könnte, das die «Eine-Billion-Dollar-Grenze überschreitet». Über 300 000 Wissenschaftler, Techniker, Computerexperten und militärische Fachleute sollen an SDI beteiligt sein.

Warum wird solch ein wahnwitziger Aufwand betrieben, um angeblich nur einen kosmischen Schild zu installieren, um Kernwaffen «überflüssig» zu machen, wenn man

Diese Karikatur kennzeichnet die angebliche Strategische Verteidigungsinitiative als das, was sie wirklich ist

dies viel einfacher und vor allem direkter haben könnte? Warum rüstet man nicht ab und sucht stattdessen nach neuen Aufrüstungsmöglichkeiten? Da stimmt doch etwas nicht mit diesem ganzen Gerede von dem angeblichen defensiven Charakter von SDI! Weder die Bezeichnung noch die Begründung, noch das Ziel. In diesen nunmehr fast fünf Jahren ist immer deutlicher geworden, was die «Strategische Verteidigungsinitiative» tatsächlich ist. «SDI ist in den Augen vieler, vielleicht sogar der meisten amerikanischen Fachleute kein einheitliches ‹Programm› mehr, sondern ein Potpourri verschiedener Techniken, von denen die einen früher, die anderen später Wirklichkeit werden – weit entfernt von der Vision, es könne einmal zur letzten Instanz des atomaren Konflikts, zum Schutzschirm des Friedens werden. Was bleibt, ist nur eine weitere Stufe auf der Rolltreppe der Rüstung, die alte, vertraute Abfolge von immer neuen Waffen und Gegenwaffen. SDI ist nur insofern etwas Besonderes, als es den Weltraum als zusätzliche Dimension erschließt – keine großartige ‹strategische Verteidigungsinitiative›, sondern nicht mehr und nicht weniger als Star Wars – Krieg der Sterne», schätzte am 27. Juli 1986 das Hamburger Wochenblatt «Die Zeit» den US-amerikanischen «Sternenkriegs»-Weg ein. Wenn auch vieles an dieser Aussage richtig ist, in mindestens zwei Dingen irrt «Die Zeit». Erstens war SDI nie als «Schutzschirm des Friedens» geplant. Was anfangs noch unter vielem Rummel verdeckt werden konnte, kann allerdings jetzt selbst im eigenen Lager kaum noch verschleiert werden: die aggressive Strategie, die SDI zugrunde liegt und die letztlich das wahre, geradezu menschenfeindliche Wesen dieser geplanten Militarisierung des Weltraums durch die USA enthüllt. Der britische Historiker Edward P. Thompson hat es bereits 1985 im Londoner «Guardian» deutlich bezeichnet: «Als Präsident Reagan und seine Freunde ... in ihrem Gedächtnis nachgruben, stießen sie auf die glückseligen Jahre 1945–50, als Amerika die Bombe besaß und die Gegenseite nicht. Aus der Enttäuschung und aus dieser Erinnerung an jene goldenen Zeiten heraus wurde die ideologische und politische Kampagne für den

Krieg der Sterne geboren. Laßt uns die Bombe der anderen abschaffen! Bewaffnen wir die Moral Amerikas mit einem undurchdringlichen Schild! Versetzen wir uns noch einmal in die Lage, eine Welt zu bedrohen, die nicht zurückschlagen kann!» Genau dies ist des Pudels Kern: Es ging zu keiner Zeit um einen Übergang von nuklearen Offensiv- zu neuartigen Defensivwaffen. Es geht vielmehr um eine Ergänzung bestehender Waffensysteme, damit das Risiko eines bei einem Erstschlag unweigerlich folgenden Gegenschlages so verringert werden kann, daß letztlich ein Raketenkernwaffenkrieg führbar und gewinnbar würde. Man könnte das aggressive Wesen von SDI auch auf diese Kurzformel bringen: Ein atomarer Erstschlag soll ein Alleinschlag bleiben, um zu siegen!

Das ist der wahnwitzige Hintergedanke der Verfechter dieser Strategie. Deshalb geht von SDI solch eine bisher noch nicht dagewesene Gefahr für die gesamte Menschheit aus.

Dieser angebliche kosmische Schirm darf auch nicht allein für sich gesehen werden, wie es die Verfechter von SDI bewußt tun. Er muß vielmehr in das Gesamtsystem der strategischen Waffensysteme der Vereinigten Staaten eingeordnet werden. SDI ist kein wundersamer Schild für ein «goldenes Zeitalter des Friedens», sondern ein sehr wesentlicher Teil eines globalen atomaren Schwertes von der tiefsten See bis in die kosmischen Höhen für ein «goldenes Zeitalter der Überlegenheit», in dem man dem Kommunismus seinen Willen aufzwingen kann. Oder ihn sogar auf den «Müllhaufen der Geschichte zu befördern», wie es USA-Präsident Reagan einmal gefordert hat.

Ein besonderes Kapitel der Verschleierungskampagne: Um das wahre, aggressive Wesen von SDI nicht publik werden zu lassen, wurden beispielsweise im USA-Fernsehen Zeichnungen von Kindern gezeigt, die dieses offensive System als guten Schutzschirm gegen «böse Sowjetraketen» darstellen

Denn: Trotz dieses angeblich die Kernwaffen überflüssig machenden Schirmes wurden die US-amerikanischen strategischen Offensivwaffen ungebremst weiterentwikkelt. Beispielsweise die neue ballistische Interkontinentalrakete MX, die mobile Interkontinentalrakete Midgetman, der strategische Schwenkflügelbomber B-1B, der neue «Stealth»-Bomber, der für das Radar weitgehend «unsichtbar» sein soll, die «Trident-II-Rakete» für die Raketen-U-Schiffe der Ohio-Klasse und und und ...

Immer deutlicher ist in den vergangenen Jahren geworden, daß aus dem propagandistisch aufgebauschten SDI-Gesamtprogramm ein – zweifellos einem hohen Stand der Technik entsprechendes – Rahmenprogramm geworden ist, das nicht «Menschen schützen» soll, wie behauptet wurde, sondern einzig und allein die strategischen Offensivwaffensysteme der USA. In diesem Zusammenhang ist interessant, daß härteste Verfechter von SDI plötzlich – wenn auch vorerst noch vereinzelt – nicht mehr von «perfektem Schutzschirm», sondern von «erhöhter Abschreckung» sprechen. Bestandteil dieser sogenannten Abschreckung ist die Androhung eines nuklearen Erstschlages, auf den die USA und die NATO trotz konstruktiver Vorschläge und einseitiger Verzichtserklärung der UdSSR nicht verzichten wollen. Nur, wo bleibt da die Logik? Welche «Menschen sollen geschützt» werden, wenn die UdSSR einseitig auf den nuklearen Ersteinsatz feierlich verzichtet hat? Denn, wo es keinen Erstschlag gibt, kann es keinen Gegenschlag geben. Da braucht man auch keinen kosmischen Schirm, es sei denn, als Bestandteil der strategischen Offensivwaffensysteme!

Fakt ist nämlich, was auch schon früher Experten gesagt haben und was am 2. August 1986 die Zeitung «Vorwärts» konstatierte: «Neue technologische Durchbrüche sind – obwohl versprochen – bisher nicht erreicht worden. Weder hat man das Problem gelöst, wie man die riesigen, flexiblen Weltraumspiegel herstellen, aufstellen und beschützen kann, noch ist es Wissenschaftlern gelungen, ein Computersystem zu erfinden, das in Sekundenschnelle jene millionenfach eingehenden Informationen zuverlässig verarbeiten könnte, die es von den Satelliten erhält. Auch bei der Lasertechnologie ist man nicht weit vorangekommen.» Aber dem eigentlichen Ziel, einen Zweitschlag zu ermöglichen, dem ist man nähergekommen. Das wird unter dem ganzen Propagandarummel über die «großartigen Möglichkeiten» von SDI bewußt verschleiert. Und die USA-Rüstungskonzerne, die sind ebenfalls vorangekommen in ihrem Drang nach Maximalprofit. Siehe genannter «Vorwärts», der dazu bemerkt: «Dennoch wird SDI wohl nicht mehr zu stoppen sein. Denn für die Industrie ist Star Wars längst zu einer Überlebensfrage geworden. Die zivilen Märkte sind weltweit gesättigt. Japanische und europäische Konkurrenz macht den USA dort arg zu schaffen. Selbst die Absatzmöglichkeiten für herkömmliche Militärrequisiten sind eng geworden. Also muß etwas völlig Neues her, um die Umsätze im Militärisch-Industriellen-Komplex zu sichern. Und das Neue hört auf den Namen SDI.»

Hier wird nicht nur der enge Zusammenhang zwischen Profit- und Machtexpansion deutlich, hier zeigen sich auch klar die ökonomischen Wurzeln der Aggressivität der reaktionärsten imperialistischen Kräfte.

Doch es gibt nicht nur sie, es gibt immer mehr realistisch denkende Kräfte auch im imperialistischen Lager, die den Wahnwitz des SDI-Programms und seine – in seiner Idealvariante – technische Undurchführbarkeit erkannt haben. Und die sich nicht mehr beteiligen wollen an einem tatsächlichen Programm, um einen Raketenkernwaffenkrieg führbar und gewinnbar zu machen. 6500 USA-Wissenschaftler, Ingenieure und Forschungsstudenten an über 110 wissenschaftlichen Einrichtungen in 41 USA-Bundesstaaten haben sich gegen eine SDI-Mitarbeit gewandt. Zu den Unterzeichneten gehören immerhin 16 Nobelpreisträger sowie Wissenschaftler, die seinerzeit am Manhattanprojekt – der Entwicklung der Atombombe – mitgewirkt haben. Diesem Boykott schlossen sich 50 Prozent der Forscher in 109 Instituten – darunter Cornell, Columbia, Harvard, Princeton und Stanford – an. Selbst der Erfinder des Röntgenlasers Peter Hagelstein stieg im September 1986 aus dem SDI-Projekt aus. Ganz zu schweigen von den vielen Kräften, die das Weltgewissen auf den Friedensplan gebracht hat und die ihre Stimme immer nachdrücklicher erheben.

Die Position der UdSSR und der anderen sozialistischen Staaten zu SDI ist klar. UdSSR-Außenminister Eduard Schewardnadse hat sie auf der 41. UNO-Vollversammlung am 23. September 1986 noch einmal eindringlich bekräftigt, als er erklärte, daß der erdnahe Raum «Gemeingut der Menschheit» sei. «Und er muß zum Gemeinwohl genutzt werden. Wenn dort aber Waffen auftauchen, dann wird dieses Gut zu einer Gefahr für alle. Nur zwei bis drei Staaten, die den Status militär-kosmischer Mächte besitzen, werden die übrige Welt beherrschen. Wollen wir das? Wollen wir, daß es zur Errichtung eines militärisch-kosmischen Vasallentums kommt? Diese Frage wird von der Entwicklung der Ereignisse gestellt, die für die gesamte Struktur der internationalen Beziehungen tragisch werden kann. Deshalb werden wir auch in Zukunft darauf hinwirken, daß der Weltraum vor Versuchen geschützt wird, ihn zu einer militärischen Domäne von ein oder zwei Mächten zu machen.»

Und hier offenbart sich der zweite Irrtum des Hamburger Wochenblattes «Die Zeit»: Es muß nicht bei der «alten, vertrauten Abfolge von immer neuen Waffen und Gegenwaffen», also dem Wettrüsten, bleiben.

Es gibt einen Schutzschild für die Menschheit. Aber keinen «kosmischen» über nur ein Land, um den anderen mit Kernwaffenerstschlägen drohen zu können. Es gibt einen Schutzschild der Vernunft: Der sowjetische Drei-Stufen-Abrüstungsplan vom Januar 1986, in dem die UdSSR konkrete Vorschläge gemacht hat, wie bis 1999 die Welt von Atomwaffen befreit werden kann.

Und die Kräfte der Vernunft werden stärker. Erste Erfolge zeichnen sich ab: ein Abkommen über die weltweite Liquidierung der US-amerikanischen und sowjetischen Mittelstreckenraketen. In Aussicht steht eine Vereinbarung über eine fünfzigprozentige Reduzierung der strategischen Offensivwaffen. Die USA stimmten schließlich auf einem Treffen der Außenminister der Sowjetunion und der USA im September 1987 zu, demontierte Marschflugkörper nicht für Weltraumexperimente zu verwenden.

Die Sowjetunion hat den einzig gangbaren Weg gewiesen. Er ist logisch, vernünftig, friedenerhaltend. Er liegt im Interesse eines jeden Bewohners unseres Erdballs. Ganz im Gegensatz zu SDI.

USA-Projekte zur Militarisierung des Weltraums (AUSWAHL)

1959: Generalleutnant Schriever, Chef des sogenannten Fernwaffenprogramms der USA, bestätigt offiziell vor einem Senatsausschuß, daß die US Air Force an Antisatellitenwaffen arbeitet.

1959: Im Oktober wird der Satellit «Explorer 6» durch eine von einem B-47-Bomber gestartete Rakete «eingefangen».

1963: Im Mai wird erstmals mit Hilfe einer Rakete «Nike Herkules» ein Raumflugkörper – ein Agena-Zielsatellit – vernichtet.

1968: Von 1963 an wurde ein Antisatellitenkomplex – bestehend aus zweistufigen Raketen «Nike Herkules» mit Kernsprengkopf – auf dem Kwajalein-Atoll im Pazifik stationiert. Bis 1966 wurden mindestens acht Versuche durchgeführt.

1970: Beginn der Arbeiten an einem Miniature Homing Vehicle (Miniatur-Zielfluggerät) zur Satellitenabwehr.

1972: Die Arbeiten an einer Waffe, die Satelliten mit Hilfe gebündelter Strahlen subatomarer Teilchen vernichten sollte, werden wegen zu hoher Kosten und zu geringer Erfolgaussichten aufgegeben.

1974: Das Pentagon stellt die Aufgabe, bis 1982 Waffensysteme zu entwickeln, die im Kriegsfall 40 sowjetische Satelliten innerhalb von 24 Stunden zerstören können.

1976: Durch einen Zufall wird bekannt, daß die USA-Luftwaffe ein streng geheimes Programm für einen lasergestützten Killersatelliten unter der Bezeichnung «Projekt Spades» durchgeführt hat.

1978: Der USA-Präsident Carter verkündet ein Programm zur Entwicklung neuartiger Weltraumwaffen. Nachfolgend werden alle noch heute laufenden Raketen- und Laserwaffenprojekte zur Satellitenabwehr in Gang gesetzt bzw. intensiviert und zunächst dafür 500 Mill. Dollar bewilligt.

1980: Die USA geben die Rekordsumme von 200 Mill. Dollar zur Entwicklung von Laserwaffen aus.

1981: Im April erfolgte der erste Testflug des wiederverwendbaren Raumtransporters «Space Shuttle», der im sogenannten Ernstfall auch zur Bekämpfung gegnerischer Satelliten eingesetzt werden soll.

1983: Reagans berüchtigte «Sternenkriegs»-Rede, die offiziell die Absicht der USA zur Militarisierung des Weltraums bestätigt.

1984: Beim 14. Flug des wiederverwendbaren Raumtransporters «Space Shuttle» werden mit Hilfe des Greifarmes der «Discovery» zwei Satelliten «eingefangen».

1985: Die USA führen erstmals unter gefechtsnahen Bedingungen auf ein reales Ziel einen Test mit der Satellitenkillerrakete ASAT durch, die von einem Kampfflugzeug F-15 auf eine höhere Umlaufbahn gebracht wurde; dabei wurde der noch funktionstüchtige Satellit «Solwind» in der Umlaufbahn zerstört.

Mitte der neunziger Jahre: Teile des gesamten Weltraumwaffensystems der USA sollen ihre Einsatzreife erhalten, womit die USA eine neue Waffengeneration stationieren und die Rüstungsspirale in unverantwortlicher Weise anziehen würden.

Ich schwöre

Detlev Uschmann

Hundert Stahlhelme,
tausend Augen.
Der Yorcksche Marsch,
Die Truppenfahne, dann:
Ich schwöre, Soldat zu sein!
Ich schwöre vor meinem Volk,
Seinem Werk, wie
Tausende vor mir und
Tausende nach mir.
Ich schwöre!

Das unsichtbare Hakenkreuz

Über neofaschistische und antisemitische Tendenzen in der Bundeswehr

Günter Koch

Bei einer Razzia in der Gaststätte «Am Kanal» im Hamburger Stadtteil Uhlenhorst konnte die Polizei im Januar 1987 mehrere junge Männer stellen, die zum Kreis der verbotenen neofaschistischen Organisation «SA-Sturm 8. Mai» gehörten. Diese Vereinigung war im Mai 1977 vom Bundeswehrleutnant Michael Kühnen gegründet worden. Auch nach ihrem Verbot Anfang der achtziger Jahre wurde ihre Schrift «Der Sturm, SA-Kampfblatt für Hamburg und Umgebung» konspirativ hergestellt und verbreitet.

Die Polizeiaktion, so hieß es in einer Sendung im 3. Programm des BRD-Fernsehens, war erst nach wiederholten Beschwerden und Protesten einer «Bürgerinitiative Uhlenhorst» ausgelöst worden. Die Einwohner hatten vom Innensenator der Hansestadt energische Maßnahmen gegen eine zunehmende Terrorisierung durch neonazistische Elemente gefordert. Die Neonazis zogen durch das Stadtviertel, gröhlten «Sieg Heil!» und «Juda verrecke!», sangen das «Horst-Wessel-Lied», pöbelten Passanten an und bedrohten sie, besprühten Autos und Wände mit nazistischen Parolen. Treffpunkt der Horde war die Gaststätte «Am Kanal», in der es nach Aussagen älterer Bürger zuging «wie in einem SA-Sturmlokal der Nazizeit».

Offiziersanwärter mischten mit

Im Grunde wäre diese Razzia ein Routineeinsatz geblieben, dessen Ergebnis man stillschweigend zu den Akten gelegt hätte. Doch bei der Feststellung der Personalien – wie es im amtlichen Protokoll heißt – stießen die Polizisten darauf, daß sich unter den Neonazis zwei Studenten der Bundeswehrhochschule Hamburg befanden. Das machte den Fall brisant. Wochenlang wurde dieser Skandal vertuscht, ehe eine Hamburger Lokalzeitung ·dazu eine Notiz veröffentlichte. Das BRD-Verteidigungsministerium auf der Bonner Hardthöhe versuchte diese erneute Neonaziaffäre in der Bundeswehr mit der Bemerkung herunterzuspielen, es handele sich um «Einzelfälle», die «sorgfältig untersucht» und «streng geahndet» würden. Die Namen der neonazistischen Offiziersanwärter blieben geheim. Es ließ sich nicht feststellen, ob sie von der Führung der Bundeswehrhochschule Hamburg weiterhin für geeignet befunden wurden, künftige Erzieher junger Soldaten zu sein.

Dem aufmerksamen Beobachter der Szene drängen sich Parallelen zu ähnlichen Vorkommnissen etwa an der Hochschule der Bundeswehr in München auf. Dort hatten zum Beispiel in der Nacht vom 29. zum 30. August 1985 drei Bundeswehrleutnante und ein Fähnrich während einer Geburtstagsfeier Nazischallplatten abgespielt und dazu faschistische Lieder gesungen. Auch damals ließ BRD-Verteidigungsminister Wörner erklären, «Einzelfälle dieser Art» erlaubten «keine Rückschlüsse auf die Bundeswehr als Ganzes oder ihre studierenden Offiziere».

Solche Beteuerungen bleiben höchst fragwürdig angesichts der Fülle von Tatsachen,

Neofaschist Hoffmann, Leiter einer «Wehrsportgruppe»

die leider anderes belegen. Zu diesen Tatsachen gehört ein aktenkundiger Vorfall ebenfalls an der Hamburger Bundeswehrhochschule, der für uns beinahe unglaubhaft klingt. «Gestapo und Jude» war an dieser bedeutenden Ausbildungsstätte des Führungsnachwuchses der Bundeswehr eine Zeitlang beliebtes «Spiel» einiger Leutnante, und man wetteiferte geradezu im Erfinden «origineller Judenwitze». Ein anderer Hamburger Offizier – er gehört inzwischen der Bundeswehr nicht mehr an – wurde ertappt, als er sich als Plakatkleber der neofaschistischen «Aktionsfront Nationaler Sozialisten» (ANS) betätigte. Gründer auch dieser Organisation war der bereits erwähnte Bundeswehrleutnant Kühnen. Im Propagandamaterial der ANS, die ihre Absicht verkündete, an den Wahlen zur Hamburger Bürgerschaft teilzunehmen, erklärte der «Führer» Kühnen, Hitler sei mit «dem Feind im Innern» viel zu nachsichtig umgegangen, nur deshalb habe das «Tausendjährige Reich» vorzeitig geendet.

Es wirft ein bezeichnendes Licht auf die Gesetzgebung in der BRD, daß die «Aktionsfront Nationaler Sozialisten» lange Zeit als «gemeinnütziger Verein» anerkannt war und Spenden für diese Neonaziorganisation von der Steuer abgesetzt werden konnten. Korrekterweise muß erwähnt werden, daß Kühnen wegen seiner neonazistischen Aktivitäten im August 1977 aus der Bundeswehr entlassen wurde.

Tatsachen über einen «Kasper»

Enge Kontakte unterhielt Kühnen unter anderem zu der Anfang 1974 gegründeten «Wehrsportgruppe» des ehemaligen Graphikers Karl-Heinz Hoffmann in Nürnberg. Diese neofaschistische paramilitärische Organisation sorgte jahrelang nicht nur in der BRD für Schlagzeilen. Es gab auch international Proteste, so von verschiedenen antifaschistischen Verbänden. Doch die BRD-Behörden ließen Hoffmann, in dessen «Wehrsportgruppe» nachweisbar vor allem ehemalige Bundeswehrsoldaten dienten, gewähren. Der bayrische Ministerpräsident und CSU-Vorsitzende Franz Josef Strauß äußerte noch im März 1980 (zwei Monate zuvor war die «WSG Hoffmann» vom Bundesinnenministerium endlich verboten worden) gegenüber dem französischen Fernsehen: «Dieser Hoffmann, der wirklich wie ein Kasper aussieht ... mein Gott, wenn ein Mann sich vergnügen will, indem er am Sonntag auf dem Land mit einem Rucksack und einem mit Koppel geschlossenen Kampfanzug spazieren geht, dann soll man ihn in Ruhe lassen» (Zitat aus: Die verkannte Gefahr, Rowohlt Taschenbuch Verlag Reinbek bei Hamburg, 1981, S. 277).

Der «Kasper» verfügte jedoch nicht nur über Rucksack, Kampfanzug und Koppel: Über dunkle Kanäle, gefördert von «Freundeskreisen», deren Verbindungen bis in die Chefetagen des Bundeswehr-Beschaffungsamtes in Koblenz reichen, bekam Hoffmann für seine Truppe von der Bundeswehr abgebuchte, aber durchaus noch brauchbare Gelände- und Panzerwagen, Krafträder, Tarnuniformen, Stahlhelme, Gewehre und Maschinenpistolen, Finnmesser, Feldstecher, Stiefel, Patronentaschen und weitere militärische Ausrüstungsgegenstände.

Und der «Kasper» ging auch nicht bloß spazieren: Hoffmanns Söldner erhielten nicht nur gute Bezahlung und gutes Essen (woher das Geld dafür stammte, konnte später vor Gericht angeblich nicht geklärt werden), es wurde auch «harter Dienst» verlangt. Wer sein «Leistungsabzeichen» an die Uniform heften wollte – ein Totenkopf im silbernen Eichenlaubkranz mit Maschinenpistole und geifernden Schlangen – mußte 120 Kilometer in 48 Stunden zu Fuß marschieren, 10 Kilometer Dauerlauf ohne Gepäck in 40 Minuten schaffen, im Gewichtheben das eigene Körpergewicht abzüglich 10 Kilogramm stemmen und 5 Tage Überlebenstraining unter extremen Bedingungen überstehen. Jeder wurde dazu im Nahkampf und im Messerwerfen gedrillt.

Die «Wanderlieder» dieser neofaschistischen Landsknechte schließlich klangen etwa so:

> «Legt sie um, die roten Säue,
> macht sie nieder, Mann für Mann,
> kriechen aus den Löchern neue,
> keine Angst, auch sie sind dran».

An dieser Stelle für «Vergeßliche» eine kleine Erinnerungshilfe: Wie es für die Hitlerfaschisten war, so ist auch für die Neonazis in der BRD alles «links», was sich außerhalb ihrer Horden bewegt, inklusive – wie es in einem Flugblatt heißt – der «Judenparteien KPD, SPD, CDU und CSU».

Tote können nicht mehr reden

«Wehrsportgruppen» nach der Art Hoffmanns gab und gibt es auch in Schleswig-Holstein, in Niedersachsen, in Hessen und anderen Gebieten der BRD. Zwischen allen diesen Gruppen gibt es Querverbindungen. Ebenso sind Kontakte zu neonazistischen paramilitärischen Organisationen etwa in den NATO-Staaten Belgien, Großbritannien und Norwegen sowie in den USA nachgewiesen. Es gilt als sicher, daß diese «Wehrsportgruppen» über Waffen- und Munitionsverstecke verfügen. Unter diesem Aspekt – der koordinierten Vorbereitung paramilitärischer Gruppen auf den «Tag X» – erhielt die Entdeckung eines umfangreichen Waffenlagers im Suesinger Wald bei Uelzen in der Lüne-

«... nicht so zersplittert, wie es scheint»: Hoffmannanhänger

NS-Schmierereien: «Dinge, die man nach der Schrekkensherrschaft für unmöglich gehalten hätte»

Prof. Oswald Hahn verherrlicht Naziverbrecher

burger Heide besondere Bedeutung. In 33 Erddepots fand die Polizei 88 Kisten mit 50 Bazookas, 258 Handgranaten, 300 kg Sprengstoff und anderem Kriegsgerät, das nachweisbar aus Bundeswehrbeständen stammte.

Dieses umfangreiche Magazin, so wurde abwiegelnd der Öffentlichkeit erklärt, habe ein gewisser Lembke, Jahrgang 1937, angelegt. Und zwar ganz allein. Das habe er der Polizei auch zu Protokoll gegeben. Vor Gericht allerdings konnte der Mann nicht mehr vernommen werden. Er erhängte sich während der Untersuchungshaft in seiner Zelle. Selbstmord, notierten die Behörden. Das Verfahren wurde eingestellt. Hintergründe und Hintermänner blieben im dunkeln.

Mit dem ungewöhnlichen Tod des möglichen Hauptzeugen endete auch ein anderes spektakuläres Ereignis, dessen Drahtzieher zum Umfeld der «WSG Hoffmann» gehörten. Am 26. September 1980 detonierte auf dem Münchener Oktoberfest eine Bombe. Dabei kamen dreizehn Menschen ums Leben. 219 Personen wurden zum Teil schwer verletzt. Als Bombenleger wurde der 21jährige Geologiestudent Gundolf Köhler genannt. Der CDU-Vorsitzende und langjährige Bundeskanzler Helmut Kohl beeilte sich zu erklären, der Anschlag sei «das Werk eines Wahnsinnigen». Franz Josef Strauß betonte, alles spreche dafür, «daß es sich um die Tat eines einzelnen» gehandelt habe. Später mußte selbst der Bonner Verfassungsschutz kleinlaut einräumen, daß Gundolf Köhler, Sohn eines Großbauern und CDU-Vorsitzenden der Ortsgruppe in Württemberg, nach dem Dienst bei der Bundeswehr aktives Mitglied der auf paramilitärische Übungen und neonazistischen Terror festgelegten «Wehrsportgruppe» Hoffmann gewesen war. Das tatsächlich wahnwitzige Bombenattentat war also weniger die Tat eines Wahnsinnigen als die von Köhler bedenkenlos ausgeführte «Rache Hoffmanns auf das Verbot seiner Wehrsportgruppe» gewesen. Wie bekannt, war Gundolf Köhler eins der dreizehn Münchener Opfer. Der Zünder hatte zu früh funktioniert. Zufall – oder eingeplante Liquidierung des Täters?

Übrigens: Aus Polizeiakten geht hervor, daß bei einer Durchsuchung von Hoffmanns «Hauptquartier» Schloß Ermreuth bei Nürnberg unter anderem Anleitungen für das Selbstbasteln von Bomben beschlagnahmt wurden. Dazu der Hinweis, ein anderes Mitglied der «WSG Hoffmann», der Bundeswehrgefreite Dieter Epplen, habe schon im Mai 1976 versucht, in München eine Bombe zu zünden, um damit «ein Zeichen» zu setzen.

Knapp drei Monate nach dem Bombenanschlag von München, am 19. Dezember 1980 gegen 19 Uhr, läutete es an der Haustür des Verlegers Shlomo Levin in der Ebrardstraße in Erlangen. Bevor der 69jährige Mann zu dem abendlichen Besucher ein Wort sage konnte, wurde er von einer Salve aus einer Beretta-MPi, Kaliber 9 mm, getroffen. Levin, Ortsvorsitzender der Gesellschaft für christlich-jüdische Zusammenarbeit, war auf der Stelle tot. Der Mörder stieg über die Leiche hinweg und erschoß auch die Zeugin seines Verbrechens, die 57jährige Frida Poeschke, Levins Lebensgefährtin.

In der italienischen Zeitschrift «Oggi» hatte Shlomo Levin schon 1977 auf Hoffmann und dessen «Wehrsportgruppe» aufmerksam gemacht und vor den Aktivitäten der paramilitärischen Neonazis in der BRD gewarnt. Ein Exemplar dieser Ausgabe hatte man bei Hoffmann gefunden, als er nach dem Münchener Bombenattentat unter dem Verdacht der Mittäterschaft festgenommen worden war. Allerdings kam Hoffmann seinerzeit schon nach 24 Stunden wieder auf freien Fuß. Erst Jahre später mußte er sich endlich vor Gericht verantworten. Angeklagt der gefährlichen Körperverletzung, des unerlaubten Waffen- und Sprengstoffbesitzes, der Geldfälschung und auch des Mordes an dem Erlanger Verleger Shlomo Levin und dessen Lebensgefährtin Frida Poeschke.

Der fast zwanzig Monate dauernde Prozeß in Nürnbergs berühmtem Schwurgerichtssaal 600, in dem vor über vierzig Jahren die Hauptkriegsverbrecher Nazideutschlands abgeurteilt worden waren, endete kläglich. Der ideologische «Erbe Hitlers und Görings», der neue «Führer» Hoffmann kam mit insgesamt neuneinhalb Jahren Gefängnis davon. Trotz erheblicher Bedenken, so der Vorsitzende der 3. Strafkammer des Landgerichts Nürnberg-Fürth, Rudolf Knoob, Ende Juni 1986, habe dem Angeklagten eine Beteiligung an dem Erlanger Doppelmord im Dezember 1980 nicht einwandfrei nachgewiesen werden können. Von der Mordanklage sei er daher freizusprechen. Selbst Oberstaatsanwalt Schwalm hatte Hoffmann zumindest als «geistigen Urheber» des Verbrechens bezeichnet und «lebenslänglich» gefordert.

Erwiesen ist, daß Hoffmann und dessen «Adjutant» Uwe Behrendt gemeinsam aus einer Spraydose und Drahtbürsten einen Schalldämpfer gebastelt hatten für die Beretta, die später als Tatwaffe benutzt wurde. Wofür Behrendt diesen Schalldämpfer verwenden wollte, will Hoffmann angeblich nicht gewußt haben. Der Erlanger Doppelmord, behauptete der damalige Chef von rund 600 Gefolgsleuten vor Gericht mit Erfolg, komme allein auf das Konto seines «Stellvertreters» Behrendt. Er habe den «zu Spontanhandlungen» neigenden jungen Mann nach der Tat lediglich bei sich übernachten lassen, die blutbesudelten Kleidungsstücke beseitigt und ihm zur Flucht ins Ausland verholfen, wo Behrendt angeblich Selbstmord beging. Auch das blieb ein dunkler Punkt in jenem Prozeß. Wiederum ein toter Zeuge. So waren Hoffmann und der diesen Neonazi nach wie vor unterstützende «Freundeskreis» erneut fein raus.

Symbolische Judenverbrennung als «Witz»

Es ist äußerst aufschlußreich, Hinweise auf die Ursachen neofaschistischer und antisemitischer Tendenzen in der Bundeswehr – sicher unbeabsichtigt – ausgerechnet von einer Justizbehörde der BRD zu bekommen. Das Bayerische Verwaltungsgericht München entschied am 14. August 1979, die fristlose Entlassung von fünf Leutnanten, Studenten der Bundeswehrhochschule in München, sei nicht rechtens. Die Offiziere, alles Studenten des Fachbereichs Pädagogik, hatten im Februar des Jahres bei der Junggesellen-Abschiedsfeier eines Kommilitonen Nazilieder gesungen, «Sieg Heil!» gerufen, auf dem Hof der Bundeswehrhochschule ein Feuer entzündet und Pappkartons verbrannt mit dem Kommentar: «Los, leg noch einen Juden nach!» Einem imaginären Vorgesetzten wurde mit erhobenem Arm zackig gemeldet: «Herr General, ich melde, weitere 1000 Juden erfolgreich verbrannt!»

Das Bayerische Verwaltungsgericht München erkannte also, die daraufhin erfolgte Entlassung der Bundeswehroffiziere «sei nicht rechtens». In der Urteilsbegründung heißt es unter anderem (zitiert aus dem Text des Gerichtsprotokolls nach Ulrich Mackensen «Rechtsradikalismus und Bundeswehr», Fischer Taschenbuch Verlag, Frankfurt am Main 1980): «... Bezüglich des oder der Rufe am Feuer ‹Leg (oder legt) noch einen Juden nach!› erscheint es der Kammer glaubhaft, daß dieser Ruf nicht Ausdruck eines latenten Antisemitismus ..., sondern als – allerdings makabrer und höchst geschmackloser – *Witz* gedacht war. Hierbei ist zugunsten des Klägers und seiner Kameraden zu berücksichtigen, daß sie der Nachkriegsgeneration angehören und im Rahmen ihrer Erziehung, insbesondere ihrer Schulausbildung, über den Nationalsozialismus, seine politischen und sozialen Hintergründe sowie seine Greueltaten, vor allem gegen Juden, nach ihren Bekundungen offenbar in der Regel gar nicht oder nur höchst unzureichend unterrichtet wurden. Eine Auseinandersetzung mit diesem Teil der jüngeren deutschen Geschichte und eine Aufarbeitung der damit verbundenen historischen Schuldfrage hat daher bei ihnen nicht stattgefunden ... Daß der Kläger und seine Kameraden mit dieser politischen und geschichtlichen Naivität nicht vereinzelt dastanden, zeigen nicht zuletzt die damals allgemein grassierenden ‹Judenwitze›. Einige der Zeugen haben bekundet, daß sich zu der fraglichen Zeit auch Studierende der Bundeswehrhochschule ‹Judenwitze› erzählten ...» – Zitat!

Es erscheint angebracht, noch einmal zu betonen: Bei diesem bemerkenswerten Eingeständnis handelt es sich um Auszüge aus einer Urteilsbegründung des Bayerischen Verwaltungsgerichts.

Fragwürdige «Traditionspflege»

Außer der «ungenügenden Unterrichtung» der jungen Generation in der BRD über «den Nationalsozialismus, seine politischen und sozialen Hintergründe sowie seine Greueltaten» ist ohne Zweifel die Vorbildwirkung unverbesserlicher Altnazis und eine fragwürdige «Traditionspflege» der Bundeswehr mitverantortlich für immer wieder in den Streitkräften der BRD in Erscheinung tretende neofaschistische und antisemitische Tendenzen. Aus der Fülle vorliegender Tatsachen auch dafür einige Beispiele.

Erst durch Zeitungsveröffentlichungen wurde im November 1976 eine Affäre publik, in die Hans-Ulrich Rudel – ehemals Oberst der Naziluftwaffe und von Hitler höchst dekorierter Wehrmachtoffizier – und das Aufklärungsgeschwader 51 «Immelmann» der Bundeswehrluftwaffe in Bremgarten verwickelt waren. Rudel war nach dem zweiten Weltkrieg erst einige Jahre in Argentinien untergetaucht, aber bereits Anfang der fünfziger Jahre gehörte er in der BRD zu den Mitbegründern der «Deutschen Reichspartei», einem Sammelbecken unverbesserlicher Nazis und reaktionärer Militärs. In einem Interview mit der BILD-Zeitung verteidigte Rudel ausdrücklich die Verbrechen des Naziregimes und der Hitlerwehrmacht und erklärte: «Wenn wir den Krieg gewonnen hätten, würden heute alle den Arm heben und ‹Sieg Heil!› rufen ... Wenn man mir vorwirft, ultrakonservativ zu sein, dann bin ich sehr stolz darauf.» Die eine Phase der Entspannung in Europa einleitenden Ostverträge der BRD kommentierte Rudel so: «Jeder anständige Deutsche hat die Pflicht, gegen diese Verzichts- und Unterwerfungsverträge zu kämpfen, das sind wir unseren gefallenen Kameraden und unserem Vaterland schuldig.»

Dieser Rudel nun wurde zusammen mit anderen früheren Angehörigen des Sturzkampfgeschwaders 2 der Naziluftwaffe – mit Genehmigung des Kommandierenden Generals der Luftflotte der Bundeswehr, Walter Krupinski – vom Aufklärungsgeschwader 51 in Bremgarten zu einem Traditionstreffen eingeladen. Nazi-Exoberst Rudel überreichte dem Bundeswehroberst Fritz Schade auf dem Kasernengelände vor einer angetretenen Staffel ein Wappen und signierte am nächsten Tag im Rahmen eines Frühschoppens im Offizierskasino seine Memoiren.

Als dieser Skandal bekannt wurde, verteidigten der Luftflottenchef der Bundeswehr und sein Stellvertreter Generalmajor Karl-Heinz Franke die Einladung des Naziobersten auch noch. Vor der internationalen Presse erklärte Drei-Sterne-General Krupinski, Traditionspflege sei nötig. Schließlich stehe die Bundeswehr in der Tradition ihrer Vorgängerarmeen ...

Nun erregte die Affäre international Aufsehen und wurde auch im Bundestag diskutiert. Der damalige Bonner Verteidigungsminister Leber sah keine andere Möglichkeit, als Krupinski und Franke zu entlassen. Doch der Vorfall war damit nicht ungeschehen zu machen. Welche negative Vorbildwirkung diese Art Traditionspflege auf junge Bundeswehrsoldaten haben kann, läßt sich denken.

Kranz der Bundeswehr für SS-Mörder

Apropos, Traditionspflege. In einem entsprechenden Erlaß des Bonner Verteidigungsministeriums heißt es dazu unter Punkt 23: «Verbände, Schiffe und Unterkünfte der Bundeswehr können mit Zustimmung des Bundesministers der Verteidigung nach Persönlichkeiten benannt werden, die in Haltung und Leistung beispielhaft waren.»

Eine sehr verschwommene Formulierung. Beispielhaft – wofür? Offenbar zählt zu den «in Haltung und Leistung» beispielhaften Persönlichkeiten nach Auffassung der Hardthöhe auch der Nazi-Admiral Lütjens. Der hatte sich und das Schlachtschiff «Bismarck» 1941 im Atlantik «heldenhaft» selbst versenkt, ließ Hunderte Matrosen skrupellos einen sinnlosen Tod sterben, nachdem er zuvor noch kernige Treuebekenntnisse und Durchhalteparolen an den «Führer» hatte funken lassen. Den Namen dieses «Helden» trägt ein Lenkwaffenzerstörer der Bundeswehr-Marine.

Es gibt in der BRD auch Lettow-Vorbeck-Kasernen, benannt nach einem gnadenlosen Exponenten der Kolonialpolitik des letzten deutschen Kaisers in Afrika, der später maßgeblich am Kapp-Putsch beteiligt war, mit dem die Weimarer Republik gestürzt werden sollte. Die Aufzählung ließe sich beliebig fortsetzen.

Im erwähnten Traditionserlaß – um einen weiteren Aspekt zu erwähnen – fehlt der Hinweis, daß jede Traditionspflege mit der früheren Waffen-SS zu unterbleiben habe. Zufall oder Absicht? Jedenfalls hatte das Folgen.

Der Münchener «Pressedienst Demokratische Initiative» hat in einer Dokumentation mehr als ein Dutzend offizieller Kontakte zwischen Angehörigen oder Einheiten der Bundeswehr und Verbänden der «HIAG» (Hilfsgemeinschaft auf Gegenseitigkeit ehemaliger Angehöriger der Waffen-SS) nachgewiesen. So legte eine Abordnung der Bundeswehr – ausdrücklich im Auftrag des Bundesverteidigungsministeriums(!) – am Grab des früheren estnischen SS-Standartenführers Rebane in Augsburg sogar einen Kranz nieder.

Zum geistigen Klima, das neonazistische und antisemitische Tendenzen in der Bundeswehr nährt, gehört auch das Wirken von Oswald Hahn, Ordinarius für Betriebswirtschaft der Nürnberger Universität. Der Professor und Reserveoffizier der Bundeswehr läuft nicht nur fast immer in Uniform herum. In seinen Vorlesungen bezeichnet er Männer wie den Generaloberst der Naziwehrmacht Alexander Löhr unverhohlen als «Vorbilder für die heutige Jugend». Löhr ließ im zweiten Weltkrieg unter anderem Belgrad bombardieren, und er war als Hitlers Oberbefehlshaber «Südost» 1942/43 und 1945 für die Deportation von mehr als 60000 Juden aus Griechenland, Albanien und Rhodos verantwortlich.

«Im Keller der Nürnberger Universität», so schrieb die «Süddeutsche Zeitung» im Juli 1985, «treffen sich Offiziere der Bundeswehr, dazu Polizisten in Uniform sowie dezent gekleidete ältere Herren und ein paar junge Männer. Höflich, aber bestimmt weisen Kontrolleure am Eingang alle ab, die nicht zu diesem abendlichen Treffen eingeladen wurden ... Den Hörsaal schmückt ein Konterfei des Generalobersten Alexander Löhr ... Professor Oswald Hahn hält eine Gedenkvorlesung zu Ehren des Generals, der jetzt hundert Jahre alt geworden wäre, hätte ihn nicht ein Tribunal in Jugoslawien wegen seiner Verbrechen gegen die Menschlichkeit zum Tode verurteilt ...»

Ehemaliger Bundeswehrgeneral an der Friedensfront

Es liegt dem Verfasser fern, bei der Untersuchung neofaschistischer und antisemitischer Tendenzen in der Bundeswehr Soldaten oder Offiziere zu verunglimpfen. Nicht wenige junge Männer in der BRD sehen zunehmend gerade in den letzten Jahren im freiwilligen Beitritt zur Bundeswehr ihre einzige Möglichkeit, der Dauerarbeitslosigkeit zu entkommen. Und es gibt zahlreiche Beispiele, da sich Soldaten, auch Unteroffiziere und Offiziere der Bundeswehr, trotz ausdrücklichen Verbots ihrer Vorgesetzten mutig und in voller Uniform an Friedensdemonstrationen, an Protestversammlungen gegen die Stationierung amerikanischer Atomraketen in der BRD, an Kundgebungen gegen die selbstmörderischen Sternenkriegspläne der USA beteiligten und dafür disziplinarisch bestraft wurden. Bekannt ist schließlich die Haltung des ehemaligen Bundeswehrgenerals Gert Bastian aus Würzburg, einem der Träger der Krefelder Initiative gegen den Atomrüstungsbeschluß der NATO, der seit Jahren in den vordersten Linien der Friedensfront in der BRD kämpft.

Und dennoch bleiben die bei weitem nicht erschöpfend dargelegten Beispiele neofaschistischer und antisemitischer Tendenzen in der Bundeswehr Tatsachen. Eine reale Gefahr, die nicht unterschätzt werden darf.

«Der Schoß ist fruchtbar noch ...»

Bei Hausdurchsuchungen der Polizei im Raum Augsburg und auf dem Gelände einer Gärtnerei in Mainz-Gonsenheim wurden unter anderem Karteikarten mit Namen und Adressen, neonazistisches Propagandamaterial und Papiere beschlagnahmt, bei denen es sich offenbar um Entwürfe für einen Aufmarschplan handelt. Wie von informierter Seite bestätigt wurde, geht daraus hervor, daß neonazistische Gruppen und Organisationen aus verschiedenen Ländern der BRD die Absicht haben, am 9. November 1988 – dem 65. Jahrestag des Marsches der Hitlerfaschisten zur Feldherrnhalle – in München einen Gedenkappell abzuhalten und vor der Feldherrnhalle Kränze niederzulegen. Das Propagandamaterial sollte offensichtlich der Vorbereitung von Feierstunden zum 100. Geburtstag Hitlers am 20. April 1989 dienen.

In seinem Parabelstück auf den Hitlerfaschismus «Der aufhaltsame Aufstieg des Arturo Ui» mahnte Bertolt Brecht: «Der Schoß ist fruchtbar noch, aus dem das kroch ...»

Jeder Arbeiter hat seine Arbeit

Helmut Preißler

Jeder Arbeiter hat seine Arbeit,
seine Milch hat jedes Kind –
das ist das schwer Errungene,
mit dem der Frieden beginnt.

Examen in der Luft

Bernhard Schubert

Gleichmäßig wirbelt die Tragschraube des Helikopters. Leutnant Berthold, der Umschüler, sitzt ruhig und entspannt auf dem Platz des Kommandanten. Heute muß er sein Examen in der Luft bestehen, dann darf er, zunächst als Kopilot, eine Mi-8 fliegen. Die Füße mit den schwarzen Pilotenstiefeln hat er in die Pedale gestemmt. Seine Rechte umschließt den Steuerknüppel, während er mit der linken Hand nach oben langt und am Radiokompaß die neue Frequenz einstellt. In den großen Kopfhörern, die im völligen Mißverhältnis zum kleinen Gesicht Bertholds stehen, prasselt und knackt es fürchterlich, als der Leutnant den Kanal umschaltet. Funkzeichen, Musik, Stimmengewirr und kräftiges Rauschen strapazieren die Ohren, möchten Trommelfelle springen lassen, bevor endlich das wohltuende Piepen des neuen Funkfeuers zu hören ist. Aufgeregt hüpft der Zeiger des Kompaßanzeigegeräts über die Skala, um den Fliegern die entsprechenden Gradzahlen zu zeigen. Eine kurze Feinabstimmung, und das lästige Rauschen wird erträglich. Hauptmann Schröder, der Instrukteur, beobachtet Berthold aus den Augenwinkeln. Fixer Junge, hat sich schnell eingearbeitet. Naja, schließlich ist er schon die Mi-4 geflogen, verfügt über einige Erfahrungen; der macht das schon.

Der Leutnant fliegt auf dem neuen Kurs. Schröder will gerade die letzte Flugaufgabe präzisieren, als beide die Flugleitstelle in den Kopfhörern haben. «81 für 46 kommen!»

«Hier 81, ich höre!» «Brechen Sie Flugausbildung ab, Anflug Quadrat A 4, Junge im See, führen Sie Rettungsaktion durch! Ende!»

Wolfgang Schröder wiederholt den Befehl. Während er noch dem Atem des Senders nachlauscht, wirbeln seine Gedanken bereits durcheinander und ordnen sich wieder. Berthold wartet auf neue Anweisungen, sieht hinüber zu Schröder. Der blickt seitwärts aus dem Fenster, orientiert sich. Durch seine massige Figur wirkt er wie ein Bär. Die Fliegerkombination verstärkt diesen Eindruck noch. Berthold hat manchmal das Gefühl, daß durch dessen Gewicht der Hubschrauber schief in der Luft hängen würde.

«180 Grad kehrt, hier kenn' ich mich aus, hier brauchen wir keine Karte.»

«Verstanden!»

Der Leutnant betätigt die Steuerorgane und fliegt einen Halbkreis. Die Kiefern rutschen unter der Maschine weg, werden abgelöst durch Mischwald. Dazwischen Waldwege, bedeckt mit schmutzigen Schneeresten, und kleinere Seen. Heute hatte es die Sonne noch nicht geschafft, den Dunstschleier zu zerreißen, und so hängt sie wie unter Milchglas am Himmel. Grau in grau ist der Tag. Dreißig Meter unter der flirrenden Tragschraube saust der Wald vorbei. Schröder, der links in der verglasten Vollsichtkanzel sitzt, hat die Steuerung völlig Berthold überlassen. Den Flugschüler hat ein eigenartiges Gefühl beschlichen. Er sieht zwar gut, muß aber doch teilweise blind fliegen, elektronisch blind. Immer wieder gleiten seine Augen zum Funkkompaß, obwohl er genau weiß, daß dieser noch den Kurs von vorhin anzeigt. Das ist wie in einem dahinjagenden Auto mit arretierter Lenkung. Irgendwann gibt sie jemand für einen kurzen Moment frei, befiehlt die neue Richtung, und du hast zu gehorchen. Du änderst die Richtung, aber nur, um sofort wieder mit starrer Lenkung ins Ungewisse zu jagen. Berthold zwingt sich, nicht mehr zu dem irritierenden Kompaß zu blicken, er läßt die hochgezogenen Schultern sinken, lockert seine Körperhaltung, konzentriert sich und führt die Maschine mit leichter Hand nach Schröders Angaben.

«Mehr links, ja so, na noch 'n Stück, und jetzt den breiten Weg lang, da kommen wir genau hin.»

Knapp zwei Minuten später hängen sie über der weißen Schneedecke des Sees. Braune Baumstümpfe, vertrocknete Schilfinseln und mehrere Angelstege ragen aus dem Eis.

«Standschwebe, und runter auf zwanzig Meter!»

Berthold will gerade die Triebwerke drosseln, als eine plötzliche Bö den Hubschrauber packt und durchschüttelt. Die Standschwebe erfordert die ganze Aufmerksamkeit der Leutnants. Das Stehenbleiben in der Luft ist die Krone der Hubschrauberfliegerei. 20 Meter – 18, 15, 10 Meter. Die Luft unter der Schraube verdichtet sich, gibt zusätzlichen Auftrieb. Der Schnee ist naß und patschig, er wirbelt nicht auf, die Sicht bleibt frei. Wo ist das Kind? Schröder hat seine braunen Augen schlitzartig zusammengekniffen und sucht den See ab. Berthold, der die Standschwebe trotz des böigen Windes meistert, rutscht langsam über den See, bis Schröder halten läßt.

«Da, zwischen den zwei Schilfinseln bewegt sich was. Nanu, der Bengel winkt ja mit beiden Armen. Dann steht er bestimmt mit den Füßen im Schlamm. Wird mächtig

frieren. Nu, los dann, halt die Maschine!» Leutnant Seidel, der Bordmechaniker, hat sofort begriffen. Gemeinsam mit Hauptmann Krüger, dem bisher unbeteiligten Kopiloten, trifft er die Vorbereitung zum Aussteigen. Schröder und Krüger fliegen bereits mehrere Jahre als Besatzung, sie sind aufeinander eingespielt, wenige Worte genügen, um die Situation zu erklären und weitere Schritte festzulegen. Schröder, der Kommandant und Erfahrenere, wird die Maschine übernehmen, während Seidel aussteigt, um den Jungen aus dem Wasser zu holen. Etwas ungeschickt schnallt Seidel sich den Sitzgurt um, immerhin verläßt er nicht jeden Tag auf diese Weise den Helikopter. Während Krüger die Sprechgarnitur neben der Tür anschließt und überprüft, kontrolliert Leutnant Seidel Arretierungsbolzen, Umlenkrolle und Seilwinde des Auslegers. Zufrieden zeigt er Schröder den aufwärts gerichteten Daumen, was bei den Fliegern soviel wie «alles klar» heißt, setzt sich in den Ausstieg und läßt die Füße in den Abgrund hängen. Seine Gedanken sind voll auf die kommenden Minuten konzentriert. Langsam gleitet das Stahlseil über die Rolle. Krüger liegt bäuchlings auf dem Kabinenboden, blickt Seidel nach und betätigt die Winde. «Noch drei Meter», schreit er gegen den zerrenden Wind ins Kehlkopfmikrofon. Aus der Kabine antwortet niemand, weil mehrere kurze Windstöße die Maschine so stark schütteln, daß sie kaum noch in der Standschwebe zu halten ist. In den gefütterten Lederhandschuhen werden Berthold die Hände feucht. Autofahrerhandschuhe müßte man anziehen, sind luftiger, huscht es flüchtig durch seinen Kopf. Schröder beobachtet angestrengt die Instrumente und registriert genau, wie Berthold die Maschine führt.

So wie ein Reiter mit dem galoppierenden Pferd verschmilzt, wo ein leiser Druck zur Verständigung genügt, so ist Berthold eins mit dem Hubschrauber, dessen Vibrieren sich auf ihn überträgt, der ihm untertan ist.

Von dem Geschehen unter sich sehen die Flieger nichts. Krüger dirigiert, gibt über die Bordsprechanlage Kommandos, läßt die Maschine hin- und hergleiten, damit der Mann am Seil möglichst nahe an den Jungen herankommt. Die Pedale der Doppelsteuerung drücken im Rhythmus von Bertholds Bewegungen auf Schröders Füße. Dessen Hände liegen in unmittelbarer Nähe des Knüppels auf den Knien, bereit, blitzartig zuzupacken, die Steuerung zu übernehmen, falls Berthold versagen sollte. Schröders Verantwortung ist groß: ein Mensch, bald werden es zwei sein, unten am Seil, drei im Hubschrauber, dazu Kranflug und Standschwebe, und Berthold als Umschüler, als Lehrling, als zu prüfender Lehrling am Steuer. Die Hände rükken enger zusammen, nur ein schmaler Spalt bleibt zwischen ihnen und dem Knüppel. Noch übernimmt Schröder nicht die Steuerung, die letzte Flugaufgabe sah Ähnliches vor, und jetzt muß sich Berthold beweisen. Das Piepen des Radiokompasses geht dem Leutnant auf die Nerven, er schaltet ihn ab. In die wohltuende Stille dringt das Brausen der Tragschraube. Wieder und wieder greift der Wind in Böen den Hubschrauber an, und diesmal kann Berthold die Standschwebe nicht mehr halten. Er leitet eine Rechtskurve ein, wird von einer neuen Windströmung gepackt und beinahe gegen die am anderen Ufer stehenden Bäume gedrückt. Mit einer steilen Linkskurve zieht er den Hubschrauber nach oben weg. Immerhin hängt Seidel mindestens fünf Meter unter ihm, und die Bäume sind gefährlich nah.

Wie bei einem Kettenkarussell wird Leutnant Seidel nach außen getragen, saust über die Baumwipfel und hängt dann etwa dreißig Meter über ihnen. Berthold wartet, bis sich die menschliche Last, die wie ein Perpendikel schwingt, eingepegelt hat, und fliegt neu an.

Der böige Wind läßt Seidel hin- und herpendeln. Berthold spürt förmlich, wie ihm der Mann da unten zu schaffen macht. An einen ruhigen Flug ist überhaupt nicht zu denken, die Maschine schlingert, taumelt beinahe durch die Luft. Ganz im Gegensatz zu vorhin ist Berthold jetzt ruhig, ihn beherrscht nur ein Gedanke: Ich muß die Mühle zum Stehen bringen! Warum hat man uns das auf der Schule nicht beigebracht? Oder hat man, und ich hab' nicht aufgepaßt? Im selben Moment, als Schröder «Mitschwingen!» sagt, fällt bei Berthold der Groschen. Mitwackeln, mitpendeln, das ist's! Als Zehnjähriger auf dem Fahrrad und der

Freund hinten drauf. Nur durch das Mitwakkeln mit dem Lenker wurde die Fahrt ruhig. Und schon führt er den Hubschrauber der schwebenden Last nach, kompensiert das Pendeln und stabilisiert so die Fluglage. Beim zweitenmal klappt der Anflug besser; erneut bemüht sich Krüger, Seidel vorsichtig aufs Eis zu dirigieren.

So ganz gleichgültig ist Seidel der Ausstieg nicht, immerhin hat Luft keine Balken, und nur das dünne Stahlseil, das ihn mit dem Hubschrauber verbindet, bedeutet Sicherheit. Aber alles scheint glatt zu gehen. Frei in der Luft hängend, bemerkt er etwa drei Meter unter sich den Jungen, dessen freudig geöffneten Mund. Noch zwei Meter trennen ihn von ihm, der schon die Hände reckt, als Seidel plötzlich quer über den See fliegt, an den wie Fangarme ausgestreckten Ästen uralter Kastanienbäume vorbeischießt und in einem weiten Bogen über dem Wald dahinschwebt. Tief unten der See, in dem der Eingebrochene steckt, auf dem Waldweg ein rotes Auto, gegenüber die riesige Waldfläche; Bilder, die immer wieder vorbeiziehen, so lange, bis Seidel plötzlich nicht mehr im Kreis segelt, wieder ruhig – soweit man das so nennen kann – am Seil hängt.

Berthold fliegt also ein zweites Mal an, Seidel erkennt das Flugmanöver sofort und bewundert den jungen Offizier. Wie ein alter Hase! Wenige Augenblicke später hat Seidel den Jungen erreicht, ihm den Gurt umgelegt und das Zeichen zum Hochziehen gegeben. Nichts passiert. Seidel gibt nochmal Zeichen. Wieder nichts. Er blickt nach oben. Warum ziehen die nicht? In der Luke sieht er Krüger. Der muß das Zeichen doch bemerkt haben, warum geht's nicht los?

Schröder indessen betrachtet den Leutnant, wie er jetzt befreit aufatmet und seine Muskeln, die eben noch gespannt waren wie Schiffstaue, etwas lockert. Höllenkarussell fährt der mit uns! Eine unmittelbare Gefahr droht nicht. Trotzdem muß der Kommandant seine Hände auf die Knie zwingen, damit sie nicht von selbst nach dem Knüppel greifen. Der zweite Anflug aber hat geklappt. Krüger läßt die Winde anlaufen, doch die tut ihm den Gefallen nicht. Als Seidels Zeichen zum zweiten Mal kommt, kennt Krüger den Fehler. Aus der Umlenkrolle ist ein Stück herausgebrochen, das Stahlseil von der Rolle heruntergesprungen und verklemmt. Jetzt muß sofort etwas geschehen, bevor sich das Seil an den Stahlteilen des Auslegers durchscheuern kann. Wieder genügen wenige Worte. Berthold nickt und zieht die Maschine an. Ganz vorsichtig hebt er den Verunglückten aus dem sumpfigen Wasser.

Was nun? In die Kabine bekommen wir die beiden nicht. Mit ihnen am Seil zur Dienststelle fliegen? Unmöglich, der nasse Bengel kann sich im eiskalten Fahrtwind den Tod holen. Hauptmann Krüger blickt fragend nach unten, als müsse die Antwort von dort kommen. Und sie kommt von dort.

«Sieh mal!» Krüger zeigt nach rechts. Berthold sieht einen PKW und einen Mann daneben, der eine ausgebreitete Decke hält, auf Seidel und das Auto zeigt, sich in die Decke wickelt und wieder von vorn beginnt. Er nickt, weiß der Teufel, woher das Auto gerade jetzt kommt, aber das ist im Augenblick völlig unwichtig. Langsam gleitet die Maschine auf das andere Ufer zu. Quer über den See zieht sich eine schmutzige Tropfwasserspur. Behutsam setzt Berthold die beiden auf dem Waldweg ab. Seidel löst den Gurt, winkt nach oben, und der Hubschrauber steigt auf etwa fünfzig Meter. Krüger holt mit der Hand das Seil in die Kabine. Als Berthold die Maschine wendet, sieht er, wie das rote Auto im Wald verschwindet.

Wir danken den Autoren für die freundliche Genehmigung zum Abdruck ihrer Gedichte und dem Künstler Heinz Zander für die Genehmigung zur Veröffentlichung seines Gemäldes.

Illustrationen: (Die in Klammern gesetzten Zahlen beziehen sich auf die Seiten im Buch.)
Archiv Militärverlag (92–93, 153, 160, 169), Wolfgang Freitag (120, 245, 249), Erna Keubke (88–89, 169, 173), Fritz Klein (33), Hans Räde (72–73, 76–77, 193, 220–221, 225, 269), Heinz Rode (100, 148–149), Wolfgang Schedler (24–25, 153, 230, 232–233, 236–237), Detlev Schüler (21, 53, 56–57, 205), Jürgen Wagner (7, 28, 160).

Fotos:
ADN-ZB/Koch (31), ADN-ZB/Repro (32, 228), Archiv Koch (261–263), Archiv Mattkay (194), Archiv Militärverlag (30, 97–99, 101, 103–108, 147, 171–172, 174–175, 177, 185–186, 199–201, 203–204, 224, 226–227), Archiv Museum für Deutsche Geschichte (213–215), Archiv Romaňák (185–188), Archiv Ruthe (161–162, 164–165, 253, 257), Archiv Schauer (178–179), Archiv Schnitter (172), Archiv Schubert (18–19, 211), Deutsche Fotothek/Möbius (214), Hartwig Eisel (189), Dieter Flohr (81–83), D. Grass (158), Peter Hein (213, 216–217), Institut für Denkmalpflege/Korf (109), Leonid Jakutin (16, 20), Junge Welt-Bild (30–31), Junge Welt-Bild/Knoll (32), Junge Welt/Eckebrecht (29), Dieter Koppetsch (130–137), Bernhard Krause (122-126), Alexander Kuraschow (17, 20), Heinz Mattkay (191, 195), Hans Mehl (113, 115), Militärarchiv der DDR (45–46, 49–50), Militärbilddienst/Fröbus (13, 40, 62), Militärbilddienst/Michna (41), Militärbilddienst/Striepling (151–152), Militärbilddienst/Tessmer (27, 61–65), Militärbilddienst/Wehlisch (9, 152), Militärverlag/Zühlsdorf (8, 12–13), Jean Molitor (Vor- und Nachsatz, 13, 141, 144–145), Gudrun Pistiak (155–157, 159), Red. Armeerundschau/Gebauer (16–17, 20, 116–117, 147, 217), Red. Armeerundschau/Schubert (114), Red. Armeerundschau/Uhlenhut (15, 207–209), Red. Volksarmee/Stöhr (41–42, 44), Knut Schäfer (113), Günter Schmitt (97), Foto-Stavginski (192, 197), Roman Swjagelski (17, 211), Gerhard Thiede (230–231, 234–235, 238, 241), Günter Wollert (230–231, 234–235), Zentralbild (32, 175), Zentralbild/Junge (97), Zentrales Bildarchiv der Volksmarine/Dornbusch (114).

Reproduktionen: Evelyn Hoffmann

ISBN 3-327-00518-4

1. Auflage

Lizenz-Nr. 5
Printed in the German Democratic Republic
Gesamtherstellung: INTERDRUCK Graphischer Großbetrieb Leipzig, Betrieb der ausgezeichneten Qualitätsarbeit, III/18/97
Lektoren: Helga Schwabe, Werner Kießhauer, Erika Walter
Gesamtgestaltung: Wolfgang Ritter
Redaktionsschluß: 30. Juni 1987
LSV: 0589
Bestellnummer: 747 024 5
01250